LEADERS

RICHARD NIXON

LEADERS
Ceux qui ont changé le monde

Traduit de l'américain par
Jean-Pierre Simon

Titre original

LEADERS

Édition originale : Warner Books, Inc., New York.

© Richard Nixon, 1982.
© Librairie Plon, 1984, pour la traduction française.

Photo de la couverture :
Sitta-Press

Maquette de la couverture :
France Lafond

© Éditions Libre Expression, 1984, pour le Canada.

Dépôt légal :
1er trimestre 1984

ISBN 2-89111-171-0

Aux leaders de l'avenir

ILS ONT FAIT LA DIFFÉRENCE

Les leaders qui ont changé le monde

Sur les pas des grands conducteurs de peuples, nous pouvons entendre les roulements de tonnerre de l'histoire. A travers les siècles — des anciens Grecs, en passant par Shakespeare, jusqu'à nos jours — peu de sujets ont exercé une fascination aussi constante sur les auteurs dramatiques comme sur les historiens que les personnages de chefs éminents. Par quoi se distinguent-ils ? Comment s'explique cette électricité si particulière et indéfinissable qui passe entre le dirigeant et les dirigés ?

Ce qui rend le rôle de ces chefs si impérieusement intéressant, ce n'est pas simplement son caractère dramatique, mais son importance — son impact. Quand le rideau final tombe sur une pièce, les personnes qui avaient formé le public quittent le théâtre, rentrent chez elles et reprennent leur vie normale. Quand le rideau tombe sur la carrière d'un chef, les vies mêmes du public auront été changées, et le cours de l'histoire aura pu se trouver profondément modifié. Pendant ces trente-cinq dernières années, j'ai eu l'exceptionnel avantage, au cours d'une période extraordinaire de l'histoire, de pouvoir étudier de près les dirigeants du monde. A l'exception de Staline, j'ai connu tous les principaux chefs de la période ayant suivi la Seconde Guerre mondiale. J'ai visité plus de quatre-vingts pays et je n'ai pas seulement été en rapport avec leurs dirigeants, mais j'ai aussi aperçu les conditions dans lesquelles ils opéraient. J'ai vu certains chefs réussir, d'autres échouer, et j'ai pu analyser les raisons dans la perspective de ma propre expérience. J'ai connu les hauts et les bas de la vie publique, et c'est pourquoi je sais aujourd'hui qu'on ne peut pas réellement apprécier les sommets quand on ne s'est pas aussi trouvé dans le creux de la vague. De même qu'on ne peut pas véritablement comprendre ce qui pousse un chef quand on est resté en marge, simple spectateur.

L'une des questions que l'on m'a le plus souvent posées au cours de mes années de vie publique était celle-ci : « Quel est le plus grand chef que vous ayez connu ? » Il n'existe pas de réponse unique. Chaque chef appartient à une combinaison particulière de temps, de lieu et de circonstances ; dirigeants et pays ne sont pas interchangeables. Si grand qu'ait pu être Winston Churchill, il est difficile de l'imaginer remplissant aussi parfaitement que Konrad Adenauer le rôle que joua ce dernier dans l'Allemagne de l'après-guerre. Inversement, Adenauer n'aurait pas pu comme Churchill galvaniser l'Angleterre à l'heure du plus grand péril.

La formule irréfutable permettant de ranger un chef parmi les grands se compose de trois éléments : un grand homme, un grand pays, un grand projet. A propos de lord Rosebery, Premier ministre britannique de la fin du XIXe siècle, Churchill devait naguère observer qu'il avait eu la malchance de vivre à une époque de « grands hommes et petits événements ». D'une façon générale, nous plaçons les dirigeants des temps de guerre plus haut que ceux des temps de paix. Cela est dû en partie au caractère dramatique propre aux affrontements armés, en partie au fait que les historiens insistent plus volontiers sur les temps de guerre. Mais c'est aussi parce que nous ne pouvons véritablement mesurer la grandeur d'un chef que lorsqu'il est sollicité jusqu'à l'extrême limite de ses capacités. Quand je décernais la Médaille d'honneur, je me disais souvent qu'un grand nombre parmi ceux qui l'obtenaient avaient dû avoir l'air de gens tout à fait ordinaires jusqu'au jour où ils avaient fait preuve d'une valeur exceptionnelle en réagissant à une sollicitation extraordinaire. Sans le défi, ils n'auraient pas pu révéler leur courage. Chez le chef, le défi de la guerre suscite des qualités que nous pouvons aisément mesurer. Les défis de la paix peuvent certes être d'égale importance, mais quand un chef parvient à les surmonter, son triomphe ne sera ni aussi dramatique ni aussi clairement visible.

Il est évident qu'un homme sans envergure, même s'il dirige un grand pays au moment d'une crise grave, ne sera jamais considéré comme grand. Placé dans un petit pays, le grand homme aura beau faire preuve de toutes les qualités constitutives de la grandeur, il ne sera jamais reconnu comme tel. D'autres, hommes exceptionnels dans de grands pays, resteront néanmoins dans l'ombre de géants : ainsi Chou En-lai, qui s'effacera discrètement devant la gloire de Mao.

Il convient ici d'établir très clairement une distinction fondamentale : ceux qui sont en général applaudis comme étant de « grands » chefs ne sont pas nécessairement des hommes de cœur. En Russie, Pierre le Grand était un cruel despote. Jules César, Alexandre le

Grand et Napoléon Bonaparte n'ont pas acquis la célébrité en raison de leurs vertus de chefs d'État, mais par leurs conquêtes. Quand nous évoquons les grands chefs de l'histoire, nous ne nous référons qu'occasionnellement à ceux qui élevèrent l'art de gouverner à un plus haut niveau moral. En fait, nous parlons de ceux qui exercèrent le pouvoir avec une force et une ampleur telles qu'ils modifièrent d'une façon décisive le cours de l'histoire, pour leurs nations propres et pour le monde. Churchill et Staline étaient tous les deux, chacun à sa manière, de grands dirigeants. Mais sans Churchill, l'Europe occidentale aurait pu être réduite en esclavage ; sans Staline, l'Europe de l'Est aurait pu être libre.

Dans ce livre consacré aux chefs de notre temps, l'envie ne m'a pas manqué de parler également de certains dirigeants d'une stature exceptionnelle que j'ai connus dans des domaines autres que ceux de la politique et du gouvernement. J'ai vu des grands patrons de grosses sociétés ou de puissants syndicats se battre avec la même ténacité qu'un homme politique pour arriver au sommet de la hiérarchie, puis exercer le pouvoir avec une habileté diplomatique pouvant rivaliser avec celle d'un ministre des Affaires étrangères. Les intrigues qui agitent le monde universitaire ne sont pas moins byzantines que celles du congrès national d'un grand parti politique. J'ai rencontré certains dirigeants de media — par exemple Henry R. Luce — qui avaient un impact plus grand sur les affaires de la planète que les chefs de beaucoup de nations.

Cependant, ce livre traite plus particulièrement du type de fonction dirigeante que je connais le mieux et qui, à mes yeux, compte le plus : il concerne ceux qui dirigent des nations entières, avec non seulement le pouvoir qu'implique cette position mais aussi ses responsabilités.

Chaque personne dont il est question ici avait un but, une vision, une cause, bref une motivation qui était souverainement importante pour elle. Certains de ces personnages portent des noms dont l'écho retentira à travers les siècles à venir. La renommée d'autres ne dépassera guère les frontières de leur pays. Chacun a quelque chose d'important à nous révéler concernant les fonctions de chef et les conflits qui ont secoué le monde au cours de ces décennies.

J'aurais volontiers inclus beaucoup d'autres dirigeants que j'ai connus : par exemple, d'éminentes personnalités politiques d'Amérique latine, telles que le Mexicain Adolfo Ruiz Cortines, l'Argentin Arturo Frondizi, le Colombien Alberto Lleras Camargo, et ce président brésilien visionnaire qui ouvrit l'intérieur de son pays, Juscelino Kubitschek. Ou encore les Canadiens Lester Pearson et John Diefenbaker, très différents l'un de l'autre par le caractère et l'orientation politique, mais possédant chacun un sens aigu du destin du Canada ainsi qu'une vision très claire du monde. Goulam Mohammed, le gouverneur général du Pakistan, et Mohammed Ayoub khan, président de la République pakistanaise. Le maréchal Tito de Yougoslavie. En Espagne Francisco Franco, un homme si différent dans la vie privée de l'impression qu'il donnait lors de ses apparitions publiques. Les papes Pie XII et Paul VI qui, chacun à sa façon, jouèrent un rôle profondément marquant non seulement au plan spirituel mais aussi dans l'arène de la politique mondiale. Ces hommes d'État enfin qui apportèrent des idées nouvelles à la communauté internationale de l'après-guerre, tels que Paul-Henri Spaak en Belgique, Manlio Brosio en Italie, et Robert Schuman et Jean Monnet en France. A ne considérer que ces quelques personnalités parmi toutes celles qui auraient pu figurer dans cette présentation, on se rend compte de la richesse et de la diversité des talents apparus dans le monde, dans ce domaine très particulier de la direction politique et gouvernementale, pendant les récentes décennies.

Pour ce qui est des chefs effectivement évoqués dans les chapitres suivants, certains ont été retenus par moi en raison de leur stature transcendante ou de l'impact puissant exercé par eux sur le cours de l'histoire, d'autres pour l'intérêt qu'ils offrent en tant que personnages, d'autres enfin comme exemples des forces qui ont balayé le monde pendant cette période tumultueuse de l'histoire. Je n'ai pas inclus de dirigeants américains, à l'exception de Douglas MacArthur, dont la contribution la plus durable aura été son rôle dans la formation du Japon contemporain.

La plupart des livres d'histoire traitent des événements et accessoirement seulement des hommes qui y jouèrent un rôle. Cet ouvrage est consacré aux chefs et à leur façon de modeler l'événement. Il explique comment ils ont fait la différence et dans quelle mesure ils ont différé, les caractéristiques qui leur ont permis d'avoir un impact et comment ils l'ont exercé.

L'art d'être un grand conducteur d'hommes est un art unique, exigeant à la fois de la force et des qualités visionnaires à un degré exceptionnel. Aux États-Unis, une opinion longtemps et largement répandue voulait que le pays eût en réalité besoin à sa tête d'un homme d'affaires de premier plan, d'un président-directeur général ayant prouvé qu'il était capable de diriger efficacement et avec succès une très grosse entreprise. Ce jugement est à côté de la question. En fait, la direction d'une société commerciale ou industrielle est une chose, la direction d'un pays en est une autre. Warren G. Bennis, professeur à l'école des hautes études commerciales de l'université de Californie du Sud, fait très bien la distinction quand il écrit : « Les directeurs généraux des entreprises ont pour but de faire bien les choses. Les dirigeants politiques ont pour but de faire les choses bonnes. »

La direction politique est plus qu'une technique, bien que certaines techniques soient nécessaires pour l'exercer. Dans un sens, la direction d'une entreprise est de la prose, la direction politique de la poésie. Le dirigeant d'un pays, dans une large mesure, manie nécessairement des symboles, des images, ainsi que ces idées qui galvanisent les foules et deviennent des forces de l'histoire. Les hommes sont persuadés par la raison, mais touchés par l'émotion ; le dirigeant doit à la fois les persuader et les toucher. Le chef d'entreprise pense à aujourd'hui et à demain. Le chef d'État doit penser à après-demain. Un président-directeur général représente un processus économique. Le chef politique représente une direction de l'histoire. Ainsi, quand il n'a plus rien à diriger, un directeur général n'est plus rien lui-même ; le dirigeant politique, au contraire, même quand il n'est plus au pouvoir, conserve des adeptes.

Une grande direction politique exige une grande vision, une vision inspirant le dirigeant et pouvant lui permettre d'inspirer la nation elle-même. Les peuples à la fois aiment et détestent les grands hommes d'État ; ils leur sont rarement indifférents.

Il ne suffit pas à un chef de *connaître* ce qui est bien. Il doit aussi être capable de *faire* ce qui est bien. Celui qui n'a pas assez de jugement ou de perception pour prendre les décisions appropriées échouera par manque de discernement. Celui qui sait ce qu'il faut faire mais est incapable de le réaliser échouera par manque d'efficacité. Un grand chef politique doit à la fois connaître ce qui est bien et avoir la capacité de le faire. Il pourra avoir recours à des exécutants pour accomplir sa tâche, mais lui seul pourra déterminer la direction à suivre et fournir la force motivante.

La grande cause inspirant un chef pourra signifier la création de quelque chose de nouveau ou la préservation de quelque chose d'ancien. Souvent des chefs déterminés qui s'opposent de part et d'autre d'un conflit sont motivés par des causes adverses. Un dirigeant fort avec une cause faible pourra l'emporter sur un dirigeant faible avec une cause forte, de même qu'une mauvaise cause pourra l'emporter sur une cause bonne. Il n'existe pas de règles absolues et immuables permettant de prédire le cours de l'histoire, ni d'ailleurs de prononcer des jugements de valeur. Assez fréquemment, les causes autant que les chefs eux-mêmes paraissent différents, vus rétrospectivement. Parfois le jugement dépend de l'issue heureuse ou malheureuse. Les historiens ont tendance à être plus favorables aux gagnants qu'aux perdants, qu'il s'agisse des causes ou des dirigeants politiques.

Tous les dirigeants réellement forts que j'ai connus étaient des hommes éminemment intelligents, hautement disciplinés, de grands travailleurs, ils avaient une confiance inébranlable en eux-mêmes, et, poussés par un rêve, savaient entraîner autrui. Tous regardaient au-delà de l'horizon immédiat. Certains avaient une vision plus claire que d'autres.

Les années qui ont suivi la Seconde Guerre mondiale ont été marquées par un changement plus profond et plus rapide que toute période comparable de l'histoire universelle. Nous avons assisté à un choc de titans quand le développement des superpuissances a amené leur affrontement, à une série de soulèvements cataclysmiques quand les vieux empires se sont effondrés pour donner naissance à une quantité de nations nouvelles, à une montée alarmante du péril de destruction totale quand la technologie de l'armement a commencé à dépasser ce que même la science-fiction avait pu imaginer de plus terrifiant. Les grands événements font surgir les grands chefs. Mais les temps tumultueux engendrent à la fois le meilleur et le pire. Khrouchtchev était un dirigeant résolu, mais une force dangereuse. Mao déplaçait des montagnes, mais il a aussi écrasé des millions de vies humaines.

Les années à venir exigeront une direction politique du plus haut niveau. On a pu dire que ceux qui négligeaient d'étudier l'histoire étaient condamnés à la répéter, et, inversement, que si les dirigeants politiques d'une époque voyaient plus loin dans l'avenir que leurs prédécesseurs, c'était parce qu'ils se tenaient sur les épaules de ceux qui les avaient précédés. Ce livre, s'il traite des chefs du passé, est néanmoins dédié aux dirigeants de l'avenir. Chacun des grands hommes politiques que j'ai évoqués dans ces pages avait étudié le passé pour en tirer profit. Dans la mesure où nous pourrons à notre tour tirer profit de leur exemple, le monde aura peut-être une meilleure chance de progresser au cours des années à venir.

WINSTON CHURCHILL

Le plus grand être humain de notre temps

Alors que Winston Churchill était encore un jeune homme, il s'entretint avec un ami du sens de la vie. Ses réflexions étaient proprement philosophiques et typiquement candides. « Nous sommes tous des vers », déclara-t-il, s'empressant toutefois d'ajouter, « mais je pense que je suis un ver luisant. »

Toute sa vie durant, Churchill se sentit poussé par une foi inébranlable dans sa propre destinée. Cette assurance irrita certains, elle inspira beaucoup. Quand il était déterminé à obtenir quelque chose, il ne savait plus ce que voulait dire le mot *non*, aussi souvent qu'il lui fût opposé. Une fois qu'il se trouvait engagé dans une bataille militaire ou une campagne politique, il éliminait le mot *défaite* de son vocabulaire.

J'ai rencontré Churchill pour la première fois en juin 1954, alors que j'étais à la tête de la délégation chargée de l'accueillir à son arrivée à Washington lors de sa visite officielle en tant que Premier ministre. Je puis me rappeler aujourd'hui encore la fébrilité, l'excitation même que je ressentais ce jour-là en guettant son avion. J'avais déjà beaucoup voyagé à l'étranger, j'avais rencontré un grand nombre de dirigeants nationaux et internationaux, de personnages célèbres. Mais aucun ne pouvait rivaliser avec le prestige légendaire de Churchill. Dans le Pacifique, au cours de la Seconde Guerre mondiale, ses discours m'avaient touché plus encore que ceux du président Roosevelt. Depuis que j'étais descendu moi-même dans l'arène politique, j'avais été amené à apprécier à sa vraie mesure ce que sa conduite de l'Angleterre avait signifié pour le monde pendant cette suprême épreuve de courage et d'endurance. Mais les superlatifs ne lui rendent que difficilement justice. Il était l'un des dirigeants titanesques du xxᵉ siècle.

J'avais la chance de pouvoir accueillir le Premier ministre britannique grâce au protocole qui était en usage à l'époque. En effet, le président se rendait à l'aéroport pour y saluer les chefs d'État, mais les chefs de gouvernement étrangers ne le rencontraient d'abord qu'à la Maison-Blanche ; Eisenhower serait ainsi allé saluer la reine d'Angleterre, mais il m'incombait à moi d'aller accueillir le Premier ministre.

La nuit précédente, j'avais consacré plus d'une heure de temps à la préparation d'une allocution de bienvenue de quatre-vingt-dix secondes, et je la repassai rapidement dans ma tête tandis que son avion faisait son apparition dans le ciel.

Le quadrimoteur Stratocruiser toucha le sol, manœuvra pour quitter la piste, et vint finalement s'arrêter devant nous. La porte fut ouverte. Un moment plus tard, Churchill apparaissait au sommet de la rampe, portant un feutre gris perle. Je fus assez surpris de le trouver de faible taille. Peut-être était-ce parce que ses épaules étaient affaissées et que sa grosse tête semblait reposer sur son corps comme s'il n'avait pas eu de cou du tout. En réalité, il mesurait un mètre soixante-douze, et personne n'aurait jamais songé à le traiter de « petit » homme, pas plus qu'on ne l'aurait dit de Theodore Roosevelt qui mesurait également un mètre soixante-douze.

Ses assistants l'entourèrent pour l'aider à descendre les marches. Mais après avoir jeté un rapide coup d'œil sur la scène et vu la délégation venue à sa rencontre ainsi que les caméras braquées sur lui, il refusa de se laisser aider par son entourage. Il commença à descendre lentement la rampe, se servant d'une canne à pommeau doré. Il avait eu une attaque un an plus tôt, et il était extrêmement hésitant et manifestement très peu sûr de lui chaque fois qu'il faisait un pas vers le bas de la rampe. Arrivé à mi-chemin, il remarqua quatre hommes de l'armée de l'air en train de le saluer militairement ; il s'immobilisa un moment pour rendre le salut.

Nous nous serrâmes la main et il me déclara qu'il était très heureux de faire ma connaissance. Comme beaucoup d'Anglais, il ne serrait pas fermement la main qu'on lui tendait mais se bornait à l'effleurer. Après avoir salué le secrétaire d'État Dulles, il se dirigea droit sur les caméras et les micros. Sans attendre mes paroles de bienvenue, il délivra aussitôt sa propre allocution. Il expliqua qu'il était ravi de venir de sa patrie dans son pays maternel. (Il faisait allusion, bien entendu, au fait que sa mère était américaine.) Au milieu des chaleureux applaudissements qui suivirent sa conclusion, il fit son fameux signe de V pour victoire et alla vers la Lincoln décapotable noire que nous devions prendre pour gagner la Maison-Blanche. Ainsi, les paroles de bienvenue que j'avais si laborieusement préparées ne furent jamais prononcées, mais notre illustre hôte ne semblait guère s'en soucier.

Alors que je relis les notes que je dictais ce jour-là pour mon journal, je suis stupéfait de découvrir que cet homme de soixante-dix-neuf ans, qui avait eu récemment une attaque et qui venait de passer la nuit dans une traversée de l'Atlantique à bord d'un avion à hélices, avait pu couvrir si parfaitement un tel nombre de sujets au cours des trente minutes qu'il nous fallut pour atteindre la Maison-Blanche. Et pendant tout le temps qu'il parlait, il continuait à saluer du geste la foule massée le long du parcours.

Il commença par me dire qu'il avait suivi avec intérêt le voyage que j'avais entrepris en Asie du Sud-Est quelques mois plus tôt. Il appréciait plus particulièrement le fait que, lors de mon escale en Malaisie, j'étais allé visiter sur le terrain les troupes britanniques qui y combattaient l'insurrection communiste. Je lui avouai que j'avais été fortement impressionné par le général Templer et par les autres hauts fonctionnaires britanniques qui y facilitaient la transition du statut de colonie anglaise à celui d'État indépendant. Sa réponse ne tarda point : « J'espère seulement que nous ne leur aurons pas accordé l'indépendance avant qu'ils ne soient réellement prêts à assumer les responsabilités du gouvernement. » Quand je le revis pour la dernière fois quatre ans plus tard à Londres, il exprima une nouvelle fois sa préoccupation à ce sujet.

Il aborda ensuite le problème de l'Indochine, région que j'avais également visitée au cours de mon séjour en Asie. Il estimait qu'à la fin de la Seconde Guerre mondiale, les Français auraient dû décider s'ils allaient sauver l'Indochine pour de bon ou seulement faire semblant. Alors qu'il continuait à gesticuler du bras pour saluer la foule, il se tourna vers moi et me dit : « Au lieu de cela, ils décidèrent d'y aller, mais pas d'y aller jusqu'au bout. Ce fut une erreur fatale ! »

Après avoir souri à la foule pendant quelques instants, il se tourna de nouveau vers moi et dit : « Le monde, monsieur le Vice-Président, se trouve dans une situation extrêmement dangereuse. Il est essentiel que nos deux peuples collaborent. Nous avons nos différences. C'est normal. C'est inévitable. Cependant, tout compte fait, elles sont relativement insignifiantes, et la presse a toujours tendance à les grossir. »

Cet échange de propos apparemment banal avait en réalité une portée considérable. Il était clair que Churchill cherchait à me faire comprendre, et à travers moi au gouvernement américain, qu'il désirait aplanir les vagues qu'il avait soulevées deux mois plus tôt quand l'amiral Arthur Radford, qui présidait l'état-major général des armées, avait visité Londres. Radford avait eu une entrevue désagréable avec Churchill concernant l'Indochine, et les journaux en avaient ensuite publié des rumeurs qui s'étaient traduites par une tension des relations anglo-américaines.

Churchill avait manifestement été contrarié quand Radford lui demanda d'aider la France dans l'effort qu'elle entreprenait pour conserver ses colonies en Indochine. « Pourquoi voulez-vous que les Anglais se battent afin que la France puisse garder l'Indochine, alors qu'ils ne veulent même pas se battre pour garder l'Inde pour eux-mêmes », avait répondu assez rudement Churchill. Radford, loin d'être un fin diplomate, fit alors observer que le Congrès ne serait pas très content des Anglais s'ils ne s'associaient pas à nos efforts en vue de repousser l'agression communiste en Asie.

La réponse de Churchill fut brutale : « Je serai heureux quand nous ne dépendrons plus de l'aide des États-Unis ! »

Churchill n'était pas très chaud pour agir contre le Viet-minh en Indochine pour la simple raison qu'il craignait une intervention des communistes chinois. Il pensait qu'une telle éventualité pourrait conduire à une guerre entre la Chine et les États-Unis, qui entraîne-rait fatalement l'Union soviétique, ferait de l'Europe un champ de bataille et de l'Angleterre une cible. Cependant, quand Radford rapporta cette entrevue à Eisenhower, le président fut naturellement surpris et choqué par le fait que Churchill, le symbole de la plus farouche résistance pendant la Seconde Guerre mondiale, semblait pratiquement résigné à la défaite en Asie du Sud-Est.

Alors qu'il continuait toujours à saluer du geste la foule, Churchill me fit part de son appréhension concernant la bombe atomique. Il déclara qu'il était normal pour nous d'évoquer la possibilité d'une riposte avec cette « arme terrible », mais que la théorie de « satura-tion » en rapport avec l'armement nucléaire était pour lui une source de sérieuse préoccupation.

Quand je lui appris que je venais d'achever la lecture de *la Charnière du Destin*, le quatrième volume de ses *Mémoires* de la Seconde Guerre mondiale, il observa qu'au cours de la période de quatre mois qui avait précédé la mort de Roosevelt, il n'y avait eu que très peu de communication ou de compréhension entre Chur-chill et le gouvernement américain. Il se montra étonnamment direct quand il ajouta : « Le président Roosevelt n'était déjà plus tout à fait lui-même. Et le président Truman ne savait pas exacte-ment ce qu'il faisait quand il eut subitement la charge de cette éminente fonction. » Son visage devint complètement sérieux et une fois de plus il ne fit plus du tout attention à la foule mais se tourna vers moi : « Ce fut là une grave erreur, dit-il, un commandant doit toujours tenir son second informé quand il sait qu'il est malade et qu'il ne sera plus pendant très longtemps sur la scène. »

Nous nous approchions à présent de la Maison-Blanche. Je lui avouai qu'après avoir lu ses *Mémoires*, je me demandais souvent ce qui se serait passé si les Alliés avaient accepté sa proposition de déclencher une offensive contre le « ventre mou » de l'Europe du Sud plutôt que de tout concentrer sur le débarquement en Normandie. Alors que nous entrions par la porte nord-ouest, il dit avec légèreté : « Avoir Vienne eût été bien agréable ! »

Le journal intime de lord Moran, le médecin personnel de Churchill, fournit des révélations étonnantes sur l'état de santé du Premier ministre britannique pendant ce séjour à Washington. Churchill souffrait parfois atrocement, mais une fois qu'il était en représentation, personne ne pouvait se douter de la mauvaise condition physique dans laquelle il se trouvait. D'une façon ou d'une autre, il parvenait toujours à être « debout » pour les événements majeurs.

Malgré l'emploi du temps extrêmement chargé qu'impliquaient les entretiens officiels, Churchill semblait prendre plaisir aux dîners interminables — et à mon avis parfois ennuyeux — offerts en son honneur. Phénomène rare parmi les grands hommes d'État, il paraissait apprécier autant les conversations mondaines et superficielles que les graves discussions de politique internationale. Grâce à ses siestes habituelles, auxquelles il n'avait même pas renoncé pendant les années de guerre, il était en pleine forme dans la soirée.

Au cours du dîner d'apparat donné à la Maison-Blanche, Mme Eisenhower, très discrètement, aida Churchill qui semblait avoir des difficultés à couper sa viande. Elle eut le tact de faire observer que les couteaux de la Maison-Blanche ne coupaient pas très bien. Quand on apporta à John Foster Dulles, à la place du vin, le grand verre de whisky qu'il buvait toujours, Mme Nixon demanda à Churchill s'il n'en désirait pas un, lui aussi. Il répondit que non et ajouta qu'il avait l'habitude de prendre son premier whisky à huit heures et demie du matin, et que le soir il donnait sa préférence au champagne.

Pendant les repas, Churchill dominait la conversation en puisant et en repuisant dans les souvenirs de son riche passé. Il ne cherchait pas à faire participer autrui au dialogue, mais réussissait néanmoins à ne pas paraître grossier. Comme ceux de MacArthur, les monologues de Churchill étaient à tel point fascinants que personne ne lui en voulait de monopoliser l'attention. Mme Nixon devait m'avouer plus tard que Churchill avait été l'un des voisins de table les plus intéressants qu'elle eût jamais connus. Il l'avait tenue en haleine, elle comme Mme Eisenhower, en racontant ses aventures dramatiques de la guerre des Boers.

C'est au cours du dîner entre hommes offert à l'ambassade britannique la veille de son départ que j'eus le loisir de mieux observer notre illustre hôte. Là encore le protocole avait empêché

Eisenhower de venir, et j'étais par conséquent l'invité américain de plus haut rang.

Churchill vint nous rejoindre avec une quinzaine de minutes de retard. Il salua tous les invités et resta un certain temps debout à s'entretenir avec les uns et les autres. Mais, quand le secrétaire à la Défense, Charles Wilson, commença ce qui allait être manifestement une longue histoire, Churchill se dirigea délibérément vers une chaise pour s'y asseoir. Comme je l'avais suivi, il leva la tête vers moi, eut un sourire entendu, et dit : « Je me sens quand même un peu mieux assis que debout. »

Pendant le dîner, je lui demandai si l'emploi du temps très chargé de ces trois jours de conférence l'avait affecté. Il me répondit qu'à l'exception de quelques « trous noirs », il s'était senti beaucoup mieux pendant cette conférence qu'au cours des jours précédents. Il ajouta, avec sa rhétorique caractéristique : « Il me semble que je reçois toujours de l'inspiration et une vitalité nouvelle au contact de votre curieux pays qui émerge si abruptement de l'Atlantique. »

La conversation dévia ensuite sur une discussion de projets de vacances. Churchill m'apprit qu'il avait l'intention de se rendre par mer jusqu'au Maroc pour un séjour de détente. Je lui répondis que j'avais tendance à souffrir du mal de mer et que je voyageais donc toujours par avion. Il me fixa d'un regard assez sévère et néanmoins amusé, disant : « Ne vous inquiétez pas, jeune homme ! En prenant de l'âge, vous surmonterez le mal de mer. » J'avais alors quarante et un ans.

Churchill n'était pas seulement remarquable comme acteur de l'histoire, mais aussi comme écrivain de l'histoire. Après avoir lu la quasi-totalité de ses abondantes publications, je trouve qu'il écrit beaucoup mieux quand il relate des événements auxquels il n'a pas participé directement. Ainsi, son histoire de la Grande Guerre est-elle nettement supérieure à son histoire de la Seconde Guerre mondiale, car dans ce dernier ouvrage les réflexions et observations de Churchill nuisent souvent au cours de la narration. Les meilleurs volumes de son histoire de la Première Guerre mondiale sont *The Aftermath* (*l'Après-guerre*), dans lequel il relate les péripéties de la Conférence de Versailles, et *The Eastern Front* (*le Front de l'Est*), écrit deux ans après l'achèvement des cinq autres volumes. Dans aucun de ces tomes, Churchill n'apparaît comme acteur important. Disons toutefois que dans ces deux ouvrages d'histoire en plusieurs volumes, Churchill mit excellemment en pratique sa fameuse maxime : « La meilleure façon de faire l'histoire est de l'écrire. »

En sa qualité d'historien, Churchill s'était toujours passionné pour la guerre de Sécession, et cet intérêt devait être constamment ravivé lors de sa visite à Washington. Et ce voyage n'était d'ailleurs pas une exception. Lors du dîner entre hommes, il observa qu'à son avis Robert E. Lee était l'un des plus grands hommes de l'histoire américaine et l'un des plus grands généraux de tous les temps. Il disait qu'un artiste devrait « immortaliser dans une tapisserie ou une peinture cette scène mémorable où Lee, après avoir décliné l'offre de prendre le commandement des armées de l'Union, chevauche à travers le Potomac pour retourner dans le camp sudiste ».

Il disait encore que l'un des plus grands moments de la guerre vint à la fin, à Appomattox. Lee fit observer au général Ulysses Grant que les montures de ses officiers étaient leur propriété personnelle et lui demanda de les autoriser à les garder. Grant répondit : « Qu'ils gardent tous leurs chevaux, les hommes de troupe ainsi que les officiers ; ils en auront besoin pour labourer leurs champs. » Les yeux brillants d'excitation, Churchill regarda l'auditoire qu'il maintenait en haleine par la vivacité de son récit, et ajouta : « Dans toute la misère de la vie et de la guerre, quel acte magnifique ! »

Je voulus connaître ses vues relatives aux entretiens avec les dirigeants soviétiques qui avaient succédé à Staline. Il déclara que l'Occident devait avoir dans tous les cas une politique de force et ne devait jamais traiter avec les communistes sur une base de faiblesse. Il m'avoua qu'il avait hâte de visiter la Russie, mais tint à préciser qu'il n'avait pas l'intention de prendre des engagements qui pourraient lier les États-Unis.

Il rappela qu'à l'exception de l'alliance imposée par la guerre, il s'était opposé pendant toute sa vie aux « bolcheviks » et remarqua qu'il était « sûr que le peuple des États-Unis lui ferait confiance comme à quelqu'un qui connaissait les communistes et les combattait ». Et il conclut en disant : « Je pense que j'ai fait autant *contre* les communistes que McCarthy a fait pour les communistes. » Sans attendre ma réaction, il eut un sourire de connivence, se pencha vers moi, et ajouta : « Bien entendu, il s'agit là d'une déclaration strictement personnelle. Je ne crois pas, en ce qui me concerne, qu'il soit bon d'intervenir dans les affaires intérieures d'un autre pays ! »

Churchill se plaignit très amèrement auprès de moi des propos outranciers d'Aneurin Bevan, le virulent chef de file de l'aile gauche du parti travailliste. En 1947, alors qu'il était ministre de la Santé dans le gouvernement travailliste, il avait même embarrassé certains de ses collègues en affirmant que les Tories étaient « plus bas que la vermine ». Certes, cette observation de Bevan n'avait été ni très élégante ni très intelligente, mais je ne pouvais m'empêcher de penser que Churchill lui-même était assez imbattable sur le terrain de l'invective blessante.

Accusant James Ramsay MacDonald de manquer de courage politique, Churchill concocta l'histoire suivante :

« Je me rappelle qu'étant petit, je fus emmené au fameux cirque Barnum, qui contenait une exposition de phénomènes et de monstres, mais je désirais surtout voir la créature bizarre qui figurait au programme sous le nom de *Miraculeux Désossé*. Mes parents furent d'avis qu'un tel spectacle serait trop révoltant et démoralisant pour les yeux d'un jeune enfant, et il aura donc fallu que j'attende cinquante ans pour voir le Miraculeux Désossé assis sur le banc des Finances. »

Pour décrire John Foster Dulles, il eut cette phrase étonnante : il est « le seul éléphant que je connaisse qui transporte sur soi son magasin de porcelaine ».

Lady Astor, qui fut la première femme à siéger au Parlement, lui dit un jour : « Si j'étais votre femme, je mettrais du poison dans votre café. » Et Churchill de répondre : « Si j'étais votre mari, je le boirais. »

Après un discours du travailliste Clement Attlee au Parlement, Churchill eut cette remarque cinglante : « C'est un homme modeste, et il a toutes les raisons de l'être. »

Quand George Bernard Shaw lui envoya deux billets de théâtre accompagnés de ce mot : « Venez voir ma pièce, et amenez un ami si vous en avez un », Churchill lui adressa la réponse suivante : « Je suis occupé le soir de la première, mais je viendrai à la seconde représentation s'il y en a une. »

Concernant Aneurin Bevan, Churchill devait observer : « Il y a, cependant, une sorte de justice poétique dans le fait que la bouche la plus malfaisante en temps de guerre soit devenue en temps de paix le plus remarquable échec administratif. »

Incontestablement, dans le domaine de la rhétorique vexatoire, Churchill savait rendre la monnaie de la pièce.

A l'occasion du dîner entre hommes, Churchill devait faire un commentaire singulièrement révélateur au sujet de son propre style de vie. Évoquant le personnage de lord Plowden, l'éminent spécialiste britannique de l'atome, il dit : « Aucun homme n'aura autant donné au monde pour en prendre si peu. Il ne mangeait pas de viande ; il ne fumait pas ; il n'était pas marié. » Churchill lui-même aimait la belle vie. Je pense qu'il aurait volontiers admis que s'il donnait beaucoup au monde, il en prenait aussi beaucoup.

Il possédait un certain flair pour la vie qui devait amener un de ses biographes à l'appeler le « Peter Pan de la politique ». Vers la fin de son existence, quand il eut renoncé au polo, la peinture devint son passe-temps favori. Son coup de pinceau énergique et ses couleurs vives semblaient lui permettre d'évacuer l'énergie qu'il emmagasinait en lui. Il fut lui-même assez éloquent à ce sujet : « Sans la peinture, je ne pourrais pas vivre ; je ne supporterais pas la tension des choses ! »

Pendant son séjour à Washington, nous comparâmes nos façons réciproques d'écrire. Je lui avouai avoir découvert que j'écrivais finalement mieux en me servant d'une machine à dicter. Il arbora un sourire délicieusement polisson et répondit : « Je préfère de beaucoup dicter à une jolie secrétaire plutôt qu'à une machine impersonnelle. » Il ajouta qu'il avait deux « ravissantes » secrétaires.

Bien des années plus tard, je rapportai cette anecdote à Leonid Brejnev au cours du sommet américano-russe de Moscou en 1972. Le dirigeant soviétique me rétorqua qu'il était entièrement d'accord avec Churchill et qu'il préférait lui aussi la secrétaire au dictaphone. Il ajouta, avec un clin d'œil et un large sourire : « De plus, une secrétaire est particulièrement utile quand on se réveille la nuit et que l'on veut prendre une note. »

Churchill détestait devoir se passer des bienfaits de la civilisation. Pendant la Première Guerre mondiale, il ne visita jamais le front sans emporter avec lui une baignoire en étain. Et lors d'une tournée de conférences aux États-Unis à l'époque de la Prohibition, son contrat stipulait qu'il devait recevoir une bouteille de champagne avant chacune de ses apparitions.

Peu après mon entrée en fonctions en 1969, l'un des plus anciens maîtres d'hôtel de la Maison-Blanche me raconta une autre anecdote. Le président Roosevelt avait invité Churchill à séjourner à la Maison-Blanche lors de ses visites à Washington, et il l'avait installé dans la pièce appelée Chambre de la Reine, qui est très élégamment décorée et possède un lit confortable. A l'occasion d'une visite privée de l'homme d'État britannique, Roosevelt voulut absolument que son hôte fût hébergé dans la Chambre de Lincoln afin qu'il pût ensuite dire qu'il avait dormi dans le lit de Lincoln. Or, la Chambre de Lincoln est décorée dans le style viril et plutôt austère qui prévalait en Amérique au milieu du XIXe siècle, et, bien entendu, son lit est le moins confortable de toute la Maison-Blanche.

A peu près une demi-heure après que Churchill se fut retiré pour la nuit, le maître d'hôtel aperçut l'homme d'État anglais, revêtu d'une chemise de nuit vieillotte et portant sa valise, alors qu'il traversait le vestibule sur la pointe des pieds pour passer de la Chambre de Lincoln dans la Chambre de la Reine. Il était clair que Churchill se refusait à dormir dans un lit inconfortable, quelle que pût en être la signification historique. Après avoir entendu cette histoire, je me rappelai qu'en 1954, lorsque Mme Eisenhower offrit à Churchill de choisir entre la Chambre de la Reine et la Chambre de Lincoln, il opta promptement pour la première, abandonnant la Chambre de Lincoln à son ministre des Affaires étrangères, Anthony Eden.

Churchill était aussi un parfait connaisseur de vins fins. J'ai eu récemment l'occasion de visiter le domaine de Château-Lafite Rothschild, qui produit l'un des plus grands vins de France. Mon hôte me raconta que Churchill avait lui aussi visité le château et qu'en son honneur ils avaient ouvert une bouteille de Château-Lafite 1870, le meilleur bordeaux du XIXᵉ siècle. A la fin du dîner, Churchill nota dans le livre d'or : « 1870 — pas une bonne année pour les armées françaises, mais une grande année pour les vins français. »

Tandis que j'observais Churchill au cours de ces trois jours qu'il passa à Washington, je me remémorais souvent l'époque où son nom avait commencé à prendre de l'importance pour moi. C'était en 1936, alors que j'étais déjà venu dans l'Est pour mes études de droit. Churchill était devenu un personnage éminemment en vue et controversé, en partie du fait du soutien qu'il avait apporté au roi Édouard et à Mrs. Simpson dans la crise de l'abdication, mais principalement en raison de sa farouche prise de position en faveur du réarmement de la Grande-Bretagne et de l'union des démocraties face aux menées de Hitler.

L'Amérique était alors à la fois isolée et isolationniste. Je connais aujourd'hui des hommes et des femmes qui s'impatientent quand Concorde décolle avec vingt minutes de retard. Mais dans les années trente, la façon la plus rapide de se rendre en Europe consistait à passer plusieurs jours à bord d'un paquebot transatlantique. Parmi mes connaissances de Californie ou de Caroline du Nord, personne n'aimait réellement Hitler, mais peu étaient disposés à partir en guerre contre lui pour l'éliminer. Je suppose que ses apparitions grotesques et ses vantardises outrancières conduisaient les Américains à ne pas le prendre suffisamment au sérieux. Et nous savions que même en Angleterre, Churchill passait aux yeux de beaucoup pour une sorte de taon belliqueux. Sa rhétorique paraissait enflée et exagérée, et nous sympathisions pour la plupart avec ce que nous savions de la détermination de Neville Chamberlain d'éviter la guerre, et nous admirions la patience et la dignité avec lesquelles il absorbait les insultes de Hitler. Je puis très bien me rappeler le grand soulagement ressenti par tous lorsque Chamberlain retourna de la Conférence de Munich en annonçant qu'il en rapportait la « paix pour notre temps ».

C'est en 1939 seulement, quand Hitler fit enfin clairement comprendre qu'il ne serait jamais satisfait par autre chose que par la conquête de l'Europe, que nous commençâmes à nous rendre compte que Churchill avait été tout le temps dans le vrai et que ses avertissements avaient eu un caractère prophétique. Au milieu de la soudaineté choquante de l'effondrement de l'Europe, la personnalité haute en couleur de Churchill ainsi que ses envolées oratoires dramatiques entrèrent instantanément dans la légende. Churchill devait parfaitement saisir son rôle quand il déclara : « C'était la nation et la race habitant aux quatre coins du monde qui avait un cœur de lion. J'eus la chance d'être appelé à rugir. »

Dès le commencement de la guerre, il réserva une attention particulière aux États-Unis. Il savait qu'en tant qu' « arsenal de la démocratie », seul notre soutien — et de préférence notre intervention — permettrait à la Grande-Bretagne de survivre. Ce rôle lui convenait à merveille, sa mère étant née américaine : Jennie Jerome de Brooklyn. Il affirmait même avec fierté — et non sans quelque accent mélodramatique — que les Jerome possédaient des branches indiennes d'Iroquois dans son arbre généalogique.

Né au palais de Blenheim en 1874, il était le fils aîné de lord et lady Randolph Churchill. Ses parents exercèrent une très forte influence sur ses premières années. Il les aimait et les vénérait. Mais la triste réalité était que ni l'un ni l'autre n'avait beaucoup de temps ou d'intérêt pour lui.

Lord Randolph était un homme politique brillant mais d'une extrême légèreté, qui joua toute sa carrière sur un coup de dés et perdit : il donna sa démission de membre du cabinet pour protester contre une certaine politique du gouvernement, croyant que le Premier ministre la refuserait. Au contraire, sa démission fut acceptée, et lord Randolph ne fut jamais plus membre du gouvernement. Coïncidence malheureuse, son état de santé commença alors à décliner à la suite d'une maladie vénérienne qu'il avait contractée quelques années plus tôt. Obsédé par ses propres problèmes, lord Randolph n'avait cure de s'occuper de son fils, qui ne lui causait d'ailleurs que du souci du fait de ses mauvais résultats scolaires et des dépenses supplémentaires qu'il faisait peser sur un budget familial déjà serré.

Winston s'intéressait beaucoup plus à la politique qu'aux matières du programme. Il n'avait qu'une envie : pouvoir s'entretenir avec son père des problèmes politiques du moment et des personnalités en vue. Mais chacune de ses initiatives devait se heurter à un mur de glace : « Si jamais je me permettais de faire preuve de la moindre notion de camaraderie, il était aussitôt offensé ; et quand je me hasardai un jour de lui proposer d'aider son secrétaire particulier dans la rédaction de certaines de ses lettres, il me fusilla du regard », écrira plus tard Winston. La mort prématurée de lord Randolph à l'âge de quarante-six ans allait mettre un terme à toutes ces velléités de rapprochement entre le fils et le père.

Winston devait écrire plus tard que sa mère « brillait pour lui comme l'étoile du soir ». « Je l'adorais, précisa-t-il encore, mais — à distance. » En fait, lady Randolph était essentiellement une beauté frivole pour laquelle le mariage avait eu très peu d'effet sur son penchant irrésistible pour la flatterie et la compagnie des hommes. Ses liaisons étaient parfaitement connues, malgré la discrétion de bon aloi de l'époque. La plus célèbre fut celle qu'elle entretint avec le prince de Galles, c'est-à-dire le futur roi Édouard VII.

Il se trouve qu'à mes yeux la « science » nouvelle de la psychobiographie est, la plupart du temps, de l'extravagance gratuite. Par exemple, dans un livre écrit en collaboration avec l'ancien ambassadeur William Bullitt, Sigmund Freud a émis l'hypothèse que Woodrow Wilson, qui adorait son père, le haïssait en réalité dans son subconscient et que cette haine contribuait à la rigidité arbitraire dont il devait faire preuve dans ses rapports avec tous ceux qui n'approuvaient pas sa politique étrangère. Cette affirmation me frappe par son caractère saugrenu que je juge tout simplement synonyme de sottise.

Bien entendu, je veux bien reconnaître que si l'on cherche à mieux connaître les pensées et les sentiments d'une personne adulte, son arrière-plan familial ainsi que ses premières années fourniront — cela tombe sous le sens — de précieux indices.

Dans le cas de Churchill, il ne semble pas que les privations d'affection de ses premières années aient eu un effet véritablement déterminant sur sa personnalité. Il était immensément fier de son père et défendait sa mémoire ainsi qu'un grand nombre des causes pour lesquelles il s'était battu. Lady Randolph vécut assez longtemps pour assister à la célébrité militaire, littéraire et politique de son fils. A l'instar de la mère de MacArthur, elle se servit de ses relations sociales extrêmement ramifiées avec des hommes puissants pour favoriser la carrière de Winston. Vers la fin de sa vie, elle aima réellement la compagnie de son fils et en devint passablement dépendante.

Tout le monde sait que Churchill, comme d'ailleurs Einstein, fut un élève médiocre dans sa jeunesse. « Ce gars-là n'aurait pas pu passer *par* Harrow mais *en dessous* », devait observer un de ses professeurs. En Chine ou en Union soviétique, il n'aurait jamais été sélectionné comme un membre de cette élite qui reçoit une formation supérieure pour ensuite se partager les hautes fonctions de l'administration et de l'industrie. Lors de l'un de mes voyages à Pékin, un éducateur chinois devait me faire remarquer avec une certaine fierté que tous les petits Chinois avaient droit à la scolarité gratuite. A la fin du cours moyen, expliqua-t-il, ils subissent un examen très poussé, et seuls les sujets dont les notes sont satisfaisantes seront admis au cours supérieur. Quant à ceux qui échouent, ils iront augmenter le nombre des travailleurs des usines et des champs. « Avec ce système, ajouta-t-il non sans une pointe de regret, nous fournissons une meilleure éducation aux masses, mais nous perdons nos Churchill. »

Un fin lettré n'aurait pas manqué de déceler chez Churchill des capacités uniques que n'aurait pu dévoiler un examen officiel. Il était tout simplement génial en anglais. Il détestait le latin et les sciences naturelles, et les notes médiocres qu'il obtenait dans ces matières rabaissaient sa moyenne au-dessous de la norme exigée. Ses notes le reléguèrent dans la classe la plus basse de Harrow, où le programme était centré sur l'enseignement de l'anglais écrit. « Ainsi, devait-il noter plus tard, on m'enfonça dans le crâne la structure essentielle de la phrase ordinaire anglaise — qui est une noble chose. » Il allait bientôt tomber amoureux de la langue anglaise, et cette histoire d'amour devait enrichir sa vie et, pour des générations, celle des peuples de langue anglaise.

Étant donné que l'itinéraire normal conduisant vers une carrière politique par Oxford ou Cambridge ne semblait pas convenir à Churchill, il fut décidé qu'il serait cadet de cavalerie à Sandhurst, le Saint-Cyr anglais. Il prit goût à sa formation militaire, et ses notes en témoignèrent ; il termina finalement parmi les premiers de sa promotion.

Le jeune Churchill se tourna alors vers le spectacle du monde, recherchant l'endroit où il pourrait découvrir l'aventure. Il partit enfin pour Cuba comme correspondant de guerre, car l'île était alors le théâtre d'affrontements entre les guérilleros cubains et le pouvoir colonial espagnol. Il écrira plus tard qu'il ressentit « des sensations délicieuses mais aussi de crainte » quand il vit la silhouette de Cuba se découper sur l'horizon. « Ici était un lieu où se passaient des choses réelles. Ici se trouvait une scène d'action vitale. Ici était un lieu où tout pouvait arriver. Ici était un lieu où il se passerait certainement quelque chose. Ici je pourrais laisser ma peau... »

Il rentra bientôt en Angleterre pour préparer sa première mission militaire : une affectation de huit à neuf ans à l'armée des Indes. Il était passablement contrarié par cette perspective, et ce sentiment apparaît clairement dans une lettre à sa mère : « Vous ne pouvez pas savoir à quel point je suis dépité de ne pas pouvoir voguer dans quelques jours vers des scènes d'aventure et de passion... plutôt que vers le triste ennui de la terre indienne — où je serai autant éloigné des plaisirs de la paix que des opportunités de la guerre. »

En poste à Bangalore, Churchill disposa de longues périodes de

temps libre et il décida d'en tirer profit. Il s'employa aussi à se doter
de cette formation qu'il n'avait jamais pu acquérir pendant ses
études. Il s'y prit de façon éclectique et méthodique. Il demanda à sa
mère de lui envoyer une collection complète des *Registres Annuels,*
qui étaient des almanachs périodiques couvrant la vie politique
anglaise mais donnant aussi des nouvelles de toute la surface du
globe. Il les lut très attentivement, prit une foule de notes et parvint
à maîtriser progressivement la masse de faits et d'informations
qu'ils contenaient. Avant de prendre connaissance des résumés des
principaux débats parlementaires, il définissait avec précision son
propre point de vue sur le sujet en question, pour ensuite confronter
ses opinions et analyses aux arguments des participants réels.

Il pria également sa mère de lui faire parvenir les œuvres de
quelques-uns parmi les grands prosateurs de langue anglaise,
notamment les travaux d'historiens tels que Macaulay et Gibbon.
Pendant que ses camarades somnolaient dans la torpeur des lourds
après-midi indiens, Churchill absorba ainsi le vocabulaire et le
rythme de ces livres.

Il commença bientôt à envoyer des comptes rendus d'opérations
militaires à un journal londonien. Une telle activité était assez peu
habituelle chez un jeune officier, et beaucoup de ses collègues ainsi
que la plupart de ses supérieurs y étaient hostiles. Quand ses
rapports sur les combats menés dans la province frontière du Nord-
Ouest furent publiés sous forme de livre, des esprits sarcastiques
proposèrent de lui donner pour titre : *Suggestions d'un subalterne à
ses généraux.* Ce type d'attitude allait le poursuivre toute sa vie
durant — mais le laissa toujours totalement indifférent.

Churchill n'accepta jamais de se soumettre à des conventions qui
seraient un frein à l'épanouissement de sa personnalité. Il n'avait
que faire des gens qui préservaient leur position en étouffant la
créativité d'autrui. Il était exaspéré par la médiocrité de cette
mentalité bureaucratique qui ramenait la vie à son dénominateur
commun le plus bas, y tirait une ligne, et interdisait à quiconque de
la franchir. Il méprisait la psychologie de ceux que Kipling appelait
les « petites gens » — ces fonctionnaires mesquins qui étaient « trop
petits pour aimer ou pour haïr » et qui « rabaissaient l'État ».
Quand Churchill se heurtait à des exemples concrets de « petites
gens », il pouvait aller jusqu'à réciter à haute voix le poème de
Kipling qui y fait allusion.

En Amérique, au cours des récentes décennies, ce problème a pris
une nouvelle tournure. Alors que beaucoup de petites gens dans
notre propre bureaucratie ampoulée sont institutionnellement
léthargiques et uniquement préoccupés par la défense de leur
emploi, un grand nombre d'entre eux sont aussi politiquement

engagés pour des causes progressistes. Ainsi, s'il est toujours difficile de remuer la bureaucratie pour quoi que ce soit, il est devenu pratiquement impossible à un conservateur — qu'il s'agisse d'un membre du gouvernement, du directeur d'une administration, ou même du président — de la faire bouger pour une cause qu'elle désapprouve politiquement.

Churchill froissa beaucoup de susceptibilités en s'adressant toujours au sommet, quand il voulait obtenir quelque chose, plutôt que de perdre son temps avec des subalternes qui craindraient de prendre des décisions contraires à la routine habituelle. Après la Première Guerre mondiale, une histoire circula à Londres concernant Clemenceau, Lloyd George et Churchill. Les trois hommes d'État moururent et arrivèrent l'un après l'autre aux portes du paradis. Clemenceau se présenta le premier et frappa pour être admis. Survint alors saint Pierre qui demanda à Clemenceau de se nommer pour lui permettre de consulter son livre et de déterminer la nature de sa récompense éternelle. Le même scénario se produisit avec Lloyd George. Arriva enfin Churchill qui frappa à son tour. Saint Pierre se présenta devant lui et le pria de se nommer pour connaître son sort éternel. Et Churchill de répondre : « Qui diable êtes-vous *vous-même* ? Allez donc me chercher Dieu ! »

Alors qu'il se trouvait encore en poste dans l'armée des Indes, Churchill usa de toute l'influence que pouvaient lui valoir ses propres relations et celles de sa mère pour convaincre lord Kitchener de lui permettre d'accompagner l'expédition militaire britannique qui devait s'attaquer aux mahdistes du Soudan. Il participa ainsi en tant que correspondant de guerre à ce qui allait être une des dernières charges de cavalerie de l'histoire, dans la bataille d'Omdourman.

En 1899, Churchill quitta l'armée et se présenta aux élections pour le Parlement dans la circonscription d'Oldham de Manchester — celle-là même que son père avait représentée. Il fut battu. Cet échec fut comme une gifle. Après cette première défaite politique, il nota qu'il ressentait « ces sensations de décompression que représente une bouteille de champagne ou même d'eau gazeuse laissée débouchée pendant une nuit ». Mais il était jeune, et une nouvelle aventure l'attendait déjà.

Il partit pour l'Afrique du Sud en tant que correspondant de guerre pour couvrir la guerre des Boers. Quinze jours seulement après son arrivée, alors qu'il défendait héroïquement un train contre une attaque des Boers, il fut capturé et devint prisonnier de guerre. Il échappa à ses geôliers boers, qui offrirent une prime de vingt-cinq livres pour le retrouver — mort ou vif. Beaucoup plus tard, il conservera dans son cabinet de travail une affiche encadrée avec cet avis de recherche, et à ses visiteurs il dira non sans humour : « C'est donc tout ce que je vaux, vingt-cinq livres ! »

Alors qu'il était encore en Afrique, une aventure romanesque écrite par lui fut publiée à New York et à Londres ; trois mois plus tard, son livre consacré à la guerre des Boers et aux exploits qu'il y accomplit reçut un accueil chaleureux de la critique et enregistra de très bonnes ventes.

Quand il retourna en Angleterre, deux mois plus tard, il était devenu un héros national. Il fut sollicité par onze circonscriptions pour les représenter au Parlement. Mais il décida de se représenter à Oldham, et cette fois-ci il fut bel et bien élu.

Winston Churchill porta à la Chambre des Communes un amour rare et tout à fait exceptionnel. A partir de ce jour de 1900 où il y occupa pour la première fois un siège, ce lieu devint son havre spirituel dans le sens le plus profond du terme. Par la famille de son père et avec sa propre appréciation romantique de l'histoire, il se sentait partie intégrante de la Chambre et de ses traditions. Il est passionnant de relire ses discours concernant la reconstruction de la Chambre exactement telle qu'elle avait été avant sa destruction par des bombes allemandes au cours de la Seconde Guerre mondiale. L'homme qui s'exprime ici n'évoque pas simplement un édifice, il parle en réalité de son rapport personnel et passionnel avec l'histoire.

Churchill fut très bien accueilli par ses nouveaux collègues. Beaucoup avaient connu son père, et il y avait parmi eux comme un sentiment de protection pour le jeune parlementaire. Il écrivit, améliora et répéta son discours d'inauguration jusqu'à pouvoir le prononcer — comme il le notera plus tard — n'importe où et à partir de n'importe quel passage.

Orateur d'une superbe envolée, il pouvait tenir en haleine des milliers de personnes dans une salle de congrès et des millions d'auditeurs à la radio. Il alliait une maîtrise brillante de la langue anglaise à un instinct très sûr de la mise en scène. Cependant, s'il savait enflammer son auditoire, c'était d'abord et avant tout parce qu'il était lui-même enflammé par les idéaux pour lesquels il combattait. Robert Menzies, l'ancien Premier ministre australien, avait très bien saisi cette particularité quand il fit observer que les discours de guerre de Churchill avaient eu cet impact extraordinaire parce que l'homme d'État anglais « avait fait sienne cette grande vérité selon laquelle, pour toucher autrui, l'orateur, le chef, devait d'abord être touché lui-même ; que tout devait être extrêmement vivant dans son esprit ».

Mais l'art de l'orateur ne lui fut pas donné d'emblée. Au début de sa carrière, il rédigea minutieusement chacun de ses discours et les apprit par cœur, travaillant le gestuel devant un miroir et essayant même diverses façons de produire de l'effet avec sa prononciation particulière.

A l'occasion de la convention républicaine de 1952, je rencontrai pour la première fois Randolph, le fils de Churchill, et je lui avouai combien j'avais été impressionné par les brillants discours improvisés de son père. « Je pense bien qu'ils étaient bons, me répondit-il en riant, il a passé le plus clair de son temps à les écrire et à les apprendre par cœur ! » En discutant avec Randolph Churchill, je devais me rendre compte à quel point il était difficile d'être le fils d'un homme illustre. Il me parut hautement intelligent, intéressant et spirituel, mais n'importe qui d'autre aurait souffert de la comparaison avec Winston Churchill. Cela était doublement vrai pour quelqu'un qui se trouvait être son fils.

En tant que jeune et brillant parlementaire, jouissant d'excellentes relations, Churchill occupait une place de choix au sommet de la politique mondiale, avec à ses pieds des possibilités apparemment illimitées.

C'est alors qu'il commença subitement à attaquer certaines des positions adoptées par les dirigeants de son parti. Une crise grave surgit quand il se prononça en faveur d'une politique de libre-échange en opposition flagrante avec l'attitude officielle du parti conservateur, qui réclamait l'imposition de tarifs protectionnistes pour défendre les produits anglais. Un tel manque de discipline était totalement inacceptable de la part d'un jeune membre du parti, surtout s'il nourrissait des ambitions gouvernementales.

En 1904, Churchill fit le pas décisif. Il « franchit le parquet » de la Chambre des Communes. Il passa du parti conservateur au parti libéral. Il existe des moments en politique où il faut savoir prendre le grand risque. L'enjeu est énorme, et le résultat sera sans équivoque : le succès ou l'échec. Ceux qui sont en dehors de l'arène politique, les novices aussi, sont fréquemment incapables de comprendre les qualités uniques qui s'attachent au choix risqué en politique. Prendre un risque en affaires peut se révéler extrêmement éprouvant pour les nerfs, mais ici au moins il y a des outils scientifiques permettant de prévoir les paramètres des résultats éventuels. En politique, le choix risqué se fonde uniquement sur le courage personnel, l'intuition, et la capacité de savoir prendre la bonne décision au moment opportun.

De nos jours, le débat autour du protectionnisme semble lointain et quelque peu irréel. On peut se demander si Churchill ne commit pas une erreur en prenant un si grand risque pour une telle cause. En fait, il abordait la question du libre-échange sous son aspect le plus

large, y compris sa relation directe avec l'emploi et le niveau de vie
en Grande-Bretagne. A une époque où beaucoup d'Anglais vivaient
encore sans se plaindre dans des conditions assez proches des décors
les plus sordides des romans de Dickens, Churchill comprit que
l'amélioration de la qualité de la vie allait constituer dans ce siècle
la tâche cruciale de tout gouvernement britannique.

Il était profondément choqué, non seulement par l'injustice
économique criante de la société anglaise, mais aussi par l'indigence
spirituelle qu'impliquait cet état de choses. Un jour, alors qu'il se
promenait à travers les rues sinistres de sa circonscription électorale
de Manchester, il devait déclarer à son assistant : « Imaginez une vie
dans l'une de ces rues — ne jamais voir quelque chose de beau — ne
jamais manger quelque chose de savoureux — *ne jamais dire quelque
chose de spirituel !* »

Il arrive fréquemment que des jeunes gens me demandent de leur
indiquer les qualités requises pour réussir une carrière politique.
L'intelligence, un instinct sûr, la force de caractère et la foi dans une
grande cause viennent évidemment à l'esprit. Mais alors que
beaucoup d'individus possèdent ces qualités, très peu ont la qualité
indispensable au succès politique : savoir accepter de tout risquer
pour tout gagner. Il ne faut pas redouter l'échec, ce qui ne veut pas
dire qu'il faille être téméraire. Mais avant tout il faut être audacieux.
Quand un candidat potentiel vient me trouver pour me déclarer qu'il
se présentera uniquement s'il est sûr de l'appui financier et politique
des instances du parti et si les sondages le donnent gagnant, ma
réponse est franche et directe : « Ne vous présentez pas. Vous feriez
un mauvais candidat ! » Pendant toute sa carrière, Churchill fut
toujours audacieux, et quelquefois il fut téméraire. Mais il n'eut
jamais peur de perdre.

Le changement de parti de Churchill provoqua d'énormes vagues.
Beaucoup de ses amis l'accusèrent publiquement d'être un opportuniste ingrat qui s'était servi de certaines personnes utiles à l'avancement de sa carrière pour ensuite se retourner contre elles en
adhérant à un parti dont le programme cherchait à bouleverser
toute la structure de classes de la société anglaise. Il visait à des
réformes électorales qui allaient bien au-delà de l'augmentation
légère et prudente du nombre des éligibles aux instances gouvernementales qu'ils jugeaient eux-mêmes opportune. En fait, Churchill
avait rejoint les forces qui allaient ouvrir les digues à la poussée
démocratique pour laisser entrer la racaille.

Le ressentiment fut aussi violent qu'amer. Avec une discrétion
toute britannique, Churchill resta très au-dessous de la réalité quand
il écrivit plus tard cette ligne désabusée : « Ni par mes initiatives ni
par ma façon même de les prendre, je n'inspirais pas précisément

une grande et persistante affection. » Il devint un paria dans beaucoup de cercles où il avait été précédemment accueilli avec empressement comme un jeune homme doté d'un brillant potentiel et de possibilités d'avenir quasi illimitées. Il se vit traité de « rat de Blenheim » et découvrit subitement qu'il n'était plus le bienvenu dans un grand nombre de salons les plus huppés de Londres. L'aversion qu'il suscita alors ne devait pas disparaître de sitôt. Onze ans plus tard, à l'occasion des pourparlers en vue de la formation d'un gouvernement de coalition pour faire face aux problèmes de la guerre, les conservateurs essayèrent de lier leur participation à la promesse formelle qu'en aucun cas Churchill ne serait introduit dans le cabinet.

L'animosité qu'il avait suscitée ne s'éteignit jamais tout à fait ; en revanche, ceux qui la lui manifestaient allaient s'éteindre les uns après les autres. Il y a un proverbe qui dit que « bien vivre est la meilleure vengeance », ce qui, en termes de politique, pourrait se traduire comme suit : « Vivre plus longtemps que tous les autres est l'ultime vengeance ! »

L'ostracisme social auquel fut exposé Churchill aurait écrasé plus d'un homme politique. Bien des gens font de la politique parce qu'ils adorent être ovationnés en public. Il y faut un tempérament différent — et pas nécessairement un *meilleur* tempérament — pour accepter de subir l'impopularité, l'amertume et le harcèlement qu'implique le fait de devenir un personnage politique controversé.

Au cours de mes trente-six ans de vie publique, j'ai vu beaucoup de jeunes hommes et de jeunes femmes renoncer à leur carrière politique et retourner dans le privé parce qu'ils refusaient — pour eux-mêmes ou pour leurs familles — le genre de pression et d'isolement qui accompagne le débat public. Sous cet aspect, la différence des mœurs politiques est frappante entre avant et après le Watergate. De nos jours, les chances de recueillir l'approbation ou l'estime pour des réalisations positives sont minces. Au contraire, les risques d'une inquisition impitoyable dans la vie privée sont plus grands que jamais, et l'ampleur des sacrifices et des révélations exigés d'emblée de tout postulant à la vie publique est devenue prohibitive aux yeux de beaucoup. Cet état de choses est évidemment préjudiciable à la qualité et au nombre des jeunes qui se présentent aux carrières politiques.

En 1906, Churchill se vit offrir un poste dans le cabinet du premier gouvernement libéral ; il avait alors trente-deux ans. Pendant les années suivantes, il occupa une demi-douzaine de postes ministériels. Il apporta à chacune de ces fonctions sa curiosité vorace et son énorme énergie. Quand il se trouva à la tête du ministère du Commerce, Churchill fournit l'impulsion législative qui allait

jeter les fondations de la Grande-Bretagne contemporaine. Parmi
beaucoup d'autres innovations et alors qu'il dirigeait le ministère
de l'Intérieur, il réduisit le travail des mineurs à la journée de
huit heures et exigea que les mines fussent équipées d'installations
de sécurité pour limiter le nombre des accidents ; il fit interdire le
travail au fond des jeunes de moins de quatorze ans, instaura des
temps de repos pour les ouvriers d'usine, fixa un salaire minimum
garanti, organisa les échanges de main-d'œuvre à travers tout le
pays pour lutter contre le chômage, et suscita des réformes majeures
du système pénitentiaire.

Ces réalisations, assurément, constituaient l'amorce de l'actuel
État providence britannique. Mais Churchill différencia d'emblée
socialisme et libéralisme. Dans un discours qu'il jugeait être un de
ses meilleurs, il déclara ainsi : « Le socialisme cherche à abaisser la
richesse ; le libéralisme cherche à élever la pauvreté. Le socialisme
pourrait tuer l'entreprise ; le libéralisme pourrait sauver l'entreprise
des entraves des privilèges et des préférences. Le socialisme exalte le
règlement ; le libéralisme exalte l'homme. Le socialisme attaque le
capital ; le libéralisme attaque les monopoles. »

Son apport législatif était substantiel. Par son approche, il pouvait
être tour à tour créatif, flatteur et contestataire, mais la première
impression qu'il donnait était souvent celle d'un homme rude et
manquant de tact. Il se fit ainsi beaucoup d'ennemis, alors qu'il
avait pourtant besoin d'amis pour le soutenir. Quand il réussissait à
se faire mieux connaître, le dommage pouvait être réparé. Très
souvent, cependant, ses relations restaient sur la première impression. « La première fois que vous rencontrez Churchill, vous voyez
tous ses défauts, et vous passez ensuite le reste de votre vie à
découvrir ses qualités », dira un de ses plus proches amis.

Les hommes au tempérament vif et au caractère emporté, à
l'image de Churchill, étaient autrefois assez répandus dans les
milieux politiques. Quand j'entrai pour la première fois à la
Chambre des Représentants en 1947, elle était remplie de personnalités puissantes et affirmées, ainsi que de quelques merveilleux
excentriques. Depuis lors, l'importance croissante de la télévision
devait conduire à une homogénéisation des personnalités politiques.
Dans le lait homogénéisé, la crème ne vient pas à la surface. Il en va
de même avec la politique homogénéisée.

Dans le passé, nous avions tendance à admirer l'homme politique
qui avait le courage d'être différent — pas seulement dans ses idées
mais aussi par son style. Aujourd'hui, afin de ne pas souffrir de
surexposition ou ne pas sembler excessifs ou bizarres, presque tous
les hommes politiques ont ou font semblant d'avoir un comportement essentiellement neutre et inoffensif. Ne pas faire de vagues est

apparemment le fil conducteur de la plupart des représentants de la nouvelle génération.

Bien entendu, je ne veux pas dire par là que nous ayons besoin de toqués ou d'extravagants au gouvernement. Mais nous pourrions certainement avoir un plus grand nombre de penseurs originaux et d'individus prêts à prendre des risques. Nos jeunes dirigeants politiques devraient enfin apprendre qu'il n'y a qu'une seule chose qui soit pire que d'avoir tort, être ennuyeux. Je me demande parfois si de fortes personnalités telles que Churchill ou de Gaulle pourraient résister au barrage constant de ce traitement trivial auquel sont de nos jours soumis nos dirigeants politiques.

Churchill paya très cher son attitude volontariste. Il avait peu d'amis véritables et beaucoup d'ennemis. A en croire C. P. Snow, même Lloyd George, qui avait pourtant beaucoup d'affection pour Churchill, pensait qu'il agissait « comme un âne bâté ». Tant qu'il réussissait dans ses entreprises, tout était parfait. Mais l'exécution bâclée de son plan audacieux — et, à mon avis, brillant — d'abréger la Première Guerre mondiale par le débarquement d'une force d'intervention alliée à Gallipoli, dans les Dardanelles, allait fournir à ses ennemis l'arme dont ils rêvaient pour le diminuer politiquement. Il fut mis à l'écart avec un poste honorifique.

Il ne put pas supporter cette déchéance — non pas parce qu'il craignait la controverse ou parce qu'il se sentait froissé dans son amour-propre. Certainement pas non plus parce qu'il doutait de la possibilité de réussite de l'expédition des Dardanelles si son plan avait été réellement suivi à la lettre. Non, il était abattu parce qu'il ne pouvait plus intervenir directement dans le cours des événements. Son assistant mit clairement en lumière sa psychologie de battant : « Plus les choses vont mal et plus il devient brave et serein — c'est le sentiment d'être condamné à l'inaction qui fut si terriblement déprimant pour lui. »

C'est d'ailleurs à cette époque que Churchill commença à souffrir de ce mal particulier qu'il qualifiait lui-même de « Chien Noir » — un état douloureusement dépressif qui pouvait l'immobiliser pendant plusieurs semaines à la fois. Sans doute n'était-ce pas une consolation pour lui de savoir qu'un autre maître de la prose anglaise, Samuel Johnson, l'auteur du premier dictionnaire anglais, avait souffert de la même affection. Si elles étaient assurément très pénibles pour lui, ces périodes permettaient probablement à son âme par ailleurs optimiste et énergique de se recharger en vue des batailles futures.

Dans son mariage, Churchill trouva une source constante de paix et de satisfaction. En 1908, il avait épousé Clementine Hozier, et l'union fut une réussite. Mais qui dit mariage heureux ne dit pas nécessairement mariage sans complications. Clementine Churchill fut le plus fervent supporter et le plus chaud partisan de son mari, mais elle n'apprécia jamais la politique en tant que métier. Elle ne put pas non plus se faire à un grand nombre d'amis et de relations politiques de Churchill. Étant donné qu'il était hors de question pour lui de renoncer à sa carrière publique, il leur fallut bien trouver des accommodements. Ils vécurent ainsi souvent séparés, lui-même pris par ses occupations officielles, elle en vacances en France ou dans leur maison de campagne près de Londres. Churchill ne s'intéressa jamais à d'autres femmes et il entretint avec son épouse une abondante correspondance. Ces lettres sont le parfait reflet de la profondeur de leur amour et de leur confiance mutuelle.

Vers le début des années vingt, Churchill ressemblait à un laissé-pour-compte de l'histoire. Il n'avait alors que quarante-sept ans, mais aux yeux de beaucoup de jeunes professionnels de la politique, il était déjà un vieil homme. Il avait eu une carrière variée mais remarquable dans son ensemble, et il ne semblait pas qu'il pût jamais monter plus haut. D'ailleurs, une certaine méfiance continuait à s'attacher à lui en raison de son changement de parti, et il ne parvenait pas non plus à se débarrasser des récriminations amères liées à l'échec des Dardanelles.

Il fut au plus bas de toute une série de passages à vide en 1922, quand une appendicectomie urgente l'empêcha de faire campagne pour sa réélection à la Chambre des Communes. Placé dans l'incapacité de se servir de ses exceptionnels pouvoirs de persuasion personnels, il fut battu. Pour la première fois en vingt-deux ans, il n'était plus membre de la Chambre. Pour caractériser la situation dans laquelle il se trouvait alors, il eut ce mot d'esprit : « En un clin d'œil, je me vis sans fonction, sans siège, sans parti et même... sans appendice. » En réalité, son moral était au plus bas. L'un des anciens assistants de Lloyd George qui rencontra Churchill à cette époque nous laissa ce portrait : « Winston était à tel point déprimé qu'il ouvrit à peine la bouche de toute la soirée. Il pensait que c'était la fin de son monde — au moins de son monde politique. »

Dans la guerre on ne meurt qu'une fois, disait Talleyrand, alors qu'en politique on ne meurt que pour renaître. La carrière de Churchill est là pour confirmer cette observation, sa justesse. Mais il est bien évident qu'un adage est un piètre réconfort pour un homme qui vient de perdre une élection. J'en ai moi-même perdu quelques-unes, et je sais donc par expérience ce qu'on ressent dans ces cas. Vos amis viennent vous dire : « N'est-ce pas merveilleux d'être enfin libre et loin de toutes les responsabilités, d'avoir le temps de voyager, d'aller à la pêche, de faire du golf ? » Et moi, je leur réponds ceci : « Oui, pour une semaine environ. » Car après, vous vous sentez totalement vide, et c'est quelque chose que peuvent uniquement comprendre ceux qui sont passés par là.

La sensation de désastre n'est pas immédiate, car on se trouve dans une certaine torpeur provoquée par la fatigue de la campagne ; en outre, on fonctionne encore avec un haut niveau d'adrénaline. Cependant, quelques semaines ou quelques mois plus tard, la vérité se fait subitement jour en soi, on sait alors qu'on a perdu, perdu pour de bon, et qu'on ne peut plus strictement rien faire pour changer l'issue du scrutin. A moins d'être très riche, il y a aussi la nécessité de commencer ou de recommencer une autre carrière pour être en mesure de payer les factures qui, elles, continuent d'affluer chaque semaine, qu'on soit déprimé ou pas.

C'est ainsi que les choses se passèrent certainement pour Churchill. Il se remit à faire du journalisme et à écrire des articles pour avoir un revenu. Il essaya par deux fois de retourner au Parlement mais échoua. Extérieurement, il fit preuve de courage et montra du ressort, mais je suis persuadé qu'en réalité chacune de ces défaites personnelles fut pour lui une cruelle déception et une humiliation cuisante. Mais la défaite n'est pas fatale en politique, sauf lorsqu'on renonce et abandonne. Et le verbe *abandonner* n'entrait pas dans le vocabulaire de Churchill.

Vers le milieu des années vingt, les travaillistes avaient presque complètement supplanté le Parti libéral, et les derniers libéraux rejoignaient peu à peu les rangs du Parti conservateur. Candidat avec l'étiquette retrouvée de conservateur, Churchill réussit enfin à se faire réélire au Parlement en 1924.

Un mois plus tard, Churchill eut une occasion qui ressembla d'abord à un heureux hasard pour finalement se révéler un coup de malchance. Du jour au lendemain, il se trouva désigné chancelier de l'Échiquier, c'est-à-dire ministre des Finances, le second poste en importance dans le cabinet britannique, venant immédiatement après le Premier ministre lui-même. Par une ironie du sort, Neville Chamberlain fut responsable de cet événement inattendu.

Occupé à former son gouvernement, Stanley Baldwin, le Premier ministre, avait l'intention de faire de Chamberlain son chancelier de l'Échiquier et de nommer Churchill au poste de ministre de la Santé. Mais à la dernière minute, Chamberlain déclara qu'il voulait être lui-même ministre de la Santé, créant ainsi la surprise et bouleversant les plans de Baldwin. Tous les autres portefeuilles étaient déjà attribués, et Churchill attendait dans l'antichambre. Baldwin renversa alors purement et simplement les rôles, et un Churchill sidéré se vit demander s'il désirait être chancelier. Churchill sauta sur l'occasion.

Les quatre années que Churchill passa à la tête des Finances ont toujours fait l'objet de controverses. En fait, sous beaucoup d'aspects, c'était une tâche impossible. La Grande-Bretagne se trouvait encore économiquement affaiblie par les conséquences de la Première Guerre mondiale. Les économistes les plus réputés souhaitaient un resserrement de la fiscalité afin de donner à l'économie du pays une base saine en vue d'une amélioration réelle et non pas factice. Les militaires demandaient l'allocation de sommes énormes aux budgets des diverses armes pour compenser les pertes et destructions provoquées par la guerre et pour réaffirmer la suprématie britannique dans le domaine de la défense.

Peu de voix s'élevaient en faveur du programme d'aide sociale extrêmement coûteux — tel qu'un plan national de pensions ainsi qu'un fonds de prévoyance à l'usage des veuves et des enfants — que Churchill était déterminé à appliquer. Par une initiative audacieuse, il instaura un fonds obligatoire de pensions et retraites, et se servit de plusieurs modifications des codes fiscaux pour alléger les charges des contribuables moyens et pour favoriser l'emploi en stimulant la production et l'investissement.

Je pense qu'en tant que chancelier de l'Échiquier, Churchill rencontra le même problème qui devait tellement noircir chez nous l'image du président Hoover. Les deux eurent la malchance d'exercer leurs fonctions au moment de la grande dépression de 1929. Qui pouvait-on rendre responsable de cette catastrophe, sinon les hommes en place? Contrairement à Churchill, Hoover n'avait pas cette personnalité engageante et chaleureuse qui lui eût permis de faire sentir aux foules qu'il partageait leur désarroi. Quand je fis la connaissance de Hoover plusieurs décennies plus tard, je découvris que sous un extérieur assez froid et rigide se cachait en réalité un homme timide, sensible et généreux. Pendant son mandat présidentiel, seuls ses intimes et les membres de sa famille eurent l'occasion de lui voir monter les larmes aux yeux quand il évoquait les souffrances de tous ces Américains que la crise avait jetés dans la rue et qui ne trouvaient plus d'emploi.

Par un hasard extraordinaire, Churchill avait été placé très haut ; à présent des forces qu'il ne pouvait guère maîtriser le faisaient tomber. Il retraversa le désert politique au cours d'une autre longue période de frustration et de solitude. Le Chien Noir de la dépression fut souvent son triste compagnon. « Me voici évincé, écarté, abandonné, rejeté et détesté », écrivit alors un Churchill abattu.

Au cours de cette période, il donna plusieurs livres, notamment son *Marlborough* et ses *Grands Contemporains*, ainsi que de nombreux articles destinés à la presse périodique. Beaucoup de critiques littéraires se moquent aujourd'hui du style de Churchill, jugé trop fleuri et même ampoulé. Je considère pour ma part que dans l'évaluation de ce qu'il nous a légué, ses livres se placeront tout de suite après sa contribution à la victoire sur le nazisme.

Il n'améliora pas précisément son image en prenant un certain nombre de positions qui vinrent encore accroître sa réputation d'être un original fantasque sur lequel on ne pouvait pas compter. Ainsi, il s'opposa violemment au projet du gouvernement d'accorder son indépendance à l'Inde. Il donna d'ailleurs sa démission du cabinet parallèle de Stanley Baldwin précisément sur cette question-là, creusant de la sorte un fossé presque infranchissable entre lui-même et un éventuel retour au pouvoir. Il rompit une autre fois la discipline du parti en se rangeant aux côtés du roi Édouard VIII dans ses efforts pour trouver un arrangement qui lui eût permis de conserver la couronne tout en épousant la deux fois divorcée Mrs. Simpson. Il entama également sa campagne visant à mettre en garde le Parlement contre les dangers d'un trop rapide réarmement allemand.

Quoi qu'on puisse penser concernant sa position sur le projet d'indépendance de l'Inde ou sur l'abdication du roi Édouard, ses avertissements relatifs au péril nazi firent de lui le prophète de la vérité dans un paysage politique où prévalait le confort intellectuel et moral des trompeuses illusions. Si Churchill put ainsi jouer les Cassandre, c'est qu'il recevait régulièrement des informations confidentielles de certains fonctionnaires des divers services des forces armées qu'inquiétait l'aveuglement de leurs supérieurs. C'est grâce à cette poignée d'hommes, dont l'identité n'a été dévoilée que très récemment, que Churchill put remplir efficacement ce rôle. Car sans les données précises qu'ils lui fournissaient, sans leurs faits et leurs chiffres, on l'aurait tout simplement ignoré en le taxant d'extrémiste belliqueux.

Tant que la nature humaine restera ce qu'elle est, il se trouvera toujours des individus disposés à faire passer des renseignements pour parvenir à leurs fins. Dans la plupart des cas, leur action leur est dictée par un souci d'avancement personnel, de promotion. Il peut aussi arriver, cependant, que cette décision soit prise pour aller à l'encontre d'une politique jugée mauvaise. Certains me diront qu'il n'est pas très logique de ma part d'honorer les hommes qui ébruitèrent les renseignements concernant le réarmement allemand pendant les années trente, alors que j'ai condamné ceux qui avaient livré à la presse des documents sur la guerre du Vietnam pendant les années soixante et soixante-dix. Mais les deux cas sont totalement différents. Quand le *New York Times* commença à publier les fameux papiers du Pentagone, nous avions déjà eu quarante-cinq mille tués au Vietnam, et chaque semaine apportait une nouvelle liste de pertes en vies. Nous nous trouvions engagés dans des négociations difficiles et délicates pour essayer de mettre un terme à la guerre. Le torrent de fuites — qui comprenait beaucoup d'autres documents en plus des papiers du Pentagone — contraria nos négociations et, au lieu de raccourcir la guerre, la prolongea. Je suis certain que ce n'était pas là l'intention des personnes qui avaient permis ces fuites, mais ce fut néanmoins la conséquence de leur action.

Les fuites dont bénéficia Churchill étaient sélectives et l'autorisèrent à formuler des questions révélatrices à l'occasion des débats parlementaires consacrés à la politique du gouvernement. Les hommes qui constituaient ses sources n'auraient pas songé une seconde à confier leurs renseignements à un journaliste. Je suis sûr que Churchill aurait assimilé la divulgation des papiers du Pentagone en temps de guerre à un acte de trahison.

La pertinence des avertissements de Churchill se révéla avec une soudaineté tragique au cours de l'été de l'année 1939, quand la dévastation nazie passa sur la Pologne. Chamberlain rappela immédiatement Churchill comme Premier lord de l'Amirauté — la même fonction qui avait été la sienne vingt-cinq ans plus tôt. Et le fameux signal fut alors envoyé de Londres à toute la flotte anglaise : *Winston est de retour !*

Il était clair que Chamberlain, discrédité, ne pourrait pas rester longtemps Premier ministre. Cependant, de même que le roi, il ne désirait pas voir Churchill prendre cette place. Ils lui préféraient lord Halifax. Le 10 mai 1940, seulement après qu'ils eurent admis à regret que le Premier ministre ne pouvait pas venir de la Chambre des Lords, le poste fut néanmoins offert à Winston Churchill, alors âgé de soixante-cinq ans. « Alors que j'allais au lit vers trois heures du matin, écrira-t-il plus tard, j'étais conscient d'un profond soulagement. J'avais enfin l'autorité de donner des directives pour l'ensemble de la scène. J'avais l'impression d'aller de pair avec le Destin, et que toute ma vie passée n'avait été que la préparation à cette heure et à cette épreuve. »

Je suppose qu'on peut s'amuser à une sorte de jeu de société en spéculant sur ce qui se serait passé si Churchill n'avait pas été appelé au poste de Premier ministre et s'il était demeuré à l'Amirauté pour conduire la guerre sur mer. Mais je ne connais pas beaucoup de dirigeants politiques qui passent leur temps à ce genre de conjectures. On peut devenir totalement immobilisé en réfléchissant à tous les « si » de la vie.

En Amérique, que se serait-il passé si Robert Taft avait été élu à la présidence en 1952 plutôt qu'Eisenhower ? Taft succomba à un cancer dix mois après l'élection. Et si Churchill était mort en 1939 ?

Son nom se serait ajouté à la liste des ratés pittoresques de l'histoire britannique. Son épitaphe eût été : « Tel père, tel fils. » Mais ce qui arriva arriva. Une fois de plus, la chance de Churchill, sa persévérance, son habileté et sa longévité se révélèrent payantes.

Dans son discours inaugural de Premier ministre à la Chambre des Communes, Churchill déclara : « Je n'ai rien à offrir, sinon du sang, du labeur, des larmes et de la sueur. » Il aurait pu ajouter la *direction* à cette liste. Car sans sa direction, la Grande-Bretagne n'aurait peut-être pas survécu à la tourmente. L'Europe occidentale ne serait peut-être pas libre à l'heure qu'il est, et les États-Unis d'Amérique une île assiégée dans un monde hostile. Et si l'on voulait paraphraser une de ses déclarations les plus célèbres faites pendant la guerre, on pourrait dire que « jamais un seul homme n'aura fait autant pour un si grand nombre ».

Churchill traita Neville Chamberlain avec beaucoup de générosité quand leurs positions se trouvèrent subitement renversées. Churchill insista pour garder Chamberlain au gouvernement et continua à l'inviter à tous les conseils. Il ne le critiqua pas publiquement, évoquant au contraire avec bienveillance la noblesse des intentions de son prédécesseur malheureux. Ce genre de magnanimité est caractéristique des meilleures mœurs politiques dans tout pays. Franklin Roosevelt ne fit pas preuve d'une telle générosité pendant son séjour à la Maison-Blanche. Pendant les treize ans de sa présidence il n'y invita pas une seule fois les époux Hoover. Hoover eut les larmes aux yeux quand l'une des premières initiatives de Harry Truman comme président fut de l'inviter à une réunion dans le Bureau Ovale.

La Seconde Guerre mondiale allait donner à Churchill un terrain à la mesure de ses capacités et de sa personnalité plus grandes que nature. Sans doute est-ce l'une des tristes réalités de la vie que l'art du chef hors pair se manifeste de la façon la plus évidente dans les circonstances terribles de la guerre.

Robert Peel fut l'un des plus grands Premiers ministres britanniques ; il eut notamment le courage de faire voter la loi d'abolition des droits de douane sur le blé *(corn laws)*. Il est néanmoins beaucoup moins connu que Disraeli ou que d'autres Premiers ministres qui occupèrent le 10, Downing Street en temps de guerre. Aux États-Unis on pourrait en dire autant de James Polk, qui compte probablement parmi nos quatre ou cinq meilleurs présidents, par ses capacités comme par ses réalisations. Eisenhower est un autre exemple. Il termina une guerre et maintint la paix pendant huit ans. Mais beaucoup pensent qu'il a été moins énergique et moins déterminé que le président Truman qui, par un accident de l'histoire, donna l'ordre de lancer la bombe atomique en août 1945. Il semble que dans l'esprit de la plupart des historiens, la mesure de la grandeur soit toujours dans le fait d'engager ou de poursuivre la guerre plutôt que dans celui de la terminer ou de l'éviter.

Malgré la défaite totale de l'Allemagne, de l'Italie et du Japon, l'issue de la Seconde Guerre mondiale ne fut pas précisément victorieuse pour ce qui concernait Churchill.

C'est C. P. Snow qui a fait observer que la fameuse déclaration de Churchill, « je ne suis pas devenu le Premier ministre de Sa Majesté pour présider à la dissolution de l'Empire britannique », si elle revêtait certes un caractère superbement dramatique, manquait aussi quelque peu de sincérité, car il était clair que quiconque devenait Premier ministre anglais en 1940 aurait justement à affronter cette tâche-là. Même sans la détermination de F. D. Roosevelt de libérer tous les peuples coloniaux à l'issue de la guerre, l'élan en vue de l'indépendance s'affirmait déjà d'une façon irrésistible au sein de l'Empire britannique. Si Churchill avait tenté de résister à cette formidable poussée, il aurait ressemblé au roi Canut ordonnant à la marée montante de se retirer alors qu'elle léchait déjà ses jambes.

Même la défaite de l'Allemagne impliquait des conséquences d'une ironie amère pour les Britanniques. Churchill savait qu'il faudrait reconstruire l'Allemagne pour contrebalancer dans la mesure du possible le bloc monolithique soviétique et pour parvenir à une certaine stabilité sur le continent européen. Il savait aussi, et c'était là une autre ironie du sort, que la reconstruction à partir de la dévastation totale qui avait frappé l'Allemagne était plus avantageuse que la destruction partielle de la Grande-Bretagne. Dans une Allemagne reconstruite, une industrie entièrement neuve et moderne allait remplacer les usines écrasées sous les bombes. L'Angleterre, pourtant victorieuse, devait se contenter d'une infrastructure industrielle qui avait déjà été passablement démodée avant la guerre. En conséquence, la nation vaincue devint plus riche et plus forte que le pays vainqueur.

Les Anglais devaient en outre se résigner aux privations continues du rationnement, et ils découvraient avec amertume qu'en dépit de tous leurs efforts, de leurs souffrances et de leurs sacrifices, la Grande-Bretagne ne jouerait jamais plus dans les affaires du monde le rôle dirigeant auquel elle avait été habituée.

L'unité anglo-américaine avait constitué l'un des principaux pôles d'intérêt de Churchill longtemps avant la guerre. Pendant les années de l'après-guerre elle devint pour lui une exigeante obsession. Dans les années trente, il la recherchait comme un moyen en vue d'accroître la prospérité des deux nations ; dans les années quarante, elle représente la condition préalable à la survie de la Grande-

Bretagne; vers la fin des années cinquante, elle était à ses yeux l'unique digue pouvant contenir l'expansion du communisme soviétique en Europe et dans le monde ; et vers les années soixante, il la concevait, du moins je le soupçonne, comme la seule façon pour l'Angleterre de garder une certaine influence dans les affaires internationales.

Churchill dut avaler plus d'une pilule amère pour préserver l'unité anglo-américaine dans l'après-guerre. Les Anglais avaient tenu tête à Hitler pendant deux années très dures avant notre propre entrée en guerre à la suite de l'attaque de Pearl Harbor. Si nos pertes avaient assurément été grandes, les leurs l'étaient encore beaucoup plus, dans la Première comme dans la Seconde Guerre mondiale. Ils avaient une profonde reconnaissance pour nos efforts, car ils étaient parfaitement conscients du fait qu'ils n'auraient guère pu survivre sans nous. Mais ils savaient également que sans eux nous n'aurions peut-être pas survécu nous-mêmes à une Europe totalement dominée par Hitler. A présent ils se trouvaient obligés de déférer aux attitudes et opinions américaines.

Le flambeau de la direction nous était revenu, non pas parce que nous avions plus de capacité à diriger, mais parce que nous avions plus de puissance. Je ne veux pas laisser entendre par là que Churchill était ouvertement envieux ou jaloux. Mais au fond d'eux-mêmes les Anglais devaient tout de même se sentir rongés par cette pensée constante : « Avec les siècles d'expérience que nous avons de la politique internationale et des grandes affaires de ce monde, ne sommes-nous donc pas plus aptes à diriger que ces Américains du Nord ? »

Bien que les États-Unis disposent d'un nombreux personnel capable en matière d'affaires étrangères, j'ai pu constater pendant mes voyages dans les pays d'influence anglaise que les diplomates britanniques étaient souvent mieux informés et aussi plus qualifiés que les nôtres. Il me semble que les responsables de la politique américaine devraient rechercher très activement l'avis de leurs homologues européens avant de prendre les décisions importantes, au lieu de simplement les « consulter » et les informer après coup. Nous ne devons en aucun cas oublier que ceux qui ont le plus de puissance n'ont pas nécessairement le plus d'expérience, les meilleurs cerveaux, les intuitions les plus justes ni l'instinct le plus sûr.

Alors que Churchill trouvait la politique américaine à l'égard de l'Union soviétique dans l'immédiat après-guerre dangereusement naïve, il ne voulut cependant jamais pousser les choses jusqu'à leur point de rupture. Il préféra continuer à nous flatter tout en essayant de nous éduquer. On oublie aujourd'hui très aisément que le propos essentiel de son célèbre discours sur le Rideau de Fer consistait à solliciter l'unité anglo-américaine comme meilleur rempart contre l'expansionnisme soviétique. A l'époque ce discours prophétique donna lieu à de nombreuses controverses. Eleanor Roosevelt déclara qu'elle le jugeait dangereux. Une centaine de membres du Parlement ne voulurent y voir qu'un écheveau de sottises.

En fait, quand Churchill mit le monde en garde contre le péril nazi au cours des années trente, beaucoup d'observateurs refusèrent de regarder la réalité en face. Avec la création de l'Organisation des Nations unies à la fin de la guerre, beaucoup d'hommes politiques s'imaginèrent qu'était enfin arrivée l'ère qu'ils avaient ardemment souhaitée : celle de la paix et de la bonne volonté entre les pays et les peuples. Quand ils entendirent les nouveaux avertissements de Churchill à la fin des années quarante, concernant cette fois-ci les dangers de l'expansionnisme soviétique, beaucoup d'observateurs refusèrent une fois de plus de le suivre sur ce terrain. En réalité, Churchill était une nouvelle fois en avance sur son temps, guidant l'opinion publique plutôt que de la subir.

Pendant la guerre, Churchill avait été préparé à accepter toute aide extérieure nécessaire pour abattre Hitler. Quand les forces nazies envahirent l'Union soviétique, Churchill ouvrit les bras à Staline pour l'accueillir dans le camp antihitlérien. Il fut amplement et sévèrement critiqué pour le revirement total de son attitude à l'égard de Staline. Sa réaction fut typique : « Si Hitler venait à envahir l'Enfer, je trouverais sans doute quelque mot aimable à dire sur le diable à la Chambre des Communes. »

Churchill s'entendait assez bien avec Roosevelt, son autre principal allié. Le président américain devait ainsi écrire à Churchill : « C'est bien agréable que de vivre dans la même décennie que vous. » Et Churchill observa un jour à propos de Roosevelt : « Quand on le rencontrait on avait l'impression d'ouvrir sa première bouteille de champagne. »

Mais les deux hommes divergeaient souvent profondément sur les grandes questions politiques. Churchill estimait ainsi que l'insistance du président des États-Unis sur une capitulation sans conditions de l'Allemagne était désastreuse, et à ses yeux le plan Morgenthau visant à faire de l'Allemagne de l'après-guerre une nation agricole était tout simplement absurde. Cependant, ils étaient essentiellement divisés sur la politique à suivre envers l'Union soviétique. Au moins à partir de la découverte des charniers de Katyn en 1940 — quand on apprit que dix mille officiers polonais anticommunistes avaient été massacrés par les Soviétiques — Churchill commença à se rendre compte que Staline pourrait témoigner après la guerre de cette même voracité insatiable dont Hitler avait fait preuve avant la guerre. Roosevelt, de son côté,

paraissait préoccupé beaucoup plus par l'impérialisme de l'Angleterre que par celui de la Russie. « Winston, dit-il un jour à son allié,
il y a là une chose que vous êtes tout simplement incapable de voir,
c'est-à-dire qu'un pays peut fort bien ne pas avoir envie d'accaparer
des terres nouvelles, même si cela lui est possible. »

En 1965, Henry Grunwald décrivit en ces termes la situation née
des divergences entre les deux hommes d'État :

> « Churchill se trouva de plus en plus isolé de Roosevelt, qui ne
> voulait en aucun cas d'un front commun des Américains et des
> Anglais contre l' " Oncle Joe " et qui essayait au contraire de jouer
> les modérateurs entre Churchill et Staline. Commença ainsi une
> série d'accords désastreux qui aboutirent, entre autres choses, à la
> mainmise des communistes sur la Pologne et à la participation de la
> Russie dans la guerre contre le Japon... en accordant aux Russes des
> concessions territoriales et économiques en Asie, concessions qui
> jouèrent un rôle dans la mainmise des rouges sur la Chine. »

Les événements auraient pris une tournure tout à fait différente si
Churchill avait pu l'emporter sur Roosevelt.

Le Premier britannique s'inquiétait de la facilité croissante avec
laquelle Roosevelt faisait confiance à Staline, et il l'attribuait à la
mauvaise santé du président. Après le décès de Roosevelt, il redouta
de voir Truman, très médiocrement tenu au courant des affaires, se
laisser influencer par un Département d'État naïvement prorusse.

Churchill était convaincu qu'il était extrêmement important
d'empêcher les Soviétiques d'occuper la totalité de l'Europe de l'Est,
car il craignait qu'ils ne restituent jamais ces territoires. Début avril
1945, il écrivit à Eisenhower pour lui demander très instamment
d'envoyer des troupes américaines dans Berlin, Vienne et Prague.
« Je considère qu'il est de la plus haute importance, déclara-t-il dans
cette missive, que nous serrions la main des Russes aussi loin que
possible à l'est. » Mais Eisenhower maintint ses troupes sur leurs
positions alors que les Russes poursuivaient leur progression vers
l'ouest.

Deux mois plus tard, Churchill fit entendre un autre avertissement
dans un message adressé à Truman, dans lequel il le pressait de tenir
aussi rapidement que possible la Conférence de Potsdam. C'est dans
ce message qu'il employa pour la première fois l'expression qui
allait devenir symptomatique de la guerre froide : « J'envisage avec
la plus grande appréhension le retrait de l'armée américaine sur
notre ligne d'occupation dans le secteur central, car nous permet-
trons ainsi l'introduction de la puissance soviétique au cœur de

l'Europe occidentale et l'établissement d'un rideau de fer entre nous-mêmes et tout ce qui se trouve plus loin à l'est. »

Churchill estimait qu'Eisenhower était largement responsable de l'assujettissement de l'Europe de l'Est aux Soviétiques. Eisenhower n'était pas précisément le général dont rêvait Churchill. Le style de commandement ferme, mais dépourvu d'imagination aux yeux de Churchill, du chef des forces alliées ainsi que sa personnalité facile pouvaient expliquer la remarquable concorde qui caractérisait la collaboration au sein du haut commandement allié. Cela seul était une contribution indispensable à la victoire militaire. Mais Churchill spécula plus tard que si MacArthur avait été le commandant en chef des armées alliées en Europe, l'Amérique n'aurait pas assisté les bras croisés à la mainmise des Soviétiques sur l'Europe de l'Est.

Eisenhower, pour sa part, considérait Churchill comme un grand chef. Peu après la mort de Churchill, il résuma son jugement en ces lignes : « Pendant mon association avec lui au cours de la guerre, toute la surface du globe semblait constituer un terrain d'exercice pour un esprit qui pouvait, pratiquement au même instant, affronter les problèmes immédiats du déploiement de forces aériennes, terrestres et navales, et sonder le lointain avenir, examinant le rôle futur des nations assiégées en temps de paix, façonnant pour son auditoire le destin du monde. »

Si cette déclaration est assurément la preuve d'un très grand respect pour Churchill, Eisenhower eut néanmoins des différends avec le Premier britannique, et il ne l'évoqua que rarement au cours de nos rencontres à la Maison-Blanche. A l'une de ces très rares occasions, il m'avoua que Churchill avait été l'une des personnes dont le contact lui posait le plus de problèmes, l'homme d'État anglais mettant toute son émotivité dans ce qu'il entreprenait. « Figurez-vous, Dick, me dit-il, qu'il pouvait aller jusqu'aux larmes quand il présentait un argument. » Et je m'imaginais Eisenhower, terriblement gêné, assis devant un Churchill en larmes !

Ce n'est pas là un trait inhabituel chez les dirigeants politiques. Khrouchtchev et Brejnev, par exemple, étaient parfois sur le point de fondre en larmes quand la discussion avec moi devenait particulièrement véhémente. Avec eux, toutefois, je me demandais ce qui était réellement ressenti et ce qui n'était qu'une manœuvre à mon intention.

Bien sûr, je suis persuadé que Churchill était capable de fabriquer quelques larmes au bon moment ou quand il se laissait emporter par ses propres arguments. Néanmoins, c'était, réellement, un être émotif. On peut lire dans le journal de lord Moran que Churchill se trouva bouleversé au point de presque fondre en larmes quand il apprit qu'à la suite de son attaque il ne serait peut-être plus en mesure de poursuivre sa carrière d'homme d'État. Et nous savons par son secrétaire qu'il sanglotait comme un enfant alors qu'il dictait la péroraison de l'un de ses discours les plus célèbres des jours sombres de la Seconde Guerre mondiale : « Nous n'accepterons ni relâchement ni échec. Nous tiendrons jusqu'au bout. Nous nous battrons en France, nous nous battrons sur les mers et les océans, nous nous battrons avec une confiance croissante et une force croissante dans les airs. Nous défendrons notre île, quel qu'en soit le prix. Nous nous battrons sur la grève. Nous nous battrons sur les plages de débarquement. Nous nous battrons dans les champs et dans les rues. Nous nous battrons sur les collines. Nous ne nous rendrons jamais. »

Churchill a dû terriblement souffrir en se rendant progressivement compte que la fin de la guerre allait amener des problèmes nouveaux pour l'Angleterre. Mais le coup le plus dur était à venir.

Le 25 juillet 1945, Churchill quitta Staline et Truman à la Conférence de Potsdam et prit l'avion pour Londres afin d'assister au dépouillement du scrutin des premières élections générales de l'après-guerre. Cette nuit-là, il se réveilla avec une douleur lancinante à l'estomac, un présage de ce qui l'attendait. Les résultats frappèrent Churchill — et le reste du monde — comme un coup de foudre. Le parti travailliste sortait gagnant de la consultation, l'emportant en fait par un véritable raz de marée national. Les conservateurs se trouvaient éliminés du gouvernement. Clement Attlee était le nouveau Premier ministre britannique.

Il n'est pas si rare qu'un brillant chef de guerre soit rejeté par le pays une fois la paix revenue. La même chose était arrivée au général de Gaulle. L'une des raisons est que les qualités qui font d'un homme un grand chef de guerre ne sont pas nécessairement celles que réclamera le peuple en temps de paix. Le soldat et homme d'État accompli — tel que Wellington, Washington et Eisenhower — est l'exception, non la règle.

Comment est-ce possible ? C'est la question que Churchill devait se poser alors qu'il était assis, hébété, enregistrant les résultats qui tombaient. Était-ce là le remerciement pour une victoire qu'il n'avait pas seulement promise mais obtenue ? Comme d'habitude, il eut une boutade pour dissimuler sa douleur. Quand sa femme lui dit : « C'est peut-être un bienfait déguisé », il répondit : « Pour le moment il paraît effectivement très bien déguisé. » Ironie du sort, Churchill avait lui-même noté dans ses *Grands Contemporains*, exactement dix ans plus tôt : « Ce sont les heures les plus lumineuses qui s'estompent le plus vite. »

Durant cette période, Churchill n'eut pas beaucoup de raisons d'être heureux : d'abord il y avait l'humiliation du résultat des élections générales ; ensuite il se rendait compte que l'Empire britannique ne sortirait pas intact de tous les bouleversements qui secouaient le globe ; force lui était aussi de constater que les États-Unis d'Amérique avaient supplanté la Grande-Bretagne comme grande puissance mondiale ; il y avait enfin les obstacles à maintenir l'unité anglo-américaine dans les premiers temps de la guerre froide. Certains pensaient qu'il profiterait de l'occasion pour se retirer et se reposer sur les lauriers qu'il avait si brillamment gagnés pendant l'effort de guerre. Quand je me rendis en Angleterre, en 1947, comme jeune membre du Congrès, aucun de mes interlocuteurs britanniques ne songeait à un retour de Churchill au pouvoir. Après tout, il était à présent âgé de soixante-douze ans et avait récemment subi une attaque.

Cependant, c'était mal connaître Churchill que de croire qu'il allait se retirer dans des circonstances aussi ignominieuses. Avec son obstination coutumière, il persévéra à la Chambre des Communes comme chef de l'opposition pendant six années consécutives, en fait jusqu'au moment où, en octobre 1951, les conservateurs revinrent au pouvoir : une fois de plus, Churchill devenait Premier ministre. Même dans un film produit à Hollywood, un tel retour au pouvoir eût été qualifié de pur et simple « cinéma ». Mais ce qui pouvait être du « cinéma » pour d'autres était bel et bien de la vie réelle pour Winston Churchill.

Quand il redevint Premier ministre à l'âge de soixante-seize ans, on pensait généralement qu'il déléguerait beaucoup plus de pouvoir qu'auparavant. On supposait aussi qu'après avoir goûté les joies de son retour triomphal il abandonnerait les rênes à son successeur choisi, Anthony Eden. Mais il est toujours très dur de renoncer au pouvoir. Et pour un homme âgé, renoncer au pouvoir, c'est presque renoncer à la vie.

Je me rappelle avoir abordé ce sujet avec l'épouse du président Tito pendant mon séjour à Belgrade en 1970. Elle évoqua pour moi la dernière rencontre entre son mari et Churchill. Quand Tito fit son entrée, Churchill le salua par un grondement comique : « Vous savez, lui dit-il, je ne vous aimais pas beaucoup pendant la guerre, mais après la position que vous avez maintenant prise envers les Russes, je découvre que je vous aime beaucoup plus. » En fait, les deux vétérans de la Seconde Guerre mondiale semblèrent très bien s'entendre.

Churchill, qui était alors octogénaire et s'était enfin retiré de la politique, se voyait très strictement rationner ses cigares et son alcool. Toujours vigoureux, Tito tirait sur un gros cigare à la Churchill et buvait non seulement sa propre ration de scotch mais aussi celle de Churchill. L'ancien Premier britannique regarda Tito non sans quelque envie, et lui dit : « Comment faites-vous pour rester si jeune ? » Tous ceux qui rencontraient le vieux maréchal yougoslave voyaient bien que son air jeune était en partie dû au fait qu'il se teignait les cheveux. Mais Churchill, sans laisser à Tito le temps de répondre, dit : « Je sais ce que c'est... C'est le pouvoir ! C'est grâce au pouvoir qu'un homme reste jeune. »

Quand un dirigeant politique très âgé ne souffre pas d'affections graves, il compense généralement le manque d'élan, de vigueur et de promptitude mentale par plus de sagesse et par une plus grande capacité de jugement. Quand je vis Chou En-lai, en 1972, il avait soixante-treize ans ; le général de Gaulle avait soixante-dix-huit ans en 1969 ; Adenauer en avait quatre-vingt-trois en 1959. Ils étaient encore au pouvoir parce qu'ils étaient plus forts et plus capables que les hommes plus jeunes au sein de leurs gouvernements.

Churchill ne pouvait pas se résigner à renoncer volontairement au pouvoir. Ainsi, il reporta sans cesse la date de sa retraite. Il déclara d'abord qu'il resterait jusqu'au couronnement de la reine Élisabeth ; ensuite ce devait être jusqu'au retour de la souveraine d'un voyage en Australie ; puis jusqu'à la totale guérison d'Anthony Eden qui avait subi une importante opération intestinale ; puis encore jusqu'à la fin de la conférence de Genève. Les années passèrent et Churchill s'incrustait au 10, Downing Street. A la fin, il ne put pas ignorer plus longtemps ses infirmités ni les sollicitations de ses collègues. Comme toujours, il eut une boutade : « Il va falloir que je me retire, Anthony ne vivra pas éternellement. » Il donna sa démission le 5 avril 1955.

Même à l'âge de quatre-vingts ans, la retraite ne fut pas une période heureuse pour cet homme d'action. Lorsque Eisenhower revint du sommet de Genève de 1955, il me parla d'une lettre qu'il avait reçue de Churchill. L'ancien dirigeant britannique lui écrivait qu'il se sentait certes soulagé dans un certain sens de ne plus avoir de responsabilités, mais qu'en même temps il ressentait une sensation de « nudité » quand une importante conférence diplomatique avait lieu sans sa participation.

Je vis Churchill pour la dernière fois quand je me rendis à Londres pour l'inauguration du monument élevé en souvenir des morts américains de la Seconde Guerre mondiale dans la cathédrale Saint-Paul. J'hésitais à demander un rendez-vous avec Churchill, sachant qu'il n'allait pas bien. Son entourage estima cependant qu'il serait bon pour le vieil homme de s'entretenir avec quelqu'un de sujets autres que celui de sa condition physique. J'avais appris depuis longtemps à ne jamais demander à une personne souffrante comment elle se sent, puisque c'est de toute évidence le sujet qu'elle peut aborder elle-même. Mais beaucoup de malades, et cela est particulièrement vrai des dirigeants politiques, *veulent* parler du monde plutôt que d'eux-mêmes. Quand je rendais visite à John Foster Dulles à l'hôpital Walter Reed, pendant ces mois terribles où il mourait d'un cancer, je lui demandais toujours son avis sur les grands problèmes internationaux du moment, plutôt que de m'appesantir sur sa maladie. Je sus par sa femme, son infirmière et sa secrétaire que mes visites eurent sur lui un effet stimulant, car elles l'arrachaient temporairement à sa condition désespérée.

A l'heure convenue, je me rendis à la maison de Churchill à Hyde Park Gate. Quand on me fit entrer dans sa chambre, je fus bouleversé de voir à quel point son état s'était détérioré. Les yeux mi-clos, il était installé sur une chaise longue. Il avait presque l'air d'un zombi. Je l'entendis à peine me saluer. Il tendit faiblement la main. Il demanda un verre de cognac, et l'avala d'une seule traite. Alors il revint presque miraculeusement à la vie. Ses yeux retrouvèrent leur éclat, son élocution devint claire, et il s'intéressa à ce qui se passait autour de lui.

J'avais lu dans les journaux du matiñ que le Ghana envisageait l'annexion de la Guinée. Je demandai donc à Churchill ce qu'il en pensait. « Écoutez, gronda-t-il, j'estime que le Ghana a suffisamment de problèmes à digérer, sans encore vouloir avaler la Guinée ! » Et il poursuivit avec une étonnante impétuosité en me faisant observer que Roosevelt avait contraint la Grande-Bretagne et les autres puissances coloniales à accorder trop tôt leur indépendance à leurs possessions d'outre-mer. Ces pays, dit-il, ont dû assumer les responsabilités du gouvernement alors qu'ils n'y étaient pas encore préparés, et maintenant ils sont plus mal lotis qu'auparavant. Il reprenait là un thème qu'il avait évoqué pour moi quatre années plus tôt, alors que nous roulions vers la Maison-Blanche après notre première rencontre.

Je lui demandai son analyse concernant les relations Est-Ouest. Il maintenait toujours très fermement que les hommes libres pourraient uniquement préserver la paix et répandre la liberté à travers le monde s'ils demeuraient forts. Pas de détente sans dissuasion, insistait-il.

Après une soixantaine de minutes, je me rendis compte qu'il se fatiguait. Je savais que je ne le reverrais plus, et j'essayai par conséquent — d'une façon assez inepte, je le crains — de lui dire que des millions d'hommes et de femmes en Amérique et partout à travers le monde lui resteraient à jamais redevables. Mais je n'arrivais pas à trouver les mots justes pour exprimer ce que je ressentais.

Alors que je me levais pour partir, il insista pour m'accompagner jusqu'à la porte. Il fallut l'aider à sortir de sa chaise longue, et une personne dut le soutenir de chaque côté pour lui permettre de longer péniblement le corridor.

Quand la porte d'entrée fut ouverte, nous nous trouvâmes aveuglés par les projecteurs de la télévision. L'effet sur lui fut galvanisant. Il se redressa, repoussa toute aide, et se tint seul debout. Je le revois très bien, tel qu'il était ce jour-là : le menton projeté en avant, le regard étincelant, la main levée avec son fameux V de la victoire. Les caméras tournaient et les flashes éclataient. Un moment plus tard, la porte était refermée. Jusqu'à la fin, son étoile brillait d'un éclat plus intense quand les caméras étaient braquées sur lui. La vieillesse pouvait vaincre son corps, jamais son esprit.

Quel serait aujourd'hui le message de Churchill au monde libre ?

Bien qu'il fût un superbe chef de guerre, Churchill était partisan de la paix. Il prépara la guerre en vue de l'éviter. Il fit la guerre avec un seul but dans l'esprit : construire un monde dans lequel pourrait prévaloir une paix juste. Il était en faveur de la paix, mais pas à n'importe quel prix.

D'une part, il insisterait sur la nécessité de faire preuve de force pour maintenir la paix. Il continuerait à mettre l'Occident en garde contre l'expansionnisme soviétique et, à la différence de certains dirigeants européens actuels, verrait dans les poussées soviétiques en direction des ressources minières et pétrolières du monde industriel une menace aussi grande que le serait l'avancée de chars russes à travers les plaines centrales de l'Allemagne.

Il partagerait le souci du Premier ministre britannique présent, Margaret Thatcher, concernant l'aventurisme soviétique dans les pays en voie de développement. Et, sans s'aligner sur chaque initiative américaine en matière de politique étrangère, il dénoncerait avec autant de vigueur que d'acharnement cette tendance en Europe qui consiste à voir dans les États-Unis d'Amérique et l'Union soviétique d'égales menaces pour la paix dans le monde.

D'autre part, Churchill redonnerait de la vie à ce cliché passablement usé : « Ne négociez jamais dans la peur, mais n'ayez jamais peur de négocier. » Il exhorterait les nations libres à négocier avec leurs adversaires afin de limiter autant que possible les sources de conflit et de rendre moins probable ce conflit ultime que représente la guerre. Dans un discours tenu à la Chambre des Communes en mai 1953, il exprima son attitude sur les négociations avec le pouvoir soviétique : « Je pense que ce serait une erreur de supposer qu'aucun arrangement n'est possible avec la Russie soviétique tant que tout ne sera pas arrangé. »

Bien qu'il fût parfaitement conscient des redoutables périls auxquels nous sommes exposés, Churchill était fondamentalement optimiste — à son propre sujet et concernant le monde dans lequel il vivait. Je pense que son message au monde d'aujourd'hui refléterait aussi l'allègre espérance du dernier grand discours de politique étrangère qu'il tint à la Chambre des Communes le 3 novembre 1953. Après avoir exprimé sa préoccupation concernant le pouvoir destructif de l'armement nucléaire, il dit : « J'ai parfois la curieuse pensée que le caractère annihilateur de ces engins pourrait apporter à l'humanité une sécurité absolument insoupçonnée... Il n'y a aucun doute que si la race humaine devait voir s'accomplir son vœu le plus cher et être libérée de la menace de destruction totale, elle pourrait connaître, au contraire... la plus rapide expansion de bien-être matériel qui ait jamais été à sa portée ou dont elle ait jamais rêvé... En cette heure de l'histoire de l'humanité, nous nous trouvons, avec toutes les nations, devant les portails de la suprême catastrophe et de l'incommensurable récompense. J'ose espérer qu'avec l'aide de Dieu nous saurons faire le bon choix. »

Shakespeare disait que « certains naissent grands, certains parviennent à la grandeur, et certains se voient imposer la grandeur ». Pendant sa longue vie et sa longue carrière, Winston Churchill devait fournir des exemples de ces trois possibilités. A la différence des hommes politiques qui recherchent le pouvoir en soi ou qui trouvent leur justification dans la possession du pouvoir, Churchill le recherchait parce qu'il estimait très sincèrement qu'il pouvait mieux l'exercer que d'autres. Il pensait qu'il était le seul homme à posséder la capacité, la force de caractère et le courage exigés pour maîtriser certaines des grandes crises de son temps. Et il avait raison.

Il eut assez de jugement pour ne pas se tromper sur la plupart des sujets pour lesquels il se battit, et il eut la chance de vivre assez longtemps pour se trouver sur la scène quand son pays eut finalement besoin de l'expérience et des vertus de chef qu'il était seul à pouvoir fournir en 1940.

Parmi les nombreux et excellents ouvrages sur la vie et l'action de Churchill, un passage du dernier paragraphe d'un petit volume de trente-neuf pages, par Isaiah Berlin, le décrit le mieux : « Un homme plus grand que nature, formé d'éléments plus grands et plus simples que les hommes ordinaires, de son vivant un gigantesque personnage historique, d'une audace surhumaine, puissant et imaginatif, l'un des deux plus grands hommes d'action que sa nation ait produits, un orateur aux pouvoirs prodigieux, le sauveur de son pays, un héros mythique qui appartient autant à la légende qu'à la réalité, le plus grand être humain de notre temps. »

CHARLES DE GAULLE

La mystique du chef

Même quand Paris avait été le centre d'un Empire aux dimensions du globe, la capitale française n'avait vu se rassembler dans ses murs un nombre aussi impressionnant de chefs d'État et de dirigeants politiques que ce 12 novembre 1970. Trois jours plus tôt, moins de deux semaines avant son quatre-vingtième anniversaire, Charles André Joseph Marie de Gaulle était subitement décédé. A présent, soixante-trois chefs d'État ou de gouvernement, anciens ou en exercice, qui s'étaient réunis pour honorer la mémoire du général de Gaulle, défilaient solennellement dans la nef principale de la cathédrale Notre-Dame. J'étais parmi eux en tant que président des États-Unis d'Amérique. Mais j'étais aussi là en tant qu'ami.

Nous n'étions pas venus pour enterrer de Gaulle, mais pour lui rendre hommage. Des années avant sa mort, il avait laissé des instructions très strictes concernant le déroulement de ses funérailles : ni pompes ni dignitaires, seulement une austère cérémonie privée dans le petit cimetière de Colombey-les-Deux-Églises. Conformément à son vœu, il reposait dans un simple cercueil de chêne, et il était porté en terre par ses voisins villageois — un garçon boucher, un fabricant de fromages, un ouvrier agricole — pour se trouver finalement enseveli à côté de sa chère fille Anne qui, née mentalement handicapée, était morte vingt-deux ans plus tôt, à l'âge de dix-neuf ans. Sur sa pierre tombale, toujours selon ses désirs, une simple inscription : « Charles de Gaulle, 1890-1970. »

L'impressionnant service funèbre célébré à Notre-Dame ne figurait évidemment pas parmi les dispositions édictées par le général. C'était le compromis trouvé par le gouvernement français pour permettre à tous ceux qui le désiraient, en France et à travers le monde, de rendre un ultime hommage à de Gaulle.

Si vous demandez autour de vous ce dont on se souvient le plus au sujet du général de Gaulle, on vous répondra sans doute qu'il était « grand », ou « austère », ou « opiniâtre ». Ou bien on associera de Gaulle à la « grandeur » de la France. Ou bien encore, si la personne interrogée est plus âgée, l'image sera celle du chef des Forces françaises libres qui combattirent sous l'emblème de la croix de Lorraine pendant la Seconde Guerre mondiale. Peut-être évoquera-t-on aussi ce commentaire désabusé attribué à Winston Churchill : « De toutes les croix que j'ai eu à porter, la plus lourde était la croix de Lorraine. »

Quand je pense à de Gaulle, je pense à toutes ces choses-là, mais je me souviens aussi de lui comme d'un homme exceptionnellement prévenant, aimable et réfléchi ; et son attitude à mon égard fut toujours la même, au cours de mes mandats et en dehors. J'attachais extrêmement d'importance à ses conseils, même quand je n'étais pas d'accord avec lui.

Pour quelle raison de Gaulle s'impose-t-il si puissamment à notre conscience ? Pourquoi domine-t-il à tel point le xxe siècle, beaucoup plus que les dirigeants de pays plus puissants que la France ?

Nous nous souvenons des chefs pour ce qu'ils ont accompli, mais aussi pour ce qu'ils ont été : pour leur action mais aussi pour leur caractère. D'autres ont pu avoir une action plus grande que de Gaulle, mais peu avaient sa force de caractère. Il était obstiné, volontaire, suprêmement sûr de soi, immensément égoïste mais en même temps totalement désintéressé : ce qu'il demandait, il ne le demandait pas pour lui-même mais pour la France. Il vivait simplement, mais ses rêves étaient tout de grandeur. Il jouait un rôle, composait un personnage qu'il avait lui-même créé et qui ne convenait qu'à un seul acteur : lui-même. Plus, il se modela lui-même de sorte à pouvoir l'interpréter. Il créa de Gaulle, le personnage public, pour jouer le rôle de De Gaulle, incarnation de la France.

Charles de Gaulle pouvait être une énigme — il cherchait à être une énigme. Mais il était aussi un authentique héros, l'une des figures marquantes du xxe siècle et, pour la France, l'une des figures de proue de sa longue histoire. Tel un vin de France, il était complexe, puissant et subtil à la fois, et comme un tel vin, son caractère devait résister à l'épreuve du temps.

Ma première rencontre avec de Gaulle se situa en 1960, quand il vint en visite officielle à Washington, deux ans après son retour au pouvoir. J'avais partagé pendant des années les habituelles idées reçues le concernant. Il avait été longtemps un sujet de prédilection pour cette forme de dérision sèche et sardonique qui passe pour de l'esprit dans tant de cercles de Washington. Les manières de

De Gaulle se prêtaient à la caricature verbale, de même que ses traits physiques se prêtaient à la caricature dessinée. Ceux qui adorent se mettre en avant en rabaissant autrui trouvaient en de Gaulle une proie facile.

Avant de faire la connaissance de De Gaulle, l'image que j'avais de lui était celle d'un homme froid, hautain, intolérablement égocentrique, bref d'un homme avec lequel il était pratiquement impossible de s'entendre. Le commentaire acerbe de Churchill sur le fardeau de la croix de Lorraine avait puissamment contribué à cette impression — une illustration de l'effet dévastateur que peut produire une simple phrase sur la façon dont est perçu un personnage public, suscitant une impression d'une nature presque indélébile. Quand Alice Roosevelt Longworth qualifia Thomas E. Dewey de « fiancé sur le gâteau de mariage », l'effet produit fut assez similaire ; certains vont jusqu'à affirmer que l'impression fausse créée par cette description lui coûta l'élection de 1948. Si les adversaires de Dewey l'avaient caractérisé au moyen d'adjectifs tels que *petit, pompeux, un peu de matière plastique*, ou encore *artificiel*, l'impact eût été bien moindre que celui de la petite phrase.

Quand je visitai la France en 1947 comme jeune membre du Congrès, presque tous les officiels français et américains que je rencontrai renforcèrent en moi l'image négative que j'avais de De Gaulle. Ils l'écartaient du geste comme un extrémiste arrogant qui ne reviendrait jamais au pouvoir.

Mon jugement se trouvait aussi influencé par le mépris presque affiché que nos responsables des affaires étrangères vouaient au général de Gaulle. Même Charles Bohlen, qui fut l'un des meilleurs diplomates américains de carrière et notre ambassadeur à Paris sous Kennedy et Johnson, ne cachait guère son antipathie à l'égard du président français. William Bullitt, qui avait été l'ambassadeur de Roosevelt en France, me raconta que Bohlen aimait divertir les invités de ses dîners d'ambassade en distillant des observations corrosives sur de Gaulle et en singeant ses manières d'une façon certes spirituelle mais très peu diplomatique. Bien entendu, de Gaulle ne manqua pas d'avoir vent de l'animosité que Bohlen nourrissait à son égard, et il la lui rendit sans tarder. J'ai eu souvent l'impression que cette hostilité personnelle expliquait pour une large part ce que certains croyaient être un préjugé anti-américain de la part du général.

Peu avant ma première rencontre avec de Gaulle en 1960, je m'imposai ce qu'on pourrait appeler un rapide cours de rattrapage concernant ses origines. Plus j'approfondissais mes connaissances au sujet de ce général français, et plus je découvrais l'inanité des vieux clichés qui avaient cours sur lui. J'appris ainsi qu'à l'instar de

MacArthur, il avait fait preuve d'un courage exceptionnel pendant la guerre, et qu'il avait été largement en avance sur son temps en mettant ses compatriotes en garde contre les dangers d'un conflit armé. Autre similitude frappante, comme Churchill, de Gaulle avait été un écrivain brillant et fécond avant d'accéder aux plus hautes charges de l'État ; et toujours comme Churchill, il avait connu la « traversée du désert », rejeté, loin du pouvoir, et avait mis ces années à profit pour rédiger certains de ses écrits les plus remarquables.

Comme MacArthur, Churchill et Eisenhower, de Gaulle avait été l'une de ces figures mondiales qui me paraissaient à la fois plus grandes que nature et particulièrement lointaines au cours de la Seconde Guerre mondiale. Alors que j'étais en poste comme jeune officier de marine sur une île du Pacifique et que je lisais de brèves nouvelles concernant le chef obstiné et intransigeant des Forces françaises libres, j'étais loin de m'imaginer que je l'accueillerais seize ans plus tard à Washington — et encore moins qu'un quart de siècle plus tard nous nous retrouverions face à face en tant que présidents de la France et des États-Unis.

Quand je rencontrai pour la première fois de Gaulle en 1960, je fus aussitôt frappé par son apparence. Je savais naturellement qu'il était très grand — mesurant un mètre quatre-vingt-huit, il avait été le général le plus grand de l'armée française, mais son maintien de soldat rendait sa taille plus imposante encore. Plus tard seulement, je remarquai qu'il était légèrement voûté.

Pendant sa visite, je pus noter que pour un homme de sa taille ses mouvements avaient une grâce extraordinaire. Dans ses gestes, sa démarche, ou même quand il maniait l'argenterie au cours des repas officiels, il ne paraissait jamais gauche ou embarrassé. Il y avait en lui une dignité calme et impressionnante que complétait une certaine courtoisie de manières d'un autre temps.

Le de Gaulle que je rencontrai en 1960 était très différent du personnage arrogant et pénible décrit par les journalistes et par le personnel des affaires étrangères. Je découvris en lui un homme très aimable, avec une certaine qualité de retenue discrète très difficile à définir. Il n'était pas chaleureux, mais pas brusque non plus. Je dirais qu'il était presque gentil. Mais, et c'est le cas de beaucoup de chefs politiques et militaires, la gentillesse des manières était une chose ; la politique en était une autre.

La plupart des dirigeants que j'ai connus avaient un côté gentil, mais il serait faux de les prendre pour des personnages gentils. Ceux qui sont réellement gentils sont rarement aptes à exercer le pouvoir. Pour remplir sa tâche, un chef devra parfois être dur et brutal. S'il est trop tourmenté par l'inflexibilité dont il doit faire preuve, s'il se laisse par trop influencer par les bons sentiments, il fera mal ce qu'il a à faire, ou même ne le fera pas du tout.

Au fil des ans, alors que j'arrivais à toujours mieux connaître de Gaulle, se développa en moi un immense respect à la fois pour l'homme et pour le chef, et la sympathie semblait être mutuelle. En 1967, mon ami Vernon Walters arriva à Paris pour prendre ses fonctions d'attaché militaire à l'ambassade des États-Unis. Après avoir offert un déjeuner d'adieu en l'honneur de l'ambassadeur Charles Bohlen, de Gaulle manda Walters et voulut savoir s'il m'avait vu récemment. Walters répondit par l'affirmative. De Gaulle déclara alors avec emphase qu'il croyait que je serais élu président, et il ajouta que nous avions dû « tous les deux traverser le désert » — expression dont il se servait pour désigner les années au cours desquelles il était resté éloigné du pouvoir. Il fit ensuite une remarque que Walters jugea plus tard étrangement prophétique : « M. Nixon, comme moi-même, aura été un exilé dans son propre pays. »

De Gaulle était un homme du XXe siècle, mais aussi du XIXe. Il tira la France dans les deux directions, en avant et en arrière. Durant toute sa vie et toute sa carrière, le général fut imprégné d'un sentiment de continuité et de permanence de l'histoire de France et de la présence du passé. Son nom même — Charles de Gaulle — renvoyait des échos de Charlemagne et de l'ancienne Gaule. Gloire et grandeur, dans l'esprit de De Gaulle, étaient essentielles à une nation et tout particulièrement à la France.

Si on peut dire de De Gaulle qu'il appartient à l'histoire, ce n'est pas un hasard. De Gaulle le voulut ainsi. Il orienta sa vie de façon à pouvoir façonner l'histoire dans le sens de sa vision propre. « Pour de Gaulle, devait écrire un commentateur, la politique n'est pas principalement l'art du possible ; elle est l'art du voulu. » Aux yeux de De Gaulle, la volonté était l'énergie motrice centrale des nations, et il avait une confiance suprême dans sa propre capacité de modeler l'histoire par l'exercice de sa propre volonté.

Il ressentait aussi le besoin d'inciter la France à vouloir tendre vers la grandeur. Il appelait constamment le peuple de France à accéder aux « sommets » ; peu importait que ces sommets fussent parfois mal définis ou médiocrement perçus, l'essentiel pour de Gaulle étant que le peuple se sente engagé dans la montée, qu'il se sache dans le peloton de tête. C'était la seule façon pour la nation de partager la grandeur. Ce sentiment, il l'exprimera très clairement dès les premières lignes de ses *Mémoires de Guerre* : « ... le côté positif de mon esprit me convainc que la France n'est réellement elle-même qu'au premier rang ; que, seules, de vastes entreprises sont susceptibles de compenser les ferments de dispersion que son peuple porte en lui-même ; que notre pays, tel qu'il est, parmi les autres, tels qu'ils sont, doit, sous peine de danger mortel, viser tout haut et se tenir droit. Bref, à mon sens, la France ne peut être la France sans la grandeur. » Il se voyait lui-même comme l'incarnation de la France, et son rôle dans l'exaltation de l'esprit de la France.

De Gaulle est un personnage fascinant, non seulement du fait de son importance historique, mais aussi en raison des intuitions exceptionnelles qu'il nous a livrées concernant l'art du chef. Peu auront analysé aussi pertinemment que lui les conditions et les techniques du commandement, ni écrit à leur sujet d'une façon aussi précise et intelligible. Peu auront laissé un bréviaire aussi clair de leurs propres méthodes — et, néanmoins, peu seront restés drapés dans un tel mystère, un mystère dont il s'enveloppait soigneusement même quand il expliquait comment il le faisait. De Gaulle était un maître de l'illusion. Et, à l'instar d'un habile illusionniste, il était aussi un peu magicien. En paraissant faire l'impossible, il accomplissait souvent l'improbable.

A un degré rare parmi les grands dirigeants politiques et militaires, la clef permettant de pénétrer les mystères de De Gaulle peut être trouvée dans ses propres écrits — non seulement dans ses *Mémoires,* d'un haut niveau littéraire et intellectuel, mais aussi dans certains de ses ouvrages analytiques antérieurs.

Longtemps avant son accession à la célébrité et ensuite au pouvoir, il écrivit ce qui était en fait un manuel du commandement, *le Fil de l'épée,* un essai de 170 pages publié en 1932 dans lequel de Gaulle reprenait trois conférences (sur « L'Action de guerre et le chef », le « Caractère » et le « Prestige ») prononcées d'abord à l'École supérieure de Guerre, puis à la Sorbonne en 1927, auxquelles il ajoutait deux chapitres nouveaux, l'un sur la doctrine et l'autre sur la politique et le soldat.

Je ne découvris ce livre qu'après la mort de De Gaulle. Mais quand je le lus, je fus frappé d'y trouver la description de certaines techniques et caractéristiques dont fera plus tard preuve le de Gaulle que je connaissais : « ... on ne fait rien de grand sans de grands hommes, et ceux-ci le sont pour l'avoir voulu... » « L'homme d'action ne se conçoit guère sans une forte dose d'égoïsme, d'orgueil, de dureté, de ruse. » « L'homme de caractère incorpore à sa personne la rigueur propre à l'effort. Les subordonnés l'éprouvent et, parfois, ils en gémissent. D'ailleurs, un tel chef est distant, car l'autorité ne va pas sans prestige, ni le prestige sans éloignement. »

Il est clair que lorsque vint finalement l'heure pour lui de façonner si méticuleusement ce « général de Gaulle » à moitié mythique qui rassemblerait et guiderait la nation, il suivit les prescriptions qu'il avait lui-même édictées dans ce livre, publié à quarante et un ans, alors qu'il n'était encore qu'un modeste officier de l'armée, fort peu connu en dehors de quelques cercles militaires.

Le Fil de l'épée est donc plus qu'un canevas pratique pour l'étude du général de Gaulle. Il fournit aussi la grille indispensable à sa compréhension.

Dans le Fil de l'épée, de Gaulle définit les trois qualités maîtresses que doit posséder un chef : pour tracer la voie juste, il lui faut à la fois de l'intelligence et de l'instinct ; et pour persuader ses subordonnés de suivre cette voie, il lui faut de l'autorité, celle-là étant elle-même tributaire du prestige — l'essence du prestige étant « l'impression produite par le chef qu'il revêt d'un caractère extraordinaire, de mystérieux qui lui est propre ».

Étant issus des milieux universitaires, les politologues mettent tout naturellement l'accent sur la composante intellectuelle de l'art du chef. Mais de Gaulle devait noter que les grands conducteurs d'hommes avaient toujours saisi l'importance cruciale de l'instinct. Alexandre l'appelait son « espérance », César sa « chance » et Napoléon son « étoile ». Quand nous disons d'un chef qu'il possède une « vision » ou bien le « sens des réalités », nous voulons dire qu'il comprend d'instinct comment s'ordonnent les choses. L'instinct, nous apprend de Gaulle, permet au chef de pénétrer profondément dans l'ordre des choses.

Notre intelligence, explique-t-il, peut nous procurer le savoir théorique, abstrait et général de ce qui est, mais le seul instinct peut en donner le sens pratique, particulier et concret. Il pénètre la complexité de la situation et s'empare de l'essentiel. L'intelligence élabore, façonne et raffine ensuite la matière brute de la connaissance intuitive.

Ce n'est que lorsqu'un chef parvient au juste équilibre entre l'intelligence et l'instinct que ses décisions seront marquées du sceau de la prescience.

Gouverner, c'est prévoir, dit un vieil adage, et la prévision — le savoir de la bonne direction à prendre — se situe au cœur de toute direction politique ou militaire efficace. Le terme même de dirigeant (ou de conducteur d'hommes) implique la capacité d'agir comme un guide, de voir plus loin que le simple présent en traçant la voie de l'avenir. Quand je visitai la France en 1969, de Gaulle me livra cette réflexion caractéristique : « Je fais la politique pour les journaux d'après-demain. » Trop de dirigeants politiques se laissent accaparer par les gros titres du jour et les sollicitations du moment, et perdent par conséquent la vision d'une perspective plus longue. De Gaulle, toutefois, ne vivait pas pour le moment : il se servait du moment.

Longtemps avant de devenir célèbre, de Gaulle révéla un don singulier de la prévision et du pressentiment, un talent pour voir beaucoup plus loin que ses contemporains. Il fut pratiquement seul dans son argumentation contre la stratégie périmée de la ligne Maginot, seul encore en défiant la décision du gouvernement légal de capituler devant Hitler, seul toujours en s'opposant au système politique fragile et instable de la Quatrième République. Mais dans chacun de ces cas, les événements allaient lui donner raison.

En mai 1934, dans un livre de 212 pages intitulé *Vers l'Armée de métier* (traduit en Amérique sous le titre *The Army of the Future*), de Gaulle livre au public sa théorie concernant la nature de la guerre moderne. Il y explique que les conceptions stratégiques liées aux batailles rangées et aux fronts continus ont été rendues périmées par une révolution technologique de première grandeur : l'invention du moteur à combustion interne. De Gaulle a compris que la machine conditionnera dorénavant le destin des hommes. Le machinisme avait bouleversé l'industrie, transformé toutes les sphères de la vie, et la technique guerrière ne pouvait pas rester l'exception.

Il propose la constitution d'un corps d'élite de cent mille hommes articulé en six divisions de lignes, motorisées et chenillées tout entières, blindées en partie. La mobilité et la puissance de frappe offensive, insiste-t-il sans arrêt, l'emporteront dans la guerre à venir ; de même que la supériorité numérique et la puissance de feu défensive avaient fait la différence dans le conflit précédent. « Demain, prophétise de Gaulle, l'armée de métier roulera tout entière sur chenilles. »

Mais les idées de Charles de Gaulle seront mal accueillies en France. Le maréchal Philippe Pétain n'y verra qu'un recueil de mots d'esprit. Quant au général Maxime Weygand, il s'élèvera contre ces « critiques néfastes ».

Vers l'Armée de métier n'atteindra pas 1 500 exemplaires vendus, mais deux cents iront en Allemagne où cet ouvrage de théorie militaire sera lu très attentivement et abondamment commenté.

En 1934, le journaliste français Philippe Barrès, fils de Maurice Barrès, rencontra à Nuremberg Adolf Hitler ainsi que Huenhlein, le chef des formations motorisées nazies, et à cette occasion entendit citer le nom de De Gaulle. Il devait relater cette anecdote dans le livre qu'il écrivit à Londres en 1940-1941 et qui fut d'abord publié en Amérique avant d'être édité en France en 1945 (*Charles de Gaulle*, Ph. Barrès, Lyon, 1945, page 13) :

« A ce moment, Huenhlein s'approcha de moi...
— Que pensez-vous, me demanda-t-il, de nos voitures et de nos tanks ?

— Intéressants, dis-je, sans me compromettre.

Mais il insistait :

— Et vous, où en êtes-vous de cette technique ? Que fait mon grand collègue français ?

Devant mon regard étonné, il ajouta :

— ... le spécialiste de la motorisation chez vous, le colonel de Gaulle ?

Cette fois, mon ignorance commençait à me peser : qui était donc cet officier français, ce technicien si peu connu dans son pays et si respecté en Allemagne ? »

Effectivement, les Allemands étaient très impressionnés par son argumentation. Mais les Français ne l'étaient pas. Dans un mémorandum qu'il rédigea quatre mois avant l'invasion allemande, de Gaulle contesta l'invincibilité de la fameuse ligne Maginot : « Or, il faut savoir que la position Maginot, quelques renforcements qu'elle ait reçus et qu'elle puisse recevoir, quelques quantités d'infanterie et d'artillerie qui l'occupent ou s'y appuient, *est susceptible d'être franchie.* C'est là d'ailleurs, à la longue, le sort réservé à toutes les fortifications. » La ligne une fois franchie, expliquait de Gaulle, tout le système Maginot s'écroulerait, avec Paris à seulement six heures de distance par automobile. Comme il l'avait dit dans *Vers l'Armée de métier,* chaque fois que la capitale avait été prise au cours du siècle passé, la résistance française s'était effondrée dans l'heure qui avait suivi. Le 14 juin 1940, cette heure arriva, et la tragique prophétie de De Gaulle se vérifia.

Alors que la France capitulait devant les envahisseurs nazis, de Gaulle se rendit compte, à la différence de la grande majorité des autres Français, que la guerre n'était pas du tout terminée mais qu'elle venait en réalité de commencer seulement. Il s'envola vers l'Angleterre, décidé à poursuivre la lutte en dépit de l'abandon du gouvernement. « La France a perdu une bataille, proclama-t-il, mais la France n'a pas perdu la guerre. »

Dans son premier appel radiodiffusé de Londres, de Gaulle devait déclarer que la France n'était pas seule, que l'issue de la guerre n'était pas tranchée par la bataille de France mais que cette guerre était une nouvelle guerre mondiale. « Car la France n'est pas seule. Elle a un vaste Empire derrière elle. Elle peut faire bloc avec l'Empire britannique qui tient la mer et continue la lutte. Elle peut, comme l'Angleterre, utiliser sans limites l'immense industrie des États-Unis. » Ce pressentiment de la victoire finale des Alliés immortalisa de Gaulle dans le cœur des Français et lui permit, à l'heure la plus sombre, de devenir le dépositaire de la flamme éternelle de l'âme de la France : « Quoi qu'il arrive, la flamme de la résistance française ne doit pas s'éteindre et ne s'éteindra pas. »

Après la guerre, les ambitions que de Gaulle avait nourries pour la France se brisèrent sur les récifs de la politique partisane. Alors qu'ils avaient salué en de Gaulle leur sauveur et libérateur, les Français tournèrent le dos aux réformes constitutionnelles qu'il leur proposait, permettant ainsi aux hommes politiques et aux partis d'avant-guerre de le pousser à la retraite.

De Gaulle était hostile au retour du système parlementaire de la Troisième République parce qu'il lui attribuait les orientations militaires — ou plus exactement l'absence d'une véritable politique militaire — ayant conduit au désastre de 1940. Les partis et groupes politiques avaient alors été si nombreux et fragmentaires qu'aucun ne pouvait réellement disposer d'une majorité parlementaire ni concevoir une politique cohérente suivie. L'assemblée fractionnée s'était mise à ressembler à l'état de nature jadis décrit par le philosophe anglais Hobbes : une guerre de tous contre tous. De Gaulle prédit que le retour à un pouvoir exécutif tributaire des fluctuations parlementaires allait fatalement engendrer une série de gouvernements de coalition aussi fragiles qu'impuissants, qui tomberaient à la moindre secousse politique. « Les parlementaires peuvent paralyser l'action », dira-t-il beaucoup plus tard au cours d'une conversation avec André Malraux, « ils ne peuvent pas la déterminer. »

De Gaulle savait que la France était fondamentalement un pays latin. Luis Muñoz Marin, ancien gouverneur de Porto Rico, m'avoua un jour : « Je suis fier de mon héritage latin. Notre dévouement à la famille et à l'Église, ainsi que nos contributions à la philosophie, à la musique et à l'art sont admirables. Mais nous sommes tout simplement mauvais dans l'art de nous gouverner nous-mêmes. Nous trouvons difficilement l'équilibre entre l'ordre et la liberté. Nous allons aux extrêmes — trop d'ordre et pas assez de liberté, ou trop de liberté et pas assez d'ordre. » Le génie de De Gaulle résida dans sa capacité d'établir ce périlleux équilibre pour la France.

Étant donné que de Gaulle était opposé au retour du « régime des partis » après la Seconde Guerre mondiale, beaucoup de politiciens et de journalistes de gauche l'accusèrent de vouloir instaurer une dictature. Ils le jugeaient très mal. Pendant, et immédiatement après la Libération, la France eut besoin de ce que de Gaulle appela « une sorte de monarchie ». Mais dès que les circonstances le permirent, il se hâta de laisser le peuple choisir librement son gouvernement. Il ne mit jamais en cause le principe de la souveraineté du peuple. Il considérait toutefois qu'un dirigeant lié au consensus n'était pas un dirigeant du tout, et qu'un Président ou un Premier ministre devait *diriger* un parlement et non le suivre.

Vers la fin de l'année 1945, de Gaulle se rendit compte que son argumentation n'avait pas porté et qu'il avait perdu la partie. La constitution de la Quatrième République instaurait un pouvoir législatif souverain dominant un pouvoir exécutif faible, donc un régime d'assemblée. Il devint convaincu qu'il lui fallait démissionner de ses fonctions à la tête du gouvernement, et, selon ses propres termes, échapper aux événements avant que ceux-là ne lui échappent. Il convoqua ses ministres en conseil, leur fit part de sa décision de renoncer à ses fonctions et sortit abruptement de la salle de réunion : sa retraite venait de commencer. Il était fermement persuadé que le temps arriverait où les Français viendraient le solliciter, lui demander de les diriger, mais à ses propres conditions. Une fois de plus, de Gaulle était en avance sur son temps. Néanmoins, son heure devait venir.

Il avait un sens aigu du destin et ne voulait pas être le président de la France simplement pour le plaisir d'être président. En fait, diriger le pays l'intéressait uniquement dans la mesure où il serait le seul homme à pouvoir donner à la France l'autorité suprême dont la nation aurait besoin. Ce qui distingue l'homme mûr de l'adolescent en politique, c'est que l'adolescent recherche la position éminente pour *être* quelqu'un alors que l'homme mûr la recherche pour *faire* quelque chose. De Gaulle voulait le pouvoir, non pour le prestige qu'il pourrait lui apporter mais pour ce qu'il pourrait en *faire*, lui.

Moins d'un an et demi après sa démission, de Gaulle déclenchait une vigoureuse offensive en vue de reconquérir le pouvoir. Il avait façonné sa personnalité dans le dessein de maîtriser de grands événements ; il regardait à présent avec dédain d'autres s'occuper des affaires mesquines et s'enliser dans le train-train quotidien de la politique politicienne. Incapable d'attendre plus longtemps que la France le rappelle, il lança un mouvement politique, le Rassemblement du Peuple Français (R.P.F.), créé à Strasbourg le 7 avril 1947 pour le ramener au pouvoir.

En 1947, les nuées d'orage de la guerre froide s'accumulaient à l'horizon, et les Français souffraient de nombreuses pénuries, avec de bas salaires et une montée des prix. De Gaulle n'avait cure de leurs préoccupations matérielles. Il n'avait pas libéré la France, disait-il, pour se soucier de la ration de macaroni. Il préférait évoquer les problèmes de puissance mondiale et proclamait la grandeur de la France.

Dans cette période troublée de l'histoire récente, le capital politique du général de Gaulle, souvent appelé l' « homme de l'orage » par les Français, s'accrut de façon spectaculaire. En 1951, le R.P.F. avait gagné plus de sièges à l'Assemblée nationale que tout autre parti. Dès le début, de Gaulle interdit formellement à tous ses représentants d'accorder leur suffrage aux gouvernements de la Quatrième République, ce qui eut pour conséquence bizarre de placer le R.P.F. dans une alliance de fait avec le parti communiste.

Confrontés avec une constante opposition de gauche et de droite, les gouvernements centristes tombèrent les uns après les autres, en une rapide succession de crises ministérielles. Néanmoins, et presque involontairement, ils réussirent à améliorer les conditions internes et la situation internationale de la France vers le début des années cinquante. En fait, les politiciens de la Quatrième République étaient parvenus à voler la foudre de l' « homme de l'orage » et ainsi à le maintenir dans son isolement. De Gaulle semblait en convenir lui-même, disant à ses visiteurs avec dépit : « La République gouverne médiocrement la France mais ne se défend pas mal. »

En 1952, il était devenu évident que le R.P.F. ne parviendrait pas à faire tomber la Quatrième République. Après que de Gaulle eut interdit à ses représentants d'accepter l'offre du président Auriol d'essayer de former un gouvernement (« Toute combinaison qui tend à prolonger le système... doit être, dans l'intérêt public, condamnée et combattue »), la discipline du parti s'effondra, des dissidences apparurent. Les défections finirent par réduire le R.P.F. au statut de sous-groupe parlementaire en 1953. Après les résultats désastreux enregistrés lors des élections municipales suivantes, de Gaulle se dissocia du mouvement.

Le long épisode du R.P.F. démontre qu'un chef peut être inspiré sans toujours avoir raison. De Gaulle vivait dans la perspective lointaine de l'avenir, mais il se faisait parfois piéger par le présent. Il semblait quelquefois posséder un instinct troublant des réactions de ses compatriotes; d'autres fois, au contraire, leur humeur lui échappait totalement. L'échec du R.P.F. sera symptomatique dans ce sens. En fait, les critiques adressées par de Gaulle au régime d'assemblée allaient se révéler prophétiques. Mais les temps n'étaient pas mûrs. Ses efforts en vue de réaliser ses prédictions échouèrent pour cette raison.

La crise qui ramena le général de Gaulle au pouvoir prit naissance vers la fin de l'année 1954. Des fractions de la population algérienne musulmane formèrent le F.L.N. (Front de Libération nationale) qui commença à engager des actions de guérilla contre l'administration française. Cette insurrection et la répression qui s'ensuivit devinrent rapidement la « guerre d'Algérie », qui se prolongea d'année en année ; les brutalités de l'armée française s'intensifiaient à mesure que croissait sa frustration. Les politiciens de la Quatrième République se révélèrent incapables de terminer le conflit d'une manière ou d'une autre.

En 1958, l'impuissance du régime à maîtriser ses problèmes en Algérie devint une crise en soi. L'armée, particulièrement après avoir subi l'humiliation de la défaite en Indochine en 1954, était déterminée à conserver à tout prix l'Algérie à la France. Gaullistes, hommes politiques de droite et colons européens en Algérie s'unirent à l'armée dans une alliance assez lâche opposée au gouvernement de Paris. Ils étaient prêts à agir, si le gouvernement ne l'était pas.

La République française connaissait sa vingt-quatrième crise ministérielle depuis le départ de De Gaulle en 1946 et était restée depuis un mois sans gouvernement en exercice, quand les tensions algériennes atteignirent un seuil critique, mettant en cause la stabilité de l'État. A Alger, la population attaqua et occupa le bâtiment du gouvernement général (qui, depuis les réformes entreprises, était devenu le ministère de l'Algérie) sous l'œil placide des forces de l'ordre. Sous prétexte de mettre un terme aux troubles, les généraux renversèrent les autorités françaises en Algérie. La dissidence militaire était contagieuse, et moins de deux semaines plus tard, les troupes stationnées en Corse se joignirent aux putschistes. Les généraux d'Alger avaient l'intention, au cours des jours suivants, de poursuivre leur soulèvement en étendant leur action à la France métropolitaine, et le gouvernement de Paris était impuissant à stopper cette gangrène de l'appareil de l'État.

Pendant toute l'affaire, de Gaulle fit preuve d'une remarquable habileté tactique. Il refusa autant d'endosser que de condamner publiquement le putsch, bien que des gaullistes y fussent directement associés. Par ce silence, il était sûr que tous l'écouteraient quand il révélerait finalement sa position, ce qu'il fit par un communiqué le 15 mai 1958, dans lequel il déclarait qu'il se tenait « prêt à assumer les pouvoirs de la République ». Il avait suivi sans complaisance le désarroi croissant des politiciens de la Quatrième République qui avaient successivement épuisé toutes leurs possibilités d'action, et quand, en désespoir de cause, ils se tournèrent enfin vers lui, il était prêt à leur dicter les conditions de sa coopération.

Bien qu'il imposât ses conditions au gouvernement légal, elles ne faisaient pas de lui un dictateur. Certes, beaucoup de Français continuaient à le considérer avec méfiance. Nous apprenons ainsi qu'André Le Trocquer, qui était alors président de l'Assemblée nationale et qui connaissait de Gaulle depuis le temps du gouvernement provisoire d'Alger, avait jugé les exigences du général anti-constitutionnelles et lui avait jeté à la figure qu'il avait l'âme d'un dictateur. « C'est moi qui ai restauré la République, monsieur Le Trocquer », lui répondit sèchement de Gaulle.

En fait, quand de Gaulle prit les rênes de l'État, l'autorité de la Quatrième République s'était amoindrie à un degré si pitoyable qu'il serait faux de dire qu'il s'empara du pouvoir en vertu d'un coup d'État. Il donna simplement le coup de grâce à un régime déliquescent.

De Gaulle se fit octroyer par la Quatrième République le droit de proposer des réformes constitutionnelles directement au suffrage de la nation par la voie du référendum, moyen qui lui permit finalement de faire approuver et de promulguer la constitution de la Cinquième République. La pièce maîtresse de cette nouvelle constitution de la République française est la présidence. Le président reçoit l'autorité de concevoir et d'exécuter l'action politique sans ingérence indue de l'Assemblée nationale, cette séparation effective du pouvoir exécutif et du pouvoir législatif évitant l'enlisement et la paralysie qui avaient conduit la Quatrième République au bord de l'effondrement politique, économique et social.

Certains ont critiqué de Gaulle pour avoir accordé au président un tel pouvoir souverain. Quant à moi, et vu rétrospectivement, je pense que la stabilité politique donnée à la France par cette nouvelle constitution aura été le legs le plus précieux du général de Gaulle à sa nation, de même que le code Napoléon aura été celui de Bonaparte.

Pendant ma vice-présidence, il m'incombait d'aller accueillir à l'aéroport les chefs de gouvernement venant en visite officielle à Washington, car en raison du protocole de l'époque, le président Eisenhower se dérangeait uniquement pour recevoir les chefs d'État. Or, pendant les années qui précédèrent le retour au pouvoir du général de Gaulle, j'avais l'impression d'aller accueillir d'un mois à l'autre un nouveau président du Conseil français ou italien. L'Italie n'a toujours pas résolu le problème de son instabilité politique chronique ; de Gaulle le fit pour la France. Certes, tout étudiant en droit constitutionnel un peu astucieux aurait pu concevoir un cadre de gouvernement analogue. Mais seul de Gaulle possédait à la fois la vision de sa nécessité et l'autorité de le faire instaurer.

Dans la mythologie grecque, Cassandre, aimée d'Apollon, obtint de lui le don de prophétie ; mais comme elle refusait de tenir ses promesses, le dieu dédaigné se vengea en décidant qu'on ne la croirait jamais, transformant ainsi le don en malédiction. De Gaulle savait que la prescience ne suffisait pas. Un chef ne doit pas seulement décider avec pertinence ce qu'il convient de faire dans une situation donnée, il lui faut aussi persuader les autres et les inciter à le faire. Chaque hôte de la Maison-Blanche a ressenti à un moment ou un autre la malédiction de Cassandre, c'est-à-dire qu'il s'est trouvé confronté avec l'irritant et frustrant problème de discerner lui-même la voie à suivre tout en étant incapable de secouer la bureaucratie, de convaincre le Congrès ou d'amener le public à aller dans cette direction. Dans *le Fil de l'épée*, de Gaulle indique que le chef doit être en mesure de susciter un esprit de confiance chez ses subordonnés.

L'autorité, explique-t-il, dépend du prestige, lequel est essentiellement affaire de sentiment, de suggestion et d'impression, découlant principalement de la possession d'un don élémentaire, d'une aptitude naturelle qui défie l'analyse. Ce don est rare. Certains hommes possèdent, on pourrait presque dire de naissance, la qualité d'exsuder l'autorité, comme si c'était un liquide, bien qu'il soit impossible de dire précisément en quoi il consiste.

Ces derniers temps, cette faculté a été désignée par le terme à la mode de *charisme*, bref une qualité que personne n'est réellement à même d'expliquer mais que tout le monde sait reconnaître.

A cette qualité ineffable, soutenait de Gaulle, le chef doit ajouter trois qualités concrètes : le mystère, le caractère et la grandeur. D'abord et avant tout, il ne peut guère y avoir de prestige sans mystère, car la familiarité engendre le mépris. Toutes les religions ont leur tabernacle, et nul n'est un héros pour son valet. Dans ses intentions et son comportement, le chef doit toujours posséder quelque chose que les autres ne peuvent pas entièrement pénétrer, qui les intrigue, les dérange et fixe leur attention.

Dans ce contexte, je voudrais rappeler la forte impression que fit de Gaulle quand il vint à Washington en novembre 1963 pour assister aux funérailles du président Kennedy. Mon épouse et moi, nous regardions le déroulement de la procession funèbre d'une fenêtre de notre appartement à l'Hôtel Mayflower. Des personnalités de premier ou de moindre rang venues du monde entier suivaient en cortège le cercueil. De Gaulle était un homme très grand physiquement, mais, autant qu'en hauteur, il semblait dominer tout le reste de l'assistance en dignité, stature et charisme.

A toutes nos rencontres, en public ou en privé, de Gaulle montra une formidable et souveraine dignité. Son maintien résolu lui donnait un air altier. Certains voulaient y voir une hautaine affectation, ce qui n'était vraiment pas le cas avec de Gaulle. En réalité, la hauteur chez lui était naturelle, au propre comme au figuré. Il faisait preuve d'une facile aisance dans ses rapports avec les autres chefs d'État, toujours considérés par lui comme ses égaux, mais il n'était jamais véritablement décontracté, et encore moins trivial, même pas avec ses plus proches amis.

Sous ce rapport, de Gaulle ressemblait à tous les présidents américains que j'avais connus avant d'être moi-même élu, à l'exception de Lyndon Johnson. Herbert Hoover, Dwight Eisenhower, John

Kennedy et même Harry Truman préservaient très jalousement leur intimité et n'acceptaient pas d'être traités d'une façon trop familière.

Même dans sa jeunesse, de Gaulle gardait ses distances avec ses semblables. Ainsi, quand il était petit garçon, les membres de sa famille disaient déjà de lui en plaisantant : « Charles a dû tomber dans la glacière. » Un instructeur à l'École de Guerre dira que de Gaulle y avait le maintien d'un roi en exil.

Je voyais mal de Gaulle taper dans le dos de quelqu'un ou lui saisir le bras dans le feu de la conversation, ni faire ami-ami et se laisser aller à des familiarités avec ses électeurs ou ses collègues. Mais en même temps ses façons personnelles n'avaient rien de l'arrogance condescendante qui est la marque des hommes médiocres investis de fonctions éminentes.

En tant que figure nationale, de Gaulle constituait le pôle de tout un état-major·de partisans, de « compagnons », qui lui vouaient une féroce loyauté ; mais il gardait ses distances à leur égard, illustrant ce qu'il avait lui-même écrit dans le Fil de l'épée, à savoir que « l'autorité ne va pas sans prestige, ni le prestige sans éloignement ». Dans son cabinet de travail à l'Élysée, de Gaulle avait deux téléphones sur une table près de son bureau. Mais ils ne sonnaient jamais. Il tenait le téléphone pour une intolérable abomination du monde moderne, et même ses plus proches conseillers ne se permettaient pas de l'appeler directement.

Comme MacArthur, de Gaulle n'avait que peu de patience pour le bavardage mondain. A chacune de nos rencontres, je sentais qu'il voulait en venir immédiatement aux choses sérieuses. Il ressemblait aussi à MacArthur par la précision de son langage — et cela à tous les niveaux : dans les conférences de presse, les discours improvisés, en réponse à des questions et même dans la conversation familière. Les deux hommes s'exprimaient dans des phrases parfaitement construites, qui rendaient avec précision toutes les nuances de leur pensée. En fait, si l'un ou l'autre avait fait partie du Congrès des États-Unis, il n'aurait pas eu besoin de corriger ses observations avant leur insertion au journal officiel (Congressional Record) du Congrès.

De Gaulle ne tolérait pas le manque de compétence. A l'occasion du dîner officiel que j'offris en son honneur en 1960, il eut pour interprète le consul de France en poste dans une grande ville américaine. Alors qu'il traduisait le toast porté par le Général, le consul avait les mains qui tremblaient, et il s'embrouilla fâcheusement. Je pouvais voir que de Gaulle était furieux. J'appris par la suite qu'il avait renvoyé le consul et exigé un autre interprète pour le restant de son séjour.

De Gaulle ne participait jamais à de houleuses séances de travail. Pendant les conseils, il écoutait attentivement les exposés de ses ministres et prenait très poliment des notes. Quand il désirait un échange de vues avec un ministre en particulier, il arrangeait habituellement une rencontre privée.

Les décisions sur les questions importantes revenaient exclusivement à de Gaulle. Il ne pensait pas posséder le savoir d'un Salomon mais pour le moins sa capacité de jugement. Il commençait toujours par réclamer « tous les papiers » d'une affaire et, grâce à son extraordinaire faculté d'assimilation des détails, apprenait absolument tout ce qu'il y avait à savoir sur le sujet. Puis il renvoyait tous ses adjoints et conseillers pour réfléchir au problème et envisager seul la décision qu'il allait prendre. Il savait l'importance vitale que pouvait avoir pour un chef le temps de la réflexion solitaire, et sur son insistance, ses collaborateurs lui réservaient plusieurs heures par jour à cet effet.

Quand je me retrouvai moi-même président, j'essayai de suivre un emploi du temps analogue, c'est-à-dire de toujours m'accorder quelques heures pour une réflexion calme et tranquille ; je dus cependant découvrir qu'il n'y a rien de plus difficile pour le dirigeant d'un pays que de maintenir cette discipline face aux demandes des hauts fonctionnaires, des chefs des groupes parlementaires et d'autres qui, tous, sollicitent une portion de son temps. Quand ils voient un creux dans son agenda, ils supposent bien entendu qu'il a du temps à leur consacrer ; ce qu'ils veulent, c'est lui imposer leurs propres priorités. Mais en général leurs priorités ne sont pas — et ne doivent pas être — ses priorités. Car ses responsabilités transcendent les leurs.

En tant que président, j'ai tranché très peu de grandes questions dans le Bureau Ovale. Quand j'avais une décision importante à prendre, j'essayais toujours de m'isoler dans le salon Lincoln ou dans les petites bibliothèques de Camp David, Key Biscayne ou San Clemente. Je savais que je pouvais réfléchir au mieux et prendre les meilleures décisions dans les endroits propices à la solitude et loin de la Babel de voix de Washington.

Outre l'éloignement, explique de Gaulle dans son analyse des qualités requises pour un chef, le mystère exige une économie de la parole et du geste, un maintien et des mouvements étudiés. Rien ne renforce plus l'autorité que le silence, dit-il encore. Mais le silence, la vertu maîtresse des forts, ne produit son effet que lorsqu'il semble cacher la force de l'esprit et la détermination. C'est précisément du contraste entre la puissance intérieure et la maîtrise extérieure qu'est obtenu l'ascendant, de même que l'élégance chez un joueur consistera à se montrer plus indifférent que d'habitude quand il aura augmenté sa mise, et que les effets les plus notoires d'un acteur dépendront de son habileté à produire l'apparence de l'émotion au moment même où il exercera une parfaite maîtrise de soi.

De Gaulle savait bien que la politique est du théâtre — dans sa pratique sinon dans sa substance — et, pour une large part, ce fut grâce à sa maîtrise de la technique théâtrale et de la mise en scène qu'il parvint à imposer sa volonté politique.

Comme César et MacArthur, de Gaulle parlait souvent de lui-même à la troisième personne dans ses écrits. Ainsi pouvait-il évoquer l' « impulsion croissante vers un appel à de Gaulle », ou la nécessité de « répondre " oui " à de Gaulle », ou encore l'impossibi-lité « d'une alternative au général de Gaulle ». A un journaliste qui lui demandait les raisons de cette habitude, il répondit que s'il lui arrivait à l'occasion d'employer la troisième personne pour des considérations de style, la raison principale avait été sa découverte de l'existence dans l'esprit de ses interlocuteurs d'un personnage nommé de Gaulle qui avait en fait une personnalité distincte de la sienne.

Il eut la révélation de l'extraordinaire impact de son personnage public en 1940, alors qu'en Afrique-Équatoriale française il visitait la ville de Douala en tant que chef de la France libre. Des milliers de personnes avaient envahi les rues et scandaient sans arrêt : « De Gaulle ! de Gaulle ! de Gaulle ! » Alors qu'il fendait cette foule qui l'acclamait, il comprit, expliquera-t-il plus tard, « que le général de Gaulle était devenu une vivante légende ». « De ce jour, dira-t-il encore, j'ai su que j'aurais à compter avec cet homme, le général de Gaulle. Je devins presque son prisonnier. Avant de prononcer un discours ou de prendre une décision capitale, je devais me deman-der : *le général de Gaulle l'approuvera-t-il ?* » Cet étrange dédouble-ment n'alla pas sans regrets, car, dut-il reconnaître, il lui fallut renoncer à bien des choses dont il avait envie, parce qu'elles ne convenaient pas au général de Gaulle.

Charles de Gaulle prit toujours le plus grand soin d'accorder son comportement à cette projection idéale du général de Gaulle, cela aussi bien dans le détail minutieux que dans le geste grandiose. Vers la fin de sa vie, des cataractes rendirent sa vue très défectueuse. Quand il ne portait pas ses lunettes aux verres extrêmement épais, il pouvait lui arriver de ne pas reconnaître les personnes auxquelles il serrait la main. Georges Pompidou, son successeur et ancien Premier ministre, me raconta qu'un jour où ils se trouvaient assis côte à côte dans une même voiture d'un cortège officiel, le général se pencha vers lui et lui demanda s'il y avait du monde sur le parcours et s'il fallait saluer. La foule se pressait de part et d'autre du passage du cortège officiel, mais de Gaulle ne la voyait pas. L'image idéalisée du général de Gaulle interdisait à l'homme Charles de Gaulle de porter de grosses lunettes en public.

De même que MacArthur, de Gaulle n'avait cure du danger qu'il pouvait courir personnellement, mais il était très conscient de l'effet puissant produit par ce courage sur autrui. Dans leur livre intitulé *Objectif de Gaulle*, Pierre Démaret et Christian Plume rapportent trente et un attentats manqués contre la vie du président français. En 1962, alors qu'il traversait la banlieue parisienne du Petit-Clamart, sa voiture essuya le feu croisé d'armes automatiques, et une balle passa à quelques centimètres seulement de sa tête. Quand il descendit ensuite du véhicule à l'aéroport de Villacoublay, il épousseta les débris de verre qui constellaient sa veste et se borna à remarquer qu'il avait eu de la chance, que cette fois-ci il l'avait échappé de justesse et que ses agresseurs étaient de piètres tireurs.

De Gaulle était passé expert dans la mise en scène de ses apparitions publiques. Deux fois par an, il rencontrait les journalistes, et ces rencontres étaient beaucoup plus des audiences que des conférences de presse. Données dans la salle des fêtes du palais de l'Élysée, avec ses grands lustres de cristal et les dorures de son plafond peint, elles étaient des événements en soi et attiraient régulièrement un millier de journalistes.

Pendant l'un de mes séjours à Paris vers le milieu des années soixante, je suivis une conférence de presse de De Gaulle à la télévision dans le bureau de notre ambassadeur, Ch. Bohlen. A l'heure prévue, deux huissiers en habit séparèrent le rideau de velours rouge de la scène, et tout le monde se leva pour l'entrée de De Gaulle. Il prit place derrière le micro, flanqué de ses ministres, et fit signe à l'assistance de s'asseoir. Il parla pendant environ vingt minutes du sujet qu'il avait choisi. Puis il répondit à trois questions, et pas une de plus, et leva la séance.

Nous savions bien qu'il avait écrit son texte d'avance, y compris les questions que son attaché de presse avait confiées à certains journalistes et dont il avait appris les réponses par cœur. Tout était donc de la mise en scène, et, néanmoins, l'effet était presque hypnotique. Quand de Gaulle en fut arrivé à sa conclusion, Bohlen, qui parlait d'habitude plutôt péjorativement du président français, se borna à secouer la tête, s'exclamant : « Quelle stupéfiante prestation ! »

Il ne mettait pas moins de soins dans l'exercice d'autres fonctions publiques. Lors de la réception officielle qu'il donna pour notre délégation en 1969, il porta un toast très éloquent qui nous parut improvisé étant donné qu'il n'avait pas de texte sous les yeux. Une fois l'allocution terminée, un de mes collaborateurs complimenta de Gaulle pour sa facilité de s'exprimer longuement sans notes. Et le général lui répondit : « Je rédige le texte, l'apprends par cœur, puis jette le papier. Churchill faisait la même chose, mais il ne voulut jamais l'admettre ! »

Bien qu'il fût un magistral comédien, de Gaulle ne fit pas usage de son talent quand il me présentait un argument au cours de nos rencontres. Je ne l'ai jamais entendu élever la voix. Il n'essayait pas de faire partager son point de vue en usant de bluff ou de bravade. Quand il n'était pas du même avis, il préférait ignorer le point en question plutôt que d'avoir l'air d'être d'accord. Quand il ressentait très profondément quelque chose, il pouvait lui arriver de gesticuler emphatiquement, mais toujours avec grâce. Le cheminement de sa pensée était d'une élémentaire clarté, et son discours public et privé en était le reflet. Il ne s'exprimait ni ne pensait jamais d'une façon brouillonne. Il pouvait ne pas parvenir à des conclusions justes, mais il possédait cette faculté rare de toujours aller jusqu'au bout de sa pensée puis d'exprimer ses vues avec une logique extrêmement persuasive et contraignante.

A notre époque de politiciens fardés, gominés et calibrés pour petit écran, il peut être utile de rappeler que de Gaulle a été l'homme par excellence des nouveaux media. Charles de Gaulle devait créer sur les ondes le personnage du général de Gaulle. Beaucoup de chefs politiques se sont servis très habilement des moyens de communication électroniques, mais de Gaulle eut le privilège d'être un authentique pionnier dans ce domaine, les ondes hertziennes ayant constitué son seul forum alors qu'il ralliait à sa cause les hommes et les femmes de France. C'est par ses émissions radiodiffusées de Londres pendant les jours les plus sombres de la Seconde Guerre mondiale que de Gaulle entra dans la légende de son pays.

Son retour au pouvoir à la fin des années cinquante coïncida avec l'essor de la télévision comme moyen de communication privilégié. Il sut en reconnaître d'emblée les vertigineuses possibilités. Comme il le dira plus tard : « Ici, subitement, se trouvait un moyen sans précédent d'être présent partout. » Il savait qu'il lui faudrait adapter son style pour réussir à la télévision. Il avait toujours lu le texte de ses allocutions radiodiffusées. « Mais à présent les téléspectateurs pouvaient voir de Gaulle sur l'écran tandis qu'ils l'écoutaient sur les ondes », notera-t-il. Pour rester fidèle à son image, il lui faudrait s'adresser à eux comme s'ils étaient face à face, « sans papier et sans lunettes ». Ce septuagénaire, assis seul derrière une table sous des lumières impitoyables, devrait paraître suffisamment animé et spontané pour saisir et retenir l'attention, sans se compromettre « par des gestes excessifs et des grimaces déplacées ».

Son débit était magistral. La combinaison de sa voix profonde et sereine avec sa manière calme et assurée lui donnait une apparence nettement paternelle. Il se servait de la langue française avec cette même grandeur et cette même éloquence dont faisait preuve Churchill en employant la langue anglaise. C'était un français classique, presque archaïque. Néanmoins, son élocution était si articulée et si précise que son message semblait passer parallèlement à ses paroles. Je pense que même une personne sans connaissances de français aurait pu saisir le sens de ce qu'il disait.

A l'occasion d'une situation particulièrement dramatique, quand son autorité se trouva contestée en Algérie par ceux qu'il appelait « un quarteron de généraux en retraite » et « un groupe d'officiers, partisans, ambitieux et fanatiques », il revêtit son uniforme de général pour s'adresser à la nation dans une allocution radiotélévisée ; c'était le 23 avril 1961, et sa prestation fut d'une brillante théâtralité, s'achevant sur le pathétique « Françaises, Français ! Aidez-moi ! ». Beaucoup de commentateurs américains critiquèrent ce geste, ne voulant y voir que l'aspect mélodramatique, voire grand-guignolesque. Ils ne pouvaient pas comprendre qu'en se présentant lui-même dans son uniforme de général, de Gaulle éveillait des souvenirs à la fois douloureux et prestigieux, touchait chez chaque Français une corde profondément sensible et vibrante, forgeant ainsi une unité du peuple de France qui n'existe qu'aux heures les plus sombres et dans l'espérance d'un meilleur avenir.

Cependant, ce n'est pas par le seul recours au symbolisme, à l'art oratoire ou aux effets dramatiques que Charles de Gaulle créa le personnage du général de Gaulle. C'est à travers l'ensemble de ses apparitions et prestations publiques — l'amorce, le cadre, la mise en scène élaborée, la précision avec laquelle il ciselait ses ambiguïtés souvent délibérées, gagnant le soutien de groupes disparates par des déclarations qui pouvaient être interprétées de diverses façons par ceux dont les intérêts divergeaient. Le général de Gaulle était une façade, mais pas en trompe l'œil. Derrière se trouvait un homme d'une intelligence incandescente et d'une phénoménale discipline. Cette façade était comme le décor sculpté d'une grande cathédrale, et ne ressemblait en rien au clinquant prétentieux d'un échafaudage hollywoodien sans rien derrière.

Le mystère peut intriguer, il ne peut pas attirer. Pour cela le chef a besoin de ce que de Gaulle nomme le caractère. Pour la plupart, caractère est synonyme de force morale. Mais aux yeux de De Gaulle, le caractère chez le chef est le désir fervent et la passion intérieure en vue d'exercer sa volonté propre. « L'élévation d'un homme au-dessus des autres, écrit-il dans *le Fil de l'épée*, ne se justifie que s'il apporte à la tâche commune l'impulsion et la garantie du caractère. »

Face à l'événement, explique de Gaulle, le chef qui a du caractère

recourt à soi-même. « Son mouvement est d'imposer à l'action sa
marque, de la prendre à son compte, d'en faire son affaire. » Le chef
qu'anime cette « passion d'agir par soi-même » sera particulièrement attiré par la difficulté, « car c'est en l'étreignant qu'il se réalise
lui-même ». Il y rencontrera « l'âpre joie d'être responsable ». Ce
« lutteur qui trouve au-dedans son ardeur et son point d'appui » ne
se dérobera pas à l'heure critique, mais prendra au contraire
l'initiative avec la farouche volonté de faire face au moment.

Le dirigeant qui a du caractère, nous enseigne donc de Gaulle,
apporte l'ordre à l'accomplissement de la tâche commune, impri-
mant « son dynamisme propre aux éléments de l'action ». Le même
de Gaulle n'a que mépris pour « les figurants de la hiérarchie » —
c'est-à-dire tous ces ministres et ces militaires qui ne songent qu'à
préserver leur rang ou leur portefeuille — qui, jamais, ne pourront
susciter « la foi des esprits, la sympathie des ardeurs », puisqu'ils ne
sont que « des parasites qui absorbent tout et ne rendent rien,
timorés grelottant sous leurs couvertures, Maîtres Jacques qui
changent de casaque sans délai ni scrupule ».

Seuls les chefs qui démontrent leur valeur dans le feu de l'action,
qui affrontent et surmontent la difficulté, bref qui jouent le tout pour
le tout, pourront gagner les masses à leur cause. Les caractères de
cette trempe irradient une sorte de force magnétique, et aux yeux de
ceux qui les suivent ils sont le symbole du but à atteindre,
l'incarnation même de l'espoir.

L'homme de caractère ne cherche pas avant tout à plaire à ses
supérieurs mais à rester fidèle à soi-même. Sa personnalité farouche
et l'audace de ses actions le rendent insupportable auprès de ses
supérieurs qui somnolent dans la routine et qui, « faute d'embrasser
les ensembles, cultivent les détails et se nourrissent de formalités »,
en un mot auprès de ces médiocres qui ne comprennent pas ou ne
veulent pas comprendre qu'ils ont besoin d'avoir sous leurs ordres
des hommes volontaires et énergiques.

Les meilleurs serviteurs de l'État, dira encore de Gaulle, brossant
peut-être inconsciemment son autoportrait, sont rarement les hommes les plus dociles. Fort logiquement, les maîtres doivent avoir
l'esprit et les nerfs d'un maître, et c'est assurément la pire des
politiques que d'exclure les fortes personnalités de certaines fonctions pour la simple raison qu'elles sont incommodes et d'un abord
difficile. Les rapports faciles peuvent être de mise quand les choses
vont leur train ordinaire, mais quand survient la crise ils peuvent
conduire au désastre.

De Gaulle recommandait souvent à d'autres dirigeants de pratiquer ces vertus qu'il avait naguère attribuées à l'homme de caractère, c'est-à-dire de n'avoir recours qu'à eux-mêmes et de faire

preuve de force et, avant tout, d'indépendance. Dans *les Chênes qu'on abat...*, André Malraux rapporte une confidence du chah d'Iran qui est assez significative dans ce sens : « Quand je l'ai rencontré (de Gaulle) pour la première fois à Téhéran, j'étais un jeune homme. Je lui ai demandé conseil. Il m'a répondu : Monseigneur, on vous suggérera bien des habiletés. Ne les acceptez jamais. Je n'ai qu'une suggestion à vous faire, mais elle compte : mettez toute votre énergie à rester indépendant. » Le chah eut d'ailleurs toujours beaucoup de respect et de considération pour le général de Gaulle. En 1961, le président français conseillait à John Kennedy d'adopter le principe qui avait toujours guidé sa propre conduite : « N'écoutez que vous-même ! » En 1969, alors qu'en voiture nous faisions le trajet entre l'aéroport et Paris, il se tourna vers moi, posa sa main sur la mienne, et dit : « Vous avez l'air jeune, vigoureux et aux commandes. C'est très important. Restez comme ça ! »

L'action menée par de Gaulle pendant la guerre résume assez bien ses conceptions concernant l'homme de caractère. Il fit preuve d'une ardeur extraordinaire quand il se trouva confronté avec les tâches difficiles de la Seconde Guerre mondiale. Sous ce rapport, de Gaulle ressemblait à Mao. Mais il y avait entre eux une différence non négligeable : Mao bouleversait l'ordre pour engendrer la lutte tandis que de Gaulle luttait pour engendrer l'ordre.

Alors que je me rendais à l'aéroport de Pékin en compagnie de Chou En-lai, le dirigeant chinois évoqua un poème que Mao avait écrit en revenant à son lieu de naissance après trente-deux ans d'absence. Ces vers nous montrent, dit-il en substance, que l'adversité constitue une excellente école. Je ne pus que l'approuver en observant de mon côté qu'une perte électorale était en réalité plus douloureuse qu'une blessure de guerre. Celle-ci blesse le corps, celle-là l'esprit. Mais la défaite électorale permet de se muscler, de développer l'énergie et le caractère qui seront indispensables aux futurs combats. Je fis valoir que les douze années passées par de Gaulle à l'écart du pouvoir, sa « traversée du désert »,. avaient trempé son caractère. Chou m'approuva et ajouta que les hommes qui se déplacent toute leur vie durant sur de belles routes aplanies ne développent aucune vigueur. C'est en nageant à contre-courant et non dans l'autre sens que le chef éminent déploie sa force.

Certains chefs politiques ne connaissent jamais l'adversité ; d'autres ne parviennent pas à la surmonter. Certains l'utilisent pour édifier leur carrière, ainsi de Gaulle. L'adversité n'était pas une étrangère pour lui. Pendant la Première Guerre mondiale, au cours de la célèbre attaque menée en 1916 contre Verdun par le Kronprinz, il tomba dans un sanglant corps à corps et fut laissé pour mort sur le champ de bataille. Il fut fait prisonnier par l'ennemi, et, malgré cinq tentatives d'évasion, resta en Allemagne jusqu'à l'armistice de 1918. Pendant la Seconde Guerre mondiale, il lutta pendant des années — d'abord seul contre tous — pour sauver l'honneur de la France, et fut rejeté par la nation peu de temps après la victoire. Mais douze ans plus tard, il revenait au pouvoir.

Quand de Gaulle se retira de la politique, il alla « dans le désert ». La plupart des membres de la classe politique, une fois qu'ils ont goûté au pouvoir, ne peuvent pas supporter d'en être éloignés. Aux États-Unis, beaucoup de sénateurs et de représentants répugnent à rentrer dans leur circonscription après une défaite ou au moment de la retraite. Ils préfèrent rester à Washington, dans l'antichambre du pouvoir. De Gaulle n'oublia jamais le terroir originel : il y retournait toujours pour y puiser sa force.

Colombey-les-Deux-Églises était le sanctuaire de De Gaulle — le « désert », au propre comme au figuré. Avec ses 350 habitants, niché sur la Nationale 19 entre Bar-sur-Aube et Chaumont, à 250 kilomètres à l'est de Paris, Colombey ne figure même pas sur certaines cartes routières. Bâtiment de pierre blanche avec une toiture à tuiles brunes, la maison de quatorze chambres des de Gaulle, la Boisserie, était dissimulée au regard des passants par les frondaisons des arbres du parc et d'épais taillis. Isolé dans ce manoir provincial à la lisière du minuscule village, de Gaulle n'aurait guère pu trouver de cadre plus approprié pour accentuer son mystère.

A Colombey, de Gaulle découvrit que la solitude, si elle existe assurément au sommet, pouvait être plus totale encore ailleurs. Mais il n'avait aucun remords. Dans le tumulte des hommes et des événements, avoua-t-il alors, la solitude avait été sa tentation ; à présent elle était sa compagne. Et il posait cette question désabusée : Quelle autre satisfaction vous reste-t-il une fois que vous avez été confronté à l'histoire ?

Churchill et de Gaulle connurent la même mésaventure après la Seconde Guerre mondiale : malgré leur brillante contribution à la victoire, ils se retrouvèrent évincés du pouvoir. Ils essayèrent cependant de le reconquérir par des moyens différents. La déroute du R.P.F. avait enseigné à de Gaulle qu'en politique la distance entre deux points était rarement une ligne droite. Après avoir annoncé qu'il renonçait à son action politique lors d'une conférence de presse tenue en 1955, il adopta une voie magistrale d'éloignement et de détachement, ne faisant presque aucun effort pour demeurer en vue. De Gaulle était un grand acteur et, comme la plupart des grands acteurs, il savait à quel moment il importait de quitter la scène.

Mais de Gaulle était aussi un habile politique. Son intuition lui disait que la charge suprême de l'État devait être courtisée comme une femme, c'est-à-dire en d'autres termes qu'il fallait surtout ne pas laisser voir qu'il la convoitait. Comme Eisenhower, il savait d'instinct que le meilleur moyen d'obtenir le pouvoir était parfois de ne pas avoir l'air de le rechercher. Rester dans l'ombre et attendre ne convenait pas du tout au tempérament de Churchill. L'Anglais continua à être le chef d'une opposition loyale au Parlement, et il n'y eut jamais le moindre moment de répit dans les efforts tenaces et ingénieux qu'il déploya en vue de retrouver sa place à la tête du gouvernement. En fait, les deux hommes réussirent leur reconquête du pouvoir, mais avec des armes dissemblables.

Dans le monde politique américain, j'ai toujours essayé de faire comprendre aux candidats aux fonctions les plus hautes que l'ambition dans le cœur était une chose, l'ambition ouvertement affichée une autre. La première est une caractéristique nécessaire et légitime d'un dirigeant, la seconde, une caractéristique déplaisante et repoussante.

Une fois par semaine, de Gaulle quittait la simplicité rustique de Colombey pour les rendez-vous pris pour lui à sa permanence parisienne de la rue de Solferino. Alors que les politiciens de la Quatrième République ne voulaient surtout pas entendre parler d'un retour du général aux affaires, ils étaient néanmoins nombreux à venir solliciter ses avis. Mais ils repartaient souvent avec l'impression que de Gaulle avait tiré plus de profit de leurs entretiens qu'eux-mêmes. Grâce à ces rencontres périodiques avec les gens en place, de Gaulle devint peut-être l'homme le mieux informé de France sur le fonctionnement et les échecs de la Quatrième République.

Bien entendu, il restait aussi en relation avec ses partisans, qui lui étaient encore plus dévoués dans la défaite que dans la victoire. Ils représentaient pour de Gaulle un atout politique d'une importance vitale ; dans leurs rangs, en effet, il pourrait à toute occasion propice constituer l'équipe devant lui permettre de revenir au pouvoir et de gouverner. Quand il fut de nouveau à la tête de l'État, leur présence lui fut non moins précieuse, car il pouvait toujours s'appuyer sur eux dans les moments de crise.

Un grand nombre de ses supporters étaient attirés beaucoup plus par l'homme que par ses idées. André Malraux, qui était politiquement plus à gauche que de Gaulle, était si fasciné par le personnage de De Gaulle qu'il en devint un admirateur presque servile. Alors que je raccompagnais Malraux à sa voiture après un dîner offert en son honneur à la Maison-Blanche, juste avant mon premier voyage en Chine, il parla de De Gaulle avec vénération. « Je ne suis pas de Gaulle — personne n'est de Gaulle, dit-il. Mais si de Gaulle était ici présent, je sais ce qu'il dirait : Tous les hommes qui comprennent ce à quoi vous vous risquez vous saluent ! »

Un culte de la personnalité disparaît en général quand disparaît l'homme qui l'a suscité. Le gaullisme, lui, devait survivre à de Gaulle, et c'est un témoignage de plus de l'intensité avec laquelle cet homme marqua l'esprit de ses compatriotes. Aujourd'hui encore, les gaullistes jouent un rôle important dans la vie politique française, quoique à un degré moindre. Pendant les années de Colombey, de Gaulle reçut souvent ses disciples et ne manqua jamais de ranimer la flamme de leur loyauté.

Enfin, et c'est le plus important, l'exil politique fit de De Gaulle un homme beaucoup plus réfléchi. Adenauer devait déclarer à un journaliste que ces années de Colombey « lui avaient valu un immense bien et fait de lui l'homme d'État le plus compétent de l'Occident ». Les grands conducteurs d'hommes tirent presque toujours plus de profit de leurs erreurs que de leurs succès. De Gaulle eut tout loisir de réexaminer son action antérieure d'un œil critique à mesure qu'il rédigeait les trois tomes de ses *Mémoires de Guerre.* Quand il évoquait ses initiatives passées, il les jugeait souvent en considération des voies différentes qu'il aurait alors pu choisir. La perspective de détachement, de sérénité même qu'implique une telle réappréciation et autocritique est plutôt rare chez les chefs politiques, mais elle est indispensable à quiconque veut se tailler un retour dans l'arène.

« La rédaction de ses *Mémoires* fit de lui un tacticien politique », dira un membre de son entourage. Cela devint particulièrement évident en 1958, quand le président René Coty s'adressa au « plus illustre des Français » pour tenter de sortir le pays de la crise où l'avaient plongé les événements d'Algérie. Président du Conseil désigné, de Gaulle sollicita de l'Assemblée nationale les pleins pouvoirs que réclamait la situation. L'ancien de Gaulle aurait formulé ses exigences puis menacé de démissionner si le Parlement ne l'avait pas immédiatement suivi. Le nouveau de Gaulle avait appris la valeur de la flatterie. La mécanique politique qu'il était devenu comprenait que la machine institutionnelle tournerait bien mieux s'il voulait simplement se donner la peine de la huiler quelque peu.

Ainsi, l'homme qui parut le 2 juin dans l'hémicycle du Palais Bourbon se livra-t-il à une véritable entreprise de séduction à l'égard des députés qui y siégeaient, faisant pleuvoir sur eux plaisanteries et amabilités. Il courtisa ses adversaires en bavardant avec eux le plus courtoisement du monde pendant les pauses dans les débats, les assurant que toutes ses actions ne viseraient « qu'à rendre la République plus forte, plus saine, plus efficace, indestructible ». Il poursuivit son opération de charme en disant aux députés qu'il ressentait tout l'honneur et le plaisir de se trouver au milieu d'eux en cette occasion. Quand ils entendirent ces paroles suaves, les parlementaires, qui avaient pourtant tout essayé pour barrer la route à de Gaulle, restèrent d'abord pantois — puis ils lui firent une ovation et lui accordèrent les pouvoirs exécutif, législatif et constituant qu'il demandait.

De Gaulle pouvait aussi se montrer très perspicace dans son analyse de la politique intérieure américaine. Pendant sa visite officielle de 1960, il révéla beaucoup d'intérêt pour la campagne présidentielle qui devait bientôt débuter. Il évita avec soin de prendre ouvertement parti, mais me donna néanmoins un conseil judicieux. Il me déclara qu'il savait qu'en tant que vice-président je me présenterais et devais me présenter à la faveur de l'acquis de l'administration Eisenhower, mais que cette approche me permettrait difficilement de prendre la position que les temps exigeaient pourtant. Et il dit avec force : « Il vous faut faire votre campagne sur le thème d'une Amérique nouvelle ! » Bien entendu, je ne pouvais pas faire cela, sinon j'aurais eu l'air de critiquer l'action d'un gouvernement dont je faisais partie. Mais le conseil de De Gaulle était valable en soi. Kennedy axa sa campagne sur ce slogan d'une « Amérique nouvelle », et il gagna les élections.

Après ma défaite dans l'élection au poste de gouverneur de Californie en 1962, j'entrepris un voyage en Europe en compagnie de ma famille et m'arrêtai quelques jours à Paris. A ma surprise, et à celle plus grande encore de notre ambassadeur Charles Bohlen, de Gaulle nous invita, ma femme et moi, à déjeuner à l'Élysée, demandant à Bohlen de se joindre à nous.

A la suite de mes deux défaites électorales, mon avenir politique semblait singulièrement compromis, à mes yeux comme à ceux de tout expert politique américain. L'invitation de De Gaulle prenait ainsi l'apparence d'un simple geste de courtoisie et d'amabilité. Dans le toast qu'il me porta, de Gaulle m'avoua que lorsqu'il m'avait rencontré pour la première fois trois ans plus tôt, il avait senti intuitivement que je serais appelé à jouer un rôle plus important à la tête de notre pays. Il affirma qu'il maintenait cette opinion et qu'il entrevoyait pour moi un rôle futur « au sommet ».

Le compliment était aimable mais aussi sincère. Pendant ma présidence et mes années à San Clemente, tous les responsables français de passage en Amérique qui avaient connu de Gaulle ne manquaient jamais de me faire observer qu'il avait prédit que je serais élu président des années avant que cette hypothèse fût même envisagée par la presse américaine.

Pendant les années où je demeurai éloigné des affaires, de Gaulle me reçut à chacun de mes voyages dans la capitale française, sauf quand il n'était pas à Paris, et cela bien qu'il n'accordât généralement des entrevues qu'aux hommes en place. Je ne veux pas dire par

là que ces rencontres étaient la preuve d'une admiration exceptionnelle que de Gaulle aurait eue à mon égard, même si je pense
effectivement que nous nous respections mutuellement et que ce
respect ne fit que croître au fil des années. Le général était un
observateur extrêmement avisé des affaires intérieures et de la
politique mondiale des États-Unis. Je suppose qu'il avait scruté la
scène politique américaine sans y découvrir beaucoup de dirigeants
possédant une connaissance approfondie des grands dossiers internationaux. Et il pensait probablement que les temps exigeraient un
dirigeant ayant précisément une certaine familiarité des problèmes
de politique mondiale, ce qui favoriserait tôt ou tard mon retour au
pouvoir. Nos rencontres lui permettaient ainsi de cultiver l'amitié
du leader potentiel d'un pays allié et de lui faire connaître ses vues et
ses souhaits.

Je crois aussi qu'il sympathisait avec moi parce que j'étais
quelqu'un qui savait ce que « traverser le désert » voulait dire.

L'adversité des défaites du général contribua à façonner le
personnage qui attirait si puissamment ses dévoués partisans. Mais
de Gaulle considérait qu'il fallait aussi de la grandeur à l'homme de
caractère pour faire un chef efficace. Il lui faut viser haut, avoir une
vaste perspective, agir sur une grande échelle : ainsi pourra-t-il
asseoir son autorité sur le commun, qui patauge la plupart du temps
dans les eaux troubles. S'il se contente de l'ordinaire, il sera apprécié
comme un parfait serviteur mais jamais comme un maître pouvant
attirer à soi la foi et les rêves des hommes.

La cause du général de Gaulle s'appelait la France. Rien ne
l'inspirait plus que les symboles de la gloire française, et rien ne
l'attristait autant que les faiblesses et les échecs de la France.

« Toute ma vie, je me suis fait une certaine idée de la France »,
proclame de Gaulle en commençant le premier tome de ses *Mémoires de Guerre*. Dans ce paragraphe émouvant, il présente une vue
fascinante, non de la nation française en tant qu'État, mais de la
nation française en tant qu'âme : « Ce qu'il y a, en moi, d'affectif
imagine naturellement la France, telle la princesse des contes ou la
madone aux fresques des murs, comme vouée à une destinée
éminente et exceptionnelle. J'ai, d'instinct, l'impression que la
Providence l'a créée pour des succès achevés ou des malheurs
exemplaires. S'il advient que la médiocrité marque, pourtant, ses
faits et gestes, j'en éprouve la sensation d'une absurde anomalie,
imputable aux fautes des Français, non au génie de la patrie. » Suit
le passage déjà cité plus haut sur la nécessaire grandeur de la
France.

En 1942, de Gaulle avait expliqué à l'amiral américain Harold
Stark qu'en cas de défaillance à la tête du pays, l'esprit de la France

éternelle suscitait toujours des chefs exemplaires pour prendre la relève, de Charlemagne à Jeanne d'Arc, de Napoléon à Poincaré et à Clemenceau. Face à l'incompétence des dirigeants actuels, avait-il ajouté, il se trouvait peut-être appelé à son tour à la tête de la nation en péril. D'ailleurs, il n'a jamais fait aucun doute que de Gaulle se prenait lui-même pour le dernier en date de la longue succession de sauveurs de la France. Ses armées marchaient sous la bannière de la croix de Lorraine, sous laquelle Jeanne d'Arc avait jadis rallié les Français contre l'occupant anglais. Quand il avait déclaré, à la suite de la capitulation de la Troisième République, qu'il lui appartenait « d'assumer la charge de la France », cela signifiait que par sa décision de continuer la résistance, il était devenu la personnification de la France aux yeux des Français.

L'incapacité des Alliés à comprendre cette particularité, liée à l'histoire spécifique de la France et des Français, provoqua pour une large part leur antagonisme à l'égard de De Gaulle pendant la Seconde Guerre mondiale. Un jour, alors que Churchill essayait de persuader le général de se montrer moins intraitable pour une affaire de peu de conséquence, de Gaulle refusa nettement et dit : « Monsieur le Premier ministre, maintenant que vous avez enfin Jeanne d'Arc à vos côtés, vous voilà encore déterminé à la brûler ! » Roosevelt, pour sa part, était totalement incapable de saisir les motivations du général et se livrait constamment à des plaisanteries avec son entourage concernant la prétention de De Gaulle à se prendre pour Jeanne d'Arc. Bien que Churchill eût beaucoup de sympathie et de respect pour de Gaulle, le Premier britannique était souvent exaspéré par la tenace intransigeance du chef des Français libres. A un moment donné, Churchill couronna les railleries de Roosevelt en disant : « C'est vrai, de Gaulle se prend effectivement pour Jeanne d'Arc, mais mes satanés évêques m'empêchent de le brûler ! »

Eisenhower, d'autre part, avait une grande et sincère admiration pour de Gaulle, autant pour le chef militaire que pour le dirigeant politique. Il déplorait le parti pris négatif dont témoignaient tant de responsables américains des affaires étrangères, et il salua son retour au pouvoir en 1958. Il me déclara avec force que si de Gaulle était peut-être d'un abord difficile, il ne fallait cependant pas oublier que sans lui la France n'aurait probablement pas survécu comme nation libre et indépendante. Plusieurs années après, c'est-à-dire en 1969, j'allai rendre visite à Eisenhower à l'hôpital Walter Reed avant la visite officielle que je devais alors faire en France. Agé de soixante-dix-huit ans, il était cloué au lit et n'avait plus que quelques semaines à vivre. Mais son esprit restait vif et sa mémoire fidèle. Il dit pensivement : « Nous n'avons pas eu assez d'égards pour de Gaulle pendant la guerre... »

En tant que président, Eisenhower traita de Gaulle avec beaucoup de considération, et ce qu'Eisenhower offrait en civilité et courtoisie, de Gaulle le rendait en amitié. La détérioration alarmante des relations franco-américaines au cours des années soixante était largement due à l'incapacité des responsables politiques américains de saisir cette vérité pourtant toute simple, à savoir que les égards mutuels et les bonnes manières ne constituent pas un prix excessif pour de bons rapports entre deux grandes nations alliées.

Ce que de Gaulle redoutait par-dessus tout, c'était de voir la France sombrer au rang de ces pays qui avaient autrefois fait l'histoire et se trouvaient maintenant réduits à de simples spectateurs. En 1969, quand j'arrivai à Paris pour ma visite officielle en France, ma première allocution fit référence aux célèbres paroles de Benjamin Franklin disant que tout homme avait deux patries, son pays d'origine et la France. Quand on veut bien se donner la peine de considérer les innombrables contributions de la France à la civilisation moderne dans les domaines de l'art, de la littérature, de la philosophie, de la science et du gouvernement, cet adage sonne juste. Et de Gaulle voulait faire en sorte qu'il en fût toujours ainsi.

De Gaulle était peiné par le matérialisme qui sévissait dans l'Europe de l'après-guerre. Il s'inquiétait de voir les Français s'occuper avant tout de leur niveau de vie. « Ce n'est pas une ambition nationale, dira-t-il à un journaliste. Pendant ce temps, d'autres peuples qui pensent un peu moins à leur niveau de vie sont en train de conquérir le monde, et ils n'ont même pas besoin de se battre pour le faire. »

« Contrairement aux Britanniques, déclara-t-il un jour à Eisenhower, nous n'avons pas perdu le goût de l'excellence. » De Gaulle ne perdit jamais ce goût, alors que ce fut pourtant le cas de beaucoup de Français. En fait, le général se plaignait fréquemment des Français, auxquels il reprochait d'être le principal obstacle à sa quête de la grandeur française. Il cherchait à les conduire aux « sommets », mais souvent ils ne suivaient pas (« On ne fait rien avec un peuple couché. Les Français sont couchés, et, voyez-vous, plus ils seront couchés, plus ils seront heureux... »). En 1968, ils restèrent muets à son injonction radiotélévisée de mettre un terme aux grèves et perturbations qui paralysaient alors les services publics à travers le pays. Dégoûté, de Gaulle dit à ses aides de camp : « Les Français sont des veaux, rien que des veaux ! »

Il peut paraître étrange qu'un homme si passionnément attaché à la France en tant que nation ait nourri un tel mépris pour les Français eux-mêmes. Mais pour de Gaulle, la France était beaucoup plus que la simple addition de ses ressortissants. Sa vision était une vision idéalisée, une image sublimée qu'il désignait à la nation pour élever et exalter son esprit. Les Français n'étaient guère plus que des gens, attachés aux biens terrestres, imparfaits, et dont les yeux ne fixaient pas cette cime lointaine qui se profilait à l'horizon mais le sol que foulaient leurs pieds.

Selon de Gaulle, il était absolument indispensable pour la France d'être dans le peloton de tête des nations, de faire partie de l'avant-garde de l'histoire. Ses efforts en vue de concevoir pour la France un grand dessein, une vaste ambition nationale, restèrent vains. Il joua avec l'idée d'élaborer un compromis philosophique entre capitalisme et communisme, mais les Français dans leur ensemble ne s'y intéressèrent pas. En revanche, ses efforts tendant à renforcer la fierté nationale furent couronnés de succès. Il amena la France à posséder ses propres armes atomiques et une force de dissuasion nucléaire. Et quand les gouvernements américains des années soixante négligèrent de consulter de Gaulle avant d'entreprendre des actions diplomatiques d'envergure, il retira les forces françaises du commandement militaire intégré de l'O.T.A.N.

Au cours de mes discussions avec de Gaulle en 1967, son souci du rôle mondial de la France transparaissait à la fois dans sa façon de conduire les entretiens et dans les positions qu'il adoptait sur les grands problèmes internationaux du moment. Nos rencontres avaient lieu dans son cabinet de travail de l'Élysée, la seule tierce personne présente étant l'interprète. Je pouvais me rendre compte que de Gaulle comprenait assez bien l'anglais, bien qu'il n'utilisât jamais cette langue. Grâce aux connaissances qui me restaient de mes études supérieures, le français m'était suffisamment familier pour me permettre d'observer que lorsque l'interprète ne rendait pas très fidèlement les nuances de ses propos, de Gaulle reformulait aussitôt sa pensée dans des termes extrêmement précis, en mettant l'accent sur l'idée qui avait été mal restituée en anglais. Avec sa passion de la perfection sans doute ne voulait-il pas s'exprimer dans un anglais approximatif. Mais je devinais aussi qu'il se servait exclusivement du français parce qu'il estimait que cet idiome devait retrouver sa place de première langue diplomatique internationale.

Bien entendu, il se rendait aussi compte qu'en menant la moitié de la conversation en français, il gagnait un avantage tactique. En attendant la traduction de mes propres déclarations et questions, il doublait le temps dont il disposait pour me répondre. C'était manifestement ce qu'il recherchait, car il écoutait mes déclarations originales aussi attentivement que leur traduction.

Nous nous rencontrâmes peu de temps après la guerre des Six Jours de 1967 entre Arabes et Israéliens. De Gaulle avait souhaité un sommet pour aborder les problèmes du Moyen-Orient et d'autres foyers de troubles. Pendant notre entretien, il me déclara qu'il avait la nette impression que les Russes se trouvaient « embarrassés » par les récents développements au Moyen-Orient et qu'il serait peut-être possible de les amener vers un arrangement acceptable à la fois par les Arabes et les Israéliens.

Je lui demandai si le soutien soviétique apporté aux initiatives agressives de Nasser à travers tout le Levant n'était pas de nature à mettre en doute la sincérité de leur désir d'un arrangement acceptable. De Gaulle reconnut que les Soviétiques poursuivaient une politique d'assistance à des pays « socialistes » tels que l'Égypte, et qu'ils avaient constamment essayé d'exploiter les tensions dans cette région du globe pour gagner du poids et de l'influence dans le monde arabe.

Il devait s'avérer que les Russes n'avaient aucune raison de vouloir rencontrer les dirigeants de l'Ouest. Je pense que le désir forcené de De Gaulle d'obtenir pour la France un rôle international plus déterminant fut à la source de cette erreur de jugement, faute rare de la part du général. Le président italien Giuseppe Saragat avait bien saisi la psychologie et la situation particulières de De Gaulle, quand il me dit un jour : « De Gaulle est un homme brave et honnête, mais il ressemble à une femme qui regarde dans son miroir et qui n'aime pas du tout ce qu'elle y voit. »

De Gaulle ne pouvait pas se résigner à l'idée que la France, avec sa longue histoire de grande puissance, ne détenait qu'une fraction du pouvoir économique et militaire des États-Unis. Il ne voulait pas voir l'Amérique et la Russie prendre seules les décisions de politique internationale les plus lourdes de conséquences, sans consultation ni intervention de la France. Il pensait aussi que la précieuse expérience des Français dans la diplomatie et les affaires étrangères devait leur permettre très logiquement de contribuer à l'amélioration des relations Est-Ouest selon des modalités qui n'étaient peut-être pas à la portée des Américains, lesquels manquaient d'expérience et agissaient parfois d'une façon irréfléchie.

S'il se trompait dans son appréciation personnelle de la situation particulière du moment, de Gaulle se révéla prophétique dans son analyse de l'avenir du Moyen-Orient. Israël, prévoyait-il, poserait des conditions très dures à la restitution des territoires occupés. Il remarqua que les Israéliens étaient un peuple extrémiste, ajoutant ce commentaire : « Regardez simplement leur histoire telle qu'elle est rapportée par la Bible ! » Il me fit observer que les Arabes étaient également un peuple extrémiste. « Tous les deux, dit-il, exigent toujours plus que ce à quoi ils auraient normalement droit. »

Il déclara que les États-Unis et certains autres pays devraient se réunir pour élaborer en commun un accord de paix fondé, non sur la vengeance mais sur la réconciliation des actuels belligérants. Il estimait qu'un traité de paix conclu dans cet esprit était à long terme dans l'intérêt même de l'État d'Israël. « Les Israéliens ont gagné toutes les guerres contre les Arabes, et ils gagneront aussi la prochaine, dit-il, mais ils ne pourront pas vivre éternellement dans un océan de haine. »

Contrairement à beaucoup de dirigeants occidentaux de l'époque, de Gaulle renvoyait dos à dos les adversaires dans ce conflit, les rendant pareillement responsables de la crise qui affectait le Moyen-Orient. Il en résulta que de Gaulle se fit traiter fort injustement d'antisémite par certains. Bohlen, qui d'habitude n'était pourtant pas très tendre envers le général, réfuta cette accusation et expliqua ainsi l'attitude de De Gaulle : « Le problème est qu'il a l'impression que les Juifs sont d'une façon générale internationalistes, alors qu'il est lui-même foncièrement et farouchement nationaliste ! »

Je terminai la conversation en observant qu'il existait un besoin très net d'une concertation plus poussée entre les puissances de l'O.T.A.N. pour tout ce qui touchait les rapports avec les Russes, et que les États-Unis ne devraient plus se limiter à des contacts bilatéraux avec l'U.R.S.S. pour ce qui concernait les grands problèmes de politique mondiale. Avec un léger sourire, il répondit : « Je m'en souviendrai. » Ce qu'il fit, effectivement.

Quand je devins président, nous réussîmes, de Gaulle et moi, à colmater la brèche qui s'était ouverte dans les relations entre la France et les États-Unis. A la différence de certains de mes prédécesseurs, je ne dédaignais nullement les avis et les conseils du général de Gaulle ; au contraire, je les appréciais hautement, sachant que je pourrais tirer le plus grand profit de son expérience et de sa perspicacité dans les affaires du monde. Je pense que ce seul changement d'attitude fit beaucoup pour améliorer les relations entre nos deux pays.

Les leçons sur l'art d'être chef que de Gaulle inséra dans *le Fil de l'épée* étaient remarquablement simples mais également incisives. Quand un chef possède le mystère, le caractère et la grandeur, il peut acquérir le prestige. Quand il peut associer le prestige au charisme, il peut faire preuve d'autorité. Et quand il peut ajouter la prescience à l'autorité, alors, comme de Gaulle lui-même, il peut devenir l'un de ces grands conducteurs d'hommes qui font la différence dans l'histoire.

Mais l'éloignement du mystère, le recours à soi du caractère et le détachement de la grandeur exigent un prix très lourd. Le chef devra choisir entre bonheur et prestige. « Réserve, caractère, grandeur, ces conditions du prestige imposent à ceux qui veulent les remplir un effort qui rebute le plus grand nombre. Cette contrainte incessante, ce risque constamment couru éprouvent la personnalité jusqu'aux fibres les plus secrètes. Il en résulte, pour qui s'y astreint, un état de lutte intime plus ou moins aigu suivant son tempérament, mais qui ne laisse pas à tout moment de lui blesser l'âme comme le cilice à chaque pas déchire le pénitent. »

« De là, lisons-nous toujours dans *le Fil de l'épée,* ce je-ne-sais-quoi de mélancolique dont se trouve imprégné tout ce qui est auguste : les gens aussi bien que les choses. Devant un antique et noble monument : C'est triste, disait quelqu'un à Bonaparte, et celui-ci : Oui, c'est triste comme la grandeur ! »

De Gaulle voulait redonner vie à la grandeur de sa nation, et il était disposé à en payer personnellement le prix. Son visage aux traits tirés, avec les nombreuses rides creusées par l'âge et les aléas de l'existence, lui donnait l'auréole de mélancolie du chef. Ses lèvres étaient pincées dans une sorte de moue permanente. Quand il souriait, elles se relâchaient quelque peu mais ne semblaient jamais s'incurver vers le haut. Profondément enfoncés dans leurs orbites, entourés de cernes sombres, ses yeux marron clair paraissaient irradier une certaine tristesse. Très légèrement tourné vers l'extérieur, son œil gauche pouvait donner l'impression que l'homme était un romantique impénitent, qui portait en soi une vision dont il ne pouvait jamais voir la réalisation.

Pour entretenir son éloignement personnel, de Gaulle estimait qu'il se devait d'éviter l'instauration de liens d'amitié avec les membres de son entourage. Personne ne s'adressait jamais à lui sans lui dire pour le moins « mon Général ». Un de ses historiographes va même jusqu'à dire qu'il éloignait systématiquement les aides de camp qui avaient travaillé longtemps avec lui, cela pour réduire le risque d'une trop grande familiarité.

Mais nul homme ne pourrait se retrancher perpétuellement derrière des manières aussi austères et rigoureuses. Le côté « humain » de De Gaulle faisait occasionnellement surface. Ainsi avait-il beaucoup de respect pour les valeurs traditionnelles de la vie de famille. Il connaissait le prénom des épouses et des enfants de ses collaborateurs et posait souvent des questions à leur sujet.

Son comportement d'habitude sérieux pouvait parfois s'éclairer par de brèves saillies d'humour où se manifestait l'esprit français typiquement sardonique. Au cours de sa présidence, relate une anecdote célèbre, un de ses aides de camp essayait vainement d'obtenir une communication à travers le fantastique dédale que constitue le réseau téléphonique parisien. Écœuré, il renonça finalement à sa tentative et reposa violemment le combiné en s'exclamant : « Mort à tous les imbéciles ! » Sur ce, de Gaulle, qui était entré discrètement dans la pièce, observa : « Un vaste programme, mon ami... »

Gerald Van der Kemp, le distingué conservateur du palais de Versailles, m'a rapporté une autre repartie du général. Quand de Gaulle inspecta les appartements réaménagés du Grand Trianon, destinés à recevoir les hôtes de marque de la France, quelqu'un fit observer que la baignoire de Napoléon serait peut-être trop petite pour le président Johnson. « Peut-être, répliqua de Gaulle, mais elle conviendra certainement à Nixon ! »

De Gaulle avait écrit qu'un chef ne pouvait pas goûter aux joies simples de l'amitié, mais dans les manifestations mondaines il se mentait à lui-même. Car il était l'essence même de la courtoisie. Lors des dîners d'apparat, il ne dominait pas la conversation mais cherchait au contraire à y faire participer tout le monde, y compris nos épouses respectives. Je savais, bien entendu, avant même de le connaître, que de Gaulle était un grand chef militaire, un brillant officier ; mais après l'avoir vu de près, je sus aussi qu'il était un grand gentilhomme.

Beaucoup de dirigeants sont à tel point accaparés par les affaires de l'État ou imbus de leur importance qu'ils ne parlent ni ne s'intéressent à leurs voisins de table. Cela n'était absolument pas le cas avec de Gaulle. A l'occasion du dîner que nous offrîmes en son honneur en 1960, Mme Nixon s'était donné beaucoup de peine pour réaliser un très joli arrangement floral — des orchidées groupées autour d'une fontaine au milieu d'une table en fer à cheval. De Gaulle le remarqua et eut l'élégance de souligner les difficultés que pouvait rencontrer une maîtresse de maison dans la conception et la mise au point d'un dîner officiel. Mon épouse déclara plus tard que la plupart des dignitaires étrangers, ou bien n'auraient même pas fait attention à cet arrangement floral, ou bien n'auraient pas songé à en complimenter la maîtresse de maison. « La marque du vrai gentilhomme, fit-elle, c'est qu'il pense et se réfère aux autres et pas seulement à lui-même. »

Ces manifestations de cordialité en public étaient les exceptions qui ponctuaient une carrière caractérisée par une dignité de glace. De Gaulle réservait ses émotions à sa famille, et il parvenait d'ailleurs à relever assez remarquablement le défi des plus éprouvants auquel doit faire face un homme d'État : le conflit qui se joue entre les devoirs envers la famille et les devoirs de la charge. Pour ceux qui gravissent les échelons jusqu'au sommet, la famille passe en général en deuxième place dans cette compétition — non pas parce que le chef politique aimerait moins les siens, mais parce qu'il est parfaitement conscient que des millions d'autres familles dépendent de ses décisions. Du fait des longues heures qu'il doit consacrer à ses fonctions, du fait aussi de l'emploi du temps éminemment aléatoire auquel il est obligé de se soumettre, sa famille se sent souvent négligée. La vie sous l'œil impitoyable des caméras, pourchassée par les hordes de journalistes constamment à l'affût, guettée par les chroniqueurs indiscrets en mal de scandale, n'est assurément pas une sinécure, et une famille appelée à subir de telles intrusions aurait besoin plus que d'autres d'une constante présence paternelle. Malheureusement, c'est en général le contraire qui se passe.

De Gaulle avait réussi à compartimenter sa vie, séparant nettement le travail de la famille. A l'Élysée, son bureau ne se trouvait qu'à quelques marches de distance du vestibule donnant sur sa résidence, mais les deux auraient pu être séparés tout aussi bien par un continent, s'agissant en fait de deux mondes totalement différents. Ses aides de camp ne s'y trompaient pas : ils savaient que de Gaulle devenait presque entièrement inaccessible une fois qu'il avait quitté son cabinet de travail en fin de journée. Personne ne devait le déranger, sauf dans les cas d'extrême urgence ou gravité. Le temps qu'il consacrait à sa famille était le bien exclusif du général et des siens. De même, quand il s'occupait des affaires de l'État, la famille ne songeait guère à s'y immiscer et ne s'attendait pas non plus à être consultée. Grâce à cette séparation, de Gaulle était parvenu à un équilibre que beaucoup de dirigeants politiques pourraient envier — ni le travail ni la famille ne passait en second lieu. Chacune de ces tâches était prioritaire dans la sphère qui lui était propre.

Le général de Gaulle se retirait habituellement dans ses appartements privés de l'Élysée vers vingt heures. Après avoir suivi le journal télévisé, il prenait calmement son dîner puis se délassait avec les membres de sa famille, livres, musique et conversation meublant ces soirées intimes. Les de Gaulle n'étaient pas précisément des passionnés de sport. Comme Adenauer et de Gasperi, le général ne pratiquait que la marche. Les de Gaulle étaient de sourcilleux catholiques et ne manquaient jamais la messe du dimanche.

Comme patriarche de la famille, de Gaulle aimait se retrouver pour les fins de semaine à la Boisserie avec ses enfants et petits-enfants. Tout le clan était attaché corps et âme à de Gaulle et à son action politique.

Le support de la famille est toujours très important pour un homme d'État. Pour quelqu'un qui, comme de Gaulle, séparait rigoureusement sa vie privée de sa vie publique et se composait un personnage officiel distant et austère, le chaleureux support de la famille était plus précieux encore. Il avait besoin d'un endroit où il pouvait se détendre, dans un entourage auquel il pouvait faire une confiance absolue, où il pouvait jeter le masque du personnage public et enfin être tout simplement lui-même. Bref, le général de Gaulle avait besoin d'un endroit où pût vivre l'homme Charles de Gaulle. La famille lui était d'autant plus nécessaire qu'il n'avait guère d'amis. Il avouera dans ses *Mémoires* que cette harmonie familiale lui était précieuse.

Yvonne de Gaulle occupe une place très élevée parmi les premières dames du monde. Elle joua ce rôle d'une façon très différente de Mme Chiang ou d'Eleanor Roosevelt, qui étaient elles-mêmes des figures publiques. Mme de Gaulle ne recherchait pas la publicité mais l'évitait au contraire. L'élite parisienne lui reprochait assez de ne pas s'habiller à la dernière mode et de ne pas se montrer sous les projecteurs de l'actualité. Mais elle refusa toujours de démordre de sa conduite réservée.

Yvonne de Gaulle était un peu pour le général ce qu'un grand pianiste doit être pour accompagner un grand chanteur. Le pianiste doit fondre son rôle dans celui du chanteur. Et l'excellence du pianiste ne sera pas mesurée en fonction du souvenir qu'on aura de son jeu mais du souvenir qu'on gardera de la prestation du chanteur. De la même façon, Mme de Gaulle concevait son rôle comme celui de quelqu'un qui cherche à parfaire l'image du général et non la sienne propre.

Assurément, Yvonne de Gaulle n'avait pas du tout le genre de la beauté fatale, mais elle était, toujours et en toutes circonstances, une grande dame. Elle s'habillait, se comportait et elle pensait en grande dame. De mes conversations avec elle, j'ai pu déduire qu'elle avait choisi pour mission dans sa vie de créer un foyer paisible et agréable pour son mari et ses enfants. Elle devait résumer toute son attitude quand elle me déclara, avec son éloquence très directe : « La présidence est temporaire, mais la famille est permanente. » Elle apportait au général l'intérieur simple et discret qu'il appréciait tant. On sentait d'ailleurs qu'il avait beaucoup d'affection et de respect pour elle. Comme l'exprima un jour un ami de la famille : « Peu de gens se rendent compte à quel point le général dépend d'Yvonne. Elle l'a soutenu pendant toutes ces années. »

Les de Gaulle ont eu trois enfants : Philippe, Élisabeth et Anne. S'il n'est pas toujours possible de juger un conducteur d'hommes d'après sa famille, cela est assurément le cas avec de Gaulle. Quand les enfants d'un dirigeant politique prennent un mauvais tournant, c'est souvent le résultat de leur incapacité à maîtriser les tensions qui naissent fatalement de la vie politique en vase clos. Quand ils prennent une bonne voie, c'est en général parce que leur éducation les aura sensibilisés aux valeurs défendues par leur père. La femme et les enfants de De Gaulle reflétaient sa courtoisie d'un autre temps, ses valeurs chrétiennes, son grand respect des femmes et son amour de la vie de famille. On peut ainsi dire sans aucune exagération que sa famille aura compté parmi ce qu'il a laissé de plus impressionnant.

Philippe de Gaulle, qui ressemble d'une façon frappante à son père, se battit très courageusement avec les Français libres au cours de la Seconde Guerre mondiale. Il est à présent amiral dans la Marine nationale. Quand je le rencontrai en 1980 à Paris, il me fit visiter la permanence que son père occupait pendant les années où il fut à l'écart du pouvoir. Je dois reconnaître que j'ai été surpris par la simplicité du bureau du général. Il n'y avait là ni ameublement de prestige ni peintures élégantes, mais juste quelques tables et chaises branlantes, une vieille machine à écrire fatiguée et quelques souvenirs. J'ai pu remarquer au fil des années que les grands hommes d'État ne cherchaient pas à impressionner leurs visiteurs avec de vastes et somptueux cabinets de travail. Cette constatation s'applique en fait à tous les dirigeants, qu'ils soient actifs dans les domaines du gouvernement, des affaires ou des professions libérales, et la règle est le plus souvent la suivante : plus l'homme est insignifiant, plus son bureau sera impressionnant.

L'amiral de Gaulle m'avoua qu'il n'avait aucune ambition politique. Il n'aspirait qu'à servir loyalement son pays en tant qu'officier de marine militaire et à ne rien faire qui pût ternir l'image du « général ». Élisabeth de Gaulle épousa un officier supérieur de l'armée, et incarne cette grâce simple qui fut la marque distinctive de sa mère.

Au cours de l'une de mes conversations avec Mme de Gaulle, elle devait évoquer d'une façon touchante les difficultés que l'on rencontre dans la vie publique quand on veut élever des enfants et leur assurer une existence normale. Bien qu'elle n'en fît pas mention à ce moment-là, j'eus l'impression qu'elle pensait à tout ce qu'ils avaient enduré pour leur troisième enfant, Anne, qui naquit mongolienne et mourut à l'âge de dix-neuf ans. Ma femme peut se rappeler que Mme de Gaulle, pendant son séjour à Washington, ne témoigna d'aucun intérêt pour les réceptions mondaines ou les visites de sites historiques : elle voulait uniquement voir des hôpitaux pour enfants, des foyers, pour se rendre compte comment étaient traités les handicapés mentaux.

La triste histoire d'Anne est là pour nous rappeler que de Gaulle, contrairement à ce que certains pourraient croire, était un homme profondément sensible et humain.

Yvonne de Gaulle fut heurtée par une voiture peu avant la naissance de son troisième enfant. Elle ne fut pas blessée, mais aura pu subir un choc. Quand elle accoucha d'Anne, les médecins apprirent aux de Gaulle que leur fille était arriérée et ne pourrait probablement jamais parler. Pour les parents, ce fut le désespoir. Comme Mme de Gaulle l'écrira à une amie, ils auraient volontiers tout sacrifié : santé, argent, avancement, carrière, pour avoir une fillette comme les autres. Ils s'attachèrent profondément à cette enfant et ne s'en seraient séparés à aucun prix. Quand on leur conseilla de la placer dans un foyer spécialisé, de Gaulle répliqua qu'elle n'avait pas demandé à venir au monde, et qu'ils feraient absolument tout pour la rendre heureuse.

En fait, le général sera la seule personne qui parviendra à provoquer le rire d'Anne au cours de sa courte vie. Quand il était en compagnie de la fillette, toute son austère dignité s'envolait. Un voisin de Colombey se rappelle que de Gaulle faisait avec elle le tour de la propriété en la tenant par la main, en la caressant et en lui parlant de choses qu'elle pouvait comprendre. Jean-Raymond Tournoux, l'historiographe du général, évoque ces scènes où de Gaulle dansait avec Anne, lui faisait de brèves pantomimes et lui chantait des airs populaires. Il lui permettait même de jouer avec son képi, dont la seule vue faisait briller les yeux de l'enfant. Quand elle arrivait au comble de la joie, elle émettait des sons presque articulés et se révélait capable de rire comme une fillette normale. Puis, comme nous le dit Tournoux, fatiguée mais heureuse, elle s'endormait en tenant toujours la main de son père.

Avec une féroce obstination, les de Gaulle protégèrent Anne de toute curiosité ou intrusion extérieure, notamment des journalistes et colporteurs de ragots. Pendant les années de guerre qu'il passa en Grande-Bretagne, le général fit interdiction à tous les photographes d'inclure ses enfants dans les clichés qu'ils prenaient de sa maison de campagne, sachant parfaitement que la présence ou l'absence d'Anne susciterait des commentaires. Les autres enfants se moquaient d'elle parce qu'elle était différente d'eux, mais son chagrin restait limité puisqu'elle ne pouvait pas comprendre *pourquoi* elle était différente.

Pour être sûrs qu'Anne ne serait pas abandonnée après leur mort, les de Gaulle créèrent une fondation pour veiller sur elle. Avec leurs maigres ressources financières, ils achetèrent le château de Vertcœur près de Milon-la-Chapelle, dans la vallée de Chevreuse. Des religieuses de l'ordre de saint Jacut acceptèrent d'y accueillir des petites mongoliennes, et le foyer ouvrit ses portes en 1946. De Gaulle consacra plus tard une importante fraction des droits d'auteur de ses *Mémoires* au fonctionnement et à la solvabilité de l'Institution Anne de Gaulle.

En 1947, peu avant son vingtième anniversaire, Anne succomba à une pneumonie. Après le bref service funèbre, de Gaulle et sa femme se retrouvèrent côte à côte devant la tombe creusée dans l'humble petit cimetière de Colombey, bouleversés et les larmes aux yeux. Le général prit enfin la main de son épouse, et dit : « Venez. Maintenant elle est comme les autres. »

L'histoire aura rarement connu des chefs dont la personnalité alliait toutes les admirables qualités dont fit preuve Charles de Gaulle. Il pouvait être à la fois humain et surhumain. J'eus l'honneur de l'accueillir aux États-Unis en 1960 et le privilège d'être fréquemment invité à l'Élysée pendant les années où je fus à l'écart du pouvoir. Mais mes rencontres les plus mémorables avec de Gaulle furent nos dernières, quand nous nous retrouvâmes comme présidents de nos pays respectifs.

Le 28 février 1969, mon avion se posait sur la piste de l'aéroport d'Orly, l'avant-dernière étape de mon premier voyage à l'étranger en tant que président des États-Unis. Je n'oublierai jamais la splendeur de la cérémonie d'accueil, l'immense tapis rouge, la magnifique garde d'honneur, le dais superbe. Debout au pied de la rampe, de Gaulle dominait le tout de sa haute stature, sans chapeau ni manteau par un temps glacial.

Je pensai tout d'abord que cet accueil impressionnant avait été conçu en fonction de l'importance du pays que je représentais. Mais Vernon Walters devait m'apprendre que de Gaulle exigeait que fût réservé un accueil non moins splendide aux chefs d'État des petits pays. Cette façon de recevoir les représentants des petits pays avec les mêmes égards provenait probablement du ressentiment qu'il avait éprouvé devant le traitement condescendant que lui firent subir les Alliés au cours de la Seconde Guerre mondiale. Mais cette politique était aussi très habile, car elle contribua à accroître l'influence de la France en Afrique et en Amérique latine. Les bavures diplomatiques et les manquements au protocole, voulus ou involontaires, ont beaucoup plus d'effets sur les dirigeants des petits pays que sur ceux des grandes puissances.

Le magnifique dîner d'apparat à l'Élysée et le superbe déjeuner offert à Versailles étaient un rappel constant de la gloire dont se parait et se pare toujours la France. Le point culminant de la visite fut toutefois constitué par les dix heures d'entretien en tête à tête où il n'exprima pas seulement ses vues sur les relations franco-américaines mais aussi sur les affaires du monde en général. L'étendue de notre conversation était aussi vaste que les hectares de jardins à la française qui s'étalaient sous nos yeux depuis le Grand Trianon. Avec un geste très large mais néanmoins élégant, il dit : « De cette pièce, Louis XIV a régné sur l'Europe. » Dans cette grandeur de Versailles, de Gaulle était parfaitement à l'aise. Il n'essayait pas de se donner des airs — un halo de majesté semblait l'envelopper.

Pendant nos réunions, sa prestation fut tout simplement stupéfiante. Tour à tour éloquent ou froidement pragmatique, mais toujours extrêmement clair et précis — comme MacArthur, il n'avait pas constamment raison — il se montrait toutefois constamment sûr de son fait.

Le premier sujet abordé concernait la politique de l'Occident à l'égard de l'U.R.S.S. Certains détracteurs de De Gaulle avaient voulu voir en lui un rigide idéologue de droite, mais il se montra d'une rigoureuse logique en recommandant vivement une attitude de détente envers les Russes. Il savait évidemment que la menace soviétique constituait la donnée fondamentale de la situation géopolitique de l'Europe d'après-guerre, mais il croyait néanmoins que les Soviétiques cherchaient à améliorer les relations. Il expliqua que leur crainte traditionnelle de l'Allemagne se trouvait à présent contrebalancée par l'obsession chinoise. Il déclara ainsi textuellement : « Ils pensent en termes d'un choc possible avec la Chine, et ils savent qu'ils ne peuvent pas se battre en même temps contre l'Occident. C'est pourquoi j'estime qu'ils pourraient finalement opter pour une politique de rapprochement avec l'Ouest. »

« Pour ce qui est de l'Occident, ·continua-t-il, quel choix avons-nous ? A moins que vous ne soyez disposés à vous lancer dans une guerre ou à abattre le Mur de Berlin, il n'y a pas d'autre option acceptable. Œuvrer en vue de la détente est affaire de bon sens. Si vous n'êtes pas prêts à faire la guerre, faites la paix. »

Nous passâmes ensuite au problème qui n'avait pas cessé d'empoisonner les rapports au sein de l'Alliance atlantique depuis sa création et qui est aujourd'hui encore un sujet de discorde. « Si les Russes devaient prendre les devants, demandai-je, pensez-vous qu'ils croiraient à une réaction des États-Unis où entreraient en jeu des armes stratégiques ? Et les Européens, eux, sont-ils persuadés que nous réagirions à une attaque soviétique, ou à la menace d'une attaque, en lançant dans la bataille de massives forces terrestres conventionnelles ? »

Après que mes questions furent traduites, il sembla attendre pendant plus d'une minute avant de répondre. Puis il formula sa réponse dans des termes soigneusement mesurés : « Je peux uniquement répondre pour la France. Nous pensons que les Russes savent que les États-Unis ne leur permettraient pas de conquérir l'Europe. Mais nous pensons aussi que si les Russes se mettaient en marche, vous n'emploieriez pas immédiatement des armes nucléaires, puisque cela impliquerait un effort total en vue de tuer tout le monde de l'autre côté. » Si les Russes et les Américains devaient faire usage d'armes tactiques, poursuivit-il, « l'Europe serait détruite. L'Europe occidentale et le Royaume-Uni seraient détruits par les armes tactiques soviétiques, et l'Allemagne de l'Est, la Pologne, la Tchécoslovaquie et la Hongrie seraient détruites par les armes tactiques américaines. La situation en Europe serait effectivement tragique. Pendant ce temps, les États-Unis et l'Union soviétique ne seraient pas touchés ».

Sur cette pensée, de Gaulle considéra apparemment le sujet clos. Mais il y revint très subtilement le jour suivant. Nous commençâmes par parler des effets désastreux de la Seconde Guerre mondiale sur les grandes nations européennes. Il résuma plusieurs volumes d'histoire en une seule phrase lorsqu'il dit : « Dans la Seconde Guerre mondiale, toutes les nations d'Europe ont perdu ; deux ont été battues. » Une année environ avant sa mort, de Gaulle devait déclarer à Malraux : « Staline m'a dit une seule chose sérieuse, et je vous l'ai citée : " A la fin, il n'y a que la mort qui gagne. " » En réfléchissant à ces deux commentaires, je pense que lors de notre rencontre, de Gaulle avait voulu me faire comprendre qu'un conflit nucléaire ne connaîtrait pas de gagnants, seulement des perdants. A son sens, la seule politique Est-Ouest rationnelle associait détente et dissuasion.

Quand je l'interrogeai au sujet des Chinois communistes, il m'avoua qu'il n'avait « guère d'illusions concernant leur idéologie », mais qu'il souhaitait néanmoins ne pas voir les États-Unis « les laisser isolés dans leur rage ». Il m'avait exprimé la même idée en 1963, et sa pensée rejoignait la mienne. Je lui déclarai qu'en poursuivant des entretiens avec les Russes, je pourrais aussi essayer de lancer l'hameçon pour commencer à louvoyer avec les Chinois. Et j'ajoutai : « Dans dix ans, quand les Chinois auront fait de sérieux progrès dans le domaine de l'armement nucléaire, nous n'aurons pas le choix. Il est par conséquent vital pour nous d'avoir de meilleures communications avec eux dès à présent. » De Gaulle se déclara d'accord, en donnant toutefois à son assentiment un habile tour dialectique : « Il vaudrait mieux pour vous reconnaître la Chine avant d'y être obligés par la croissance de la Chine. »

De Gaulle ne s'intéressait guère aux Nations unies, organisme qu'il traitait dédaigneusement de « machin ». L'attitude de Churchill à l'égard de l'O.N.U. était très proche de celle de De Gaulle. Le dirigeant britannique devait ainsi me déclarer un jour : « Aucune grande nation ne peut permettre qu'un problème impliquant jusqu'à son existence même soit tranché par d'autres nations ! » De Gaulle, pour sa part, fit les observations suivantes à Eisenhower : « Si vous êtes tellement en faveur des Nations unies, c'est parce que vous en avez encore le contrôle, mais avec cette " floraison d'indépendances " que vous et l'Union soviétique vous poussez pour des raisons entièrement différentes, vous en perdrez bientôt le contrôle. » Et il poursuivit en disant que les Soviétiques soutenaient les mouvements anticolonialistes pour créer et exploiter des vides de pouvoir, et que les États-Unis faisaient de même parce que les Américains vivaient « dans l'illusion que George Washington était un chef indien qui avait expulsé les propriétaires terriens anglais ».

Cela étant, les deux pays les plus puissants du monde pressant la fin de l'ère coloniale, le général de Gaulle prédit à Eisenhower : « Vous perdrez le contrôle des Nations unies au profit des pays en voie de développement et des cités-États, lesquels seront fatalement manipulés sans difficulté par l'Union soviétique, mais à ce moment-là vous aurez fait un tel veau d'or de l'O.N.U. que, lorsque viendra le jour où ils vous demanderont de faire quelque chose de contraire au bon sens et aux intérêts des États-Unis, vous n'aurez guère d'autre choix que de vous incliner. » Si cette analyse exagère de toute évidence la facilité avec laquelle l'Amérique se plierait aux exigences des Nations unies, elle devait néanmoins se révéler prophétique quant aux problèmes qui allaient se développer au sein de l'Organisation.

En 1967 comme en 1969, nous consacrâmes beaucoup de temps au Vietnam. Dès 1967, il me conseilla de recommander, en tant que candidat à l'élection à la présidence, une fin rapide de la guerre aux conditions les plus avantageuses. Contrairement à Adenauer, de Gaulle était persuadé que l'Union soviétique cherchait à mettre un terme à la guerre en Indochine. Il me raconta que lors d'une réunion avec Kossyguine, le Russe s'était amèrement plaint des problèmes que cette guerre causait à l'Union soviétique. Le dirigeant soviétique avait frappé son poing dans la paume de l'autre main en s'exclamant : « Vous ne pouvez pas savoir les difficultés que cette guerre en Asie du Sud-Est provoque dans le budget de la Russie ! »

Je pense que sur ce point particulier, de Gaulle, pourtant d'habitude si perspicace, se trompait. Il croyait que l'une des principales responsabilités d'un homme d'État était dans le maintien d'une économie saine, dans la lutte contre l'inflation et la sauvegarde d'une monnaie forte ; il avait l'air de penser que les dirigeants soviétiques abordaient leurs problèmes de la même manière. Je ne croyais pas que ce fût le cas à l'époque, et je ne crois pas non plus que ce soit le cas aujourd'hui. Il est évident que les problèmes budgétaires préoccupent les dirigeants soviétiques. Mais leurs visées expansionnistes passent avant les problèmes économiques internes, car les maîtres du Kremlin peuvent faire la sourde oreille aux récriminations de la masse.

Au cours de mes entretiens avec de Gaulle, en 1969, le président français exprima le vœu de voir les États-Unis se retirer du Vietnam, mais pas dans la précipitation — pas « en catastrophe ». Il était parfaitement conscient des difficultés politiques que me vaudrait ce départ. Mais il me fit observer que sa décision « cruelle » de se retirer de l'Algérie — « une partie de la France » — avait été plus pénible encore, ajoutant toutefois qu'il n'avait pas eu d'autre choix.

Il pensait qu'il était indispensable pour les États-Unis de se désengager du Vietnam afin d'être en mesure d'aboutir dans leurs négociations avec les Soviétiques. De Gaulle n'avait pas tout à fait tort : nos relations avec les Soviétiques auraient été beaucoup moins compliquées sans la guerre du Vietnam. Mais il n'est pas sûr qu'un simple retrait de nos forces aurait amélioré le climat des négociations. Peu avant le premier sommet de Moscou de 1972, le Nord-Vietnam lança une vaste offensive dans le Sud. La plupart des experts furent d'avis qu'une vigoureuse réplique américaine ne pourrait que torpiller cette rencontre au sommet. Je fus d'un avis contraire et pris la décision de faire bombarder Hanoi et miner le port de Haiphong. C'était là un langage que les Russes pouvaient comprendre, et je suis convaincu que notre réaction énergique, loin de torpiller le sommet, fit beaucoup pour faire progresser les pourparlers.

Si je n'étais pas toujours d'accord avec de Gaulle, j'étais toujours profondément impressionné par lui. Durant les trois jours de nos entretiens, il parla sans la moindre note et sans être assisté d'aucun conseiller. De tous les dirigeants que j'aie rencontrés, aucun ne pouvait le surclasser dans son extraordinaire capacité de discuter de tout sujet ou de toute région du globe avec une telle compétence, une telle intelligence et, parfois, une telle sagacité et étonnante intuition.

Après notre rencontre de Paris de février 1969, je devais revoir de Gaulle un mois plus tard quand il traversa l'Atlantique pour rendre un ultime hommage à son ami et ancien allié Eisenhower, qui était mort le 28 mars. Nous nous retrouvâmes ainsi pendant une heure à la Maison-Blanche pour discuter des développements récents sur la scène internationale.

De Gaulle me pressa une nouvelle fois de prendre des initiatives en vue d'aboutir à une fin rapide du conflit vietnamien. Il reconnaissait toutefois que notre désengagement ne pouvait pas revêtir un caractère précipité mais devait au contraire se dérouler dans l'ordre et selon un plan précis. Il était persuadé que la puissance et le prestige des États-Unis se trouveraient singulièrement renforcés et la confiance dans notre pays rétablie à travers le monde si nous parvenions à mettre un terme à la guerre.

Je lui fis part de nos intentions de concevoir un programme de retrait progressif et lui confiai que nous avions déjà des contacts secrets avec les Nord-Vietnamiens. J'ajoutai que nous pensions que les négociations pourraient uniquement déboucher sur un résultat positif si elles conservaient un caractère non officiel. Il me répondit que les Nord-Vietnamiens avaient fait comprendre aux Français qu'ils pourraient être amenés à participer à des négociations non officielles pour tenter d'arrêter la guerre. Je pense rétrospectivement que cette rencontre jeta les bases des voyages secrets de Kissinger à Paris, lesquels débouchèrent quatre ans plus tard sur les accords de paix de Paris et la fin de l'engagement américain au Vietnam. Sans l'assistance du président Pompidou, le successeur de De Gaulle, et sans le gouvernement français, les négociations n'auraient pas pu aboutir à une conclusion heureuse.

De Gaulle était très préoccupé par un accord anglo-allemand prévoyant la production d'uranium enrichi par le procédé de l'ultracentrifugation. Je lui déclarai qu'à mes yeux la réconciliation franco-allemande constituait l'accomplissement le plus remarquable de sa présidence ; beaucoup l'avaient crue impossible, alors qu'il en avait fait une réalité.

Il apprécia le compliment, mais évoqua avec une franchise très pragmatique sa décision de procéder au rapprochement et à la coopération avec Adenauer, malgré la méfiance qu'il nourrissait à l'égard des Allemands en général. S'il reconnaissait bien volontiers « l'extraordinaire vitalité, élan et capacité des Allemands » et qu'ils avaient une certaine « bonhomie », il avait néanmoins poursuivi la réconciliation très prudemment, sachant que dans leur for intérieur les Allemands avaient une ardente ambition, qui, lorsqu'elle n'était pas constamment maîtrisée, avait conduit à d'amères expériences pour la France et pour d'autres nations. Pour cette raison, les Français étaient déterminés à ne jamais laisser les Allemands posséder leurs propres armes nucléaires. Il m'expliqua qu'il était préoccupé par cet accord anglo-allemand parce que, quand on « a de l'uranium enrichi et qu'on est l'Allemagne, avec toute sa capacité technique, on n'est pas très loin de la production d'armes nucléaires ». Et cela, ajouta-t-il, les Français ne pourraient jamais l'accepter.

Quand on tient compte de ce qui se passe aujourd'hui, c'est-à-dire treize ans après, ses vues concernant les relations américano-soviétiques étaient particulièrement intéressantes. Je lui fis part de mon inquiétude au sujet de la formidable capacité de l'Union soviétique d'accroître son potentiel militaire, spécialement son arsenal de fusées et sa puissance navale. Nous avions toutefois reçu certaines indications selon lesquelles les Soviétiques auraient souhaité réduire les tensions Est-Ouest.

Je lui expliquai que je ne connaissais pas personnellement les maîtres du Kremlin et que je serais heureux d'avoir son avis sur eux, plus particulièrement son opinion sur un prétendu divorce entre faucons et colombes. Il reconnut que l'Union soviétique nourrissait certes de « formidables ambitions », mais précisa que ses dirigeants ne recherchaient pas la conquête au sens classique du terme, visant plus exactement à faire de l'U.R.S.S. une forteresse inattaquable qui ne fût inférieure à aucun pays, surtout pas aux États-Unis.

Podgorny, dit-il, était un « vieillard sans l'élan ni l'ardeur » de Brejnev, qui était selon de Gaulle le maître incontesté du Kremlin. Kossyguine, toujours d'après le général, était un homme habile et laborieux qui avait fait sa carrière au gouvernement et qui, selon des informations recueillies par les Français, s'était montré beaucoup plus réservé que ses collègues sur la question de l'invasion de la Tchécoslovaquie à la suite du soulèvement populaire de 1968.

Il m'expliqua encore que si les dirigeants soviétiques pouvaient avoir des opinions divergentes sur des problèmes tels que l'invasion de la Tchécoslovaquie, à leurs yeux une affaire peu importante, ils se retrouvaient solidaires sur les questions majeures et plus particulièrement sur la nécessité de toujours renforcer la puissance de l'U.R.S.S. Au cours des entretiens qu'il avait eus avec eux, ils avaient semblé répondre directement et franchement, même avec sincérité, mais il avait bien compris que c'était pour une large part de la dissimulation. Il conclut en disant que le monde entier s'attendait à présent à voir le président des États-Unis prendre contact avec les maîtres du Kremlin, ou vice versa. Quand je lui demandai s'il croyait que de tels contacts directs pourraient se révéler utiles, sa réponse fut catégorique : « Le plus assurément du monde. »

Tandis que je le raccompagnais à sa voiture après notre entrevue, il me pria d'exprimer toute sa sympathie et son respect à Mme Eisenhower. De Gaulle n'avait pas l'habitude de faire étalage de ses émotions, mais je devinais à sa façon de parler que son affection et son respect pour Eisenhower avaient été très grands, et qu'il avait été profondément bouleversé par le décès de l'ancien commandant en chef des forces alliées.

En fait, ce fut à l'occasion des funérailles d'Eisenhower que je devais le voir pour la dernière fois. Nous avions déjà commencé à faire des plans pour une visite officielle de De Gaulle à Washington, quand il se démit subitement de ses fonctions de président de la République, le 28 avril 1969, et retourna dans son village. Il ne donna pas sa démission sur une question capitale, mais sur ce qui semblait n'être qu'une affaire mineure : un référendum négatif portant sur la réforme régionale et la rénovation du Sénat. Quand Malraux lui demandera plus tard : « Pourquoi êtes-vous parti sur une question aussi absurde que celle des régions ? », la réponse sera typique du général de Gaulle : « Parce que c'était absurde. »

De Gaulle, comme Churchill et Adenauer, ressentit de la difficulté à se préparer un successeur et à lui ouvrir la voie. Churchill diminua Eden ; Adenauer diminua Erhard ; de Gaulle diminua Pompidou. Je range Pompidou parmi les dirigeants de stature mondiale les plus capables que j'aie connus. Il est énormément difficile de succéder à un homme d'État illustre. Truman, du moins dans une perspective historique, ne fut pas capable de remplir la place qui avait été celle de Roosevelt, tout en laissant à sa façon une marque dans l'histoire. Personne ne pouvait remplir la place laissée vacante par le général de Gaulle, mais Pompidou, l'un des plus éminents experts économiques du monde, fut un digne successeur. Dans mes discussions avec lui, je fus tout particulièrement impressionné par le fait qu'il pensait toujours à l'échelle de la planète et que sa vision ne restait pas limitée à l'hexagone français.

Quand de Gaulle donna sa démission, je lui adressai une missive manuscrite dans laquelle je lui réitérais mon invitation de venir à Washington en lui disant que « des quantités de nos villes et de nos États seraient honorés de figurer parmi les étapes du parcours ». Et je conclus par ces mots : « Pour le dire tout net — dans cet âge de dirigeants médiocres dans la plupart des régions du globe — l'esprit de l'Amérique a besoin de votre présence. » Vernon Walters remit ma lettre à de Gaulle à Colombey. Le général la lut et dit : « Il est un vrai camarade. » Il s'assit à son bureau et rédigea le même jour sa réponse :

Cher Monsieur le Président,

Votre noble message officiel et votre émouvante lettre personnelle m'ont profondément touché. Cela, non point seulement en raison de votre haute qualité de président des États-Unis, mais aussi parce que c'est vous, Richard Nixon, qui me les avez adressés et que j'ai pour vous, en connaissance de cause, une estime, une confiance et une amitié aussi grandes et sincères que possible.

En attendant d'avoir un jour, peut-être, l'occasion et l'honneur de vous revoir, je vous exprime du fond du cœur tous mes meilleurs vœux dans l'accomplissement de votre immense tâche nationale et internationale.

Pour Mme Nixon, s'il vous plaît de les lui transmettre, mes hommages les plus respectueux, auxquels ma femme joint son meilleur souvenir. Pour vous, cher Monsieur le Président, l'assurance de mes sentiments d'amitié fidèle et dévouée.

C. de Gaulle

Cette lettre fut le dernier message que je devais recevoir de De Gaulle. Il mourut le 9 novembre 1970, et en traversant l'Atlantique pour me rendre à Paris, je me joignis aux hommes d'État venus du monde entier pour rendre un ultime hommage au disparu.

Pendant sa vie, Charles de Gaulle domina physiquement ceux qui l'entouraient, mais la force qu'il irradiait était une force intérieure. Le nez bulbeux, le léger embonpoint, les mains douces et minces ne l'accentuaient pas plus qu'ils ne la diminuaient. C'était une force qui allait au-delà du physique — une discipline qui transcendait l'homme, une présence qui commandait le silence et invitait à la déférence.

De Gaulle ne parlait pas de doutes mais de certitudes. Il pouvait lui arriver de se tromper, mais même ses erreurs devenaient une force dans l'histoire.

Il voulait renouveler les vertus du passé de la France, non les enchâsser dans un sanctuaire. Comme devait le dire si bien André Malraux, il était un homme d'avant-hier et d'après-demain.

Il était un bâtisseur de cathédrales d'aujourd'hui. La cathédrale qu'il édifia était un concept, une perception — elle était réelle et néanmoins irréelle, visible et néanmoins invisible, tangible et néanmoins intangible. Elle était la *France* : pas simplement la France dans un sens géographique ou politique, mais la France dans un sens spirituel. De Gaulle proposa aux Français une vision de la France telle qu'elle pourrait devenir, et en leur disant que telle était la France, il contribua à rendre la France plus proche de cette vision.

De même que les anciens Chinois concevaient la Chine comme l' « Empire du Milieu », c'est-à-dire le centre du monde au-delà duquel tout le reste était simplement périphérique, ainsi de Gaulle voyait-il la France comme une sorte d'empire du milieu. Le reste du monde n'avait une signification que dans la mesure où il affectait la France. Il pouvait être d'une froide et rigoureuse logique et se révéler d'une singulière perspicacité dans l'analyse des affaires du monde, mais ses options politiques furent exclusivement conçues en vue de promouvoir ou de protéger les intérêts de la France.

Il était l'interprète, le protecteur, le prophète, la conscience, l'aiguillon, l'inspiration de la France. Dans un certain sens, il *était* la France. Ce n'était pas une union. C'était plus exactement une entité. Il incarnait la France ; il représentait les Français non seulement vis-à-vis du monde mais aussi vis-à-vis d'eux-mêmes.

De Gaulle n'aimait pas particulièrement les Américains, en tant que peuple; mais il faut bien reconnaître que les Français ne l'enchantaient guère plus. Cela n'avait aucune importance. Il aimait sa famille et la France, et ce qui importait dans ses relations avec d'autres nations, ce n'était pas l'attitude qu'il pouvait avoir à l'égard de leur peuple, mais ce qu'elles pouvaient faire pour ou à la France. Le général de Gaulle était un homme d'État, non un humaniste.

Pendant toute sa vie, de Gaulle se trouva mêlé à des controverses souvent amères. Néanmoins, mes conclusions sont très claires : sans de Gaulle, la France aurait pu ne pas survivre à la tragédie de la défaite dans la Seconde Guerre mondiale. Sans de Gaulle, la France aurait pu ne pas se relever des destructions de la Seconde Guerre mondiale. Sans de Gaulle, le rapprochement franco-allemand n'aurait peut-être jamais eu lieu. Sans de Gaulle, la France n'aurait pas adopté la constitution de la Cinquième République et aurait pu sombrer dans un chaos politique, économique et social. Et sans de Gaulle, l'esprit de la France — qui depuis des siècles a inspiré le monde de son frémissement, de son élan, de son rayonnement, de sa combinaison unique de particularité et d'universalité — aurait pu s'éteindre au lieu de conserver cette vitalité et cette force qui sont aujourd'hui siennes.

L'un de mes souvenirs les plus frappants de De Gaulle et de son temps se situe à la fin de la messe solennelle célébrée à sa mémoire dans la cathédrale Notre-Dame de Paris. Les dignitaires du monde entier commençaient à se diriger vers la sortie. Beaucoup s'approchèrent de moi pour me dire à quel point ils avaient apprécié ma présence en tant que représentant du peuple américain. Puis, au moment où j'allais atteindre la sortie, les grandes orgues de la cathédrale entonnèrent l'air entraînant de *la Marseillaise.* Je m'arrêtai et me retournai vers l'autel, la main sur le cœur. A cet instant précis un autre hôte étranger, indifférent à la musique, saisit ma main pour me saluer, et ce qui aurait pu être un moment suprêmement dramatique fut subitement perdu. J'ai souvent pensé que rien n'aurait été plus apte à saisir l'esprit de Charles de Gaulle que de voir toute cette assemblée d'hommes d'État venus des quatre coins du monde se tourner ensemble vers l'autel et, tandis que les orgues jouaient *la Marseillaise,* remplir de leurs voix la haute nef gothique, chantant à l'unisson l'hymne national de la France.

DOUGLAS MACARTHUR ET SHIGERU YOSHIDA

L'Est rencontre l'Ouest

C'était au printemps de 1951, par un bel après-midi ensoleillé, l'occasion pour un respectable septuagénaire japonais de donner la première réception de la saison pour montrer ses fleurs et ses arrangements floraux. Pendant la réception, on lui apporta la nouvelle qui venait d'atteindre Tokyo en provenance des États-Unis : le président Truman avait démis le général Douglas MacArthur de toutes ses fonctions, y compris son commandement de combat en Corée et sa fonction de commandant en chef des forces alliées d'occupation au Japon. L'hôte eut l'air atterré, et il s'excusa auprès de ses invités. En fait, il lui fallut une demi-heure pour reprendre ses esprits.

Le respectacle septuagénaire — Shigeru Yoshida, le tenace Premier ministre du Japon — savait que ce n'était pas le moment de faire de la sentimentalité. Il avait lui-même éliminé suffisamment d'opposants pour savoir que la politique était une rude affaire. MacArthur et Truman s'étaient affrontés dans une lutte politique titanesque, et MacArthur avait perdu. Que Truman eût tort ou raison, les relations américano-japonaises allaient nécessairement se poursuivre sans le populaire général. Yoshida devait se méfier de ne pas offenser le président et de ne pas assombrir les perspectives de ce traité de paix entre les États-Unis et le Japon qu'il recherchait depuis 1946.

Néanmoins, la déclaration radiophonique que Yoshida adressa à la nation japonaise fut peu diplomatique par la profusion de louanges réservée à l'ami qui s'en allait. Elle laissait aussi percer l'émotion, ce qui était encore plus inhabituel chez Yoshida. « Ce que le général MacArthur a accompli dans l'intérêt de notre pays, déclara-t-il, fait partie des merveilles de l'histoire. » Et encore : « Il n'est donc pas étonnant qu'il soit considéré par tout notre peuple avec la plus grande vénération et affection. Les mots me manquent pour exprimer les regrets de notre nation à le voir partir. »

Les remarques de Yoshida furent rapportées dans la presse américaine, mais elles furent engouffrées et rapidement oubliées dans le vacarme qui suivit le limogeage et qui allait poursuivre MacArthur jusqu'à la fin de sa vie. Trente ans après, la plupart des Américains, quand ils se souviennent de MacArthur, pensent à la Corée et à ses vertus de grand chef de guerre au cours du second conflit mondial. Cependant, dans les premiers moments qui suivirent la fin de la carrière de MacArthur, le Premier japonais mit le doigt sur l'œuvre la plus grande laissée par le général. « C'est lui qui a sauvé notre nation de la confusion et de la prostration consécutives à notre reddition », dit alors Yoshida de l'homme que ses adversaires taxaient au même moment d'extrémiste irresponsable. « C'est lui qui a fermement enraciné la démocratie dans tous les secteurs de notre société. »

Son propre rôle dans la reconstruction du Japon avait été non moins important, mais le Premier ministre faisait ici preuve d'une modestie caractéristique. En réalité, MacArthur et Yoshida — le vainqueur et le vaincu, l'Occidental et l'Oriental, le général et l'homme politique — avaient réalisé ensemble la transformation la plus rapide et la plus spectaculaire d'une grande nation dans l'histoire du monde moderne.

MacArthur était un géant américain, un homme d'une stature légendaire qui incarnait toutes les contradictions et tous les contrastes d'une légende. C'était un intellectuel réfléchi et un soldat flamboyant et égoïste, un esprit autoritaire en même temps qu'un démocrate, un orateur doué et puissant dont les envolées churchilliennes inspiraient des millions d'auditeurs — et faisaient bondir la plupart des libéraux progressistes.

Yoshida était le dirigeant bruyant et fantasque du Japon à ses heures les plus sombres, un ancien diplomate plutôt espiègle, fumeur de cigares, qui aida son pays à arracher la victoire économique aux entraves de la défaite militaire. En raison de son courage invétéré, de ses féroces reparties et de sa figure puissante, et aussi parce qu'il arriva au pouvoir à un âge où la plupart des hommes ont pris depuis longtemps leur retraite, Yoshida a été appelé souvent le Churchill japonais.

En 1945, MacArthur prit en charge un Japon battu à la fois dans son corps et son esprit. Deux millions de ses ressortissants, dont un tiers de civils, avaient été tués. Ses usines étaient détruites. Le commerce extérieur, la pierre angulaire de la force du Japon dans les années vingt et trente, avait cessé d'exister. Certaines denrées alimentaires faisaient cruellement défaut. Mais le pire était que le peuple japonais avait investi toute sa foi et toute son énergie dans une guerre que les puissances célestes étaient censées lui faire gagner. L'empereur avait demandé à ses sujets de déposer les armes et, pour la première fois dans l'histoire du Japon, d'endurer l'humiliation de la reddition : d'ailleurs, l'empereur Hirohito allait bientôt renoncer publiquement au mythe de la divinité dans lequel les souverains s'étaient drapés pendant des siècles et qui était le fondement du système religieux japonais.

Rarement une défaite militaire avait-elle laissé un tel vide matériel et spirituel. Néanmoins, neuf années plus tard, quand Yoshida abandonna ses fonctions de Premier ministre, le Japon était une démocratie vibrante et florissante qui se trouvait en train de construire l'économie la plus puissante du monde libre après celle des États-Unis.

Il est généralement admis que tout cela fut l'œuvre de MacArthur, étant donné que c'est sous son proconsulat, de 1945 à 1951, que furent entreprises la plupart des réformes sociales, économiques et politiques qui transformèrent le Japon. J'ai assez bien connu le général et l'homme politique, et je connais suffisamment leurs vies, pour pouvoir dire que le Japon fut remodelé par ces deux hommes travaillant côte à côte dans une extraordinaire association où MacArthur était le législateur et Yoshida le pouvoir exécutif. Les édits de MacArthur revêtaient la forme du principe. Yoshida les façonnait pour les rendre assimilables au Japon. Le résultat fut la transformation en quelques années d'un État totalitaire en une démocratie et d'une économie ruinée en une économie parmi les plus fortes du monde.

Ce fut pour les deux une plongée dans l'imprévu. Les adversaires de MacArthur le décrivaient comme un pompeux fier-à-bras. Il se révéla être l'un des commandants d'occupation les plus progressistes de toute l'histoire — et l'un des rares dont la mission fut une réussite. Yoshida vint au pouvoir pour expédier les affaires courantes et n'avait aucune expérience des campagnes électorales ni de la conduite d'un gouvernement. Il devint l'un des meilleurs Premiers ministres de l'après-guerre et créa le modèle du type de gouvernement modérément conservateur et extrêmement favorable aux entreprises dont le Japon n'a pas dévié depuis lors.

L'ombre de MacArthur était encombrante, et dans beaucoup de relations de l'occupation, Yoshida semble y disparaître. Cela tient en partie à la différence de personnalité entre les deux hommes, qui apparaît très clairement dans leurs écrits. Les *Réminiscences* de MacArthur ont un caractère dramatique et versent parfois dans l'autocongratulation ; l'occupation y apparaît pratiquement comme l'œuvre d'un seul homme — MacArthur. Quand il ne cite pas les

messages laudatifs adressés par Yoshida à lui-même, ses seules
références à Yoshida mentionnent le « capable » Premier ministre
du Japon. Par contraste, les *Mémoires* de Yoshida sont d'une
modestie désarmante. Leur auteur semble éprouver de la répugnance à s'attribuer le mérite d'un grand nombre de réalisations.

Entre ces deux versions se situe la vérité sur l'occupation, qui est
que le Japon fut administré pendant sept ans par deux gouvernements, lesquels allaient parfois de pair et d'autres fois s'opposaient.
MacArthur procédait par proclamations, Yoshida par des actions
plus discrètes et limitées, quelquefois invisibles. Chacun des deux
hommes était d'égale importance, mais Yoshida était difficile à voir
dans l'éclat de l'énorme pouvoir et de la dominante personnalité de
MacArthur.

Pis encore, les sept années de pouvoir de Yoshida sont habituellement présentées par beaucoup d'auteurs dans des termes négatifs.
Certains le dénoncent comme un conservateur impénitent qui
prenait plaisir à prendre le contre-pied des réformes de MacArthur
dans les domaines du travail, de l'éducation et de la police dès que
cela lui devenait possible. D'autres soutiennent que la révision de ces
réformes par Yoshida était en réalité l'œuvre des Américains,
devenus subitement conscients de l'urgence de disposer d'un puissant allié anticommuniste en Extrême-Orient.

Yoshida était en fait un homme politique prudent, avec un instinct
fondamentalement libéral, qui estimait à juste titre que le flot de
réformes introduit par les Américains pouvait être un peu trop
rapide et un peu trop important. Les Japonais, sans doute le peuple
le moins xénophobe de la terre, avaient une longue tradition
d' « emprunts » d'autres cultures, mais ils étaient toujours soucieux
de moduler les influences nouvelles dans le sens d'un enrichissement
de la société japonaise et non de son bouleversement. Il en allait de
même avec les notions importées par MacArthur. Il avait créé des
institutions démocratiques et voulait donc voir les Japonais devenir
des démocrates. Yoshida savait qu'il faudrait du temps pour amener
son peuple à mesurer les bienfaits et aussi les responsabilités de sa
liberté nouvelle. Il savait aussi que tout ce qui fonctionnait bien aux
États-Unis ne marcherait pas nécessairement au Japon.

Les rôles différents que jouèrent MacArthur et Yoshida exigeaient
bien entendu des hommes de tempéraments énormément différents.
Ma première rencontre avec chacun d'eux fut le reflet de leurs
différences.

Je vis MacArthur pour la première fois en 1951, alors que j'étais
sénateur des États-Unis et présent lors du fameux discours, « les
vieux soldats ne meurent jamais », qu'il délivra devant une session
extraordinaire des deux chambres du Congrès. Baignant dans le

drame de l'une des grandes confrontations de l'histoire politique moderne, il avait une stature presque olympienne. Sa prestation irradiait une puissance hypnotique. Il était interrompu de temps en temps par des applaudissements prolongés. Quand sa péroraison s'acheva sur le pathétique adieu : « Les vieux soldats ne meurent jamais, ils ne font que disparaître », représentants et sénateurs, un grand nombre en larmes, bondirent de leur siège et l'acclamèrent follement. C'était probablement la plus grande ovation jamais offerte à une personnalité, présidents y compris, qui s'était adressée à une session conjointe du Congrès. Dans un tohu-bohu général, MacArthur descendit majestueusement l'allée centrale et quitta la salle. Un membre de l'assistance s'exclama en disant que nous venions d'entendre la voix de Dieu. Un autre sénateur favorable à MacArthur me dit plus tard en plaisantant que les républicains, en entendant le discours du général, avaient eu les larmes aux yeux, tandis que les démocrates avaient fait dans leur culotte.

Je fis la connaissance de Yoshida deux ans plus tard à Tokyo. Quand il arriva légèrement en retard pour notre première rencontre, il tenait un mouchoir devant la bouche et le nez. Il s'excusa amplement et m'expliqua qu'il avait dû soigner un saignement de nez — qui provenait, ajouta-t-il avec un petit rire embarrassé, d'un abus de caviar auquel il s'était laissé aller la veille. Je me rappelle avoir pensé à ce moment-là qu'il y avait peu d'hommes d'État assez terre à terre pour avouer une chose pareille, surtout quand il est si facile d'inventer un quelconque empêchement lié à une urgence gouvernementale.

Les impressions que j'avais tirées de ces rencontres se trouvèrent confirmées par la suite. MacArthur était un héros, une présence, un événement. Ceux qui étaient invités à le rencontrer, comme ce fut mon cas pendant ses années de retraite à New York, l'écoutaient dans un silence respectueux tandis qu'il allait et venait dans la pièce, déclamant sur n'importe quel sujet pouvant lui passer par la tête. Autant MacArthur était distant, autant Yoshida était humain et accessible. Confortablement installé sur une chaise, son sourire un peu canaille parfois caché par la fumée de son cigare, il prenait plaisir au jeu du donnant donnant d'une conversation bien informée.

Ils avaient aussi leurs ressemblances. Les deux étaient septuagé-naires alors qu'ils se trouvaient au sommet du pouvoir. Nés à l'époque victorienne, ils se comportaient en public avec une certaine dignité et austérité de l'ancien temps. Mais MacArthur ne se laissait jamais aller. « Même dans le reproche et le blâme, il gardait toujours les manières altières du gentilhomme », devait dire de lui un ancien assistant. Yoshida, au contraire, quand les circonstances le deman-daient, savait se montrer d'une provocante grossièreté, comme lorsqu'il traita un socialiste à la Diète de « foutu imbécile » ou versa une carafe d'eau sur la tête d'un photographe importun.

Si j'avais dû déduire de mes premières rencontres avec MacArthur et Yoshida lequel des deux était le lointain idéaliste et lequel l'obstiné pragmatiste, je pense que je ne me serais pas trompé. Les événements démontrèrent que le Japon de l'après-guerre avait besoin des deux. Sans la vision de MacArthur, les réformes nécessaires n'auraient peut-être jamais eu lieu. Sans le souci méticuleux de Yoshida pour le détail, ces réformes auraient peut-être perturbé le Japon au point de le faire passer de la confusion au chaos.

MacArthur était essentiellement un Occidental dont la vie était tournée vers l'Orient alors que Yoshida était un Oriental dont la vie était tournée vers l'Occident. Ils partageaient la vision d'une rencontre de leurs cultures sur l'archipel encombré du Japon en vue de produire une nouvelle et puissante nation libre.

Douglas MacArthur était l'un des plus grands généraux produits par l'Amérique. Il était aussi l'un des plus brillants, ce qui eut pour conséquence que son style personnel suscita parfois plus d'attention que ce qu'il avait accompli. En raison de son maintien aristocratique et de sa grandiloquence, il fut une cible facile pour les faiseurs d'opinion et les esprits caustiques, qui le présentèrent comme un être anachronique imbu de vaine gloriole, un victorien hautain né cinquante ans trop tard. Ses discours, souvent composés d'altières et bouleversantes invocations de la grandeur du système américain, passaient aux yeux de beaucoup pour des excès de chauvinisme.

Mais ses adversaires purent difficilement réduire MacArthur à un stéréotype. En fait, sa personnalité était si riche et si complexe que même ce grand acteur qu'est incontestablement Gregory Peck ne put pas la restituer au cinéma comme le fit si merveilleusement George C. Scott pour un autre grand chef de guerre, mais d'une personnalité moins complexe, le général Patton.

MacArthur fut pour la première fois présent à mon esprit pendant la Seconde Guerre mondiale, quand je fus affecté comme officier d'opérations navales à une unité combattante de transport aérien des Marines dans le Pacifique Sud. Ce que j'entendis à son sujet était uniformément négatif, influencé en premier lieu par la presse, qui était de façon générale de parti pris contre MacArthur, en second lieu par l'habituelle rivalité entre l'Armée et la Marine.

Par exemple, il y avait deux sortes de sièges dans l'avion cargo et de transport C-47 que nous utilisions : les inconfortables baquets qui étaient le lot de la plupart des appelés, et quelques fauteuils plus luxueux, du type de ceux que l'on trouve sur les lignes aériennes, réservés aux officiers supérieurs. Ces derniers sièges, par dérision, étaient appelés « fauteuils MacArthur ».

En réalité, la réputation du général était en contradiction totale avec les faits. Pendant le siège de Batan et Corregidor, MacArthur insista pour habiter dans une maison de surface plutôt que dans une casemate, s'exposant ainsi, lui et sa famille, aux bombardements japonais. Cependant, à l'extérieur, on sut uniquement que ses hommes à Batan l'appelaient « Dugout Doug » (1).

Quand la situation devint désespérée, MacArthur avait la ferme intention de rester sur l'île et de mourir après avoir tué autant de Japonais que possible avec son derringer. Pour le faire céder, le président Roosevelt dut finalement lui ordonner personnellement de partir. Mais à l'extérieur, on nous raconta que MacArthur, quand les choses commencèrent à se gâter, prit précipitamment et lâchement la fuite, en emmenant sa femme, son fils de trois ans et la nurse chinoise de la maison.

Ce sobriquet de « Dugout Doug » que MacArthur reçut pendant la Seconde Guerre mondiale constituait en fait une ironie du sort, car pendant la Première Guerre mondiale, il avait précisément été dans les abris creusés dans la terre, c'est-à-dire dans les tranchées, avec le corps expéditionnaire américain en France. Comme chef d'état-major et plus tard commandant de la division Arc-en-ciel, il fut admiré, vénéré même, par ses troupes en raison de son habileté tactique et parce qu'il tenait toujours à affronter les mêmes risques que ses hommes. Durant plus d'une charge américaine, il fut le premier à se trouver par-dessus la tranchée, et au cours d'une année, il fut blessé deux fois et se vit décerner sept étoiles d'argent pour bravoure.

Tout au long de sa carrière, il frôla si souvent la mort que cela devint presque de la routine. Au cours d'une mission de reconnaissance assez dramatique à Veracruz en 1914, des balles mexicaines traversèrent son uniforme. Pendant la Première Guerre mondiale, il fut gazé, son pull-over fut plombé par les rafales d'une mitrailleuse, et son Q.G. de Metz détruit le jour suivant son départ. Au milieu d'un tir de barrage antérieur, à Metz, il resta calmement assis à sa place, et déclara aux membres de son état-major, à juste titre inquiets : « L'Allemagne entière ne pourrait fabriquer l'obus qui tuerait MacArthur. »

Après la guerre, quand sa voiture fut arrêtée par un bandit à New York, MacArthur dit au truand de rengainer son arme et de se battre

---

(1) Jeu de mots intraduisible en français ; littéralement : Doug — pour Douglas — qui ne songe qu'à creuser un abri ; au sens large : Doug le froussard, ou Doug le planqué. (*N.d.T.*)

pour l'argent qu'il voulait lui voler. Lorsque l'homme apprit qu'il venait de s'attaquer au général MacArthur, sous les ordres duquel il avait servi dans la division Arc-en-ciel, il se répandit en excuses et le laissa passer.

Pendant la Seconde Guerre mondiale, MacArthur restait souvent assis imperturbablement sur sa chaise alors que les Japonais arrosaient nos positions ; tandis que d'autres se demandaient où ils pourraient bien sauter si un obus venait à éclater, MacArthur suivait l'action avec ses jumelles, répondant aux officiers et aux hommes de troupe préoccupés de son sort que les balles n'étaient pas pour lui.

Le courage dont il faisait preuve prenait fréquemment un caractère spectaculaire et dramatique frisant l'inconscience. Quand il débarqua aux Philippines en 1945 et visita les camps japonais pour prisonniers de guerre où étaient parqués les restes lamentables, mal nourris et maltraités, de ses anciennes forces de Batan et Corregidor, il se tourna vers son médecin-major et lui dit : « Je n'en peux plus, doc ! Il faut absolument que j'aille au feu ennemi, et pas seulement jusqu'aux tireurs embusqués ! » Il fonça en avant, passant près des cadavres des Japonais anéantis, jusqu'au moment où il entendit le feu nourri d'une mitrailleuse ennemie juste en face de lui. Il fit alors demi-tour et revint lentement en arrière, défiant les Japonais de lui tirer dans le dos.

Toute la vie de MacArthur, y compris ces manifestations de bravoure pouvant aller jusqu'à la témérité, était dans un sens une lutte pour rendre justice à la mémoire de son père, le général Arthur MacArthur.

Coïncidence ou dessein, les carrières du père et du fils avaient beaucoup de choses en commun. En 1863, Arthur, alors adjudant de dix-huit ans dans l'armée de l'Union, gagna la Médaille d'honneur du Congrès pour avoir été le premier soldat à planter les couleurs de sa division au sommet de la crête du Missionnaire dans le Tennessee, ce qui marqua le départ de la marche de Sherman à travers la Géorgie. Douglas, lui aussi, gagna la Médaille d'honneur, pour son héroïsme à Corregidor. Arthur passa une grande partie de sa carrière en poste sur les frontières américaines, d'abord dans le Sud-Ouest, ensuite aux Philippines. Douglas, entre 1935 et son limogeage en 1951, ne visita qu'une seule fois les États-Unis.

MacArthur l'Ancien et MacArthur le Jeune, comme les différenciaient les Philippins, étaient tous deux obsédés par l'importance de l'Extrême-Orient et des Philippines pour l'avenir de l'Occident. Et les carrières des deux hommes furent marquées par des heurts dramatiques avec l'autorité civile — Douglas avec le président Truman, et Arthur avec William Howard Taft, président de la commission civile des Philippines alors qu'il en était le gouverneur militaire.

Si Arthur était l'exemple, la mère de MacArthur, Pinky, incita son fils à le suivre durant toute sa vie et même à le surpasser. Quand il entra à West Point, elle l'accompagna pour surveiller ses études et pour protéger le séduisant cadet des complications romantiques qui auraient pu le distraire des obligations de sa carrière. Il fut reçu premier de sa promotion. Alors qu'âgé de trente-huit ans, le colonel MacArthur se battait dans les tranchées françaises pendant la Première Guerre mondiale, sa mère écrivait des lettres flatteuses à ses supérieurs, y compris au général Pershing, qui avait servi sous son père. Finalement, quand en 1930 il devint le plus jeune chef d'état-major de l'armée de l'histoire, elle passa une main caressante sur les quatre étoiles qu'il arborait à l'épaule et dit : « Ah, si seulement ton père pouvait te voir maintenant ! Douglas, tu es tout ce qu'il voulait être lui-même. »

MacArthur se sentit toujours obligé d'être différent de ceux qui l'entouraient, ce qui devait le conduire à certaines excentricités aussi voyantes qu'inoffensives. Chez les militaires, l'uniforme est en partie conçu pour renforcer la hiérarchie du commandement. Mais MacArthur voulait être remarqué et non pas s'adapter. A un officier qui l'interrogeait au sujet de son accoutrement inhabituel, il répondit : « Ce sont les ordres auxquels on désobéit qui rendent célèbre ! »

Pendant la Première Guerre mondiale, il lui arriva de porter un képi froissé au lieu du casque d'acier réglementaire, un pull-over à col roulé, un foulard de satin couleur prune, et des culottes de cavalier. Un jour, il fut ainsi pris pour un Allemand et momentanément arrêté.

Quand il fut gouverneur de West Point, entre 1919 et 1922, on pouvait le voir se promener sur le terrain, une cravache à la main. Plus tard, dans le Pacifique, pendant la Seconde Guerre mondiale, son uniforme très simple mais peu orthodoxe — connu des Américains par toutes ces images où on le voyait marcher dans l'eau pour aborder une île du Pacifique Sud après l'autre — consistait en une paire de lunettes de soleil, des kaki délavés, un képi usé et une pipe à maïs. Il ne portait aucune de ses vingt-deux médailles, uniquement les petits cercles de cinq étoiles sur le col de sa chemise.

On pourrait penser que ce refus de MacArthur de se draper dans l'or, le cuivre et les rubans, l'aurait rendu attachant plutôt qu'irritant, cela d'autant plus que le milieu du siècle voyait s'affirmer avec force le règne de l'homme moyen, du citoyen ordinaire. Il n'en fut rien. Truman, par exemple, fut profondément choqué par l'allure de MacArthur quand les deux hommes se rencontrèrent en 1950 sur l'île de Wake pour discuter de la guerre de Corée. Truman s'exclamera bien des années plus tard que le général « portait ses foutues lunettes de soleil et une chemise qui n'était pas boutonnée et un képi avec plein de quincaillerie. Je n'ai jamais compris... qu'un homme de son âge et un général à cinq étoiles en plus, puisse se promener dans l'accoutrement d'un sous-lieutenant de dix-neuf ans ! ».

En fait, MacArthur n'avait nul besoin de s'habiller d'une façon bizarre pour être remarqué dans une foule, car il était incontestablement l'une des figures publiques les plus séduisantes de son temps. Il avait aussi un magnétisme personnel extrêmement puissant qui, joint à sa vive intelligence, lui permettait de captiver l'attention de ses auditoires, d'inspirer le moral des troupes, et de pouvoir compter sur la loyauté absolue du personnel de son état-major. Son adjoint à West Point disait de lui : « L'obéissance est quelque chose qu'un chef peut ordonner, mais la *loyauté* est quelque chose, quelque chose d'indéfinissable, qu'il lui faut gagner. MacArthur savait d'instinct comment la gagner. »

MacArthur avait un don particulier pour attirer et conserver la loyauté de ses subordonnés. Alexander Haig et Caspar Weinberger, deux membres éminents de mon gouvernement comme de celui du président Reagan, travaillèrent sous les ordres de MacArthur, et les deux le comptent toujours parmi leurs idoles. Weinberger était un jeune capitaine affecté à l'état-major de MacArthur dans le Pacifique vers la fin de la Seconde Guerre mondiale. Haig, en tant que lieutenant à l'état-major d'occupation au Japon, fut l'officier de service qui informa MacArthur de l'invasion de la Corée du Sud par les forces communistes.

MacArthur n'était pratiquement jamais malade. Alors qu'il ne pratiquait guère d'autre exercice que la callisthénie, il faisait constamment les cent pas, parfois des kilomètres par jour, dans son bureau ou sa maison, dans les avions, ou encore sur les ponts des navires pendant les attaques. MacArthur attribuait sa bonne santé et son excellente condition physique à ses siestes, à son indifférence à l'alcool, à son régime alimentaire très modéré, et à la facilité avec laquelle il pouvait s'endormir en quelque sorte sur commande.

Sans être pratiquant, c'était un homme profondément religieux. MacArthur était un être totalement discipliné, dans la pensée, la parole et l'action. Alors qu'on se souvient surtout de son discours s'achevant sur « les vieux soldats ne meurent jamais » et de son adieu à West Point, une de ses prestations publiques les plus remarquables se situa dans le cadre de l'enquête du Sénat sur la Corée. Je ne participai pas moi-même à l'interrogatoire, n'étant pas membre du comité chargé de l'enquête. J'y fis néanmoins un saut le premier jour juste pour voir comment MacArthur parviendrait à se débrouiller face aux questions serrées qui lui seraient posées, et je ne pensai rester que quelques minutes. Sa prestation fut si brillante et passionnante que je demeurai finalement présent pendant les trois jours que dura son témoignage. Le sénateur démocrate William Fulbright ainsi que d'autres arrivèrent à l'audience avec des dossiers parfaitement préparés, et posèrent des questions particulièrement brutales destinées à démontrer que MacArthur avait violé les directives présidentielles et avait refusé d'accepter le principe de la suprématie de l'autorité civile sur l'autorité militaire.

Un homme de moindre envergure se serait effondré sous un tel assaut. MacArthur resta ferme et imperturbable jusqu'au bout. Il ne se laissa jamais piéger par quelque fatal aveu ; il se servit de chaque question comme du point de départ de la démonstration qu'il désirait faire dans sa réponse ; et à la fin de chacune de ces longues et pénibles journées, il se révélait aussi prompt et vif que le matin.

Plus impressionnant encore que ce qu'il disait était le mode sur lequel il s'exprimait. Je fus particulièrement frappé par son habileté à couler tout ce qu'il disait dans le moule d'un anglais parfait, toujours clair et précis, même quand la question traitée était d'une très grande complexité. Comme chez le général de Gaulle, il n'y avait pas chez le général MacArthur de pauses, de pensées incomplètes ni d'arrêts brusques au milieu d'une phrase pour revenir à son commencement. C'était presque comme s'il avait rédigé ses réponses d'avance et les avait apprises par cœur. En fait, j'allais bientôt découvrir par moi-même qu'il s'exprimait exactement de la même façon dans le privé.

Mon premier entretien avec MacArthur eut lieu à l'enterrement de Robert Taft en août 1953. Je mentionnai que Taft avait été un de ses amis les plus loyaux. « Je fus *son* meilleur ami ! » répliqua MacArthur avec emphase.

Peu après, je devais recevoir un message de son adjoint, le général Courtney Whitney, m'informant que MacArthur serait heureux de me rencontrer à l'occasion de mon prochain passage à New York. Je n'oublierai jamais ce jour-là. Je pris d'abord le petit déjeuner en compagnie de l'ancien président Hoover dans son appartement des Tours Waldorf, le 31A. Je tirais toujours profit de mes rencontres avec l'homme que nous appelions affectueusement « le Chef ». Hoover, selon son habitude, me demanda mon opinion et écouta attentivement quand je répondis à ses questions concernant le budget du gouvernement et les perspectives d'un maintien de la trêve en Corée.

C'était un homme parfaitement satisfait de son sort. Il avait été un supporter de Taft, mais à présent il ne pensait plus qu'à assurer le succès du gouvernement Eisenhower. Le seul moment difficile survint pour moi quand il me proposa très gentiment de lui tenir compagnie en fumant un de ses excellents cigares cubains après le petit déjeuner. Je n'avais jamais auparavant fumé de cigare le matin, et vingt-cinq ans s'écoulèrent ensuite avant mon deuxième essai.

Après notre entrevue, je pris l'ascenseur pour monter jusqu'à l'appartement de MacArthur, le 37A. Le général Whitney vint à ma rencontre à la porte et me conduisit dans le salon. L'appartement de Hoover était impressionnant dans sa simple et austère dignité. Alors qu'il n'était guère plus grand, celui de MacArthur était spectaculaire. Les panoplies de souvenirs qui recouvraient les murs, souvenirs rassemblés au cours de ses nombreuses années de service dans le Pacifique, me donnèrent le sentiment que MacArthur plutôt que Hoover avait rempli les fonctions les plus éminentes que l'Amérique pouvait offrir. Il possédait également une très belle collection d'œuvres d'art japonaises.

MacArthur vint vers moi alors que j'entrais dans la pièce et prit mes deux mains dans les siennes. « C'est gentil de votre part d'être venu », dit-il, pour ensuite me présenter à son épouse, qui était et est toujours une des femmes les plus gracieuses et charmantes que j'aie eu le privilège de rencontrer. Elle me demanda des nouvelles de ma propre épouse et de nos enfants, puis se retira en s'excusant.

Ce fut la première d'une série de conversations que j'allais avoir avec MacArthur pendant les huit années suivantes, conversations qui furent toutes fascinantes. Nous discutions généralement de l'actualité politique américaine et des grands problèmes du moment en matière de politique étrangère — ou plus exactement, il discutait et j'écoutais. Alors que Hoover avait toujours voulu connaître mes propres vues sur les divers sujets que nous abordions, MacArthur n'exprima pratiquement jamais ce désir. Une rencontre avec lui ressemblait à une sorte de cours magistral portant sur tout thème qu'il lui arrivait de traiter, et ce que le visiteur avait de mieux à faire était d'écouter en silence ou de prendre des notes. Un de nos colonels avait obtenu un rendez-vous de quinze minutes avec MacArthur pendant l'occupation du Japon, mais il fut à tel point impressionné par le brillant monologue du général qu'il oublia complètement de donner la raison de sa visite. Ce colonel devait plus tard apprendre que MacArthur avait trouvé « sa conversation fascinante ».

Mes rencontres avec MacArthur allaient compter parmi les rares contacts de haut niveau entre le général et le gouvernement Eisenhower. Je ne rapportais pas nos entrevues au président, et en fait je ne peux pas me rappeler avoir jamais parlé de MacArthur avec Eisenhower. J'avais toujours la nette impression que toute mention de MacArthur serait mal accueillie.

Ces deux grands généraux américains s'étaient toujours tenus à distance l'un de l'autre depuis les années trente, quand Eisenhower avait été l'adjoint de MacArthur. Pendant les années cinquante, je sus que MacArthur avait désespérément envie de venir à Washington. Il m'expliquait alors, très amplement et avec une foule de détails, comment il réduirait le budget militaire ou encore comment il « mettrait le Pentagone au pas en un mois de temps » s'il était nommé secrétaire à la Défense ou appelé à présider l'état-major général. Mais une telle nomination se fit toujours attendre.

Alors qu'Eisenhower avait probablement les meilleures raisons du monde de ne pas installer dans son gouvernement ce chef de guerre brillant mais controversé — un grand nombre d'officiers supérieurs du Pentagone auraient eu du mal à se soumettre à son autorité — il est hors de doute que MacArthur se sentit vexé par le traitement qui lui était infligé. Il n'usa jamais de termes franchement désobligeants à l'égard d'Eisenhower, mais il lui arrivait parfois, l'air de rien, de glisser une raillerie dans la conversation. Un jour, alors qu'il s'entretenait avec moi des années qu'Eisenhower avait passées à ses côtés comme adjoint, MacArthur déclara malicieusement : « Il était capable de rédiger un papier brillant pour ou contre une position. Il suffisait de lui indiquer quelle était la position à prendre. »

Quand Eisenhower eut sa première crise cardiaque, en 1955, et que les spéculations allèrent bon train pour savoir s'il allait ou devait se présenter pour un second mandat, je reçus un message de MacArthur par l'intermédiaire de Courtney Whitney. « Le général MacArthur se tient entièrement aux côtés du vice-président, me dit Whitney. Il estime que l'autre devrait immédiatement s'en aller. » Compte tenu des circonstances, ce message était singulièrement déplacé, et si Eisenhower en avait eu connaissance, je me serais trouvé pour le moins embarrassé. Je me rappelle avoir pensé à l'époque que MacArthur était probablement beaucoup plus soucieux de voir Eisenhower quitter la Maison-Blanche que de voir Richard Nixon y entrer.

MacArthur était jaloux de la popularité d'Eisenhower. Il croyait aussi que l'intérêt porté à Eisenhower et à l'Europe pendant et après la Seconde Guerre mondiale encourageait Washington à négliger la position des États-Unis en Extrême-Orient. Eisenhower, pour sa part, s'il prenait MacArthur pour un grand chef de guerre, le jugeait pompeux et enclin à des allures théâtrales. Alors qu'il gardait habituellement ce genre d'opinions pour soi, il écrivit néanmoins les lignes suivantes dans son journal, après avoir reçu quelque conseil stratégique de MacArthur en 1942 : « Que croit-il donc que nous ayons étudié pendant toutes ces années ? Son exposé aurait pu convenir à des élèves de dernière année d'une école militaire. »

Alors que MacArthur n'intervint pas publiquement dans le déroulement de la campagne présidentielle de 1960, il se donna néanmoins la peine de me faire savoir qu'il était dans mon camp. Au mois de juin, je lui adressai un télégramme de félicitations pour la distinction qu'il venait de recevoir du gouvernement japonais en couronnement de ses efforts en vue de promouvoir l'amitié américano-japonaise. Je louai très chaleureusement ses contributions « héroïques » à l'histoire et exprimai ma confiance qu'elles laisseraient leur marque « sur l'héritage des peuples libres partout dans le monde ». Il me télégraphia en retour : « Vous m'avez envoyé un magnifique message. Je l'ai communiqué à la presse pour montrer mon soutien total à votre candidature à la présidence. » Sans doute fallait-il un homme aussi imbu de soi-même que MacArthur pour supposer que la divulgation à la presse des éloges que je lui avais adressés pouvait passer pour un soutien déclaré à ma candidature ; à ses yeux, en tout cas, cette supposition semblait aller de soi.

Il glissait fréquemment dans la conversation des commentaires acerbes au sujet de Kennedy. Bien entendu, je ne pouvais qu'apprécier de telles remarques désobligeantes pour mon rival — avant l'élection, parce qu'elles me remontaient le moral, après l'élection, parce qu'elles m'aidaient à panser mes plaies. Ainsi, il lui arriva un jour d'évoquer d'une façon très négative le fameux exploit de Kennedy avec sa vedette lance-torpilles, disant que Kennedy avait été « courageux mais inconscient » et qu' « il aurait pu être traduit en cour martiale pour son manque de jugement dans cet épisode ». En juin 1961, deux mois après le fiasco de la baie des Cochons, il se montra violemment critique à l'égard de Kennedy. Il mentionna une conversation qu'il avait eue récemment avec Jim Farley, l'ancien et légendaire président du Comité national démocrate et confident de Roosevelt. Farley avait affirmé que Kennedy possédait un esprit prompt et agile, sur quoi MacArthur avait rétorqué qu'à son avis Kennedy était dépourvu de jugement — de cette faculté de jugement ample qui implique de peser tous les facteurs avant de prendre une décision. MacArthur poursuivit en précisant que la fonction la plus importante d'un chef était de séparer les cinq pour cent de renseignements importants qu'il recevait des quatre-vingt-quinze qui ne l'étaient pas. Selon lui, Kennedy avait mal passé cette épreuve en prenant sa décision sur l'invasion de la baie des Cochons ; à la suite de ce fiasco, disait-il encore, Kennedy avait malheureusement perdu toute confiance dans l'appareil militaire et la C.I.A. Il voulait bien reconnaître que Kennedy était « astucieux » en politique, et il attribuait à un calcul politique le fait pour Kennedy d'avoir mis un avion à sa disposition pour son voyage sentimental aux Philippines. Mais il soutint néanmoins que Kennedy était « tout simplement bête quand il s'agissait de prendre des décisions ». Après avoir dit cela, cependant, il ajouta avec beaucoup d'emphase — il s'exprimait toujours avec emphase — que « Kennedy *prendra* Cuba. Le moment n'est pas venu, mais plus tard il faudra qu'il le fasse et il le fera ! ».

Les commentaires de MacArthur revenaient presque toujours, d'une manière ou d'une autre, à l'Asie. Il me déclara un jour que, vu rétrospectivement, il était maintenant persuadé que s'il avait eu un million de combattants chinois nationalistes sous ses ordres sur le Ya-lou, il aurait pu couper la Chine en deux et, d'un seul coup, changer l'équilibre des forces dans le monde. Mais cette chance s'était à présent envolée. MacArthur était devenu pessimiste sur l'avenir de l'Asie en raison des empiétements des communistes ; il pensait néanmoins que ce serait une grave erreur pour l'Amérique que de se laisser entraîner dans une guerre au sol en Asie. Son dernier conseil à un président des États-Unis fut la recommandation qu'il adressa à Lyndon Johnson de ne pas engager plus de forces au Vietnam. Il estimait que tout ce qu'il nous restait d'utile à faire était de continuer à bluffer et de soutenir les gouvernements locaux contre les insurrections soutenues par les Russes ou les Chinois.

Ses positions sur les sujets politiques étaient également sans équivoque. Il m'expliquait que depuis qu'il vivait à New York et remplissait les fonctions de président du conseil d'administration de Remington Rand, il avait pu étudier de plus près les hommes d'affaires de Wall Street et avait découvert qu'ils n'avaient absolument « aucun caractère ». « Ils ne se battront jamais pour un principe, affirma-t-il. Leur seule ligne de conduite consiste à choisir un gagnant et à le soutenir, quel que soit son objectif. » Au début des années soixante, il me déclara que la fiscalité trop lourde était devenue le problème majeur et que le pays se révélait de plus en plus conservateur. Cela ne l'empêcha pas, avant la convention républicaine de 1964, de soutenir avec beaucoup de conviction que Goldwater ne pouvait pas être désigné étant donné qu'il était beaucoup trop conservateur.

Il me confia en 1961 que Kennedy avait semblé être « presque un socialiste » quand son père lui avait fait faire la connaissance de MacArthur au Waldorf en 1951. Il reconnaissait à Kennedy une « mémoire remarquable », se rappelant que lorsqu'il l'avait revu en tant que président des États-Unis, Kennedy avait gardé un souvenir précis de leur première entrevue dix ans plus tôt. Pour ma part, je fus surtout frappé par ce que MacArthur dévoilait ainsi concernant sa propre mémoire.

Beaucoup d'observateurs pensent que j'aurais dû suivre un conseil personnel que me donna MacArthur. Quand je lui demandai s'il croyait que je devrais faire campagne pour être élu gouverneur de l'État de Californie en 1962, il me prit la main et dit : « Ne le faites pas. La Californie est certes un État important, mais c'est néanmoins la province. Vous devriez être à Washington, pas à Sacramento. Vous devriez vous présenter au Congrès ! » Herbert Hoover m'avait donné exactement le même conseil deux heures plus tôt et six étages plus bas.

Mes conversations avec MacArthur sont toujours liées dans mon esprit avec celles que j'avais avec Hoover. Les deux étaient très avancés en âge, les deux avaient acquis une grande sagesse, les deux vivaient dans les Tours Waldorf, et je leur rendais généralement visite le même jour. Leurs commentaires offraient souvent de curieux parallèles ou contrastes.

Ma dernière conversation avec Hoover eut lieu le 10 août 1963 quand j'allai le voir à l'occasion de son quatre-vingt-neuvième anniversaire. Son infirmière m'apprit qu'il avait été très malade et que c'était vraiment miraculeux que de le voir aller mieux. Elle m'expliqua encore qu'il était toujours resté lucide et qu'il se levait souvent au milieu de la nuit pour écrire sur son bloc. Pendant des années, Hoover avait répondu par une lettre personnelle aux centaines de cartes d'anniversaire qu'il recevait. Son infirmière me dit qu'il lisait toujours chacune des cartes, mais qu'il ne pouvait plus y répondre personnellement.

Quand elle poussa dans la pièce sa chaise roulante, je fus profondément attristé de voir à quel point Hoover avait maigri. Sa poignée de main fut néanmoins vigoureuse et sa voix se révéla d'une intensité surprenante. Ses commentaires sur les questions de l'heure étaient succincts et parfaitement appropriés. Malgré son féroce anticommunisme, il se déclara en faveur du traité d'interdiction des essais nucléaires signé ce mois-là par les États-Unis et l'Union soviétique. Il estimait que « pour le moins la tension se trouvera actuellement réduite ». « Khrouch' a besoin d'amis à cause des Chinois », fit-il. Il n'était pas d'accord avec Adenauer qui pensait que jouer les Chinois contre les Russes eût été de bonne guerre. Il faisait remarquer qu'ils se trouvaient à un premier stade de communisme, ce qui les rendait par conséquent spécialement agressifs. Il m'expliqua en outre que les Chinois étaient des êtres extrêmement émotifs qui pouvaient se révéler « sanguinaires » autant contre les étrangers qu'à l'égard de leurs compatriotes.

L'attitude de Hoover était marquée par les expériences qu'il avait eues en Chine où il travaillait comme ingénieur des mines à l'époque du soulèvement des Boxers en 1900. En compagnie de sa femme, il avait participé à la défense d'un quartier de familles étrangères de T'ien-tsin attaqué par les rebelles xénophobes. Les Boxers tout comme les troupes gouvernementales commirent alors d'horribles atrocités les uns contre les autres ; Hoover se rappelait avoir vu flotter des milliers de cadavres dans la rivière qui longeait leur quartier. A ses yeux, le carnage de la révolution chinoise n'était qu'un chapitre de plus de la même histoire. Il était persuadé que les Chinois n'avaient pas été véritablement changés par vingt-cinq ans de maoïsme, car « l'héritage d'une nation est très lent à se modifier », et il pensait que les États-Unis devaient avoir avec eux aussi peu de rapports que possible.

Il était plus généreux que MacArthur à l'égard de Kennedy, estimant qu'il était finalement bien meilleur que ce qu'il en avait attendu.

Hoover différait aussi de MacArthur concernant Goldwater. A son avis, il valait peut-être mieux donner sa chance à l'extrême droite pour ensuite « l'éliminer une fois pour toutes de notre système ».

Alors que MacArthur et Hoover partageaient des vues similaires sur un grand nombre de questions, ils ne se mentionnaient guère dans les conversations qu'ils avaient avec moi. Je pensai d'abord qu'ils ne se voyaient que très rarement. Mais j'appris plus tard par l'épouse de MacArthur que le président Hoover avait l'habitude d'inviter les MacArthur à des dîners intimes dans son appartement cinq ou six fois par an, et que ces dîners servaient de cadre à certains entretiens passionnants entre deux des plus éminents dirigeants de notre temps.

MacArthur n'enfreignait pas seulement les règles de la vie militaire dans le domaine de l'habillement. Les soldats sont censés obéir à la lettre aux ordres de leurs supérieurs hiérarchiques, ce que MacArthur ne faisait pas toujours, même si les supérieurs étaient des présidents des États-Unis.

Il est vrai que MacArthur avait souvent raison et ses supérieurs tort. Au cours de la Seconde Guerre mondiale, il fit bondir ses forces si habilement d'une île ou d'un archipel à l'autre dans le Pacifique Sud que leurs pertes, de 1942 à 1945, furent inférieures à celles subies par les Américains dans la seule bataille de Bastogne. Ces succès l'encouragèrent à interpréter les ordres de Washington d'une façon très personnelle.

Le Pentagone l'avait avisé que le plan conçu pour reprendre l'île des Philippines de Mindoro était trop risqué. MacArthur passa outre et réussit l'opération. Après avoir conquis la grande île de Luzon, il commença à reprendre l'une après l'autre les diverses îles de l'archipel sans demander d'autorisation préalable — ne perdant que 820 hommes durant toute la campagne.

Au Japon, ses incursions dans le domaine des réformes sociales et économiques allaient beaucoup plus loin que ne le permettait l'application à la lettre de son autorité de commandant en chef des

forces d'occupation, mais ses réalisations étaient si brillantes que le
président Truman, qui le limogea plus tard pour insubordination, ne
put que lui adresser des louanges.

En plus de l'exemple de son père, deux facteurs en particulier
contribuaient au dédain de MacArthur à l'égard de l'autorité
supérieure. D'abord, et depuis le début de sa carrière, il soupçonnait
d'autres officiers de vouloir le torpiller. Pendant la Première Guerre
mondiale, il n'eut guère confiance dans les hommes qui entouraient
le général Pershing au quartier général allié à Chaumont. Plus tard,
ses principaux antagonistes furent des officiers tels que George
Marshall, qui avait été lui-même à Chaumont avec Pershing.

Dans une conversation avec moi, Herbert Hoover junior, un
admirateur de MacArthur, qualifia ces officiers de « junte du
Pentagone ». Ces hommes avaient acquis leur expérience militaire
en Europe, et leur vision restait essentiellement européenne. MacArthur pensait qu'un grand nombre parmi eux, particulièrement
Marshall, ne songeaient qu'à contrarier chacune de ses initiatives
dans le Pacifique, pour des raisons à la fois politiques et personnelles. Il estimait également que Truman et ses conseillers militaires
n'avaient pas fait assez pour résister à la victoire communiste en
Chine et que la politique asiatique incertaine du gouvernement avait
livré la Corée du Sud à l'invasion communiste.

Il faut aussi dire ici que MacArthur méprisait les hommes de
cabinet. Il était viscéralement un officier de terrain, et il avait le
sentiment de savoir mieux que les bureaux ce qu'il convenait de faire
sur un champ de bataille. Or, les présidents des États-Unis occupent
le sommet de la hiérarchie des hommes de cabinet, et MacArthur
n'était guère plus intimidé par eux qu'il ne l'était par ses supérieurs
militaires dans la Première Guerre mondiale ou par les chefs d'état-
major des trois armes pendant la Seconde.

Si les sources d'irritation furent différentes dans chaque cas, il est
néanmoins vrai que MacArthur n'eut de rapports parfaits avec
aucun des présidents qu'il servit depuis les années trente.

Avec Hoover, il y eut la fameuse « marche pour la prime » pendant
la dépression, quand 25 000 anciens combattants accompagnés de
leurs familles vinrent manifester à Washington, réclamant le verse-
ment d'une prime en espèces. Le chef d'état-major de l'armée, qui
n'était autre que MacArthur, contesta les mobiles des manifestants
et alla lui-même sur le terrain pour s'opposer à leur progression.
Hoover adressa des ordres à MacArthur, lui enjoignant de ne pas
envoyer la troupe sur le campement de fortune des manifestants,
mais MacArthur ignora les directives du président et fit évacuer les
protestataires.

Sous la présidence de Franklin Roosevelt, malgré un vernis de cordialité, les désaccords avec MacArthur portèrent sur les budgets de l'armée de terre et de l'armée de l'air pendant les années trente ; en outre, MacArthur en voulait au président de ne pas avoir voulu renforcer nos troupes sur Batan. Quand MacArthur eut connaissance du décès de Roosevelt, en 1945, il dit à l'un de ses adjoints : « Ainsi Roosevelt est mort : un homme qui ne disait jamais la vérité quand un mensonge faisait aussi bien l'affaire. »

Mais la plus vive antipathie allait opposer les deux dirigeants américains MacArthur et Truman. Dès le mois de juin 1945, Truman nota dans un mémorandum personnel que l'une des grandes questions pour les États-Unis après la guerre serait de savoir « quoi faire de M. Prima Donna, Chapeau de Cuivre, MacArthur à cinq Étoiles ». Et il ajouta ces lignes révélatrices : « C'est vraiment dommage que nous soyons obligés de garder de tels personnages pompeux à des postes clefs ! Pourquoi diable Roosevelt n'a-t-il pas plutôt rappelé (le commandant des forces de Batan, Jonathan) Wainwright et laissé MacArthur subir le martyre (à Corregidor) ? » MacArthur, de son côté, pensait que Truman était ignare pour ce qui concernait l'Asie, qu'il était « sujet à des paroxysmes d'une rage irrésistible » (comme lorsqu'il menaça de sévices un critique musical qui avait osé se moquer des prestations de cantatrice de sa fille) et qu'il avait tendance à perdre le contrôle de ses nerfs à des moments cruciaux. La tension entre les deux hommes atteignit son point culminant à l'occasion du débat sur la guerre de Corée.

L'événement sans conteste le plus spectaculaire du commandement de MacArthur en Corée, et peut-être de toute sa carrière, fut son débarquement amphibie à Inchon, un exemple classique de sa stratégie offensive du « ·frappez-les là où ils ne sont pas ».

Sur le théâtre opérationnel de Corée, en automne 1950, les troupes des Nations unies se trouvaient rassemblées à Pusan, dans l'angle sud-est de la péninsule. Plutôt que de risquer les lourdes pertes qu'aurait pu entraîner un assaut direct contre les forces communistes nord-coréennes massées le long du front de Pusan, MacArthur décida d'organiser un débarquement surprise à Inchon, le port maritime de Séoul, sur la côte ouest de la Corée. Après le débarquement, son intention était d'arracher aux communistes la capitale sud-coréenne et de neutraliser les troupes ennemies au sud un peu comme il avait isolé les Japonais sur les îles contournées par les forces américaines dans le Pacifique.

Inchon était un site extrêmement dangereux pour un débarquement, et les supérieurs de MacArthur se montrèrent d'abord hésitants. En août, Truman envoya un de ses conseillers, Averell Harriman, à Tokyo pour y rencontrer le général et examiner la situation en Corée. L'attaché militaire de Harriman était Vernon

Walters, qui devint plus tard un de mes amis et que je nommai directeur adjoint de la C.I.A.

Au cours d'un petit déjeuner servi dans la salle à manger de l'ambassade des États-Unis à Tokyo, où MacArthur vivait avec sa famille pendant l'occupation du Japon, le général soumit à Harriman la liste des renforts dont il aurait besoin à Inchon.

« Je ne peux pas croire qu'une grande nation telle que l'Amérique ne puisse pas m'accorder les quelques misérables renforts que je demande », déclara MacArthur, tandis que Walters écoutait, fasciné. « Dites au président que s'il me les donne, je débarquerai à Inchon avec la marée montante du 15 septembre, et qu'entre le marteau de ce débarquement et l'enclume de la huitième armée, j'écraserai et détruirai les armées de la Corée du Nord. » Walters me dira plus tard : « Les cheveux se dressaient sur ma tête alors que je l'écoutais parler. »

Harriman fut également très impressionné. MacArthur se vit accorder ses renforts — en même temps qu'il recevait l'approbation de son plan par les chefs d'état-major. Ainsi, le 15 septembre 1950, tandis que leur chef septuagénaire les observait de la passerelle du bateau amiral, le *Mount McKinley*, les troupes précédées par la première division de Marines réussissaient leur débarquement à Inchon et battaient une force nord-coréenne de plus de 30 000 hommes, les pertes étant limitées à 536 tués. A la fin du mois, MacArthur avait repoussé les armées communistes au-delà du 38e parallèle, et restitué Séoul à un Syngman Rhee reconnaissant.

Après le succès d'Inchon, le Conseil de Sécurité des Nations unies devait voter une résolution stipulant que l'objectif des forces placées sous le commandement de MacArthur était l'unification de la Corée, une action qui n'était que l'écho d'une politique que le gouvernement Truman avait déjà adoptée unilatéralement. Mais à la fin du mois de novembre, alors que les troupes de MacArthur convergeaient vers le Ya-lou, des centaines de milliers de combattants chinois commandés par Lin Biao — leurs mouvements avaient été mal interprétés autant par les services de la C.I.A. que par ceux du renseignement militaire — surgirent des collines, obligeant le général à exécuter une retraite humiliante mais typiquement experte et ordonnée.

Au printemps suivant, après avoir appris que Truman avait décidé de rechercher une trêve, MacArthur publia un compte rendu de la situation militaire en Corée qui comprenait des références marquées à l'infériorité des forces chinoises et laissait entendre qu'il serait de l'intérêt des puissances communistes de négocier. MacArthur soutint plus tard que tout commandant en chef sur le terrain avait le droit de délivrer un tel message à l'ennemi. Ce qui n'était sans doute pas approprié, c'était le ton suffisant du compte rendu, qui provoqua des critiques acerbes à Pékin et à Moscou, et contraignit Truman à reporter ses propres initiatives diplomatiques.

Mais il y avait plus grave encore. Quelques jours avant la publication de son communiqué invitant les Chinois à négocier, MacArthur avait envoyé une lettre à Joe Martin, le chef du groupe républicain à la Chambre des Représentants, qui lui avait demandé si les troupes de Tchang Kaï-chek devaient être utilisées dans la guerre de Corée. MacArthur répondit qu'il fallait effectivement les employer, et il ajouta que les diplomates étaient en train d'essayer de gagner la guerre avec des mots. Les victoires communistes en Asie conduiraient nécessairement à la chute de l'Europe, dit-il : « Gagnez (la guerre), et l'Europe évitera probablement la guerre tout en préservant sa liberté. » « Il n'y a pas de succédané à la victoire », précisa-t-il encore.

Quand Martin lut cette lettre à la Chambre, elle déclencha une véritable tempête qui gagna tout le Capitole et descendit jusqu'à la Maison-Blanche. Même le Sénat, habituellement serein et où je me trouvais alors mandaté, fut gagné par l'agitation. Bien que Martin eût rendu la lettre publique sans en avoir avisé le général ou demandé son autorisation, Truman fit savoir qu'il limogeait MacArthur. Le général — ce qui fut une humiliation de plus — apprit par un simple bulletin d'informations qu'il était relevé de tous ses commandements. L'ancien président Hoover parvint à le joindre directement par téléphone et lui enjoignit de rentrer immédiatement aux États-Unis pour expliquer sa version de l'affaire au peuple américain — qui, selon un sondage Gallup, était à soixante-cinq pour cent derrière MacArthur contre Truman.

Après le limogeage de MacArthur, je soumis une résolution au Sénat des États-Unis demandant sa réhabilitation dans ses fonctions. « Laissez-moi dire que je ne suis pas parmi ceux qui estiment que le général MacArthur est infaillible », déclarai-je dans ce qui était mon premier discours important au Sénat. « Je ne suis pas parmi ceux qui pensent qu'il n'a pas pris de décisions sujettes à critique. Mais je déclare que dans ce cas particulier il offre une politique d'alternance que le peuple américain pourra et voudra soutenir. Il offre un changement par rapport à des lignes de conduite qui nous ont amenés au bord du désastre en Asie — et cela veut dire dans le monde. »

Rétrospectivement, je considère que ce résumé de l'affaire a résisté à l'épreuve du temps dans ce sens qu'il met dos à dos les deux parties. MacArthur avait défié le principe de la suprématie de l'autorité civile sur l'autorité militaire, et il s'était effectivement immiscé dans la conduite de la politique étrangère du président.

Mais la politique du gouvernement Truman avait été timide et équivoque. Elle avait constitué pendant des années une source de frustrations pour MacArthur, qui était un des rares dirigeants américains de l'époque à connaître suffisamment l'Asie pour se rendre compte que des forces redoutables y étaient à l'œuvre et que c'était jouer avec le feu que de ne pas les contrecarrer résolument.

En fait, la lettre à Joe Martin et le compte rendu militaire n'étaient pas les premiers exemples de commentaires du général sur des décisions politiques de Washington. Truman expliqua plus tard qu'il avait déjà songé à relever MacArthur de son commandement coréen au mois d'août de l'année précédente, à la suite d'une lettre sur la défense de Formose que le général avait adressée à l'association des Anciens Combattants des Guerres extérieures (Veterans of Foreign Wars), mais qu'il ne l'avait pas fait pour ne pas « heurter le général MacArthur personnellement ».

Pendant toute la durée de la guerre, la cote de MacArthur auprès du gouvernement Truman semble avoir connu des fluctuations en fonction des nécessités politiques du moment. A la suite de sa lettre aux Anciens Combattants, la Maison-Blanche envisagea son limogeage. Après le triomphe d'Inchon, Truman s'envola pour l'île de Wake afin d'assister à une conférence dont le seul but apparent fut de provoquer des photographies de presse montrant le président et le populaire général, debout côte à côte. Après la seconde reconquête de Séoul par les forces des Nations unies, les convictions de MacArthur relatives à la victoire totale devinrent un obstacle à un arrangement négocié. Comme Charles de Gaulle l'exprima si bien quatre jours après le limogeage, MacArthur était un soldat dont l'audace était redoutée une fois qu'on en avait tiré tous les avantages.

A la fin, le président qui avait pourtant prétendu tenir compte des sentiments personnels de MacArthur ne lui fit même pas parvenir de message personnel. « Même un garçon de bureau, une femme de ménage ou un domestique d'aucune sorte n'aurait été renvoyé avec un mépris aussi grossier des convenances », écrira MacArthur.

Le choc personnel entre MacArthur et Truman fut le moment le plus dramatique et spectaculaire du débat sur la Corée. Mais la controverse peut aussi s'expliquer comme une lutte entre MacArthur, et sa vision essentiellement asiatique, et une politique étrangère américaine excessivement orientée sur l'Europe.

La politique européenne de Truman — la doctrine Truman, le plan Marshall, et le pont aérien de Berlin par exemple — était franche et vigoureuse. Sa politique asiatique, en revanche, était curieusement mélangée. L'idée que la victoire communiste en Chine ou le pourrissement coréen pût présager la chute d'autres nations de l'Asie ou du

Sud-Est asiatique sous la coupe communiste paraissait bizarre à beaucoup de responsables de la politique gouvernementale. Elle paraît beaucoup moins bizarre aujourd'hui.

Cette myopie à l'égard de l'Extrême-Orient était partagée par la plupart des Américains, peut-être parce que leurs racines sont en Europe. MacArthur, cependant, passa une grande partie de sa vie en Asie, et beaucoup étaient d'avis qu'il se sentait plus à l'aise en compagnie des Asiatiques qu'en celle des Occidentaux. Quand il fut en poste dans les Philippines au cours des années vingt et trente, il ne tint aucun compte de la traditionnelle « barrière de couleur » qui avait toujours fondé la discrimination entre Philippins et Occidentaux. Aux dîners qu'il donnait à Manille dans les années trente, on voyait souvent très peu de visages blancs.

Maintenant que la Chine occupe de nouveau sa place sur la scène du monde — et maintenant que la menace que fait peser le miracle économique japonais sur la domination économique américaine se précise de plus en plus — les Américains commencent enfin à se rendre compte que l'histoire de la planète pourrait bien être dictée pendant plusieurs générations à venir par les hommes et les femmes de l'Orient. Il aura fallu beaucoup de temps pour que cette leçon pénètre les esprits.

En 1953, c'est-à-dire au cours de ma première année à la vice-présidence des États-Unis, j'entrepris un voyage de deux mois avec des étapes dans dix-neuf pays d'Asie et du Pacifique, à la requête du président Eisenhower, qui estimait que le gouvernement précédent avait négligé l'Asie et qui tenait à avoir un rapport de première main concernant la situation de ces pays, cela avant de prendre les grandes décisions politiques pouvant affecter cette région. Au cours de ce périple, nous devions rencontrer, ma femme et moi, des centaines de dirigeants et des milliers d'individus des milieux les plus variés. Nous découvrîmes ainsi l'énorme potentiel de cette partie du monde, mais aussi les preuves flagrantes des poussées agressives communistes directes et indirectes, émanant autant de Moscou que de Pékin. Nous nous inquiétions de voir que certains pays, plus particulièrement ceux de l'Indochine française, ne bénéficiaient pas d'une direction politique capable de faire face à cette menace. Avant tout, nos visites et nos discussions devaient me convaincre que l'Asie pouvait bien devenir la partie la plus importante du globe, pour ce qui concernait la politique des États-Unis, pour le restant de ce siècle. Telle fut l'idée force de mon rapport au président et à la nation après la conclusion de mon voyage.

Mais le voyage d'un vice-président ne pouvait pas commencer à changer l'attitude de toute une nation. Les États-Unis continuaient à regarder vers l'ouest. Dans un article écrit en 1967, je disais ceci :

« Beaucoup font valoir qu'un axe atlantique est naturel et nécessaire, mais maintiennent, effectivement, que Kipling avait raison, et que les peuples asiatiques sont si " différents " que l'Asie elle-même ne peut être qu'accessoirement une préoccupation américaine. »

Un demi-siècle plus tôt, MacArthur avait fait sa propre reconnaissance de l'Extrême-Orient, et il avait, lui aussi, succombé à son charme. Après être sorti de West Point en 1903, il accompagna son père dans une tournée d'inspection des positions japonaises en Asie et des colonies européennes d'Extrême-Orient. Le voyage dura neuf mois, et il constitua l'un des événements les plus importants dans la vie de MacArthur.

« Ici vivait presque la moitié de la population du globe, et ici on trouvait probablement plus de la moitié des matières premières dont auraient besoin les générations futures, écrivit-il plus tard. Il était extrêmement clair pour moi que l'avenir et, en vérité, l'existence même de l'Amérique étaient irrévocablement liés à l'Asie et à ses avant-postes insulaires. » Après les trois années qu'il passa comme directeur de l'académie militaire de West Point, où il se fit remarquer par son esprit de réforme et aussi par les cartes géographiques de l'Asie qu'il fit accrocher dans les salles de cours pour intéresser les futurs officiers à ce continent, l'histoire personnelle de MacArthur s'identifia à celle de la présence américaine dans le Pacifique pendant plus de deux décennies.

L'influence de MacArthur sur la position de l'Amérique en Orient commença en 1930 lorsque, en tant que chef d'état-major de l'Armée, il eut la responsabilité de maintenir l'armée de terre et l'aviation en état de combattre. Obtenir des budgets de programmation militaire adéquats en temps de paix est une tâche décevante et difficile, et pendant les années de la Dépression cette fonction fut plus ingrate encore.

En 1934, MacArthur réussit à dissuader Franklin Roosevelt de pratiquer d'autres réductions brutales dans le budget de la défense, au cours d'une confrontation explosive à la Maison-Blanche. « Dans l'état d'épuisement émotionnel auquel j'étais parvenu, écrira-t-il plus tard, je parlai sans plus réfléchir à rien et dis quelque chose dont le sens général était que si nous devions perdre la prochaine guerre et qu'un de nos gars américains, étendu dans la boue avec une baïonnette ennemie dans le ventre et le pied d'un ennemi sur sa gorge expirante, crachait sa dernière malédiction, je voulais que le nom ne fût pas MacArthur, mais Roosevelt. » Quand il sortit du bureau du président, le secrétaire à la Guerre lui déclara qu'il venait de « sauver l'armée » ; suffoqué par sa propre audace, MacArthur vomit sur les marches de la Maison-Blanche.

En 1935 MacArthur retourna aux Philippines, qui avaient alors le statut d'un *commonwealth* rattaché aux États-Unis, pour prendre en charge leurs forces armées. A l'instar de son père, il pensait que les îles étaient d'une importance cruciale pour tout dispositif de défense des États-Unis dans le Pacifique, mais ses demandes de crédits militaires se heurtèrent presque toujours à des refus. Ce fut la première des nombreuses frictions que MacArthur allait avoir — avant, pendant et après la Seconde Guerre mondiale — avec ce qu'il appelait l' « isolationnisme de l'Atlantique Nord » : le manque d'attention de Washington pour les intérêts des États-Unis en Extrême-Orient et son obsession de la situation en Europe occidentale.

Bien que Washington envoyât finalement plus d'argent à MacArthur en 1941, les Philippines furent conquises par les Japonais l'année suivante. De l'île citadelle de Corregidor, après avoir dirigé une brillante retraite sur la péninsule de Batan, MacArthur promit à ses troupes combattantes que Roosevelt allait leur envoyer de l'aide, mais cette aide fut en réalité dirigée sur le théâtre opérationnel européen — ce qui alimenta la rancune du général à l'égard de Roosevelt et exacerba son ressentiment contre la « junte du Pentagone ».

Quand il fut commandant en chef des forces d'occupation du Japon, il se lamentait auprès de ses visiteurs parce que les Américains n'avaient pas encore commencé à saisir l'importance du Japon pour l'Asie et de l'Asie pour le monde ni à apprécier l'énorme potentiel de l'Asie. Après la déclaration de Dean Acheson de janvier 1950 affirmant que Formose et la Corée du Sud se trouvaient en dehors du périmètre défensif des États-Unis, MacArthur estima que le secrétaire d'État était « mal conseillé sur l'Extrême-Orient ». Il invita Acheson à se rendre à Tokyo, mais le secrétaire d'État fit valoir que ses obligations l'empêchaient de quitter Washington — bien qu'il trouvât le temps d'aller onze fois en Europe pendant la durée de ses fonctions. En 1950, les communistes envahirent la Corée du Sud, et MacArthur fut appelé aux armes pour la dernière fois.

La controverse entre MacArthur et Washington sur la Corée doit être appréciée dans ce contexte. MacArthur pensait que l'intervention des Chinois dans la guerre de Corée était la démonstration « du même désir d'expansion de puissance qui a animé chaque candidat à la conquête depuis le commencement des temps ». A son avis, un compromis avec la Chine ne pouvait qu'encourager de nouvelles aventures communistes en Asie et même en Europe. Avec un support adéquat de Washington, MacArthur croyait être en mesure d'infliger aux forces communistes une défaite qui les découragerait de telles menées belliqueuses. A cette époque, le divorce entre la Chine et l'Union soviétique était encore très éloigné, et nous étions alors nombreux au Congrès pour penser avec MacArthur qu'il était essentiel de battre les « volontaires » de la Chine communiste en Corée pour contenir les forces agressives qui menaçaient l'ensemble de l'Asie libre.

MacArthur ne défia pas Truman parce qu'il tenait absolument à étendre la guerre à l'intérieur des limites de la Chine. En réalité, il ne proposa jamais l'emploi de troupes terrestres américaines pour contrer l'intervention chinoise, et il soutint jusqu'à la fin de sa vie qu'envoyer des soldats américains se battre sur le continent asiatique serait pure folie. Il défia Truman en raison de sa vieille méfiance à l'égard des responsables de la politique de Washington, auxquels il attribuait une méconnaissance de l'Asie et de la menace que faisait peser sur elle l'expansionnisme communiste. Il considérait aussi qu'il était dangereux de se laisser propager l'idée qu'un agresseur pouvait s'en tirer avec un conflit localisé l'opposant aux États-Unis.

Il comprenait grâce à son expérience ce que Whittaker Chambers saisissait intuitivement. « Pour les communistes, me dit Chambers pour appuyer la décision de Truman d'engager des forces américaines en Corée, la guerre n'est pas livrée pour la Corée mais pour le Japon. Si la Corée tombait entre les mains des communistes à un moment où le Japon se trouve dans une situation très instable et essaye de se relever de la dévastation de la guerre, le mouvement communiste au Japon recevrait une formidable impulsion. »

MacArthur pensait que Truman avait déjà perdu deux points en Asie. Il n'avait pas réussi à sauver la Chine, et sa politique coréenne ambiguë avait peut-être incité les communistes à attaquer le Sud. Maintenant, avec des troupes chinoises engagées dans le conflit, MacArthur croyait que Truman et Acheson cédaient une nouvelle fois à la panique. Ce fut sa crainte de voir l'attitude timorée du gouvernement américain mettre en péril tout l'Extrême-Orient, y compris le Japon, qui le décida à entreprendre les actions qui allaient lui valoir son limogeage.

Le jour du renvoi de MacArthur, William Sebald, le chef de la section diplomatique des services d'occupation du Japon et l'un de nos meilleurs fonctionnaires des Affaires étrangères, reçut des instructions de Washington lui demandant de rencontrer le Premier ministre Yoshida afin de l'assurer de la continuité de la politique américaine envers le Japon. Quand Sebald fut introduit dans le bureau de Yoshida à l'étage, le Premier ministre — qui avait été habillé à l'occidentale lors de la réception qu'il avait donnée dans l'après-midi — s'était changé et portait le kimono. Il était « visiblement bouleversé », écrira plus tard son visiteur.

Sebald, lui-même troublé par la nouvelle, craignait de voir Yoshida donner sa démission, à la fois comme geste typiquement japonais de responsabilité et parce que le Premier ministre était très proche de MacArthur. Il expliqua à Yoshida que le peuple japonais allait avoir besoin d'une vigoureuse direction politique dans les jours et les semaines à venir pour l'aider à supporter le choc que provoquerait le départ de MacArthur. A la fin de l'entrevue, Yoshida promit à Sebald qu'il n'y aurait pas de démission.

Bien que Yoshida restât en place pendant plus de trois années encore, l'une des plus remarquables associations politiques de l'après-guerre était venue à son terme. A l'exception d'une brève période d'interruption de sa fonction, Yoshida avait collaboré avec MacArthur depuis 1946 pour faire naître un pays nouveau des ruines du Japon ancien.

Le rôle joué par MacArthur dans cet effort de redressement est relativement connu. Yoshida, cependant, compte parmi les héros obscurs du monde de l'après-guerre. Vigoureux, compatissant, clair, politiquement habile, désintéressé, et d'une totale loyauté à l'égard de son pays, c'était un géant parmi les dirigeants des nations sortant de la Seconde Guerre mondiale. Il figure aussi parmi les rares hommes d'État dont l'influence persista après leur retraite et leur mort. Son influence se poursuit même de nos jours, car le Japon continue à être gouverné en 1982 selon les principes fondamentaux de modération et de retenue que Yoshida devait établir il y a plus d'une trentaine d'années.

Néanmoins, dans un monde où chaque écolier connaît les noms de Churchill et de De Gaulle, Yoshida, qui était sous bien des rapports l'égal de ces hommes, demeure inconnu pour la plupart, sauf des Japonais, des universitaires et de ceux qui eurent le privilège, comme ce fut mon cas, de le connaître personnellement.

Yoshida fut autant attiré par l'Occident que MacArthur le fut par l'Orient. Parmi beaucoup d'autres Japonais cultivés des XIXe et XXe siècles, il recherchait les moyens pour le Japon de faire progresser ses intérêts propres par le biais de ses relations extérieures. Dans un sens, sa vie était le reflet de la dichotomie d'une nation qui encourageait depuis des siècles les influences étrangères sans pour autant leur permettre de bouleverser ce qui au Japon était fondamentalement japonais.

La Chine, depuis le XVIIe siècle, avait exercé une formidable influence sur le Japon. Elle avait constitué le modèle de l'organisation gouvernementale et militaire japonaise, de la réforme agraire, des systèmes religieux et éthiques, de l'art et de la littérature. A partir du XIXe siècle, le modèle changea, et le Japon fut lié aux États-Unis comme il l'avait été auparavant à la Chine. Cette nouvelle liaison allait connaître le commerce florissant des années 1890, les affres de Pearl Harbor et de Batan, les traumatismes d'Hiroshima et

Nagasaki, et les arrangements commerciaux et de sécurité extrêmement complexes de l'après-guerre.

« Le siècle décisif du Japon », pour employer les termes de Yoshida, commença lorsque la vue des ponts hérissés de canons des noirs vaisseaux du commodore Perry fit comprendre aux Japonais, en 1854, qu'ils ne pourraient pas continuer à résister indéfiniment aux pressions qui les sollicitaient de rejoindre le monde moderne. Un groupe de réformateurs parvint à abolir le shogunat qui avait gouverné le Japon au nom d'un empereur impuissant pendant deux cent soixante-dix ans. Les réformateurs restaurèrent l'empereur Meiji, dont la cour était restée confinée dans le provincial Kyoto, sur le trône de l'ancien palais de Tokyo d'où il put de nouveau exercer ses droits souverains.

L'empereur Meiji et ses conseillers pensaient que la modernisation était le seul moyen pour le Japon d'échapper à la colonisation par les puissances occidentales, sort qu'avaient connu l'Indochine ainsi que certaines parties de la Chine. Ils pensaient également qu'un mode de gouvernement moderne allait contribuer à apporter la prospérité économique. Ainsi, pendant la fin du xixᵉ siècle, les Japonais commencèrent à examiner et à étudier longuement et minutieusement l'Amérique et l'Occident, pour bientôt leur emprunter des principes et des méthodes d'éducation, de droit, d'agriculture, d'administration et de gouvernement.

Les réformateurs Meiji créèrent une démocratie, mais d'un type résolument restrictif, plus proche de l'Allemagne de Bismarck que des États-Unis ou de la Grande-Bretagne. La greffe de l'Occident sur l'Orient était incomplète. La démocratie se trouvait certes introduite, mais l'absolutisme oriental, sous la forme de l'empereur du Japon, était invoqué pour la mettre en œuvre. Les années trente apportèrent leur cortège de crises économiques et devaient encore accroître l'hostilité internationale envers le Japon. Un groupe relativement restreint de militaristes, tirant profit de la vague de nationalisme qui en résulta, réussit à s'emparer du gouvernement.

Quand les militaristes — Yoshida les appelait les « politiciens en uniforme » — prirent le pouvoir, ils parvinrent à s'imposer parce que, à l'instar des shoguns un siècle plus tôt, ils avaient fait du trône leur prisonnier et s'exprimaient avec son autorité.

Yoshida naquit en 1878, alors que le pays était secoué par les bouleversements de la Restauration Meiji. Bien qu'il vînt au monde à proximité de Tokyo, sa famille était originaire de Tosa, une province de la plus petite île japonaise. Les hommes de Tosa étaient des bûcherons et des marins — des individualistes grossiers et rudes dans une société qui appréciait essentiellement le consensus et la politesse. Les Tosans ont été appelés « les Basques du Japon » ;

Yoshida, aussi grossier et rude que pouvait l'être un fils de Tosa, reçut plus tard le sobriquet de « Seul Homme Yoshida » en raison de son style de gouvernement autoritaire.

Yoshida était le cinquième fils d'un Tosan qui avait été étroitement associé à la politique de l'ère Meiji. Au Japon, avant l'abolition des droits de primogéniture sous l'occupation, les fils cadets étaient souvent adoptés par d'autres familles. Le père adoptif de Yoshida était un ami de la famille du nom de Kenzo Yoshida ; il mourut quand Shigeru eut onze ans, laissant un gros héritage.

Après avoir terminé ses études universitaires en 1906, Yoshida commença une carrière de diplomate. Peut-être du fait de son origine provinciale, il fut d'abord relégué à la section chinoise, qui était alors une sorte de voie de garage diplomatique. Il passa beaucoup de son temps à dépenser l'argent de son héritage en menant la grande vie. Mais Yoshida sut faire un mariage habile. Sa femme, Yukiko, était la fille du comte Makino, un conseiller très écouté de l'empereur. Quand Makino fut délégué à la conférence de paix de 1919, il se fit accompagner par Yoshida, qui avait alors quarante ans et pour lequel cette distinction fut une extraordinaire promotion de carrière.

La délégation japonaise se rendit à Versailles emplie d'optimisme à l'égard de la politique étrangère de la Porte Ouverte de Wilson. Makino, agissant dans ce qu'il pensait être l'esprit de la doctrine de Wilson, proposa d'insérer dans le traité une clause affirmant l'égalité fondamentale des races. Mais les Britanniques, qui se méfiaient terriblement des Japonais et de leur croissante puissance navale, mirent leur veto à la proposition — avec l'appui des États-Unis. Yoshida découvrait que l'idéalisme de la Restauration Meiji et de la doctrine de la Porte Ouverte ne résistait guère aux dures réalités des relations internationales de l'après-guerre. Il rentra au Japon profondément déçu.

Je rencontrai Yoshida pour la dernière fois en 1964, quand il m'invita à dîner dans sa propriété d'Oiso. Alors âgé de quatre-vingt-six ans, l'ancien Premier ministre évoqua longuement son expérience de Versailles. Il me dit qu'il s'était souvent demandé si le cours de l'histoire eût été différent au cas où les grandes puissances occidentales auraient été plus attentives au point de vue japonais après la Première Guerre mondiale. Personnellement, j'ai toujours trouvé remarquable que cette expérience amère n'ait pas dressé Yoshida définitivement contre l'Angleterre et les États-Unis. Cela prouve que Yoshida, même quand il était jeune, avait déjà une grande force de caractère et de puissantes convictions.

Néanmoins, il fut marqué par les vicissitudes de la conférence de paix. A mesure que l'hostilité internationale à l'égard du Japon devenait plus prononcée — la loi d'exclusion américaine de 1924, qui interdisait toute immigration japonaise, en était un exemple — il compta parmi les nombreux Japonais qui s'inquiétaient de plus en plus de trouver assez de marchés asiatiques pour les produits japonais et assez de matières premières d'origine asiatique pour alimenter l'industrie japonaise. De 1925 à 1928, comme conseiller japonais à Moukden, Yoshida joua un rôle non négligeable dans la préparation du terrain pour les conquêtes de son pays en Mandchourie au cours des années trente.

Cependant, Yoshida ne fit jamais attention aux modes en politique, et il commença à s'éloigner du militarisme au moment même où le Japon succombait à ce mal. A l'occasion d'une tournée des ambassades japonaises à l'étranger en 1932 et 1933, il rencontra un homme qui avait également été à Versailles : le colonel Edward House, l'assistant et conseiller de Wilson pendant la guerre. House donna à Yoshida le même conseil qu'il avait déjà donné aux Allemands avant la Grande Guerre : si le Japon devait avoir recours à la violence plutôt qu'aux moyens pacifiques pour résoudre les problèmes de ses relations extérieures, il sacrifierait fatalement tout ce qu'il avait si péniblement édifié depuis l'époque Meiji.

Imprégné de la tradition pro-occidentale du Japon Meiji, Yoshida était alors devenu un ardent champion de l'internationalisme, cela en dépit du nationalisme croissant de son pays. Il rentra au Japon et se mit à transmettre le message du colonel House à qui voulait l'entendre, une façon de procéder qui contribua probablement à ternir son image de marque auprès des « politiciens en uniforme ».

Après une tentative de coup d'État à Tokyo en 1936 par un groupe d'officiers renégats — tentative qui faillit coûter la vie au comte Makino — les militaristes accaparèrent le pouvoir. Yoshida était sur le point d'être nommé ministre des Affaires étrangères par le nouveau Premier ministre, qui espérait ainsi tenir tête aux ultras, mais l'armée s'opposa à sa désignation. Yoshida fut simplement nommé ambassadeur à Londres.

Cette nomination fut heureuse pour deux raisons. D'abord, elle eut pour conséquence d'éloigner Yoshida du Japon, où les adversaires de l'armée risquaient d'être persécutés par la « police des pensées », jetés en prison et même assassinés. En outre, ses trois années de contact constant avec la vie politique anglaise le confortèrent puissamment dans sa philosophie politique pro-occidentale modérée. D'ailleurs, l'Angleterre n'était-elle pas ce qu'aurait pu être le Japon si les rêves des réformateurs Meiji avaient pu devenir réalité ? Une nation insulaire puissante et influente, avec une monarchie constitutionnelle, un parlement et une administration fortement structurée et compétente.

Yoshida acquit la conviction que le Japon pouvait sauvegarder ses intérêts économiques en Asie sans succomber à un nationalisme sauvage. Il proposait de substituer une diplomatie agressive à l'agression militaire. Malgré ses vues antimilitaristes, Yoshida réussit d'abord à rester en liberté quand il retourna au Japon en 1939. Il était en contact avec des membres influents du gouvernement japonais, et il lutta vainement pour essayer de trouver un moyen d'éviter la guerre avec l'Angleterre et les États-Unis. Il se rappellera beaucoup plus tard avoir déclaré au ministre des Affaires étrangères de Tojo que s'il ne pouvait pas « empêcher le Japon de déclarer la guerre aux États-Unis, il devrait donner sa démission, un acte qui retarderait les délibérations du Conseil des ministres et ferait même réfléchir l'armée ; et que si à la suite de ce geste il était assassiné, une telle mort serait une fin heureuse ». Après l'agression japonaise contre Pearl Harbor, il envoya une note d'excuses à l'ambassadeur américain Joseph Grew et s'assura que Grew ne manquât de rien pendant qu'il était retenu à l'intérieur de l'ambassade des États-Unis, deux petits gestes qui demandaient beaucoup de courage à l'époque.

Pendant le conflit, Yoshida fut un membre de ce réseau informel d'hommes politiques antimilitaristes connu sous le nom de « faction pacifique ». A l'instar de Konrad Adenauer dans l'Allemagne nazie, il évitait toute forme de résistance agressive pouvant entraîner la prison ou des représailles plus sévères encore. Il lui arriva néanmoins à diverses reprises, au cours de la guerre, de discuter avec d'autres antimilitaristes des possibilités éventuelles de contacts discrets en vue de la paix. Au mois d'avril 1945, il fut finalement arrêté par la police militaire. Il fut interrogé au sujet de sa note à Grew et sur son rôle dans un appel écrit à la paix adressé à l'empereur, document dont un exemplaire avait été découvert par un mouchard du gouvernement parmi sa domesticité. Après cet interrogatoire, il fut jeté en prison.

Yoshida supporta ses quarante jours de prison avec une bonne humeur caractéristique. Maintenant que Tojo n'était plus au pouvoir, l'ancien ambassadeur du Japon à Londres était persuadé que rien de grave ne pouvait lui arriver. Son père naturel avait été prisonnier politique au moment de la naissance de son fils, et Yoshida en conclut avec philosophie que « pour changer un peu, goûter à la vie de prison ne lui ferait pas de mal non plus ». Il se rendit vite populaire auprès des autres prisonniers et des gardiens en distribuant autour de lui les vivres qu'on lui faisait parvenir de l'extérieur. Yoshida fut transféré dans une prison de banlieue quand la prison militaire fut directement atteinte pendant le bombardement de Tokyo (« Je me disais alors qu'il serait bien désagréable d'être rôti vivant », notera-t-il plus tard) et fut libéré peu après. Il se retira dans sa propriété d'Oiso, une soixantaine de kilomètres au sud de Tokyo, pour récupérer ; il supposait — à tort, comme on le verra — qu'il y passerait le restant de ses jours comme un obscur diplomate à la retraite.

Un jour, au début de l'occupation du Japon, Yoshida circulait sur une route déserte entre Oiso et Tokyo. « Deux G.I.s américains apparurent subitement et firent signe à mon chauffeur de s'arrêter, écrivit-il plus tard. Je pensais qu'ils étaient partis en maraude, mais il s'agissait en réalité et tout simplement de deux soldats qui rentraient à Tokyo et qui avaient perdu leur chemin. » Yoshida leur proposa de les emmener dans sa voiture, et « nous venions à peine de démarrer qu'ils m'offraient déjà du chocolat, du chewing-gum, et finalement des cigarettes ».

Yoshida adorait raconter cette histoire. « Je me rappelle avoir pensé à l'époque, notera-t-il, que c'était ce comportement franc et naturel ainsi que la gentillesse innée de l'Américain moyen qui avaient permis d'achever l'occupation du Japon sans que fût tiré un seul coup de feu. » Un groupe d'intellectuels japonais progressistes que je rencontrai en 1953 semblait partager cette opinion. Ils m'expliquèrent en effet que dans la mesure où il y avait un sentiment antiaméricain au Japon, il n'était pas dû au comportement de nos troupes.

La gentillesse des Américains fut incontestablement l'une des raisons du succès de l'occupation. Une autre fut dans l'acceptation stoïque de la défaite par les Japonais et leur ouverture au changement qui l'accompagna. Mais c'est parce que Douglas MacArthur sut immédiatement déceler ces qualités chez les Japonais que l'occupation connut un départ si réussi et spectaculaire.

Le 30 août 1945, MacArthur s'envolait pour Yokohama où il devait établir ses quartiers provisoires. A proximité se trouvaient des pilotes kamikazes qui avaient refusé de se rendre, ainsi que 250 000 soldats japonais en armes. L'arrêt des hostilités ne remontait qu'à une quinzaine de jours, et les deux côtés se regardaient encore avec beaucoup de méfiance.

Beaucoup de Japonais s'imaginaient que les Américains victorieux allaient submerger le pays, pillant et violant sur leur passage. De leur côté, nombre d'Américains redoutaient de voir l'empereur prendre la tête des restes de son armée et s'enfuir dans la montagne pour y mener une longue guérilla. Personne ne voulait croire que l'armée qui avait conduit la Marche de la Mort dans les Philippines et qui s'était battue jusqu'au dernier homme sur Iwo Jima et sur d'autres îles du Pacifique allait promptement se rendre.

Personne, excepté MacArthur. Malgré les mises en garde de son entourage, MacArthur insista pour atterrir seul à Yokohama et absolument désarmé. Il alla jusqu'à interdire à ses adjoints de porter leurs armes de poing. Il était persuadé qu'une démonstration de confiante intrépidité impressionnerait beaucoup plus les soldats japonais récalcitrants qu'une démonstration de force armée. Assez singulièrement, c'était un pari ; et assez singulièrement aussi, MacArthur eut raison. Il put atterrir sans le moindre problème. Churchill devait appeler cet épisode l'action personnelle la plus courageuse de la Seconde Guerre mondiale.

Grâce à des gestes de ce genre, MacArthur, qui était déjà devenu une sorte de demi-dieu pour les Philippins, parvint à établir un rapport similaire entre lui et le peuple japonais — un rapport fondé sur une absolue confiance mutuelle. Il cimenta cette relation une fois pour toutes par une décision judicieuse. Beaucoup d'intéressés — les Anglais, les Russes, même quelques gens en place à Washington — souhaitaient que Hirohito fût jugé comme criminel de guerre. L'empereur lui-même s'abaissa à un geste sans précédent en venant trouver le général MacArthur à l'ambassade des États-Unis, pour lui déclarer que l'ultime responsabilité des actes guerriers du Japon ne revenait qu'à lui et à lui seul.

Mais le général se rendait parfaitement compte que la vénération pour l'empereur, même dans la reddition, était ce qui maintenait l'unité du Japon. L'allocution radiophonique de Hirohito d'août 1945, dans laquelle il demanda à son peuple de « supporter l'insupportable » et de se rendre, fut l'une des raisons de la situation nouvelle qui permit à MacArthur d'atterrir en toute sécurité à Yokohama. Il faut dire aussi que MacArthur ressentit immédiatement de la sympathie pour ce monarque livresque, sans prétentions mais d'une calme dignité. Le commandant en chef des forces d'occupation décida de garder le souverain en place et le traita toujours avec beaucoup d'égards. Sous la constitution inspirée par MacArthur et promulguée en 1947, Hirohito devint un monarque constitutionnel dont le rôle cérémoniel était minutieusement décrit. Cette décision allait à l'encontre de beaucoup de recommandations qui étaient alors adressées à MacArthur. L'intuition qui la motivait ne pouvait venir que d'une profonde compréhension de l'histoire et de la culture du peuple qu'il était à présent appelé à gouverner.

En dernière analyse, ce que fit réellement MacArthur, ce ne fut pas tant d'abolir l'autorité politique absolue que de la faire passer de l'empereur à lui-même. Il établit son propre quartier général permanent de l'autre côté de la douve qui entourait le palais impérial. Pendant les cinq années de son règne, il resta aussi lointain et mystérieux que Hirohito l'avait été lui-même auparavant. On ne pouvait le voir chaque jour qu'à son bureau, ou dans ses appartements à l'ambassade des États-Unis, ou en route entre les deux. De 1945 à 1951, il ne quitta que deux fois la région de Tokyo, dans les deux cas pour des destinations extérieures au Japon.

Hirohito, pendant ce temps, visitait des usines et des exploitations agricoles, assistait à des matches de base-ball, bref faisait ce qu'il n'avait jamais fait autrefois, se mêler à son peuple. Néanmoins, bien que le pouvoir rejaillît de Hirohito sur MacArthur et finalement, en 1952, sur le peuple, il y avait toujours le sentiment que le général, comme jadis les shoguns et les réformateurs Meiji, régnait simplement à la requête de l'empereur. Un Japonais dit ainsi à propos de MacArthur : « L'empereur n'aurait pas pu choisir un homme plus approprié ! »

Bien que Yoshida fût un champion de la démocratie parlementaire, il était aussi d'une loyauté sans bornes à l'égard du souverain. Il considérait que le traitement respectueux que MacArthur avait réservé à Hirohito était, plus que tout autre facteur, responsable de la réussite de l'occupation. Ce traitement était aussi pour une large part responsable de l'étonnante affection de Yoshida pour MacArthur.

Quand Yoshida, alors âgé de soixante-sept ans, devint en 1946 le troisième Premier japonais de l'après-guerre, il ne s'y attendait pas et le fit à contrecœur. En raison de l'épuration ordonnée par MacArthur et qui s'était traduite par l'élimination des hommes politiques qui avaient fait cause commune avec les militaristes ultras, le parti libéral (en réalité conservateur) se trouvait dépourvu de candidat pour le poste de Premier ministre. Yoshida avait déjà quitté sa retraite d'Oiso pour remplir les fonctions de ministre des Affaires étrangères, et les dirigeants du parti libéral se tournèrent vers lui pour lui offrir le poste au sommet, mais durent découvrir qu'il n'était pas du tout enthousiasmé par leur proposition. Il finit par accepter, non sans avoir prévenu le parti qu'il se tiendrait en dehors des disputes internes des libéraux et qu'il ne s'occuperait pas de la recherche de subsides. En fait, il était censé limiter son action à l'expédition des affaires courantes. La réalité allait être très différente : Yoshida fut Premier ministre pendant plus de sept ans et installa cinq cabinets.

C'était un dirigeant déterminé, avec un franc-parler qui pouvait être choquant. Par exemple, il nourrissait un respect prudent mais sincère pour les contributions de la science et de l'érudition à la société ; cependant, sauf s'ils étaient d'accord avec lui, il n'aimait pas beaucoup les érudits eux-mêmes. Il traita ainsi publiquement de « prostituée du savoir » un savant qui avait surtout le tort de ne pas partager ses vues. Dans son message pour le Nouvel An de 1947, il évoqua les « renégats » du mouvement syndical, invective qui contribua à déclencher un appel à la grève générale que MacArthur dut stopper personnellement et qui fit tomber le premier gouvernement Yoshida. En 1953, quand il traita un député socialiste à la Diète de *bakayaro* (foutu imbécile), exaspéré qu'il était par l'acharnement de ses adversaires à vouloir l'empêcher de modifier certaines réformes particulièrement inadaptées instaurées par l'occupation, ses adversaires réussirent à faire voter une motion de censure contre son gouvernement. Il gagna cependant les élections suivantes et fut donc en mesure de poursuivre ses efforts.

Le Churchill du Japon gouverna selon l'un des préceptes les plus réalistes du Churchill anglais, qui avait écrit ceci : « Ceux qui ne seront pas disposés à faire des choses impopulaires et à défier la clameur publique ne seront pas aptes à être ministres dans des temps de crise. » Dans la confusion du Japon de l'après-guerre, dont l'opinion publique était extrêmement fluide et malléable, Yoshida poursuivit obstinément son chemin et gouverna en obéissant à son instinct propre. Son beau-père, le comte Makino, devait ainsi dire de lui avec admiration : « Shigeru n'a peut-être pas une personnalité très engageante, mais il a en tout cas du cran, et c'est ce qui compte ! »

Yoshida ne se méfiait pas du peuple japonais comme Konrad Adenauer se méfiait des Allemands. Il n'imputait qu'à la petite clique de militaristes ultras la calamité de la Seconde Guerre mondiale. En fait, un parent du Premier ministre devait me raconter que Yoshida avait une confiance absolue dans ses compatriotes et qu'il était persuadé qu'ils seraient capables de reconstruire leur pays tant qu'ils sentiraient au-dessus d'eux une direction ferme et résolue.

Il mettait souvent un béret et une pèlerine pour aller se promener dans les rues de Tokyo, écoutant à droite et à gauche ce que les gens pouvaient bien dire à son sujet. Il était rarement reconnu, et il s'entendit traité plus d'une fois de « seul homme » Premier ministre. Yoshida n'avait pas l'air de prendre ce sobriquet pour une insulte. La plupart des critiques de ses tactiques venaient des partis minoritaires, qui fournissaient le gros des troupes de ses adversaires, et de la presse anti-Yoshida. Les gens eux-mêmes trouvaient le personnage assez tonifiant, voire même amusant. Certains hommes politiques l'abreuvèrent d'injures pour avoir qualifié de *bakayaro* un de ses opposants à la Diète, mais un journaliste américain écrivit que, maintenant que le terme avait reçu ses lettres de noblesse de Yoshida, on pouvait traiter un chauffeur de taxi de *bakayaro* et « se voir répondre par un sourire entendu plutôt que par une grimace de colère ».

Yoshida pouvait être aussi dur à l'égard de ses subordonnés qu'il l'était envers ses adversaires politiques. Ainsi, à un dîner qu'il donnait en l'honneur de William Sebald, il avait aussi invité un fonctionnaire japonais aux Affaires étrangères qui était sur le point de prendre un poste au service diplomatique aux États-Unis. Le fonctionnaire et son épouse quittèrent la réception assez tôt afin de pouvoir prendre le dernier train en partance pour la banlieue où ils habitaient. Quelques jours plus tard, Sebald apprit que le Premier ministre avait annulé la nomination de ce fonctionnaire à un poste en Amérique parce qu'il avait quitté la réception avant l'invité d'honneur — un manque de tact que Yoshida jugeait incompatible à la fois avec le comportement d'un Japonais bien élevé et avec celui d'un homme qui était censé représenter le Japon à l'étranger.

Malgré son autoritarisme occasionnel, Yoshida avait la réputation de toujours écouter très attentivement ses experts et ses conseillers avant de prendre une décision. Il n'était pas de ceux que leur orgueil ou leur entêtement empêche de changer d'avis en présence de données nouvelles ou devant des arguments convaincants. Il respectait ceux qui avaient plus d'expérience que lui dans un domaine ou un autre ; par exemple, il connaissait sa faiblesse relative en matière d'économie politique. Mais pour être conseillé sur les questions économiques, il préférait, à l'instar d'Eisenhower, s'adresser à des hommes d'affaires plutôt qu'à des bureaucrates ou technocrates, et il fut d'ailleurs l'un des rares Premiers ministres japonais à faire entrer des hommes d'affaires dans son gouvernement. Plus important que tout, comme de Gaulle et Adenauer, il sut choisir des ministres des Finances capables, tels que Hayato Ikeda, un protégé de Yoshida et qui devint plus tard lui-même Premier ministre.

S'il reconnaissait bien volontiers les déficiences de sa formation économique, Yoshida savait néanmoins saisir d'une façon intuitive certains problèmes économiques fondamentaux. Il avait raison, par exemple, en pensant que le Japon aurait besoin de moderniser son infrastructure industrielle pour pouvoir s'affirmer sur les marchés internationaux de l'après-guerre. « Par chance, le Japon a été réduit en cendres par les raids aériens », dit-il un jour astucieusement. « En se dotant aujourd'hui de machines et d'installations nouvelles, le Japon devrait pouvoir devenir un pays splendide avec une productivité de loin supérieure à celle des pays qui ont gagné la guerre. Démolir les machines coûte très cher, mais la démolition a été accomplie pour nous par l'ennemi. » Bien entendu, en disant cela, Yoshida se voulait facétieux, mais il s'est révélé depuis qu'il avait aussi parfaitement raison et voyait juste.

Dans mes rencontres avec Yoshida, depuis nos premières conversations à Tokyo en 1953 jusqu'au dîner qu'il offrit pour moi à Oiso en 1964, je découvris que le personnage intime différait singulièrement du personnage public tapageur. En privé, il savait faire preuve d'un esprit d'une désarmante subtilité. Pour des Occidentaux n'ayant pas l'habitude de l'humour pince-sans-rire des Japonais, cet esprit de finesse pouvait parfois passer inaperçu. Lors d'un dîner offert en notre honneur en 1953, Yoshida se tourna vers mon épouse, qui était assise à côté de lui, et fit observer qu'un groupe de destroyers américains avait jeté l'ancre dans la baie de Tokyo. « Dites-moi, fit Yoshida, sont-ils là pour vous protéger de nous ? »

Avec son expression cérémonieuse et sa coupe de cheveux sévère, le Premier ministre donna d'abord l'impression d'être terriblement sérieux. Ce fut seulement quand il cligna des yeux et qu'un très léger sourire apparut sur son visage que nous comprîmes qu'il plaisantait.

Il arriva fréquemment à Yoshida d'avoir recours à l'humour ou aux mots d'esprit pour servir sa diplomatie. Après la guerre, un grand nombre de nations asiatiques réclamèrent des dommages de guerre. Prévoyant à juste titre qu'une telle revendication pourrait être dans l'esprit de Sukarno, le chef d'État indonésien qui entamait une visite officielle du Japon, le Premier ministre décida de prendre les devants.

« J'étais impatient de vous voir arriver chez nous, dit Yoshida avec la plus grande amabilité. Votre pays nous envoie toujours des typhons qui causent les plus grands dégâts au Japon. J'avais donc hâte de vous rencontrer pour vous demander une compensation pour les dommages causés à mon pays par vos typhons. » Et Yoshida se mit à rire de bon cœur ; Sukarno, pour une des rares fois de sa vie complètement estomaqué, décida de ne pas aborder le problème des dommages de guerre.

Yoshida gouvernait et vivait avec brio, en fait avec l'aplomb qui ne vient qu'avec l'âge et le sens d'une certaine supériorité innée. A six heures du matin, il se promenait déjà dans les jardins de la résidence du Premier ministre, coupant avec une faucille les mauvaises herbes qui avaient pu apparaître autour de ses chers arbres *bonzaï*. Il trouvait son délassement dans une conversation agréable — c'était un conteur doué, et il savait écouter — ou une bonne promenade à cheval. Jeune, il avait été un des rares enfants de son quartier à se rendre à l'école à cheval. Quand il fut Premier ministre, il se servit du terrain d'équitation impérial.

Il aimait toutes les cuisines, sauf la chinoise, et il avait une prédilection particulière pour le saké et les cigares, dont il fumait en moyenne trois par jour. Pour ses lectures, il donnait sa préférence aux biographies des plus illustres diplomates du Japon. Il lisait aussi le français et l'anglais, et les littératures de ces deux langues lui étaient familières. Quand il souffrait d'insomnie, il préférait lire pour s'endormir plutôt que d'absorber des somnifères.

Comme aurait pu le faire tout bon Japonais cultivé de l'époque

Meiji, Yoshida lisait quotidiennement le *New York Times* et le *Times* de Londres ; il cochait certains articles et passages qu'il donnait ensuite à lire à ses adjoints et faisait circuler dans les divers départements ministériels intéressés. Il consacrait moins de temps aux publications japonaises, jugées par lui indisciplinées et d'un contenu trop partisan. Il rencontrait parfois des journalistes particuliers dont il appréciait le travail, mais il lui arrivait aussi très souvent d'exprimer son attitude générale à l'égard des mass media par des gestes dont la signification était claire et directe. Un jour, il appela ainsi la police pour faire expulser des reporters d'une exposition de chrysanthèmes, et on pouvait le voir assez fréquemment repousser des photographes à l'aide de sa canne.

Yoshida aimait tendrement sa femme, Yukiko. Elle était poétesse à ses heures, et ses œuvres étaient jugées positivement par les critiques littéraires japonais en raison de leur juxtaposition de thèmes typiquement japonais à des décors exotiques, sans doute décrits par elle d'après les souvenirs des lieux où Yoshida avait été en poste comme diplomate. Elle mourut deux mois avant le début de la guerre. Lorsqu'elle tomba malade, Yoshida fut tous les jours à son chevet pendant les trois mois que dura son hospitalisation. L'épouse de l'ambassadeur des États-Unis, Joseph Grew, rendait également tous les jours visite à la malade et lui apportait des potages préparés par ses soins.

Yoshida ne se remaria jamais. Quand on lui demanda un jour ses idées sur les femmes, il répliqua très brièvement : « Depuis la mort de mon épouse, je n'ai plus d'idées sur les femmes. »

Après le décès de sa femme, sa maîtresse de maison devint sa fille polyglotte, Kazuko Aso. On l'appelait parfois « le pouvoir derrière le trône », bien qu'elle repoussât cette notion. Néanmoins, avant notre visite au Japon en 1953, William Bullitt, qui avait été l'ambassadeur de Roosevelt en Russie et en France, me confia qu'elle figurait avec la femme de Tchang Kaï-chek en tête de sa liste des grandes dames sur la scène internationale. En fait, elle correspondait sous tout rapport à ce jugement. Charmante et hautement intelligente, elle se révéla une compagne digne de son illustre père. Elle me déclara un jour que beaucoup de chefs politiques étaient des hommes remarquables mais de mauvais maris. « En ce qui me concerne, devait-elle ajouter, je préférerais de loin avoir un bon mari. » Mais il était clair qu'à ses yeux son père avait été les deux.

S'il n'était certes pas dans la nature de MacArthur de rendre à Yoshida les exubérantes louanges publiques que le Premier japonais avait adressées au général, tous les témoignages convergent pour assurer qu'il existait une solide amitié entre les deux hommes.

Tous les matins, MacArthur et son fils, Arthur, avaient l'habitude de jouer avec leurs chiens avant le départ d'Arthur pour ses cours et celui du général pour son Q.G. Or, un parent de Yoshida devait me rapporter un épisode de la vie de MacArthur au Japon, ayant précisément trait aux chiens et illustrant assez bien ses liens avec Yoshida.

Un jour, quand Yoshida se rendit au bureau de MacArthur, il trouva le général passablement abattu. Un de nos chiens, expliqua MacArthur, vient subitement de mourir, et nous ne nous y attendions pas du tout. A ce stade de leurs relations, Yoshida s'était attaché au jeune Arthur comme s'il avait été son propre fils. Sans rien révéler de ses intentions à MacArthur, le Premier ministre parvint à se procurer une photo du chien qui venait de disparaître ; il la remit à son ministre de l'Agriculture et lui enjoignit de trouver un autre chien présentant exactement le même aspect. Quand un animal répondant à ce signalement fut finalement localisé dans le chenil de l'Institut national des animaux domestiques, Yoshida le prit personnellement dans sa voiture et se rendit à l'ambassade des États-Unis pour l'offrir à Arthur, sous l'œil ravi du général.

Une autre fois, Yoshida apporta à MacArthur un petit cheval savamment articulé qu'il avait acheté dans un magasin de jouets au cours de l'une de ses promenades incognito dans les rues de Tokyo. Quand Yoshida revint quelques jours plus tard dans le bureau du général, le jouet se trouvait toujours sur la table de travail, à côté du support où étaient rangées les fameuses pipes à maïs. Étonné, Yoshida demanda à MacArthur pourquoi il ne l'avait pas donné à son fils. Avec quelque embarras, le commandant en chef avoua qu'il s'était lui-même amusé à jouer avec le petit cheval. Plus tard, mais à contrecœur, il remit le jouet à Arthur.

La preuve la plus convaincante de la considération que MacArthur portait à Yoshida était sans doute le simple fait qu'il lui permît de rester Premier ministre. Plus de 200 000 Japonais, y compris l'homme politique dont Yoshida avait pris la succession à la tête du parti libéral, avaient été éliminés de la vie publique par le processus de l'épuration, et MacArthur aurait pu très facilement ajouter le nom de Yoshida à cette liste quand celui-là s'opposait à la volonté du général, comme ce fut parfois le cas. En réalité, c'était le contraire qui se passait : on savait en effet qu'à la demande de Yoshida, il arrivait à MacArthur d'éliminer des adversaires politiques du Premier ministre par le jeu de l'épuration.

De même qu'il ne gagna pas l'affection du peuple japonais par une politesse excessive ou un caractère coulant, Yoshida ne gagna pas le respect de MacArthur en se montrant particulièrement soumis. En 1946, alors qu'il choisissait les membres de son premier gouvernement, des manifestants défilaient dans les rues de Tokyo pour protester contre la pénurie de vivres. Il fit bientôt savoir qu'il ne compléterait pas son gouvernement tant que MacArthur ne promettrait pas des envois massifs de vivres en provenance des États-Unis. « Les Américains, déclara-t-il en privé, se décideront certainement à envoyer des vivres au Japon si, pendant un bon mois, ils voient des foules agiter des drapeaux rouges dans nos rues ! »

Quand MacArthur eut connaissance de cette déclaration, il dépêcha une jeep bâchée pour amener le nouveau Premier ministre à son quartier général. Yoshida en revint vingt minutes plus tard, l'air beaucoup plus calme. MacArthur avait promis qu'il ne laisserait pas mourir de faim un seul Japonais tant qu'il aurait la charge du Japon. De son côté, Yoshida avait promis de compléter la liste de ses ministres cette nuit même.

Mais il fallait encore à MacArthur convaincre Washington, où certains responsables s'opposaient en toute bonne conscience à l'emploi des réserves alimentaires de l'armée pour nourrir les anciens ennemis des États-Unis. Le général envoya alors le télégramme suivant à la capitale fédérale : « Donnez-moi du pain ou donnez-moi des balles ! » Washington envoya les vivres, et MacArthur put tenir ses promesses.

En tant que Premier ministre japonais sous l'occupation, Yoshida avait une position délicate et peu confortable, car ses initiatives personnelles demeuraient extrêmement limitées. Son gouvernement passait le plus clair de son temps à réagir aux directives de MacArthur et de ses services. Yoshida accepta de bon cœur un certain nombre de réformes. Il résista à d'autres mais dut finalement les accepter. Il résista à d'autres encore et parvint finalement à les contrecarrer.

Il était pris entre l'enclume et le marteau. Ses adversaires le traitaient de mouton américain. Lors de ma visite au Japon en 1953, l'ambassadeur John Allison me confia qu'une part non négligeable du sentiment antiaméricain qui régnait au Japon était en réalité un sentiment anti-Yoshida dû à la position vigoureusement proaméricaine du Premier ministre. Parallèlement, certains responsables des services de l'occupation estimaient qu'il était un gêneur et avaient essayé de l'écarter du pouvoir en 1948, quand il forma son second gouvernement.

Yoshida était d'accord avec les grandes lignes d'action que MacArthur avait définies pour le Japon : démilitarisation, démocratisation, et revitalisation de l'économie. Le programme de redistribution des terres et la nouvelle constitution du général comptèrent parmi les premières initiatives les plus radicales de son œuvre réformatrice. Par des interventions rapides et décisives, il détruisit les deux causes institutionnelles fondamentales de l'impérialisme militant du Japon : le mécontentement rural qui avait alimenté et gonflé ses armées, et le système de gouvernement axé sur l'empereur qui avait permis aux militaristes d'accéder si aisément au pouvoir.

En 1945, la plupart des paysans japonais cultivaient des terres appartenant à de lointains propriétaires fonciers, une situation qui correspondait aux yeux de MacArthur à un « virtuel esclavage ». Yoshida, de son côté, était parfaitement conscient que le mécontentement des campagnes, au même titre qu'il avait nourri le militarisme dans les années trente, pourrait aussi bien alimenter une révolution communiste au Japon. A partir de directives émises par MacArthur, le gouvernement Yoshida conçut une réforme agraire d'une portée radicale. En 1950, 90 % des terres arables du Japon étaient devenus la propriété des exploitants agricoles eux-mêmes.

La réforme agraire inspirée par MacArthur eut deux conséquences capitales : d'une part elle donna aux paysans un sens nouveau de leur valeur personnelle et de leur dignité, et d'autre part elle les incita à augmenter leur production. Une fois qu'elle se trouva parachevée, le communisme au Japon devint un phénomène presque entièrement urbain, car MacArthur avait ravi aux communistes leur puissant ressort rural. William Manchester, l'excellent biographe de MacArthur, a très bien exprimé ce singulier paradoxe : « C'est par une ironie du sort que des millions d'hommes se souviennent de MacArthur comme de l'homme qui voulut résoudre le problème du communisme sur le champ de bataille. »

On peut voir une autre ironie du sort dans le fait que le « miracle économique » de Taiwan (Formose), comparable dans sa nature sinon dans son étendue au « miracle » japonais, ait été rendu possible dans une large mesure par le programme libéral de réforme agraire instauré à Taiwan par Tchang Kaï-chek peu après son arrivée du continent chinois. Si Tchang avait pu mettre en œuvre un tel programme en Chine continentale, Mao n'aurait peut-être pas réussi à exploiter le mécontentement rural qui contribua si puissamment au succès de la révolution communiste chinoise.

Si la cible la plus évidente de MacArthur fut le régime agricole, l'une des plus difficiles était sans conteste le système politique, avec sa lourde hiérarchie absolutiste. En fait, les Japonais ne possédaient pas de droits civils et politiques spécifiques, et MacArthur les leur accorda à une cadence stupéfiante. Il instaura l'*habeas corpus*, fit table rase de toutes les restrictions touchant les droits civils et congédia cinq mille fonctionnaires de la police secrète.

Il accorda le droit de vote aux femmes, pensant, comme il le confia à un de ses adjoints, que « les femmes n'aiment pas la guerre ». Quatorze millions de femmes se rendirent pour la première fois aux urnes en avril 1946 — beaucoup croyaient manifestement que

MacArthur les réprimanderait personnellement en cas d'abstention — et trente-neuf femmes, y compris une célèbre prostituée, se trouvèrent élues à la Diète.

Désireux de voir la démocratie partir sur un bon pied, certains hommes politiques japonais s'émurent et estimèrent que l'élection de la prostituée était de mauvais augure. Un vénérable législateur passablement agité se présenta ainsi au Q.G. de l'occupation pour apporter à MacArthur la nouvelle jugée regrettable. Le commandant en chef voulut savoir combien de voix la prostituée avait obtenues ; 256 000, répondit le législateur dans un soupir. Et MacArthur de répondre, « aussi solennellement que possible », écrivit-il plus tard : « Dans ce cas, je pense qu'il y a eu d'autres mobiles que sa douteuse profession. » Il envoya à tous les nouveaux membres de la Diète, ainsi qu'à la prostituée, une lettre de félicitations.

Dans l'école de démocratie que MacArthur établit au Japon, le manuel en usage était la constitution de MacArthur. Quand le gouvernement japonais qui avait précédé celui de Yoshida rechigna à récrire la constitution Meiji d'esprit plus ou moins prussien, le général prit son bloc et esquissa lui-même les grandes lignes de la charte nouvelle. Le résultat final, rédigé par ses bureaux dans un japonais quelque peu emprunté, combinait le système exécutif américain avec le système parlementaire anglais. La nouvelle constitution abolissait la pairie, renonçait à la guerre comme moyen de règlement des conflits avec d'autres pays, et énonçait les droits de l'homme et du citoyen. Le plus important était qu'elle reconnaissait la souveraineté du peuple japonais et désignait l'empereur comme « symbole de la nation ». Une fois approuvée par la Diète, elle fut promulguée par l'empereur.

La constitution élaborée par MacArthur a toujours eu des adversaires, dont beaucoup estiment qu'elle est illégitime puisque rédigée par des étrangers et imposée à un électorat affaibli et irrésolu. A ce jour, néanmoins, le Japon s'est toujours opposé à toutes les tentatives de révision de sa constitution, et la plupart des Japonais approuvent apparemment le rôle de l'empereur comme monarque constitutionnel.

MacArthur avait magistralement repoussé les tentatives des Soviétiques d'intervenir dans la conduite de l'occupation du Japon, à laquelle ils étaient nominalement associés. Quand l'homme de Staline à Tokyo déclara que les Russes pourraient bien occuper l'île la plus septentrionale de Hokkaido, MacArthur lui promit qu'il le jetterait en prison si un seul soldat russe devait jamais fouler le sol japonais. Grâce à sa détermination, il épargna au Japon la déchirante séparation entre un Nord communiste et un Sud non communiste.

Mais le communisme à l'intérieur était beaucoup plus insidieux. Quand Staline se décida en 1949 à restituer au Japon les prisonniers de guerre de la Seconde Guerre mondiale, ils avaient déjà été parfaitement encadrés et endoctrinés. On put observer une escalade de la violence d'inspiration communiste l'année suivante lorsque les Soviétiques ordonnèrent au parti communiste japonais de recourir de préférence à des tactiques illégales et terroristes, et de renoncer à sa politique de recherche d'une « révolution pacifique ».

Quand je me rendis au Japon en 1953, j'eus le sentiment que la violence d'inspiration communiste qui y régnait pouvait justifier cette mesure extrême qu'était l'interdiction pure et simple du parti communiste. MacArthur, avant son limogeage en 1951, et Yoshida avaient déjà évincé des membres du parti des sphères gouvernementales et économiques. Je fus toutefois surpris de découvrir que Yoshida — certainement un des anticommunistes les plus convaincus qu'il m'ait été donné de rencontrer — était opposé à une interdiction légale du parti communiste à moins d'une intensification alarmante de la menace qu'il faisait peser sur la stabilité du Japon.

Les volte-face de notre attitude concernant le communisme entre 1945 et 1950 lui inspiraient de typiques mots d'esprit. « Les Américains sont des gens très intéressants, déclara-t-il un jour. Quand vous êtes arrivés chez nous en 1945, tous nos communistes se trouvaient en prison. Vous nous avez alors obligés à les libérer. A présent vous nous demandez de les remettre en prison. Cela fait beaucoup de travail, savez-vous ? »

Yoshida hésitait probablement à intervenir plus énergiquement contre les communistes en 1953 parce que la reconstruction économique du Japon allait alors bon train. La réforme agraire avait été menée rondement, et les agriculteurs débordaient d'enthousiasme et de vigueur, ce dont je pus me rendre compte à l'occasion de mes conversations avec certains de leurs représentants. En conséquence, le parti communiste enregistrait de médiocres résultats électoraux.

Bien entendu, Yoshida se faisait néanmoins du souci au sujet des communistes. Au cours de l'une de nos rencontres de 1953, il ruminait sur « notre tendance naturelle à éprouver de la sympathie pour le communisme ». Il s'inquiétait de voir les jeunes intellectuels pencher vers un soutien des gauchistes. Kazuko Aso expliqua de son côté que les intellectuels avaient tendance à apporter leur soutien aux communistes parce que cela faisait bien. « Être conservateur n'est tout simplement pas à la mode », dit-elle. En fait, le problème était rendu d'autant plus complexe qu'un grand nombre de slogans communistes semblaient n'être que des versions plus virulentes des propres réformes de MacArthur. Yoshida avait l'impression que beaucoup de Japonais, par manque d'une compréhension instinctive de la démocratie, avaient confondu démocratie et licence, démocratie et anarchie. MacArthur avait posé les prémices d'une gigantesque expérience de démocratie, mais il appartenait à Yoshida d'avoir à éviter les débordements.

MacArthur, par exemple, désirait fort légitimement encourager un mouvement syndical libre. Mais ses services, qui comprenaient beaucoup de jeunes sociologues passablement idéalistes, recrutèrent des communistes japonais pour participer à la création de syndicats nouveaux, et il ne fallut donc pas s'étonner de les voir formuler des revendications extrémistes, de se lancer dans des grèves et de se livrer à des actes de violence. Dès qu'il en eut la possibilité, Yoshida révisa les nouvelles lois syndicales, malgré les clameurs outragées de l'opposition socialiste. A la fin, la plupart des syndicats se détournèrent des communistes.

Les Américains voulaient également briser les monopoles des grands trusts japonais — pas seulement les gigantesques cartels, ou *zaibatsu*, tels que Mitsubishi, mais aussi plus d'un millier de sociétés de moindre envergure. Beaucoup de responsables des services de l'occupation s'imaginaient à tort que la grosse industrie et la haute finance avaient été à la racine de tous les maux des années trente, tant au Japon qu'aux États-Unis. Yoshida, pour sa part, considérait à juste titre que le Japon ne survivrait guère sans posséder des secteurs industriels et commerciaux extrêmement sains, et il résista par conséquent aux initiatives dirigées contre les ententes et les monopoles. Beaucoup de projets de démantèlement furent finalement abandonnés, et en 1953 le gouvernement Yoshida modifia les lois antitrust trop rigides.

Yoshida fut sévèrement critiqué par les esprits progressistes au Japon comme aux États-Unis pour avoir tenu tête à certaines réformes que les services de MacArthur avaient voulu mener à bout. Quand on examine ce problème rétrospectivement, il faut bien reconnaître qu'il avait raison : un grand nombre de ces réformes — dans des domaines aussi variés que le syndicalisme, le monde des affaires, l'éducation et le maintien des lois — n'étaient pas adaptées aux conditions qui régnaient dans le Japon de l'après-guerre. La défense obstinée des intérêts de son pays par Yoshida, contre des réformes extrêmes que le Japon ne pouvait pas se payer le luxe de s'offrir, fut un facteur clef de la réussite de l'occupation dirigée par MacArthur.

Cependant, si le rôle modérateur de Yoshida dans l'application des réformes intérieures fut assurément des plus importants, son apport le plus remarquable fut dans la conception d'une brillante politique étrangère, qui comprenait en fait deux volets : opposition au réarmement militaire sur une grande échelle, un problème intérieur avec des ramifications internationales ; et poursuite déterminée d'un traité de paix et d'une alliance de sécurité avec les États-Unis. Réunis, ces choix politiques signifiaient que le Japon pourrait disposer d'une sécurité nationale sans avoir à en payer le prix et qu'il pourrait donc consacrer toute son énergie et toutes ses ressources à l'édification de l'une des plus puissantes économies du monde.

En tant qu'Américain, je ne pouvais pas approuver la politique étrangère de Yoshida dans sa totalité. Mais comme observateur des grands dirigeants politiques de notre temps, je peux parfaitement apprécier la justesse de son point de vue et mesurer l'élan énorme qu'en tira la restauration économique de son pays.

Avant l'apparition des dures réalités de la guerre froide, qui se feront sentir aussi bien au Japon qu'aux États-Unis, MacArthur avait pensé que le Japon pourrait devenir un pays d'un type nouveau : une centrale économique ayant renoncé à jamais à l'usage de la guerre pour résoudre ses conflits avec d'autres nations. Il se servit de l'expression *Suisse de l'Orient,* et l'idée figurait dans la constitution sous l'article 9, la clause interdisant la guerre.

Vernon Walters me déclara un jour : « La plupart des généraux ne voient que la fin de la guerre. MacArthur voyait plus loin que la guerre. » L'article 9 de la constitution est la preuve la plus tangible que MacArthur, qui avait été bien placé pour voir toutes les atrocités des deux guerres mondiales, rêvait d'un monde dans lequel la guerre n'aurait plus aucune utilité. Malheureusement, son optimisme se révéla prématuré. Vers la fin des années quarante, beaucoup d'Américains pensaient que la promulgation de l'article 9 avait été une erreur. Avec l'Union soviétique et — après 1949 — la Chine communiste sur son flanc occidental, le Japon avait manifestement besoin de certains moyens d'autodéfense pour préserver l'intégrité de son territoire. Quand éclata la guerre de Corée, MacArthur engagea la plupart de ses troupes en Corée et créa à leur place une force de sécurité indigène de 75 000 hommes — plus tard appelée Force d'autodéfense. Yoshida considérait que si le Japon avait effectivement renoncé à la guerre offensive, il n'avait pas pour autant abandonné son droit naturel de se défendre contre les agressions d'autrui. Bravant l'opposition des socialistes et des pacifistes, il s'employa rapidement à rendre la nouvelle force armée aussi efficace que possible.

Il était toutefois évident que 75 000 hommes, quelle que fût leur efficacité, ne pouvaient pas défendre une nation insulaire dont le territoire était de moitié plus grand que celui du Royaume-Uni. Mais

Yoshida résista à toutes les pressions en faveur d'un réarmement plus poussé, autant avant qu'après l'indépendance de 1951. Ses raisons étaient essentiellement économiques : « Dans les conditions économiques actuelles, devait-il déclarer, la construction d'un seul navire de guerre mettrait en cause l'ensemble des finances gouvernementales. »

Truman avait chargé John Foster Dulles de mettre au point les détails d'un traité de paix entre le Japon et les Alliés, et Dulles se servit de sa position pour tenter d'influencer Yoshida dans le sens d'un réel réarmement militaire du Japon. Mais quand il aborda pour la première fois ce sujet, le Premier ministre n'eut qu'une seule réponse : « Ne dites pas de sottises ! » Néanmoins, le problème resta entier sous la présidence d'Eisenhower, et il continua à préoccuper Dulles après son accession aux fonctions de secrétaire d'État.

Avant mon départ pour mon voyage de 1953, Dulles me suggéra de soulever ce problème publiquement à Tokyo, pour voir quelle serait la réaction aux États-Unis comme au Japon. Dans une allocution faite le 19 novembre à l'occasion d'un déjeuner offert par la Société Japon-Amérique, je fis ainsi valoir que la situation était devenue radicalement et dangereusement différente de ce qu'elle avait été quand les dispositions de l'article 9 furent imposées au Japon par les U.S.A. Nos espoirs d'un monde pacifique, enfin libéré de la menace des guerres de conquête, s'étaient volatilisés face aux agissements agressifs de l'Union soviétique.

L'article 9, par conséquent, avait été une erreur bien intentionnée, devais-je déclarer. « Nous avons fait une erreur parce que nous nous méprenions sur les intentions des dirigeants soviétiques... Nous reconnaissons que dans les conditions actuelles de la politique internationale, le désarmement des nations libres conduirait inévitablement à la guerre, et c'est pourquoi, parce que nous recherchons la paix et parce que nous croyons à la paix, nous avons nous-mêmes réarmé depuis 1946, et pensons que le Japon ainsi que d'autres nations libres devraient assumer leur part de responsabilité du réarmement. » Ce discours me valut les gros titres de la presse japonaise. Mais les articles, et ce n'était guère surprenant, ne mettaient pas l'accent sur mon appel au réarmement militaire, mais sur ma reconnaissance de l'erreur commise par les États-Unis.

La réaction de Yoshida fut polie sans plus, et il resta sur sa position jusqu'à sa retraite, en 1954. Le budget japonais de la défense s'est accru depuis, mais il demeure toujours inférieur à 1 % du produit national brut, alors que les États-Unis consacrent 6 % et l'Union soviétique jusqu'à 18 % de leur P.N.B. à la défense. Alors que la Force d'autodéfense s'est substantiellement développée en technicité et a plus que triplé en nombre, elle demeure ridiculement inadéquate ; le Japon, par exemple, a deux tiers de moins d'hommes en uniforme que la Corée du Nord.

J'estime qu'il est urgent que le Japon assume une plus grande part du fardeau de sa défense. Néanmoins, je ne peux pas en vouloir à Yoshida de ne pas avoir partagé ce point de vue. L'un des critères d'une politique étrangère efficace est sa capacité d'obtenir le meilleur arrangement possible pour le minimum de frais. Jugée en fonction de ce critère, la politique poursuivie par Yoshida était excellente.

Comme beaucoup de ses lignes de conduite, celle-là était aussi très risquée pour lui politiquement. En s'opposant à un véritable réarmement militaire tout en soutenant et favorisant la Force d'autodéfense, Yoshida ne retirait aucun des avantages politiques que lui aurait valu une attitude pacifiste à une époque où le pacifisme était très largement répandu au Japon. De même, en rendant la sécurité du Japon tributaire des États-Unis, il s'attirait la réprobation à la fois de l'extrême droite favorable au réarmement et de l'extrême gauche farouchement opposée aux États-Unis.

Prôner une forme ou une autre de neutralisme panasiatique eût été beaucoup plus aisé politiquement pour le Premier japonais. Mais il savait que la neutralité n'avait pas de sens pour un pays faible, et à ceux qui n'étaient pas d'accord avec lui, il rappelait volontiers ce vieil adage nippon : « La grenouille dans le puits ne connaît pas les dimensions du ciel et de la terre. »

Yoshida était assez réaliste pour savoir que le Japon avait besoin d'une protection contre ses ennemis. Il était assez pragmatique pour savoir que le peuple japonais ne pouvait pas se permettre de supporter lui-même le prix de cette protection. Et il était assez rusé pour savoir que les États-Unis payeraient à la place du Japon.

L'alliance de sécurité que Yoshida scella avec les États-Unis d'Amérique allait devenir le thème le plus controversé de la politique étrangère du Japon. Ses adversaires affirmèrent que, pratiquement, elle faisait du Japon une colonie américaine. Les manifestations organisées contre son renouvellement en 1960 amenèrent le président Eisenhower à annuler un voyage prévu au Japon, et vingt ans plus tard elle demeure une source de controverses. Cependant, malgré toutes les critiques dont le pacte a été accablé, il faut dire ici qu'il a puissamment contribué au développement du Japon en une superpuissance économique.

S'il s'était plié au chauvinisme simpliste du *Yankee go home* de ses adversaires et s'il avait accepté ce qu'ils appelaient par euphémisme une « paix globale » — un arrangement qui aurait inclus la Chine et l'Union soviétique mais privé le Japon de la protection dont il avait besoin — la Suisse de l'Orient rêvée par MacArthur aurait pu devenir la Finlande de l'Orient, c'est-à-dire un satellite communiste de fait sinon de droit. Grâce à l'alliance, le Japon fut au contraire en mesure de se consacrer exclusivement à la création d'une économie et d'un niveau de vie qui font aujourd'hui l'envie de la plupart des pays du globe.

Après avoir quitté le pouvoir en 1954, Yoshida vécut encore pendant treize ans et put ainsi tirer une énorme satisfaction de voir à quel point ses choix politiques portaient leurs fruits. Ses adversaires avaient prédit qu'il ferait du Japon « l'orphelin de l'Asie ». Il contribua en réalité à en faire un géant.

L'une des raisons du succès à long terme de ses options politiques fondamentales est à chercher dans le fait qu'elles furent reprises de 1957 à 1972 par ses successeurs, d'abord par Nobusuke Kishi et ensuite par Hayato Ikeda et Eisaku Sato, qui étaient passés tous les deux par l'école de Yoshida. J'ai eu la chance de les connaître tous les trois, et j'ai ainsi pu découvrir qu'ils étaient de brillants hommes d'État, d'une stature internationale. On sait que les grands chefs politiques forment rarement des adjoints plus jeunes ; ils sont en effet à tel point obnubilés par leurs propres réalisations qu'ils n'imaginent pas que quelqu'un d'autre puisse prendre leur place. Yoshida était une notable exception à cette règle.

J'ai souvent été frappé par les remarquables ressemblances entre Yoshida et Konrad Adenauer. Ils exercèrent tous les deux le pouvoir alors qu'ils étaient déjà septuagénaires. Ils s'opposèrent tous les deux courageusement aux forces totalitaires qui régnèrent sur leurs pays respectifs au cours des années trente. Et les deux présidèrent à la résurrection de pays vaincus et à leur transformation en super-puissances économiques. En 1954, à l'occasion d'un tour du monde effectué par Yoshida, les deux hommes se rencontrèrent à Bonn. Yoshida confia à Adenauer qu'il s'était toujours senti engagé dans une sorte de compétition amicale avec son homologue allemand, étant donné que leurs origines et les circonstances de leur action présentaient de si étonnantes similitudes.

Il y avait néanmoins une différence capitale entre eux. Yoshida prit soin de donner à son ministre des Finances, Ikeda, la formation pouvant lui permettre de prendre éventuellement la relève de son maître. Adenauer, au contraire, traita son propre ministre des Finances et successeur, Ludwig Erhard, homme pourtant éminemment capable, avec une telle désinvolture que l'intéressé ne put pas maîtriser son émotion en évoquant pour moi, en 1959, cet aspect déplorable de ses rapports avec le chancelier.

Cela ne veut pas forcément dire que Yoshida était moins égocentrique qu'Adenauer. En fait, c'est sans doute la marque suprême d'autosatisfaction pour un homme d'État que de voir sa politique poursuivie longtemps après son propre départ de la vie publique. Il lui faut éviter de devenir persuadé qu'il est le seul à pouvoir jouer son rôle. Adenauer tomba dans ce piège. Yoshida sut l'éviter avec élégance.

J'avais déjà fait la connaissance de Sato avant mon accession à la présidence, et j'eus ensuite de longues négociations avec lui dans l'exercice de mes fonctions. Le résultat le plus significatif de nos entretiens fut la restitution d'Okinawa au Japon en 1972, et même alors Yoshida semblait encore être présent à nos conversations. Sato mentionnait fréquemment celui qui l'avait formé. Lorsque, dans la perspective de nos entretiens à venir, un émissaire de Sato vint à Washington pour des conversations préliminaires avec Henry Kissinger, il se servit d'un pseudonyme pour plus de sécurité. Le nom ainsi choisi par l'envoyé de Sato fut « Monsieur Yoshida ».

Yoshida resta en contact avec MacArthur jusqu'à la mort du général en 1964. Il avait espéré voir MacArthur en septembre 1951, à l'occasion de la signature du traité de paix entre le Japon et les États-Unis que MacArthur avait rendu possible, mais Truman et Acheson, rancuniers, refusèrent d'inviter le général aux cérémonies qui devaient avoir lieu à San Francisco. Le Département d'État fit aussi savoir à un Yoshida déçu qu'il ne serait « pas indiqué » pour lui d'aller rendre visite à MacArthur à New York avant son retour au Japon.

Quand Yoshida effectua une visite officielle à Washington en 1954, il fut le premier dirigeant japonais à se présenter devant le Sénat des États-Unis depuis la guerre. En tant que vice-président, je dirigeais les séances du Sénat, et j'eus par conséquent le privilège de l'accueillir. Mes paroles devaient témoigner de l'immense progrès qu'il avait accompli aux côtés de MacArthur depuis la fin des hostilités, puisque je pus le saluer comme « un grand ami des États-Unis et de la cause de la liberté ». Le Sénat réagit en l'acclamant debout.

Yoshida quitta le pouvoir le mois suivant, après une motion de censure de la Diète dirigée contre son cinquième gouvernement. Pour toute une série de raisons, dont beaucoup ne lui étaient guère imputables, Yoshida était alors en perte de popularité. Des membres de son cabinet étaient impliqués dans un scandale de construction navale. Il était critiqué par certains comme étant à la solde des Américains, par d'autres pour ne pas avoir obtenu une aide américaine plus substantielle lors de son voyage à Washington. Enfin, un grand nombre de conservateurs ultras qui avaient fait l'objet de mesures d'épuration au temps de MacArthur étaient de retour sur la scène et lorgnaient vers le pouvoir. Il faut voir une preuve flagrante de son habileté et de son énergie dans le fait qu'il put rester Premier ministre et accomplir une œuvre considérable pendant plus d'un an et demi après la fin de l'occupation et des purges politiques.

Yoshida partit à contrecœur, et les circonstances de son départ furent déplaisantes. Il avait toujours été d'une franchise brutale et très peu diplomatique à l'égard de ceux qui s'opposaient à lui ou qui lui déplaisaient, et cela même au cours de sa carrière de diplomate ; pendant les années trente, il lui arriva ainsi de conseiller à un supérieur hiérarchique qui l'agaçait de se calmer ou de se faire interner dans un asile psychiatrique. Comme Premier ministre, quand il visitait les jardins zoologiques japonais, il appelait les singes et les pingouins du nom de personnages politiques connus. Ce comportement libre et truculent amusait le peuple nippon et lui faisait oublier les humiliations de la défaite et de l'occupation, mais il froissait l'amour-propre de ses adversaires.

Ils réussirent finalement à se venger. Le débat sur la motion de censure qui eut lieu à la Diète à la fin de l'année 1954 fut particulièrement brutal. Dans un moment de confusion, penché sur ses notes, Yoshida ne put que bredouiller : « Ah..., ah..., ah... » Avec une cruauté vengeresse, ses adversaires se mirent aussitôt à hurler : « Ah..., ah..., ah... » Vers la mi-décembre, une coalition des partis de gauche et des conservateurs parvint à faire adopter la motion de censure. Une nouvelle victoire électorale semblait improbable ; âgé de soixante-seize ans, Yoshida avait finalement été battu.

A l'exception de Sato, aucun Premier ministre japonais n'aura pu rester au pouvoir aussi longtemps que Yoshida, c'est-à-dire sept ans et deux mois ; et aucun n'aura eu à gouverner dans l'atmosphère de changement rapide et radical, ainsi que d'instabilité politique, qui marqua ses mandats. Yoshida détint le pouvoir pendant une occupation militaire de son pays et la brève poussée de nationalisme qui lui succéda, pendant la guerre de Corée, pendant l'inflation galopante de la fin des années quarante et aussi pendant la stupéfiante ascension économique des débuts des années cinquante, et l'instauration de réformes sociales, administratives et gouvernementales qui secouèrent le Japon jusque dans ses fondations.

Pendant un certain temps, après son éviction du pouvoir, Yoshida sombra dans l'obscurité qui enveloppe généralement les hommes politiques battus. Mais ses protégés, Sato et Ikeda, faisaient régulièrement le pèlerinage d'Oiso pour obtenir de leur maître conseils et recommandations. Yoshida écrivit ses *Mémoires* ainsi que des articles pour la presse, et à la longue il lui arriva même de reprendre du service en effectuant des missions diplomatiques occasionnelles pour ses successeurs. Après quelques années, on commença à apprécier plus clairement l'ampleur de sa contribution à la stabilité et à la vigueur économique du Japon. Au moment de sa mort, il était devenu un homme d'État à la retraite éminemment respecté.

Aujourd'hui, une trentaine d'années après la fin de sa carrière, Yoshida est considéré avec un respect renouvelé par une génération nouvelle. Quand des hommes politiques japonais viennent me voir, ils me disent fréquemment à quel point ils admirent non seulement son œuvre d'homme d'État mais aussi son exemple personnel — son courage, son absolue droiture, sa ténacité à résister à d'énormes pressions politiques pour défendre ses opinions et les intérêts du Japon. De même que de Gaulle et Churchill vivront à jamais dans la mémoire collective de leurs nations, notamment par l'exemple qu'ils donneront aux générations à venir, ainsi la figure de Yoshida rayonnera-t-elle d'une vie nouvelle au Japon.

En 1960, alors que j'étais occupé à faire campagne pour mon accession à la présidence, Yoshida, alors âgé de quatre-vingt-deux ans, quitta sa retraite d'Oiso pour servir une nouvelle fois son pays. Le gouvernement japonais lui avait demandé de prendre la tête d'une délégation qui devait se rendre à Washington pour commémorer le centième anniversaire de la première mission diplomatique japonaise dans la capitale fédérale américaine. Nous l'invitâmes chez nous, ainsi que Kazuko Aso, qui l'accompagnait. Après le dîner, Yoshida m'offrit une sculpture sur bois en indiquant qu'elle avait été spécialement créée pour moi par un artiste japonais. Préoccupé que j'étais par ma campagne électorale, je ne pus m'empêcher d'avoir un sourire de satisfaction quand Yoshida ajouta, comme incidemment, que le titre de l'œuvre était « Victoire ».

Après l'élection de novembre 1960, il m'adressa un mot extrêmement gentil dans lequel il disait que l'issue du scrutin était « triste » et qu'il espérait bien que je reviendrais sur la scène pour diriger « à l'intérieur comme à l'extérieur ». Je fus particulièrement touché par son message, car de tels gestes signifient beaucoup plus dans la défaite que dans la victoire, surtout venant de sa part, car il n'avait évidemment plus besoin de faire un geste de ce genre. Pendant ses années au pouvoir, Yoshida était devenu un politicien dur et habile, un homme que ses adversaires accusaient d'être aussi impitoyable qu'intéressé. Je savais qu'il n'en était rien, et j'étais ravi de constater qu'en ce moment difficile il m'apparaissait comme un ami loyal.

Je vis Yoshida pour la dernière fois en 1964 à Oiso, après qu'une rencontre prévue pour le printemps de la même année se trouva annulée par une triste ironie du sort. Ce printemps-là, je faisais un voyage en Extrême-Orient, et Yoshida m'avait invité à déjeuner chez lui. Cependant, le 5 avril, quatre jours avant mon arrivée à Tokyo,

MacArthur mourut, et Yoshida et Kazuko Aso se rendirent précipi-tamment aux États-Unis pour assister aux funérailles du général. Le repas fut reporté au mois de novembre suivant, où je devais visiter une fois de plus l'Asie.

Le voyage d'une soixantaine de kilomètres par la route jusqu'à Oiso fut tout simplement atroce, à travers des encombrements plus pénibles encore que ceux des autoroutes de Los Angeles, mais le déplacement en valait la peine. Revêtu d'un kimono, Yoshida vint à ma rencontre à la porte. Lors de nos rencontres antérieures, il avait toujours été habillé à l'occidentale et avait même montré une prédilection particulière pour les faux cols victoriens. Quand je le vis ainsi pour la première fois dans le costume traditionnel nippon, je me rendis une nouvelle fois compte à quel point ce produit du Japon Meiji était un amalgame d'influences orientales et occidentales. De tous les dirigeants japonais que j'ai connus, Yoshida était paradoxa-lement le plus occidentalisé et en même temps le plus japonais. Je devais plus tard apprendre que MacArthur, quand il fut chef d'état-major de l'Armée dans les années trente, portait parfois un kimono dans son bureau de Washington.

La maison de Yoshida, qui bénéficiait d'une vue spectaculaire sur le Fuji-Yama, était grande et confortable sans témoigner de la moindre ostentation. Elle reflétait le goût sûr de Kazuko Aso, qui fut là encore notre hôtesse. Décor et mobilier attestaient l'habituelle propension japonaise pour les justes proportions et l'équilibre ; mais dans cette demeure de Yoshida l'équilibre était entre l'élément occidental et l'élément oriental. Des livres occidentaux se trouvaient ainsi rangés à côté d'œuvres d'art japonaises. Yoshida ne dormait pas dans un lit mais sur un matelas *futon* ; sur la terrasse, cependant, où fut servi le repas, étaient disposées une table et des chaises de type occidental et non la table basse nippone. Même le repas associait des mets japonais et européens.

Au cours d'une conversation qui aborda les sujets les plus variés de la politique internationale, Yoshida nous livra des réflexions sur son voyage à Versailles en compagnie du comte Makino. L'un des autres convives, alors qu'il évoquait mon allocution de 1953 sur la nécessité d'un réarmement militaire du Japon, se trompa dans la date : Yoshida le corrigea promptement ; j'en conclus alors que ce discours l'avait sans doute touché beaucoup plus qu'il n'avait voulu l'admet-tre à l'époque.

Il témoigna d'un intérêt particulier pour de Gaulle et pour mon appréciation du dirigeant français. Je lui expliquai que je ne soutenais pas toutes les options du général en matière de politique étrangère, surtout pas son attitude ambiguë à l'égard de l'O.T.A.N. Je fis valoir que la « haute posture » internationale de De Gaulle, pour employer un terme typiquement japonais, était rendue possible par ses succès intérieurs et par sa popularité en France. J'ajoutai qu'en raison de la vigueur économique du Japon, le gouvernement japonais, à l'instar de De Gaulle, pourrait se permettre de jouer un rôle de « haute posture » dans les affaires internationales — à condition pour le Japon de développer une plus grande capacité militaire. J'exprimai la ferme conviction que le « Japon ne devait pas devenir un géant économique et demeurer un pygmée militaire et politique ». Comme il l'avait déjà fait en 1953, Yoshida rejeta ma suggestion aussi poliment que fermement.

Mais c'est la Chine qui occupa l'essentiel de notre conversation d'alors. En fait, c'était la poursuite d'un entretien que nous avions commencé onze ans plus tôt, quand je l'avais rencontré pour la première fois à Tokyo. A cette époque, Yoshida, qui avait été un spécialiste des questions chinoises au temps de sa carrière diplomatique, me confia qu'il avait passé sa vie à étudier la culture chinoise et qu'il lui vouait un profond respect. Il estimait que, de même que la Chine n'avait jamais pu être conquise définitivement par des envahisseurs étrangers, ainsi l'invasion communiste échouerait inévitablement dans sa tentative de l'emporter sur de longs siècles d'influence confucéenne. Les intellectuels chinois, même s'ils se trouvaient passagèrement éclipsés en 1953, reprendraient finalement le dessus sur les idéologues marxistes, déclara Yoshida.

Il n'était cependant pas d'accord avec l'opinion qui prévalait alors selon laquelle Tchang Kaï-chek pourrait encore avoir un rôle à jouer sur le continent. Yoshida faisait remarquer que si Tchang était effectivement un lettré confucéen lui-même, il s'était toutefois irrémédiablement aliéné les intellectuels, une circonstance qui lui serait politiquement fatale. Sur ce point particulier, Yoshida ne partageait pas les vues de l'empereur Hirohito, qui, avec beaucoup de conviction, se fit l'avocat de Tchang pendant l'entretien que j'eus avec lui à l'occasion de la même visite.

L'affinité philosophique presque instinctive qui liait Yoshida le poussait à croire que des relations commerciales accrues entre la Chine et les pays non communistes amèneraient finalement les Chinois à rejeter le communisme en faveur de la libre entreprise. Comme Eisenhower, il était intimement persuadé que le commerce entre des ennemis potentiels pouvait conduire à la paix. Il pensait aussi que l'intervention de la Chine en Corée était une aberration qu'il fallait mettre sur le compte de la hantise permanente des Chinois de voir leurs frontières menacées. Il considérait que les Chinois étaient un peuple essentiellement pacifique, qui résisterait bien entendu à une agression mais ne la déclencherait pas lui-même.

Son attitude envers Pékin l'avait amené à laisser entendre, en

1951, alors que le traité de paix entre le Japon et les États-Unis était en discussion au Sénat, qu'il avait l'intention de nouer des relations avec le continent chinois. John Foster Dulles, qui avait négocié le traité, fit savoir à Yoshida que le Sénat des États-Unis pourrait bien rejeter l'accord si Tokyo devait reconnaître la Chine communiste — qui faisait alors la guerre aux Américains en Corée — et le Premier ministre japonais abandonna l'idée. Parmi les missions de mon voyage de 1953 figurait précisément la tâche de réitérer cet avertissement de Foster Dulles. Si Yoshida voulait bien convenir avec moi que toute ouverture de sa part à l'endroit des communistes chinois entraînerait fatalement une réaction américaine extrêmement négative, il n'en restait pas moins vrai que je n'avais nullement ébranlé sa conviction de l'opportunité d'un rapprochement avec Pékin. En fait, s'il n'avait pas quitté le pouvoir en 1954, le Japon n'aurait peut-être pas attendu les années soixante-dix pour reprendre ses relations avec la Chine mais aurait accompli ce geste au cours des années cinquante déjà.

Je ne fus donc pas surpris outre mesure de constater que la question chinoise tenait encore une place de premier plan dans les préoccupations de Yoshida en 1964. Yoshida et nos convives japonais s'inquiétaient de l'ouverture des relations diplomatiques entre la France et la Chine au mois de janvier de cette année-là, une initiative que le général de Gaulle avait prise sans en informer préalablement les Japonais. Yoshida me demanda si je pensais que les États-Unis allaient faire le même geste. Quand je répondis que je ne pouvais pas parler au nom du gouvernement Johnson, l'ancien ambassadeur du Japon à Washington, Koichiro Asakai, déclara qu'il avait eu dans notre capitale fédérale quelques expériences plutôt amères quand des responsables américains avaient annoncé des décisions politiques affectant le Japon sans se donner la peine de l'en aviser au préalable. Il pensait que le moment allait venir où les États-Unis négocieraient directement avec Pékin sans en informer Tokyo. Je dus lui répondre — et l'avenir me donna raison — que je ne pouvais pas exclure cette possibilité.

Quand nous menâmes les négociations qui devaient conduire en juillet 1971 à l'annonce surprise que je visiterais la Chine l'année suivante, ces discussions avaient nécessairement un caractère secret ; ni les Japonais ni nos autres amis à travers le monde ne pouvaient être mis au courant. Toute fuite aurait pu torpiller cette initiative. Quand je fis la déclaration publique, elle fut immédiatement qualifiée au Japon de « choc Nixon ». Il est de coutume de présenter l'ouverture des États-Unis à l'égard de la Chine communiste comme l'étincelle ayant déclenché le rapprochement sino-japonais de septembre 1972. En réalité, les Chinois et les Japonais commerçaient et entretenaient des relations tacites depuis des années déjà. Des groupes de Japonais, y compris des hommes politiques, visitaient la Chine. L'établissement de relations officielles entre les deux pays, plutôt que le résultat du « choc Nixon », constituait par conséquent l'aboutissement normal de la réconciliation progressive que Yoshida avait envisagée deux décennies plus tôt.

Yoshida était très soucieux de ce genre de continuité dans l'action gouvernementale, quand la tâche commencée par un dirigeant est poursuivie et achevée par d'autres. Cette préoccupation apparut clairement dans un moment poignant alors qu'il me raccompagnait jusqu'à la porte à la fin de ma visite. Quand je lui dis que je me réjouissais déjà à la perspective de le revoir un jour, il se mit à rire et me répondit : « Oh non, je ne pense pas que nous nous reverrons. Je suis trop vieux maintenant. Mais vous-même, vous êtes encore très jeune (j'avais alors cinquante et un ans), et vous pourrez être un chef de l'avenir. »

De tous les dirigeants que j'aie connus, Yoshida partageait avec Herbert Hoover le privilège de vieillir avec grâce. Cela s'expliquait en partie par le fait que, tout en n'étant plus au pouvoir, il voyait sa politique générale poursuivie par des hommes qu'il avait lui-même formés et qui venaient prendre ses avis. Il était en paix avec soi-même, sachant que ce qu'il avait accompli continuerait à porter ses fruits après sa mort.

Il mourut à la fin de l'année 1967, âgé de quatre-vingt-neuf ans. Le Premier japonais Sato se trouvait en voyage officiel en Indonésie quand il apprit la nouvelle. Sato retourna immédiatement au Japon, se rendit à Oiso où il versa de chaudes larmes devant la dépouille de l'homme d'État qui avait été son guide. Quelques jours plus tard, Yoshida reçut les premières funérailles nationales célébrées au Japon depuis la fin de la guerre.

Du point de vue politique, les onze dernières années de la vie de MacArthur furent gaspillées. Ses capacités intellectuelles n'avaient pas diminué, mais au cours des années cinquante et au début des années soixante, en raison d'une combinaison de circonstances, elles ne furent pas mises judicieusement à profit.

L'une des raisons était qu'il s'était engagé dans la politique partisane. Alors qu'il se trouvait en poste au Japon en 1948, il demanda l'investiture républicaine pour la présidence, mais ne reçut qu'un soutien humiliant de onze voix lors du premier scrutin de la convention. Quand il revint de Corée en 1951, il s'adressa au Congrès puis fit campagne à travers tout le pays contre la politique asiatique de Truman.

MacArthur préféra ouvertement le sénateur Robert Taft à Eisenhower pour la nomination de 1952. Il fut choisi pour prononcer le discours d'orientation générale à la convention de Chicago du mois de juillet, et dans le camp d'Eisenhower nous redoutions de le voir retourner la convention en faveur de Taft. Le général lui-même pensait que les délégués pourraient finalement recourir à lui comme candidat de la dernière heure.

Mais son discours fut une déception. Il était bien écrit et fut bien prononcé ; néanmoins, pour une raison ou une autre, il ne passa pas. Il faut aussi dire que lorsque le général commença à parler, c'est-à-dire à vingt et une heures trente, les délégués étaient déjà mortellement fatigués. Ils devinrent de plus en plus distraits à mesure qu'il poursuivait laborieusement son exposé. Cela en devint presque embarrassant. Au lieu de lui accorder l'intérêt passionné dont il avait bénéficié lors de la session conjointe de 1951, certains des délégués se mirent à tousser, d'autres commencèrent à circuler dans les rangs et à engager des palabres politiciennes, d'autres encore quittèrent la salle pour aller aux toilettes. Il essayait sans cesse de les tirer de leur léthargie, mais la magie et la quintessence du discours des « vieux soldats qui ne meurent jamais » n'y étaient pas. Dans son allocution au Congrès, il s'était hissé avec brio à la hauteur d'une occasion dramatique. Maintenant le souvenir de sa brillante prestation persistait, mais l'occasion dramatique ne pouvait être ni recréée ni répétée. Le résultat inévitable fut une sensation de vide et de désenchantement. MacArthur, le comédien-né, avait fait une erreur qui lui ressemblait peu : il avait essayé de fournir une suprême prestation, et il avait échoué. Ce discours sonna le glas de ses chances comme candidat politique.

Roosevelt dit un jour à MacArthur : « Douglas, je pense que vous êtes notre meilleur général, mais je crois que vous feriez notre plus mauvais homme politique. » Il avait raison. MacArthur était médiocre homme politique, et il finit par s'en rendre compte. Il cite lui-même la boutade de Roosevelt dans ses *Mémoires*. En fait, sa plus grande erreur politique fut tout simplement d'avoir eu l'air de s'intéresser à la politique, d'essayer personnellement de convertir son immense prestige en capital politique. Il aurait dû abandonner la politique politicienne à ceux qui ne demandaient qu'à agir en son nom.

Je suppose qu'Eisenhower désirait être président autant que MacArthur, mais il était assez habile pour ne pas le montrer. Alors qu'il cherchait toujours à faire croire qu'il n'était qu'un politicien amateur, il était en réalité un magistral opérateur politique. Il savait d'instinct que la meilleure façon d'obtenir le prix était de ne surtout pas avoir l'air de le rechercher. Quand je le rencontrai pour la première fois à Bohemian Grove en Californie, en juillet 1950, toutes les personnalités du monde des affaires et de la politique qui s'y trouvaient rassemblées évoquaient l'éventualité pour Eisenhower d'être le candidat républicain pour 1952. Tous ceux qui étaient présents, sauf Eisenhower lui-même. Quand la question fut finalement soulevée devant lui, il changea promptement de sujet et parla de l'avenir de l'Europe et de l'alliance atlantique.

En mai 1951, son ami et compatriote du Kansas, le sénateur Frank Carlson, insista pour me faire rencontrer Eisenhower au cours du voyage que je devais alors entreprendre en Europe. Il était sûr que le général allait relever le défi, et il tenait à obtenir mon soutien pour cette éventualité. Je vis Eisenhower pendant une heure au grand quartier général allié à Paris. Il me salua très cordialement. Au lieu de parler de lui-même, il me prodigua des compliments pour la façon équitable dont j'avais mené l'enquête dans l'affaire Alger Hiss, et il voulut savoir comment j'évaluais le sentiment général des Américains à l'égard de l'O.T.A.N. Il possédait ce talent très rare de laisser repartir ses visiteurs avec l'idée qu'*ils* avaient été très bien et non pas *lui-même*. Le résultat était que la plupart prenaient congé de lui, et ce fut aussi mon cas, comme fervents supporters d'Eisenhower.

Cette façon très habile de laisser la fonction le rechercher, lui, Eisenhower, plutôt que l'inverse, ne pouvait évidemment qu'accroître ses chances d'accéder à la présidence. MacArthur, au contraire, donnait toutes les apparences de convoiter le mandat alors qu'en 1948 il se trouvait en poste au Japon. Cette impression d'une ambition politique fut encore renforcée par l'action qu'il mena dans le pays après avoir été limogé par Truman.

Bien entendu, cela ne veut nullement dire que MacArthur n'aurait pas fait un bon président. Il connaissait en profondeur les grands problèmes de politique étrangère. Au Japon, il avait démontré qu'il maîtrisait d'une façon souple et intelligente les questions liées à la politique intérieure — allant des rapports avec les syndicats aux dossiers de l'Éducation nationale. Il était véritablement obsédé par le souci de maintenir la stabilité de notre monnaie et de pratiquer une politique fiscale modérée et cohérente. En fait, ses opinions en matière économique devaient devenir de plus en plus conservatrices à mesure qu'il vieillissait, une évolution que je pus également observer dans les carrières d'Eisenhower et de De Gaulle. Au cours des années cinquante et au début des années soixante, quand il était devenu clair que MacArthur ne remplirait probablement jamais plus de fonction officielle, il me fit de fréquents exposés sur la nécessité d'équilibrer le budget, de réduire la fiscalité et de revenir à l'étalon-or.

S'il avait été élu président des États-Unis, MacArthur aurait découvert que son pouvoir sur le gouvernement était moindre que celui qu'il avait exercé sur ses troupes en tant que général ou sur les forces d'occupation en tant que commandant en chef allié au Japon, et son problème principal eût alors été la nécessité de s'adapter à cette situation nouvelle pour lui. Il aurait eu de la peine à tolérer puis à maîtriser les mille détails mesquins qui accompagnent l'exercice de la présidence. Aux États-Unis comme au Japon, MacArthur aurait eu besoin d'un Yoshida pour mettre en œuvre ses initiatives politiques originales et créatrices.

Abstraction faite de son naufrage sur les bas-fonds de la politique politicienne, MacArthur fut victime d'un changement des faveurs du public pour le prestige militaire. Pendant la Première Guerre mondiale, il avait été le héros du corps expéditionnaire américain pour ses exploits audacieux dans les tranchées françaises. Pendant la Seconde Guerre mondiale, alors qu'il était dans la soixantaine, il devint « Doug le planqué », malgré un tableau non moins impressionnant d'actes de bravoure.

Entre les deux guerres mondiales, les vertus représentées par MacArthur — la valeur, le patriotisme, l'amour de la liberté — avaient commencé à passer de mode. Elles furent momentanément revivifiées par la Seconde Guerre mondiale mais allèrent de nouveau en s'affaiblissant avec la guerre de Corée, pour recevoir un coup presque fatal avec le conflit vietnamien. Même pendant la Seconde Guerre mondiale, des généraux comme Eisenhower ou Bradley — paternels, discrets, accessibles — étaient beaucoup plus du goût de l'intelligentsia, et aussi des G.I.s., qui étaient, tout compte fait, des produits types du siècle de l'homme ordinaire. Comme c'est fréquemment le cas, l'œuvre positive de MacArthur, par exemple la stratégie appliquée au théâtre opérationnel du Pacifique et qui sauva des dizaines de milliers de vies de G.I.s, ne put contrebalancer le poids de son image négative de poseur aristocratique.

Il parvint néanmoins à toucher une corde sensible du public américain, comme devait en témoigner l'accueil délirant qu'il reçut à travers tout le pays à son retour de Corée. Très rapidement, cependant, même le public se détourna de lui et élut son rival, Eisenhower, à la charge suprême qu'ils convoitaient tous les deux. C'était le choix d'un homme qui représentait l'unité nationale et la modération, par conséquent préféré à celui qui pouvait être tapageusement partisan et donner lieu à d'âpres polémiques.

Douglas MacArthur libéra les Philippines, restaura le Japon, et, à Inchon et plus tard, empêcha la mainmise communiste sur la Corée du Sud. Quand il revint de la guerre, il fit l'objet d'une immense controverse, et il devint bientôt un exilé politique dans son propre pays. La raison en était que peu d'Américains comprenaient l'Asie, MacArthur, ou ce que l'un représentait pour l'autre. Peu se rendaient compte que le destin de MacArthur avait été de protéger les intérêts des États-Unis en Extrême-Orient, presque tout seul, pendant deux décennies.

En tant qu'admirateur de MacArthur, j'avoue n'avoir jamais compris pourquoi cet homme dont les réalisations étaient d'une ampleur et d'une qualité si éclatantes était resté si peu populaire dans les milieux intellectuels américains. Les attaques hargneuses qui accablèrent MacArthur pendant la majeure partie de sa carrière peuvent sans doute s'expliquer dans une certaine mesure par l'analyse de situations similaires effectuée par lord Blake dans sa biographie aujourd'hui classique de Disraeli.

Lord Blake observa que si Disraeli et Gladstone étaient effectivement des ennemis mortels, ils se ressemblaient néanmoins en ceci qu'ils étaient tous deux sujets à des critiques violentes et souvent injustes de la part d'un grand nombre de leurs contemporains. « La vérité, écrivit-il, est certainement qu'ils étaient tous les deux des figures hors du commun, des hommes de génie, dans des idiomes certes très divergents, et que, à l'instar de la plupart des hommes de génie opérant dans une démocratie parlementaire, ils inspiraient beaucoup d'animosité et au moins autant de méfiance aux médiocrités remuantes qui forment la majorité du genre humain. »

Si MacArthur s'était retiré dans les Philippines ou au Japon, où il avait vécu presque sans interruption depuis 1935, ses dernières années auraient été moins vides. Les Japonais le vénéraient, et ceux qui peuvent se souvenir de ses années comme commandant en chef de l'occupation le vénèrent aujourd'hui encore. Quand il accomplit son voyage sentimental aux Philippines en 1961, il apprit qu'à chaque revue militaire il était appelé par son nom, et qu'un sergent de l'armée philippine répondait alors : « Présent en esprit ! » Beaucoup d'Américains reconnaissent à MacArthur le mérite d'avoir vengé l'humiliation de Pearl Harbor. Les Japonais, les Philippins et les Sud-Coréens ne voyaient pas en lui un vengeur mais un libérateur. Il libéra les Japonais du totalitarisme et de l'adoration obligatoire de l'empereur, libéra les Philippins des Japonais, et libéra les Sud-Coréens des communistes.

MacArthur aura pu paraître anachronique à beaucoup de commentateurs politiques américains, mais pendant toute sa carrière en Asie il fit preuve d'une extraordinaire perspicacité. Au tournant du siècle, après son voyage en Extrême-Orient en compagnie de son père, il pressentait déjà les desseins d'hégémonie que les Japonais nourrissaient à l'égard de leurs voisins. Au cours des années trente, il ne cessa de mettre la classe politique en garde contre la menace croissante contre la paix dans le Pacifique que constituait l'expansionnisme nippon. Au Japon, ses réformes progressistes allèrent largement au-delà, autant par leur contenu que par les perspectives qu'elles ouvraient, des schémas conçus pour l'occupation américaine par les bureaux de Washington. Et en Corée, il comprit que les communistes ne se battaient pas pour la Corée du Sud mais pour la domination de toute l'Asie.

Le Japon était toujours le dénominateur commun. Ou bien MacArthur était préoccupé par le danger qu'il représentait pour l'Extrême-Orient, ou bien, après la guerre, il se souciait des menaces que d'autres faisaient peser sur lui. Pendant les cinq années que dura son autorité sur le Japon surgirent deux paradoxes apparents. En premier lieu, alors qu'il était un spécialiste rompu aux choses de la guerre, MacArthur se révéla être un homme dédié à la cause de la paix. Secondement, il eut recours aux moyens du parfait autocrate pour débarrasser le Japon à jamais de l'autocratie.

Le premier, bien entendu, n'était pas réellement un paradoxe. L'idée que soldats et généraux favoriseraient par nature une constante belligérance internationale n'est qu'un fragment des débris philosophiques des années soixante. Comme MacArthur l'exprima si bien dans son magnifique discours d'adieu à West Point en 1962 : « Le soldat, bien plus que les autres hommes, prie pour la paix, car il lui faut subir et souffrir dans sa chair les plus profondes blessures et cicatrices de la guerre. »

Dans le cours de l'histoire américaine, aucun homme n'a jamais été doté d'un pouvoir absolu en temps de paix. En fait, dans une démocratie le pouvoir demeure diffus, étant réparti entre différents secteurs de la société pour prévenir les abus. MacArthur, cependant, disposa d'un pouvoir absolu au Japon pendant cinq ans. Le réel paradoxe est qu'une authentique démocratie n'y aurait guère pu être établie d'une autre façon.

« MacArthur, écrivit l'un des commentateurs de l'occupation, avait les choses en main : on allait faire du Japon une nation industrielle, prospère, démocratique, pacifique, quitte à passer par la violence, la tyrannie et le chaos économique. » Ce constat se voulait facétieux, mais il correspondait fondamentalement à la vérité. Les Japonais sont très doués pour acquérir promptement des connaissances nouvelles, et ils apprirent très vite, en quelque sorte par cœur, les principes abstraits de la démocratie. Ce fut autre chose que de leur apprendre à croire à la démocratie dans leurs cœurs.

Il y a plus de deux cents ans, alors qu'il cherchait à établir les principes les plus justes du droit politique, Jean-Jacques Rousseau écrivait dans son *Contrat social* :

« Comment une multitude aveugle qui souvent ne sait ce qu'elle veut, parce qu'elle sait rarement ce qui lui est bon, exécuterait-elle d'elle-même une entreprise aussi grande, aussi difficile qu'un système de législation ? De lui-même le peuple veut toujours le bien, mais de lui-même il ne le voit pas toujours. La volonté générale est toujours droite, mais le jugement qui la guide n'est pas toujours éclairé. Il faut lui faire voir les objets tels qu'ils sont, quelquefois tels qu'ils doivent lui paraître, lui montrer le bon chemin qu'elle cherche, la garantir de la séduction des volontés particulières... Les particuliers voient le bien qu'ils rejettent : le public veut le bien qu'il ne voit pas. Tous ont également besoin de guides... Voilà d'où naît la nécessité d'un législateur. »

Rousseau veut dire ici qu'au premier stade d'une société, ses valeurs doivent lui être imposées d'en haut par un héros cumulant les qualités de sagesse et de prescience (« ... il faudrait une intelligence supérieure, qui vive toutes les passions des hommes et qui n'en éprouvât aucune, qui n'eût aucun rapport avec notre nature et qui la connût à fond, dont le bonheur fût indépendant de nous et qui pourtant voulût bien s'occuper du nôtre... Le législateur est à tous égards un homme extraordinaire dans l'État », *Du Contrat social*). Dans le cas du Japon, MacArthur fut le héros qui fit sentir aux Japonais les bienfaits de la démocratie, et par conséquent la leur fit apprécier. Avec Yoshida, il sut leur inculquer l'amour de la liberté, et donc les inciter à la préserver. En fait, aucun personnage de l'histoire politique moderne n'a été aussi proche que MacArthur de cet être semi-mythique appelé un législateur — un homme d'une vision politique si dominante qu'il peut réinventer à lui tout seul une société selon un modèle idéal.

A l'instar des réformateurs Meiji du Japon, il se servit de sa position privilégiée pour introduire de vastes réformes politiques, bien qu'il abolît le pouvoir absolu — si aisément détourné — de l'empereur, sur lequel se fondait le système Meiji. Il commença par assumer l'immense autorité temporelle et spirituelle de Hirohito. Puis, après avoir résolu lui-même les problèmes les plus ardus — la nouvelle constitution et la réforme agraire — progressivement il abandonna de plus en plus de pouvoir à Yoshida, le représentant élu du peuple japonais. Condition cruciale de la réussite, Yoshida fut capable de modifier et d'adapter à la fois pendant et après l'occupation ce que MacArthur avait mis en place. Cette association unique devait produire le Japon moderne, une grande nation libre qui représente le meilleur espoir pour le reste de l'Asie de partager un jour l'héritage de liberté, de justice et de prospérité.

KONRAD ADENAUER

Le Rideau de fer de l'Ouest

En 1963, Konrad Adenauer, alors très âgé mais toujours imposant, supervisait une de ses dernières sessions du Bundestag de l'Allemagne fédérale. La fin de sa carrière était arrivée. Diminué politiquement par la crise du Mur de Berlin, le chancelier de quatre-vingt-sept ans avait été réélu de justesse en 1961. Il avait cédé aux pressions d'hommes politiques plus jeunes et accepté de se retirer après deux ans d'exercice de son quatrième mandat. Il avait derrière lui quatorze années d'une extraordinaire action gouvernementale. Il avait devant lui quatre années d'une retraite amère et agitée.

Un de ses adversaires de toujours au Bundestag, qui estimait peut-être qu'il pouvait maintenant se permettre d'être aimable puisque l'implacable Adenauer allait être mis au vert, se leva de son siège et dit au chancelier que, tout compte fait, il avait eu raison de faire admettre l'Allemagne fédérale au sein de l'O.T.A.N. en 1954.

Adenauer garda un visage de pierre et répondit sèchement : « La différence entre vous et moi est que j'ai eu raison à temps. »

En ces quelques mots, Adenauer résumait l'essence de sa carrière et, d'une façon magistrale, l'essence même de toute grande direction politique. Beaucoup d'hommes, tel ce député de l'opposition, ont le don de voir et de juger les choses rétrospectivement ; Adenauer, lui, avait le don de la prévision, possédait une vision de l'avenir. Au pouvoir pendant la période troublée qui suivit la Seconde Guerre mondiale, quand naquirent des alignements de nations qui allaient durer pendant des générations, il eut la sagesse et le courage d'agir là où il fallait agir — et l'habileté politique de surmonter ceux qui refusaient ou avaient peur d'agir. Winston Churchill se trompait rarement quand il jugeait les grands chefs politiques sur la scène mondiale. En 1953, il déclara à la Chambre des Communes qu'Adenauer était « l'homme d'État allemand le plus intelligent depuis Bismarck ».

Adenauer fut l'architecte principal de l'ordre instauré après la guerre en Europe occidentale. Comme Rhénan, il avait toujours recherché un rapprochement entre la France et l'Allemagne, et pendant toute sa vie il rêva d'une Europe unie dans laquelle ne renaîtraient jamais plus les conflits qui avaient tourmenté les générations antérieures. Il comprit aussi d'emblée que l'Union soviétique représentait l'aspect négatif de la vieille Europe et pas du tout l'aspect positif de l'Europe nouvelle. En conséquence de quoi il défendit le rempart oriental de l'Europe avec la ténacité d'un roc.

D'une certaine façon, Adenauer était la quintessence de l'homme d'État chrétien-démocrate. Il considérait que toute sorte de tyrannie — celle d'une nation sur d'autres nations ou celle d'un gouvernement sur un peuple — était le mal fondamental puisque détruisant la liberté individuelle. Son rêve d'une Europe unie, né des cendres de la Première Guerre mondiale et ranimé par les horreurs de la période nazie, tirait précisément son origine de cette aversion d'Adenauer pour toute forme de tyrannie.

Après la Seconde Guerre mondiale, cependant, l'Europe libre était menacée de l'extérieur par des forces beaucoup plus redoutables que celles qui l'avaient menacée auparavant de l'intérieur. Au début, peu se rendirent compte de la nature et de l'ampleur de cette menace ; Adenauer comprit tout de suite. Après son accession au pouvoir en 1949, il se dressa comme un roc sur l'Elbe, à la frontière orientale du monde libre, insensible aux menaces des Soviétiques et dédaigneux de leurs propositions de paix égoïstes et sporadiques. Mais il savait parfaitement qu'une Allemagne désarmée et isolée ne pourrait pas contenir à elle seule ce nouveau péril. Au cours des années cinquante, les États-Unis et la Grande-Bretagne se trouvaient fermement engagés dans la défense de l'Europe contre l'expansionnisme soviétique. Mais la France, sans laquelle une coalition antisoviétique efficace était absolument impensable, avait été frappée trois fois en soixante-quinze ans par la puissance allemande, et elle demeurait par conséquent profondément sceptique par rapport à tout plan de réarmement de son voisin oriental. Ainsi, Adenauer revint une fois de plus à son vieux rêve d'unification européenne, une fois de plus à son projet tenace de détruire les barrières qui divisaient les Européens entre eux-mêmes. Autrefois, cette idée n'avait été qu'une abstraction irréalisable, poétique presque ; maintenant il s'agissait d'une dure nécessité, et Adenauer s'attela à cette tâche avec une ténacité redoublée.

S'il essayait de forger un front européen uni contre le péril soviétique, il cherchait aussi à lier l'Europe par un système d'interdépendances économiques et politiques qui finiraient par mettre un terme aux menaces contre la paix pouvant venir de l'intérieur même de l'Europe. Par des initiatives telles que l'O.T.A.N., la Communauté européenne du Charbon et de l'Acier, et le traité de coopération franco-allemand de 1963, des pas décisifs furent faits vers ce nouvel état d'esprit européen. Le mérite en revient pour une large part à Konrad Adenauer.

Pendant plus d'une décennie Adenauer fut notre propre Rideau de Fer — un homme d'une volonté de fer et en même temps d'une patience infinie, dont la profonde adhésion aux principes chrétiens faisait le porte-parole de l'Occident le plus efficace, clair et consistant contre ce qu'il estimait être un empire fondé sur l'athéisme et l'oppression spirituelle. Simultanément, malgré l'austérité de son apparence et son anticommunisme rigoureux, c'était un homme chaleureux, aimable et gentil, adoré autant par son peuple que par ses propres enfants, une figure avenante de père pour une patrie qui avait été singulièrement dévoyée.

Au milieu des ruines de l'Allemagne de l'après-guerre, Adenauer se dressait comme une cathédrale. Pour son peuple vaincu, il était *der Alte*, « le vieux », un symbole de foi et de persévérance dans un temps d'humiliation nationale et de confusion. Il rassurait les Allemands en se conduisant lui-même avec une dignité calme et patiente, avec aussi certes un certain air de supériorité de maître d'école. Contre ceux qui obstruaient sa voie et le gênaient, il était un féroce et impitoyable pugiliste politique. Aux yeux du reste du monde, il était le représentant respecté de la nouvelle Allemagne démocratique. Il ne lui fallut qu'une décennie pour la transformer de hors-la-loi international en bastion sûr de la liberté.

L'amitié entre les dirigeants nationaux est rare. Ils se rencontrent généralement dans le tourbillon des événements et dans les limites du protocole, immergés dans l'histoire et entourés de diplomates, d'assistants et d'interprètes. Le spectre de l'intérêt national qui hante leurs rencontres tend à inhiber toute relation mutuelle amicale.

Pendant ma carrière politique, alors que j'eus bien entendu des entrevues amicales avec beaucoup de dirigeants étrangers, quelques-uns seulement furent pour moi de réels amis. Konrad Adenauer en faisait partie. Notre amitié dura quatorze ans, que nous fussions au pouvoir ou retirés.

En automne 1947, je fus l'un des dix-neuf membres d'un comité de la Chambre des Représentants qui avait à sa tête Christian Herter et qui visitait l'Europe afin de faire des recommandations en vue de la mise en œuvre du Plan Marshall, annoncé au mois de juin. Nos étapes en Allemagne comptèrent parmi les expériences les plus réalistes de ma vie. Des villes entières avaient été complètement rasées par les bombardiers alliés, et nous découvrîmes des milliers de familles calfeutrées sous les débris des bâtiments et dans les abris souterrains. Les denrées alimentaires étaient extrêmement rares, et des enfants aux traits émaciés et pauvrement vêtus s'approchaient de nous, non pas pour mendier mais pour vendre les médailles de guerre de leurs pères ou pour les troquer contre de la nourriture.

L'un des membres de notre comité, un Sudiste conservateur habituellement réservé, fut à tel point bouleversé par les enfants qu'il rencontra pendant l'une de nos étapes qu'il leur donna toutes ses savonnettes et toutes ses friandises, même le pull-over qu'il portait. Il nous dit plus tard : « J'ai donné le dernier chocolat qui me restait à une petite fille d'une dizaine d'années qui tenait dans les bras un bébé de dix-huit mois environ. Et savez-vous ce qu'elle a fait de ce bout de chocolat ? Elle ne l'a pas mangé elle-même, non ! Elle l'a introduit très soigneusement dans la bouche du bébé en lui expliquant ce que c'était, et elle a laissé le bébé manger le chocolat. Quand j'ai vu ça, j'ai été complètement désemparé. Je suis retourné au train, j'ai pris tout ce qui me restait et je l'ai donné à ces gosses ! »

A Washington, le Congrès avait envisagé l'allocation de primes à nos anciens combattants de la Seconde Guerre mondiale ; à Essen, je rencontrai un mineur qui vivait dans une cave avec sa femme et son fils de vingt-deux ans. Bien que le fils eût perdu une jambe à la guerre, il ne touchait ni pension ni allocation d'aucune sorte, son degré d'invalidité n'étant pas jugé assez grave.

Pendant la visite d'une mine de charbon, nous vîmes des ouvriers mettre de côté la soupe transparente et sans viande qu'on leur distribuait à midi, pour l'emporter chez eux le soir et la donner à leur famille. Avec le même nombre de travailleurs, les mines de charbon allemandes produisaient beaucoup moins qu'avant la guerre, les hommes étant terriblement affaiblis par la faim et la malnutrition.

Néanmoins, les enfants qui refusaient de mendier et les hommes qui partageaient le peu qu'on leur attribuait m'avaient prouvé que Konrad Adenauer avait eu raison en déclarant fin 1945 que le peuple allemand était « courbé très bas, mais... toujours vaillant ».

Les autorités de l'occupation militaire américaine, sous les ordres du général Lucius Clay, nous assurèrent que les Allemands possédaient bien la force de caractère dont ils auraient besoin pour se relever. Ce qui leur manquait, cependant, selon Clay, c'étaient des chefs. L'Allemagne avait perdu pendant la guerre toute une génération de dirigeants en puissance, et des milliers d'autres avaient été écartés des postes de responsabilité en raison des liens qu'ils avaient eus avec les nazis. Il nous affirma que l'Allemagne devrait nécessairement engendrer une nouvelle race de dirigeants pour les secteurs public et privé ; les hommes issus de la période d'avant la guerre et de la guerre même ne pourraient en aucun cas faire l'affaire. Ce qu'il fallait essentiellement et avant tout, c'était un dirigeant national à forte personnalité, dévoué aux principes fondamentaux de la démocratie, qui pourrait guider son peuple et le ramener dans la famille des nations libres et en même temps le protéger contre le nouveau péril menaçant à l'est.

Clay avait raison dans sa définition du chef nouveau dont l'Allemagne aurait besoin, mais il avait tort en supposant qu'un tel dirigeant ne pourrait pas sortir des rangs de l'avant-guerre.

Konrad Adenauer naquit en 1876. Son père était employé au greffe du tribunal de Cologne. De sa mère nous ne savons pas grand-chose, sinon que le père de Konrad avait renoncé à une carrière prometteuse dans l'armée prussienne pour l'épouser. Ses parents étaient des êtres travailleurs et religieux. Konrad fut élevé dans la religion catholique et resta durant toute sa vie profondément attaché à sa foi.

Son enfance se passa dans un cadre strict et austère, mais aussi dans la sécurité et l'affection. La famille avait très peu d'argent. Une année les fonds firent à tel point défaut que les parents se trouvèrent obligés de placer les enfants devant l'alternative suivante : ou bien les repas du dimanche continueraient comme par le passé, ou bien on se priverait de viande pendant plusieurs dimanches pour économiser l'argent nécessaire à l'achat de l'arbre de Noël et de ses bougies. Konrad et les autres optèrent pour l'arbre de Noël.

Bien qu'il travaillât très bien en classe, son père lui déclara dans un premier temps que la famille ne pourrait pas s'offrir le luxe de l'envoyer à l'Université. Profondément déçu par la décision paternelle, Konrad n'en laissa toutefois rien transparaître et accepta un emploi dans une banque. Mais quand son père vit combien il était malheureux après quinze jours seulement passés à la banque, il donna un tour de vis supplémentaire au budget familial pour permettre à Konrad d'entrer à l'université, où il étudia le droit. Konrad savait que sa formation supérieure impliquait des sacrifices de la part de sa famille, et il s'appliqua à ses études avec une assiduité féroce. Pour rester éveillé la nuit et ainsi progresser plus vite, il mettait parfois les pieds dans un seau d'eau froide.

La ténacité du jeune Konrad n'avait d'égale que son audace. Deux ans après la fin de ses études, il entra dans un cabinet juridique dont le propriétaire était un membre influent du parti du centre de Cologne, le parti conservateur catholique qui fut le précurseur de la future C.D.U. d'Adenauer. Un jour de 1906, Adenauer, alors âgé de vingt-neuf ans, apprit que son employeur, un homme du nom de Kausen, s'apprêtait à offrir à un jeune juge un siège au conseil municipal de Cologne. Il se rendit tout droit dans le bureau de Kausen. « Pourquoi ne pas me prendre, moi ? demanda-t-il. Je suis sûr que je ne vaux pas moins que l'autre ! » Cette démarche supposait beaucoup de cran et aussi une bonne dose d'assurance, deux qualités dont Adenauer fera constamment preuve au cours de sa carrière. En fait, Adenauer était un excellent juriste et un grand travailleur, et il n'avait probablement pas tort en soutenant qu'il valait bien l'autre candidat. Kausen lui attribua le siège, et Adenauer commença ainsi une carrière politique qui allait durer cinquante-sept ans.

Une photographie du jeune Adenauer nous le montre au cours d'une excursion à la campagne en compagnie de quatre camarades. Les enfants sont dissimulés jusqu'au menton dans une meule de foin, et, à l'exception de Konrad, ils arborent tous un sourire malicieux. Le visage de Konrad revêt une expression sombre et sévère, accentuée par des zones d'ombre sous les pommettes et la bouche. Mais il agite sa main gauche — qui émerge du sommet de la meule — en direction de l'objectif. L'attitude était typique d'Adenauer : tout en affichant une réserve et un détachement étudiés, il était aussi capable de s'amuser.

Adenauer avait soixante-dix-sept ans quand je le rencontrai pour la première fois à l'occasion de son voyage officiel à Washington, en 1953, et son visage impassible était alors finement et également strié, les rides ressemblant aux traces laissées sur le sable par des filets d'eau. Alors qu'il reflétait la même quiétude détachée, ce n'était pas le même visage que celui sur la photo d'excursion. Quand il eut quarante et un ans, son chauffeur s'endormit et tamponna un tramway. Avec un stoïcisme caractéristique, Adenauer se dégagea du véhicule accidenté et s'en alla calmement à l'hôpital, le visage en sang. Le chauffeur, légèrement blessé seulement, fit le voyage sur une civière.

Adenauer avait les pommettes cassées, avec en plus d'autres blessures faciales, et à la suite de cet accident son visage eut une expression plus sévère encore. Beaucoup d'auteurs devaient plus tard décrire son visage en l'assimilant à celui d'un mandarin chinois. Cette comparaison était singulièrement appropriée, car le vieux cliché du visage impénétrable de l'Oriental s'appliquait parfaitement à Adenauer. John J. McCloy, qui remplit avec distinction les fonctions de premier haut commissaire américain en Allemagne après la Seconde Guerre mondiale, évoqua une autre image. Il me dit ainsi à propos d'Adenauer : « Il avait le visage puissant et stoïque d'un Peau-Rouge américain. Il ressemblait à Geronimo. »

En raison du sérieux de son attitude, Adenauer passait pour un homme sans humour, et même sans cœur, aux yeux de beaucoup de ses adversaires et aussi de ses supporters qui ne le connaissaient pas assez bien. Cependant, s'il n'était évidemment pas un plaisantin et s'il ne s'abaissait pas à des familiarités vulgaires, Adenauer était en profondeur un homme sensible et compatissant, doté d'un sens de l'humour extrêmement fin et subtil.

Adenauer n'avait pas l'habitude de dissiper son énergie pour des problèmes secondaires ou dans des causes perdues. Pareillement, il réservait en général son humour à des fins pratiques. En 1959, Eisenhower donna une réception à la Maison-Blanche en l'honneur des dignitaires étrangers qui étaient venus assister aux funérailles de John Foster Dulles. A cette occasion, Adenauer m'aperçut aux côtés du ministre soviétique des Affaires étrangères, Andrei Gromyko, qui était venu spécialement de Genève où s'éternisait la conférence sur l'Allemagne et Berlin. Il s'approcha de nous, et je lui dis d'un ton enjoué que beaucoup de personnes voyaient une ressemblance physique entre Gromyko et moi.

Le chancelier se mit à rire et répondit : « C'est très juste, et je vais donc pouvoir vous faire une suggestion pour sortir de l'impasse de Genève. Vous prenez l'avion de Gromyko et retournez à Genève, et vous laissez Gromyko ici comme vice-président. Ainsi, j'en suis sûr, nous pourrons faire redémarrer les choses ! » Même le Russe habituellement taciturne ne put s'empêcher de rire.

Si la remarque d'Adenauer se voulait facétieuse, elle se fondait néanmoins sur l'intransigeance soviétique à Genève. Des années plus tard, après son départ de la chancellerie, il eut recours à l'humour pour marquer la déception que lui causait le médiocre sens politique de son successeur, Ludwig Erhard. S'installant un jour en face d'un journaliste pour une interview, il demanda : « Allons-nous parler de sujets politiques sérieux ou du chancelier Erhard ? »

En 1917, alors qu'Adenauer se remettait de son accident d'auto dans un sanatorium de la Forêt-Noire, il reçut la visite de deux responsables municipaux. La mairie était vacante, et le conseil municipal désirait y voir Adenauer. La délégation avait pour mission d'engager Adenauer dans une conversation sur les affaires de la cité afin de se rendre compte si l'accident avait aussi endommagé son cerveau. Il devina promptement le propos plus particulier de ses visiteurs et leur dit : « Messieurs, ce n'est qu'extérieurement que ma tête n'est pas tout à fait bien ! » Les conseillers éclatèrent de rire et lui offrirent sur-le-champ la place. La Première

Guerre mondiale approchait de sa fin, et la ville de Cologne était un chaos. Adenauer accepta immédiatement.

Au début, l'*Oberbürgermeister* de quarante et un ans eut fort à faire pour trouver assez de vivres et d'hébergement pour les résidents et pour les soldats de retour du front, et pour assurer le calme parmi la population dans le vide politique laissé par la défaite du pays et par l'abdication du Kaiser. Mais à mesure que la vie redevenait normale, Adenauer se lança dans un vaste projet de restauration de l'ancienne splendeur culturelle et architecturale de Cologne. Avec une sorte de joyeuse délectation, il dira à un de ses amis : « Les temps de catastrophe politique sont particulièrement propices aux nouvelles entreprises créatrices ! » Mais son attention allait déjà au-delà des limites de l'Allemagne. Il envisageait l'avenir de sa ville comme celui d'un lien nouveau entre l'Allemagne et l'Europe de l'Ouest.

Il lui arrivait déjà à cette époque de pratiquer à la fois la candeur et la ruse pour parvenir à ses fins et persuader ses collègues d'approuver ses projets. En 1926, il voulut faire construire sur le Rhin un pont suspendu, alors que la majorité du conseil municipal se prononçait en faveur d'un pont sur arches. Il s'arrangea pour avoir une entrevue avec les conseillers communistes et leur indiqua que les ponts suspendus étaient précisément ce qui donnait à Leningrad son charme particulier, sa beauté rare et exceptionnelle. Adenauer ignorait pratiquement tout de Leningrad et de ses ponts, mais en revanche il connaissait bien la nature humaine et savait à quel point les communistes allemands étaient sensibles à tout ce qui touchait la Russie révolutionnaire, plus spécialement la ville de la Révolution d'Octobre. Il obtint son pont suspendu — et gagna en même temps la réputation d'être un politique extrêmement habile.

Vers la même époque, Adenauer laissa volontairement passer la chance de devenir chancelier. Sous la République de Weimar, les chanceliers restaient généralement en place pendant une moyenne de onze mois, c'est-à-dire jusqu'à l'effondrement de leur coalition gouvernementale. Or, les dirigeants du parti du centre pensaient qu'Adenauer était l'homme de la situation et qu'il aurait peut-être l'énergie requise pour enfin faire durer l'exécutif, et en 1926 ils le sollicitèrent par conséquent en vue de la formation d'un gouvernement.

Bien entendu, l'expérience le tentait. Mais son visage impassible cachait un politicien perspicace qui savait éviter les causes perdues. Non pas qu'il eût peur de prendre des risques. Mais il avait l'habitude d'évaluer très soigneusement les tenants et les aboutissants d'une affaire et notamment ses chances de succès, associant une analyse très poussée des données à un instinct politique finement mesuré. Il se rendit à Berlin et y scruta le climat politique ;

un examen lucide lui fit conclure que les chances de l'emporter étaient trop faibles. En conséquence, il déclina l'offre et rentra à Cologne.

Il est possible que les pressions économiques et sociales sans cesse accrues qui rendaient le gouvernement de l'Allemagne si problématique et aléatoire auraient aussi eu raison de la ténacité d'un Konrad Adenauer. Mais si sa décision est parfaitement compréhensible d'un point de vue personnel, je me suis souvent demandé à quel point l'histoire eût été changée si ce chef politique implacablement efficace était alors devenu chancelier. Hitler aurait pu rencontrer sa Némésis avant même d'accéder au pouvoir et faire fondre sur l'Allemagne et le monde la tragédie que l'on connaît.

Trois ans et demi plus tard, Adenauer fut réélu pour un nouveau mandat de maire de douze ans. Agé de cinquante-trois ans, il pensait alors aller jusqu'au bout de son mandat pour ensuite se retirer. Mais quand Hitler devint lui-même chancelier, les nazis ne voulurent plus tolérer à des postes de prestige des hommes de stature nationale ne partageant pas leur idéologie et restant indépendants d'esprit. Dès le début, Adenauer manifesta une farouche indépendance. Il réussit ainsi au cours de quelques semaines seulement à bafouer ou contrarier trois fois Hitler. D'abord il s'opposa, certes en vain, à l'abolition du parlement d'État de Prusse, dont il était membre depuis 1917. Puis, quand Hitler vint visiter Cologne dans le cadre de la campagne électorale pour le scrutin de 1933, Adenauer refusa catégoriquement d'aller l'accueillir à l'aéroport. Deux jours plus tard, le matin même du grand discours que Hitler devait prononcer à Cologne, Adenauer ordonna à des ouvriers municipaux d'aller enlever les drapeaux nazis qui flottaient sur un pont du Rhin ; il y dépêcha en même temps un contingent de policiers pour protéger ses ouvriers contre les attaques éventuelles des chemises brunes.

A la suite des élections, les nazis disposèrent d'un pouvoir absolu, et Adenauer se retrouva *persona non grata*. Il se fit insulter en public. Bientôt, il fut démis de ses fonctions de maire pour des crimes imaginaires contre la population de Cologne, et chassé de la ville. Cependant, si les nazis lui étaient évidemment hostiles, Adenauer ne figurait pas parmi les opposants à éliminer par priorité. Il fut arrêté pendant la fameuse Nuit des longs couteaux de 1934, mais relâché sans plus quand le massacre fut terminé. Pendant presque tout le reste de l'époque nazie, il put demeurer dans sa propriété de Rhöndorf, près de Cologne, s'occupant de ses rosiers et de sa famille.

En 1944, il frôla néanmoins la mort de très près. Il fut apparemment invité à se joindre à la courageuse mais malheureuse conspiration de Carl Friedrich Goerdeler visant à assassiner Hitler ; avec sa prudence coutumière, il refusa toutefois de se mêler aux conspirateurs après avoir soupesé les chances de succès et conclu que le plan mis sur pied allait probablement échouer. Après l'échec de cette tentative d'élimination physique du Führer, Adenauer fut arrêté et jeté en prison. Il échappa au transfert à Buchenwald en simulant une maladie. Puis il parvint à s'esquiver de l'hôpital avec l'aide d'un ami qui était dans la Luftwaffe. Les agents de la Gestapo le découvrirent finalement dans une scierie au milieu de la forêt, à une soixantaine de kilomètres de Cologne, et il fut une nouvelle fois arrêté. Son fils Max, qui était officier dans la Wehrmacht, se rendit alors à Berlin pour plaider en sa faveur, et les nazis le relâchèrent finalement en novembre 1944. Konrad Adenauer se trouvait chez lui, à Rhöndorf, quand les troupes américaines entrèrent dans Cologne au printemps suivant.

Malgré ces événements dramatiques, le moment le plus marquant de la vie d'Adenauer sous la domination hitlérienne fut un intermède de calme et de recueillement. En effet, lorsqu'il fut chassé de Cologne au printemps de 1933 après avoir dû renoncer à sa charge de premier bourgmestre, il laissa sa famille à Rhöndorf et entra dans une abbaye bénédictine à une vingtaine de kilomètres des bords du Rhin. Il espérait que dans ce monastère, il pourrait se soustraire au moins temporairement à l'inquisition des nazis. L'abbé était un ancien camarade de classe. Adenauer y resta presque toute une année, passant le plus clair de son temps à méditer, à se promener en forêt et à lire. La bibliothèque de l'abbaye était très riche en ouvrages d'histoire, et il dévora un livre après l'autre.

Avant l'accession de Hitler au pouvoir, Konrad Adenauer, premier bourgmestre, était le puissant et prospère « roi de Cologne » et le patriarche grave mais aimant d'une famille de plus en plus nombreuse. A présent, il se trouvait évincé du pouvoir, séparé de sa famille, menant au sens propre une vie d'ascétisme monastique. Il ne lui restait que sa foi. En réfléchissant aux périls auxquels s'exposait un peuple quand il s'abandonnait à un nationalisme militant et à la tyrannie, il se mit à envisager avec une intensité accrue son vieux rêve d'un nouvel ordre politique européen dans lequel la liberté et les principes chrétiens viendraient en premier lieu, et secondairement seulement la puissance et l'identité nationales.

Il s'agissait là des idylles solitaires d'un homme désillusionné. Quinze ans plus tard, quand il accéda au pouvoir en Allemagne de l'Ouest, Adenauer était parfaitement lucide et son instinct pragmatique reprit le dessus. Mais lorsque des considérations éminemment pratiques dictèrent que la seule façon de garantir une défense cohérente de l'Europe était pour la France et l'Allemagne de surmonter leurs différences, Adenauer était philosophiquement prêt. Il avait toujours recherché à rapprocher ces deux grands pays ; ce rapprochement pouvait à présent servir un grand dessein — la défense de l'Occident contre le nouvel empire soviétique — et ne pas être uniquement une fin en soi.

Quand les Américains prirent Cologne en 1945, ils s'empressèrent de réinstaller Konrad Adenauer à la mairie. Mais l'occupation de cette région passa ensuite sous l'autorité des Britanniques. Pour des raisons qui n'ont jamais reçu d'explication satisfaisante, ils le limogèrent très rapidement, lui interdisant en outre toute activité politique. Adenauer lui-même pensait à ce sujet que le gouvernement britannique travailliste de l'époque avait voulu favoriser la venue au pouvoir en Allemagne des sociaux-démocrates et n'avait donc pas voulu voir un conservateur à un poste aussi influent que celui de premier bourgmestre de Cologne. Ce renvoi fut un coup très dur pour Adenauer, car la reconstruction de Cologne avait été pour lui une affaire de cœur.

Néanmoins, ce que la mairie de Cologne perdait, l'Allemagne fédérale le gagnait. Une fois de plus, Adenauer se trouvait rejeté dans le désert, cette fois-ci par les Alliés et non par les nazis ; mais à présent son acquis théorique coïncidait avec les possibilités de l'heure. Il consacra ces deux mois de retraite forcée à faire de sa conception du destin de l'Allemagne un plan pour une action politique concrète. Dès que les Britanniques lui permirent de participer de nouveau à la vie politique, il commença à concentrer toute son énergie sur le développement de la C.D.U. (*Christlich-Demokratische Union*), le nouveau parti conservateur. En fait, la C.D.U. restera jusqu'en 1963 le fondement de son pouvoir.

Grâce à sa force de persuasion, son travail acharné et sa féroce volonté, Adenauer finit par avoir le parti en main et en fit bientôt une formidable force nationale. Il favorisa aussi sa propre ascension par quelques stratagèmes soigneusement minutés. Ainsi, il s'attribua la présidence d'une importante réunion du parti en entrant d'une façon décidée dans la salle, puis en déclarant en même temps qu'il prenait place qu'il allait présider les débats en vertu du fait qu'il était l'homme le plus âgé présent sur les lieux ; les autres membres de la C.D.U. furent tellement stupéfaits par cet aplomb qu'ils ne songèrent même pas à élever des protestations.

On pourrait s'imaginer qu'un dirigeant venu relativement tard à la politique parlementaire eût renâclé devant les obligations harassantes et souvent pénibles des campagnes électorales. Shigeru Yoshida, diplomate de carrière avant de devenir Premier ministre au Japon après la Seconde Guerre mondiale, avait effectivement de la répugnance pour ces corvées. Mais pas Adenauer. Au printemps 1960, il me donna de judicieux conseils de stratégie électorale pour le scrutin national à venir, puis me demanda si j'aimais les campagnes. Je lui répondis qu'elles étaient très éprouvantes pour moi. Après une campagne électorale, lui expliquai-je, je ressentais à peu près ce que j'avais ressenti après mon service dans le Pacifique au cours de la Seconde Guerre mondiale : je n'aurais à aucun prix voulu manquer cette aventure, mais ne tenais nullement à repasser de si tôt par la même expérience. Il me surprit alors en manifestant son désaccord. « J'adore les campagnes électorales, avoua-t-il. J'aime pouvoir me battre pour ce que je crois, affronter ceux qui me critiquent, leur donner la réplique ! »

Dans ce sens, il était très différent de son grand ami, le général de Gaulle. Adenauer goûtait les empoignades du combat politique personnel, adorait monter sur le ring pour lutter contre ses adversaires et ses détracteurs. De Gaulle, en revanche, s'il appréciait les bains de foule, refusait de façon presque impériale de participer lui-même aux joutes politiciennes et aux compétitions électoralistes. Contrairement à ce que l'on pourrait se figurer, le Français, de Gaulle, était l'introverti. L'Allemand, Adenauer, était l'extraverti. Ils connurent tous deux le succès en politique, mais avec des approches très différentes l'une de l'autre.

Au cours des semaines qui précédèrent les premières élections allemandes de l'après-guerre, fixées pour 1949, Adenauer, pourtant âgé de soixante-treize ans déjà, se révéla phénoménalement efficace et d'une énergie à tout rompre lors de ses tournées électorales. Il fit preuve de la résistance d'un homme de trente-cinq ans et témoigna d'un don insoupçonné pour faire passer le courant dans l'assistance, communiquer avec les électeurs en traitant les sujets qui leur tenaient à cœur. Ses adversaires politiques frustrés, les sociaux-démocrates, qui avaient espéré devenir dans l'immédiat après-guerre le premier parti d'Allemagne, eurent alors recours contre lui à l'invective personnelle, mais Adenauer leur répondit rarement sur ce ton. A l'issue du scrutin, la C.D.U. recueillait 7 360 000 suffrages, c'est-à-dire 400 000 voix de plus que les sociaux-démocrates. Il ne fallut au Bundestag nouvellement constitué qu'un seul tour de scrutin pour élire Konrad Adenauer premier chancelier de la République fédérale d'Allemagne.

En tant que dirigeant d'un pays occupé, Adenauer ne disposait en fait que de pouvoirs très limités. Dans ses rapports avec les Alliés et avec ses opposants au sein du gouvernement, il avait besoin de tout son bon sens et de toute son inépuisable et tenace patience. Au cours des négociations et des débats, son approche habituelle ne consistait pas à chercher d'emblée à dominer ses interlocuteurs, mais à d'abord écouter ce que chacun avait à dire. Quand il prenait finalement la parole lui-même, son instinct de joueur lui permettait d'éviter les points sur lesquels sa position était faible et de se concentrer sur ses points forts.

Les secrets de son formidable impact politique tenaient essentiellement aux qualités suivantes : avoir raison, être raisonnable, et être toujours préparé et documenté. Il étudiait à fond chaque sujet à débattre et se laissait rarement prendre au dépourvu, s'assurant toujours de pouvoir répondre rapidement et pertinemment aux arguments adverses. Ivone Kirkpatrick, le haut commissaire britannique, disait qu'Adenauer « était toujours prompt à déceler une faiblesse dans l'armure de l'adversaire, et à y faire passer sa lame ».

Cependant, en dehors du scalpel de son impitoyable logique, Adenauer disposait d'autres armes pour convaincre. Quand un conseil de cabinet devenait difficile pour lui, il lui arrivait de suspendre la séance et de faire circuler une bonne bouteille. Après quelques verres de vin et des échanges de propos anodins et amicaux, il faisait repartir le débat. La plupart du temps, ces pauses rendaient l'opposition beaucoup moins résolue.

Adenauer était un parfait connaisseur de vins fins. Il n'aimait pas seulement sa Rhénanie natale en tant que pays, mais aussi les vins prestigieux de ses vignobles. A certains déjeuners, il faisait parfois servir à la fois un vin du Rhin ou de la Moselle et un bordeaux, laissant toujours le vin français à ses invités. John McCloy me raconta qu'à l'occasion d'un dîner assez simple, il avait servi ce qu'il jugeait être un vin de table allemand très acceptable, obtenu dans un centre d'approvisionnement de l'armée. Il remarqua qu'Adenauer ne but que la moitié d'un verre. Le lendemain, il reçut du chancelier fédéral une caisse de Bernkasteler Doktor, un vin de la Moselle qui compte parmi les meilleurs crus du monde. Incidemment, ce vin figure aussi parmi mes préférés ; je le faisais parfois servir aux dîners officiels à la Maison-Blanche.

Un des atouts majeurs d'Adenauer était de paraître absolument infatigable, lui le septuagénaire. Le meilleur homme politique, devait-il me déclarer, est celui qui « peut rester assis à sa place plus longtemps que les autres ». Avec lui, les réunions pouvaient durer jusque tard dans la nuit : patiemment et stoïquement assis à sa place, il gagnait progressivement un opposant épuisé après l'autre à son point de vue.

Comme tous les grands dirigeants que j'ai connus, Adenauer était un homme intensément compétitif dans pratiquement chaque domaine d'activité dans lequel il s'engageait. A l'instar d'Eisenhower, qui, en dépit de ses manières faciles et de son sourire désarmant, était un adversaire féroce sur le terrain de golf ou à la table de bridge, Adenauer ne faisait aucun quartier dans la pratique de son jeu préféré, le *boccie* — le jeu de boules italien. McCloy, un athlète accompli qui avait été un joueur de tennis de classe mondiale dans sa jeunesse, trouva en lui un coriace adversaire. Il me confia qu'Adenauer jouait au *boccie* avec une grande habileté et une totale concentration, et qu'il était résolu de gagner même quand son adversaire était un proche ou un ami. L'homme d'État allemand n'aurait certainement pas souscrit au vieil adage selon lequel ce qui compte n'est pas de perdre ou de gagner, mais simplement de jouer. Adenauer jouait honnêtement, mais il jouait pour gagner.

Il en allait de même de son style politique. Comme Churchill, Adenauer était un brillant et redoutable parlementaire. Au cours de la session de 1949 du Bundestag pendant laquelle il définit son programme de gouvernement, Adenauer démontra qu'il possédait une autre vertu politique fondamentale : il savait garder son calme et sa bonne humeur même quand il était sous tension.

Étant donné qu'il s'agissait essentiellement du discours inaugural du gagnant des premières élections allemandes légitimes en seize ans, le moment aurait dû être solennel et digne. Adenauer savait que le monde entier était à l'écoute pour savoir si les Allemands avaient enfin appris à se comporter en démocrates. Mais au milieu de son discours, ses adversaires communistes et sociaux-démocrates commencèrent à le harceler de questions embarrassantes. Si Adenauer avait été l'homme pompeux que l'on a si souvent décrit, il aurait pu se montrer outré de voir ainsi gâchée une superbe occasion de relever le prestige de l'Allemagne ; s'il avait été dénué d'humour et d'esprit de finesse comme on le prétendait également, il serait resté de glace en ignorant les gêneurs. Il fit beaucoup mieux : il les surpassa ! Quand le député communiste Heinze Renner s'écria sarcastiquement que la partie de l'allocution d'Adenauer consacrée à l'Union soviétique avait été « conçue par un expert en la matière », Adenauer fit une pause, puis dit : « Monsieur Renner, vous êtes un homme envieux ! » L'assemblée croula de rire.

Les façons autoritaires d'Adenauer et son habileté de jouteur politique lui valurent une réputation de férocité dont il ne semblait guère se soucier. Un jour, accusé de passer sans ménagements par-dessus ses adversaires, il répondit modestement : « Ce n'est pas tout à fait vrai. » Une profonde admiration mutuelle se développa au fil des ans entre Adenauer et le dirigeant d'une autre ancienne puissance de l'Axe, Shigeru Yoshida, Premier ministre du Japon. Cette attirance réciproque était peut-être due, parmi d'autres raisons, au fait qu'ils étaient tous deux de fervents champions de la démocratie, mais avec un penchant particulier, dans la pratique gouvernementale, pour l'autoritarisme personnel.

A la différence de certains hommes politiques réputés autoritaires, Adenauer était généralement d'une grande patience avec les journalistes, mais il supportait difficilement les imbéciles et refusait systématiquement de faire l'honneur d'une bonne réponse à une question stupide. A un correspondant qui avait ainsi posé une question inepte, il lança furieusement : « Je vous saquerais du service diplomatique pour une telle question ! »

L'occupation alliée s'exerça pendant six ans sur les quatorze que durèrent les fonctions de chancelier fédéral d'Adenauer. Il me déclara souvent qu'il n'aurait jamais pu accomplir le redressement allemand tel qu'il le fit sans notre Plan Marshall et sans le concours de quatre distingués Américains : Dean Acheson, Lucius Clay, John McCloy et John Foster Dulles. Une autre raison de son succès fut sa disposition à toujours accepter un compromis avec les Alliés quand un tel compromis lui permettait de faire un pas de plus vers les objectifs qu'il s'était fixés : l'indépendance, le relèvement économique et l'intégration de l'Allemagne au reste de l'Europe.

Comme Yoshida, Adenauer savait que se montrer coopératif avec les Alliés n'était nullement synonyme d'une attitude de soumission aveugle. Néanmoins, quand il devenait exaspéré par les clameurs impatientes de certains Allemands, il lui arrivait de s'écrier : « Mais qui donc, selon eux, a perdu la guerre ? » En 1949, avant de devenir chancelier fédéral, il prononça un important discours devant un groupe international réuni à Berne en Suisse, et au cours de cette allocution il se livra à des attaques virulentes contre certaines initiatives des puissances d'occupation. Il déclara également que les Allemands auraient besoin de se découvrir une nouvelle fierté nationale — il évita soigneusement de parler de nationalisme — s'ils devaient reconstruire et défendre leur pays.

Ces déclarations donnèrent lieu à des critiques acerbes, notamment dans des journaux publiés dans les capitales des puissances d'occupation, et certains observateurs outrés allèrent jusqu'à dire que les Alliés se trouvaient confrontés à un nationaliste allemand impénitent. Les relations qu'Adenauer entretenait avec les gouverneurs militaires, qui le connaissaient bien, demeurèrent toutefois inchangées. Mais le discours incriminé lui valut un surcroît de popularité auprès de ses concitoyens. Par cet audacieux esprit d'indépendance, il mit en relief une dignité personnelle qui vint comme un fantastique encouragement pour tous ces Allemands obsédés par la restauration de leur dignité nationale.

Je rencontrai pour la première fois Adenauer par une sombre et pluvieuse matinée d'avril 1953, à l'aéroport national de Washington, où il était attendu pour des entretiens avec le président Eisenhower et John Foster Dulles. Nous nous trouvions à l'aéroport, Dulles et moi-même, en tant que représentants d'Eisenhower.

Cette visite du chancelier fédéral avait une grande signification pour deux raisons. D'abord, aucun chancelier allemand n'était jamais venu aux États-Unis. En fait, depuis la Première Guerre mondiale, aucun visiteur officiel de l'Allemagne n'avait abordé sur le sol américain. Mais l'occasion était aussi importante parce qu'elle ne se présentait que huit années après la fin de la Seconde Guerre mondiale. La façon dont Adenauer serait reçu non seulement par les hommes politiques mais aussi par les Américains eux-mêmes allait permettre de juger si l'amertume et le ressentiment nés de l'ère nazie et de ses séquelles s'étaient atténués dans notre opinion publique.

Le soutien américain aux choix d'Adenauer en politique étrangère n'était nullement assuré. Beaucoup d'Américains influents faisaient valoir que les États-Unis ne devaient pas être mêlés à la défense de l'Europe, et il est évident que cette tendance isolationniste se trouverait renforcée si nos entretiens avec Adenauer devaient se révéler infructueux ou inamicaux. Notre petite cérémonie d'accueil à Andrews serait la source de millions de premières impressions, à la fois en Amérique et en Europe.

Quand je vis Adenauer émerger de son avion, je fus frappé par sa taille massive, son maintien droit et rigide, et surtout par son anguleux visage de sphinx. Les visages de certains hommes trahissent automatiquement leurs sentiments. D'autres hommes, et c'était éminemment le cas d'Adenauer, affichent une expression totalement maîtrisée qui ne révèle rien du tout. Dans les relations internationales et dans la vie politique en général, on prend nécessairement un avantage sur une personne dont on peut déduire ou deviner la pensée et les sentiments en étudiant son expression. Le visage d'Adenauer ne montrait qu'une calme et presque stoïque maîtrise de soi. Son expression masquait totalement ses pensées.

L'idée que je voulais faire passer dans mon allocution de bienvenue était la suivante : que la visite d'Adenauer ne marquait pas la naissance mais la *renaissance* des rapports fructueux entre nos deux pays. Du fait des deux guerres mondiales et des propagandes caricaturales qui les avaient accompagnées, l'image du nazi prussien, chauvin et militariste, défilant au pas de l'oie, était entrée dans le folklore américain. Je savais cependant qu'il existait une autre Allemagne et que les relations germano-américaines avaient aussi eu un autre aspect. La mère de ma femme était née en Allemagne. Ma propre mère avait eu une licence d'allemand et avait toujours vanté le haut niveau et les travaux remarquables des grandes universités allemandes. Enfin, à la faculté de droit de Duke, j'avais moi-même appris par le professeur Lon Fuller l'influence déterminante que d'éminents juristes et érudits allemands avaient exercée sur l'élaboration et le développement des principes de droit occidentaux.

En souhaitant la bienvenue à Adenauer, je tenais à évoquer le souvenir d'un autre temps, rappeler aux Américains que des Allemands avaient participé dès l'origine à la construction de notre pays. Je dis à Adenauer qu'à quelques pas seulement de Blair House, qui allait être sa résidence à Washington, s'élevait la statue du baron Friedrich Wilhelm von Steuben, l'officier de l'armée prussienne qui avait combattu avec George Washington à Valley Forge pendant l'hiver de 1777-1778, et qui s'était chargé de l'entraînement de l'armée continentale avec des résultats spectaculaires. Je déclarai que les Américains n'oublieraient jamais les contributions que von Steuben et des millions d'autres Allemands avaient faites à notre nation.

Dans sa réponse, Adenauer se tourna vers moi et dit : « Vous venez de mentionner le baron von Steuben. Je tiens à vous remercier de la façon généreuse dont vous avez rendu hommage à l'amitié entre l'Amérique et l'Allemagne sans évoquer les décennies récentes. » Son meilleur biographe écrivit plus tard qu'Adenauer fut visiblement touché par cet accueil de l'Amérique. Le lendemain, il alla déposer une couronne sous la statue de von Steuben.

Les choix d'Adenauer en politique intérieure et extérieure résultaient des leçons fondamentales de sa vie. Élevé dans l'atmosphère politique et culturelle de cette Rhénanie où la loyauté aux choses allemandes se trouvait contrebalancée par une affection instinctive pour tout ce qui était français, il recherchait un rapprochement franco-allemand qui se servirait de l'ancien rapport entre les deux nations comme d'un levier stratégique dans le monde moderne de la confrontation Est-Ouest. Éduqué comme catholique dévot mais épris de liberté, il visait à des associations entre les nations et les groupes d'intérêts au sein de la société — gouvernement, patronat, syndicats — propres à empêcher une nation ou un groupe d'établir sa tyrannie sur les autres. Et avant tout, parce qu'il aimait la liberté et considérait que sa préservation était capitale pour la sauvegarde de l'esprit humain, il était prêt à se battre pour défendre la communauté allemande ainsi que d'autres sociétés libres contre la menace constituée par le communisme et l'expansionnisme soviétique.

Si sa pensée n'était ni complexe ni originale, elle était logique et constituait une synthèse, lui fournissant le dessein cohérent dont a besoin tout grand chef politique. Naturellement, dessein cohérent et bon sens ne vont pas toujours de pair. J'ai rencontré certains dirigeants qui étaient d'efficaces techniciens mais chez lesquels on ne décelait nul idéalisme. D'autres étaient des idéalistes qui avaient les yeux dans les étoiles mais n'avaient pas la moindre idée quant à la façon de concrétiser leurs idéaux. Adenauer comptait parmi les hommes d'État extrêmement rares dont l'intelligence politique pratique est à la hauteur de leur idéalisme. Il était le maître d'une précieuse alchimie grâce à laquelle il pouvait transmuer une profonde croyance spirituelle en une base d'action politique effective.

Adenauer comprenait que les racines de la démocratie plongent dans l'éthique judéo-chrétienne. En fait, ce qu'il redoutait le plus du communisme comme du nazisme, c'était de voir les hommes contraints de sacrifier leur identité spirituelle sur l'autel du matérialisme. Mais il n'était nullement un croisé des Temps modernes préoccupé de convertir le monde non chrétien à sa croyance. A ses yeux, l'essence d'un bon gouvernement chrétien était dans la latitude laissée à chacun de faire ses comptes avec Dieu à sa façon.

La protection de la liberté et de la dignité de chaque individu représentant leur exigence suprême, les options politiques chrétiennes d'Adenauer se situaient aussi au cœur du miracle économique allemand. Dans ce domaine, son instinct constituait le succédané adéquat au savoir-faire technique. Il n'était pas très versé dans les sciences et pratiques économiques et ne participait pas directement à l'élaboration des politiques fiscales et monétaires spécifiques, abandonnant les détails à· son excellent ministre des Finances Ludwig Erhard. Mais Erhard obéissait toujours à un axiome fondamental d'Adenauer, le « principe du pouvoir diffus ». Douze années de fascisme allemand et sa connaissance des réalités de l'Union soviétique avaient mis le chancelier en garde contre les dangers d'une trop grande accumulation de pouvoirs entre des mains privées ou publiques. Ainsi, il était hostile à la fois à l'industrie nationalisée et aux monopoles, à la fois aux grèves et aux abus de gestion du patronat.

En 1951, une rencontre historique entre Adenauer et le principal dirigeant syndical allemand allait donner lieu à un accord grâce auquel les ouvriers se retrouvaient côte à côte avec le patronat et la direction dans les comités d'entreprise, avec le même droit de vote. Cette cogestion valut à l'Allemagne trois décennies sans véritables troubles sociaux.

En raison des conséquences bénéfiques de cet accord et de la gestion intelligente de l'économie par Erhard, et aussi parce que Adenauer persuada les Alliés en 1949 de réduire de façon drastique leurs projets de démantèlement de l'industrie allemande, l'Allemagne fédérale allait connaître un stupéfiant essor économique pendant pratiquement une trentaine d'années. Aujourd'hui, son P.N.B. par habitant est supérieur à celui des États-Unis, et sa production industrielle est de 50 % supérieure à celle de l'Allemagne unifiée d'avant la guerre.

De même que le concept d'association d'Adenauer apporta la prospérité à l'Allemagne fédérale, il contribua à apporter la paix et l'unité économique à l'Europe occidentale. « A mon avis, devait écrire Adenauer à propos de la situation en Europe après la guerre, aucun pays européen particulier ne pourrait assurer à son peuple un avenir sûr par ses propres moyens. »

En collaboration avec le ministre des Affaires étrangères français Robert Schuman, Adenauer accepta l'instauration d'une autorité internationale destinée à superviser la production du charbon et de l'acier des principaux pays européens (Communauté européenne du Charbon et de l'Acier), un arrangement sans précédent qui devait conduire, sous la direction du brillant économiste français Jean Monnet, à la création du Marché commun. Son rêve d'une armée européenne (la fameuse Communauté européenne de défense : C.E.D.), à laquelle chaque nation était censée verser des troupes, buta sur l'opposition de l' Assemblée nationale française qui, en raison de la méfiance persistante à l'égard du militarisme allemand, refusa de considérer le projet. Adenauer fut terriblement déçu par ce rejet, mais il surmonta sa déception et, grâce à l'aide de Churchill et d'Anthony Eden, parvint à négocier l'entrée de l'Allemagne dans l'O.T.A.N. en 1954 et sa totale indépendance du contrôle allié en 1955. Adenauer et de Gaulle couronnèrent la réconciliation de leurs deux pays par de triomphales visites réciproques et par la signature du traité de coopération franco-allemand de 1963.

Adenauer était souvent comparé à Charlemagne, ce chef illustre qui, par la force de sa personnalité et l'élan de la foi, réussit à rassembler l'Europe au sein d'un vaste empire chrétien à la fin du VIIIe et au début du IXe siècle. La comparaison était appropriée à plus d'un titre. Charlemagne comme Adenauer étaient des hommes imposants au physique. Les deux étaient profondément croyants, mais goûtaient en même temps les joies de la vie. Et s'ils étaient tous les deux connus comme des hommes d'action et non comme de grands penseurs, ils étaient néanmoins envoûtés par le même rêve et possédaient les moyens et la capacité d'en faire une réalité.

L'empire de Charlemagne fut divisé entre ses trois petits-fils au IXe siècle. Depuis lors la France et l'Allemagne, les deux parties les plus importantes du royaume morcelé, se trouvèrent périodiquement affrontées dans des hostilités. Pendant sa « traversée du désert », alors qu'il réfléchissait au passé de ces nations et à leurs possibilités d'avenir, Adenauer acquit la certitude que les peuples du vieux continent européen pourraient être une nouvelle fois rassemblés sous des gouvernements solidaires, unis par le respect commun des valeurs chrétiennes. Après la guerre, il fit sa priorité d'une Europe libre et unie, opposée au despotisme soviétique.

Par une ironie du sort, son rêve d'unité comportait un aspect négatif. Après la Seconde Guerre mondiale, beaucoup d'Allemands pensèrent que le vieux chancelier n'était pas réellement préoccupé par la réunification de l'Allemagne. Quand Adenauer se tournait vers l'Europe occidentale, ses concitoyens avaient l'impression qu'il tournait le dos aux dix-sept millions d'Allemands isolés dans la zone soviétique, devenue la R.D.A. Et dans un certain sens, ce n'était pas faux.

Adenauer était né en pays rhénan, c'est-à-dire dans ce qui avait été jadis la Lotharingie, le royaume central situé entre la France médiévale et la Germanie. Beaucoup de Rhénans naissent avec un noyau d'ambivalence : ils sont à la fois allemands et un peu français. Certains détracteurs d'Adenauer insinuaient qu'il était plus pro-rhénan, ou même plus profrançais, qu'il n'était proallemand. Alors que son patriotisme allemand ne fut jamais mis sérieusement en doute, il est vrai que son cœur resta toujours attaché à la Rhénanie et qu'il ne partageait en rien l'antipathie prussienne à l'égard des Français.

John McCloy était un ami et un fervent admirateur du chancelier fédéral. Évoquant sa personnalité dans une conversation avec moi, il cita ce vers de Goethe pour le décrire : « Deux âmes, hélas ! vivent dans ma poitrine. » L'une de ces âmes était allemande, l'autre européenne. L'une aimait sa patrie, l'autre était repoussée par ses épisodes de militarisme et de totalitarisme. Adenauer insista pour que la capitale fédérale de l'Allemagne de l'Ouest fût située en pays rhénan ; c'était une façon de dissocier l'Allemagne nouvelle de son passé prussien. Bonn est plus près de Paris que de Berlin.

A la fin, cette répugnance d'Adenauer pour l'Allemagne prussienne causa probablement sa chute. Quand les Allemands de l'Est commencèrent à élever le Mur de Berlin en août 1961, il laissa passer neuf jours avant de se rendre dans l'ancienne capitale de l'Allemagne, délai qui lui valut des critiques véhémentes et en partie justifiées. Sa présence sur les lieux au début de la crise aurait incontestablement pu atténuer l'angoisse des habitants des deux moitiés de la ville.

Quand il arriva finalement, il fut reçu froidement par les Berlinois et par leur maire, Willy Brandt. Néanmoins, il se dirigea d'un pas ferme vers le rideau de fil de fer barbelé de la Potsdamer Platz et s'immobilisa à cinq mètres de distance, regardant fixement vers l'autre côté. Des responsables de la R.D.A. se moquèrent de lui à travers leurs mégaphones, mais il demeura ferme. Ce fut un moment impressionnant de silencieux défi. Mais cet acte résolu ne suffit pas à effacer l'amertume ressentie par beaucoup d'Allemands qui pensaient que le chancelier fédéral avait beaucoup trop tardé à se manifester. Un mois plus tard, à l'occasion des élections générales, la C.D.U. d'Adenauer perdit la majorité absolue au Bundestag.

Pendant toute la durée de ses fonctions de chancelier fédéral, et bien qu'Adenauer déclarât toujours qu'il souhaitait la réunification des deux Allemagnes, la sincérité de ses propos ne fut jamais d'une absolue évidence. Il aimait dire qu'il y avait trois sortes d'Allemands : les buveurs de schnaps de Prusse, les buveurs de bière de Bavière et les amateurs de vin du pays rhénan. Et, ajoutait-il, seuls les Rhénans étaient assez sobres pour gouverner les autres. Son attitude découlait peut-être aussi d'une arrière-pensée électoraliste, car dans une Allemagne réunifiée les voix progressistes auraient pu être plus nombreuses et mettre en péril la courte victoire à laquelle il devait la chancellerie.

Les historiens de tendance plus fataliste ont coutume de définir le chef capable comme étant celui qui sait faire coïncider son action politique avec le cours inchangeable de l'histoire. En d'autres termes, ils pensent que c'est l'histoire qui fait l'homme plutôt que l'inverse. Selon cette théorie, l'Allemagne de l'Ouest aurait glissé vers l'Europe occidentale et se serait éloignée de l'Est communiste en raison de l'irrésistible courant de la guerre froide et de l'antagonisme apparu entre les États-Unis et le bloc soviétique. Adenauer, toujours dans cette perspective, n'aurait été que l'homme de barre capable de faire de légers ajustements.

Ce type de théorie est surtout apprécié des théoriciens, c'est-à-dire de gens qui manient des abstractions. Elle n'est pas très goûtée des hommes d'État, qui se trouvent confrontés au concret et qui savent par leur propre expérience à quel point les décisions d'un dirigeant peuvent modifier l'événement. En fait, pendant les années troublées de l'immédiat après-guerre, les chances d'un rapprochement franco-allemand, la clef de l'unité européenne, paraissaient souvent minces. Trois fois en moins d'un siècle, Français et Allemands s'étaient massacrés dans de sauvages combats. La haine et la méfiance réciproques semblaient trop profondes pour être surmontées. La réconciliation ne put finalement s'opérer qu'en raison de la persévérance d'Adenauer, de la confiance qu'il inspirait à d'autres dirigeants au rôle déterminant, tels que de Gaulle et Schuman, et du nouveau sentiment d'urgence suscité par la menace soviétique.

A diverses reprises au cours des années cinquante, ainsi lorsque le Parlement français opposa son veto à la création de la C.E.D., un dirigeant allemand différent aurait pu laisser pourrir les relations franco-allemandes, les laisser revenir à l'état d'hostilité pour une autre génération. Adenauer ravala sa frustration. « Je crois que la patience est l'arme la plus efficace dans l'arsenal des vaincus, devait-il déclarer un jour, et j'en possède une bonne dose. Je peux attendre. »

Après la guerre, l'Europe vacilla pendant un long moment sur la mince arête entre l'alliance et l'isolationnisme. Dans un tel moment, quand les événements peuvent s'enclencher aussi facilement dans un sens que dans l'autre, le grand dirigeant pourra être l'élément déterminant. Adenauer, avec sa vision d'une Europe moderne fondée sur l'Europe qui avait existé à l'aube du Moyen Age, était prêt à être un chef d'une telle envergure décisive, et il sut parfaitement remplir son rôle.

A la suite de son voyage de 1953, Adenauer vint encore six fois à Washington avant 1961. S'il se rendait si fréquemment outre-Atlantique, c'était que ses entretiens avec Dulles et avec le président Eisenhower se révélaient toujours particulièrement fructueux. Il jugeait le gouvernement américain beaucoup plus réceptif que la France ou l'Angleterre à ses idées concernant la défense de l'Europe occidentale. Quand les Français rejetèrent la C.E.D. en 1954, Adenauer confia à Dulles qu'il estimait que les « meilleurs Européens » se trouvaient aux U.S.A.

Il était très proche de Dulles, avec lequel il avait beaucoup de choses en commun. Les deux étaient profondément religieux. Les deux avaient une formation juridique. Les deux étaient extrêmement attachés à leur famille. Et surtout, les deux étaient des internationalistes convaincus, engagés sans rémission dans le combat contre la progression de la tyrannie. Terence Prittie, biographe d'Adenauer, situe bien leur optique commune quand il écrit : « Les liens les plus forts qui les unissaient étaient sans doute leur croyance respectueuse en Dieu et leur haine du communisme. »

Adenauer ne voulut jamais reconnaître la légitimité du gouvernement communiste de la R.D.A., qualifiée par lui de « zone soviétique » jusqu'à la fin de sa vie. Et il ne croyait pas à la sincérité des Soviétiques quand ils déclaraient souhaiter une Allemagne indépendante, unifiée et neutre, avec un gouvernement démocratiquement élu. D'abord, Adenauer savait que les Soviétiques n'avaient jamais toléré d'élections libres en Allemagne de l'Est. En second lieu, il était persuadé que dans l'Europe de l'après-guerre aucune nation optant pour la neutralité ne pourrait rester longtemps indépendante. « On ne peut pas rester assis entre deux chaises », disait-il.

Chez lui, Adenauer se fit souvent attaquer très violemment par des opposants qui soutenaient qu'il aurait dû se montrer plus accueillant aux ouvertures occasionnelles des Soviétiques concernant la réunification. Mais auprès de Dulles, il se trouvait toujours conforté dans l'affirmation de ses convictions. Il le dit bien dans ses *Mémoires* : « Dulles et moi, nous étions d'accord sur un principe fondamental : pas de concessions sans concessions en retour. Nous étions accusés d'être obstinés et statiques, et le monde entier faisait valoir que nous devrions nous montrer plus flexibles. »

C. L. Sulzberger, le distingué correspondant du *New York Times*, à Bonn, demanda un jour au chancelier quel était le plus grand homme jamais rencontré par lui. Adenauer alla à son bureau et prit une photo encadrée de Dulles prise à l'occasion de sa dernière visite en Allemagne en 1959.

Le chancelier tendit la photo à Sulzberger et dit : « Le voici. » Quand Sulzberger voulut savoir pourquoi il avait précisément choisi Dulles, Adenauer répondit : « Il pensait clairement. Il avait de la prescience, il voyait ce qui allait arriver ; et il tenait parole. Il tenait ses promesses. »

Certains détracteurs affirment que Dulles et Adenauer étaient devenus à tel point solidaires que chacun renforçait l'inflexibilité déraisonnable de l'autre à l'égard des Russes, et que l'amitié personnelle qui liait Dulles au dirigeant allemand avait placé le Département d'État au service de la politique étrangère d'Adenauer. Il est plus vrai de dire que leur remarquable amitié naquit de leur accord complet au sujet des questions qui les préoccupaient le plus, notamment de la meilleure position que pouvaient adopter leurs nations envers l'Union soviétique.

En février 1959, Dulles apprit qu'il était atteint d'un cancer inguérissable. Adenauer compta parmi les premières personnes qu'il mit au courant. Dulles mourut au mois de mai, et le chancelier fédéral d'Allemagne, alors âgé de quatre-vingt-trois ans, prit l'avion pour Washington et suivit le cortège funèbre.

Les funérailles de Dulles attirèrent des dignitaires venus du monde entier dans la capitale fédérale des États-Unis d'Amérique. Ils arrivèrent en foule. Certains le haïssaient ; certains le craignaient ; tous le respectaient. Adenauer figurait parmi les rares hommes d'État qui l'aimaient.

De même qu'est absurde l'affirmation selon laquelle les Britanniques seraient dénués d'humour ou celle voulant que les Japonais seraient incapables de voir les choses avec droiture, ainsi l'idée que les Allemands seraient par nature stoïques et privés d'émotions est-elle un mythe. Je sais par ma propre expérience que la plupart des Allemands, malgré les apparences, sont profondément émotifs. Et, assurément, il en allait ainsi d'Adenauer. Des larmes lui vinrent aux yeux lorsqu'il me parla de son affection et de son respect pour Dulles. « Il n'y a pas un seul homme sur la scène du monde, dit-il, qui puisse remplir la place qu'il a laissée vacante. »

De même que beaucoup de ses détracteurs jugeaient Adenauer froid et privé d'émotions, de même beaucoup d'autres — ne voyant que l'unité frappante et presque organique de sa pensée et de ses programmes de gouvernement — le prenaient-ils pour un homme simple. Bruno Kreisky, le chancelier d'Autriche pourtant capable et habituellement perspicace, alla même jusqu'à affirmer qu'Adenauer n'était pas cultivé et qu'il n'avait pratiquement jamais rien dit. Il est vrai que le discours d'Adenauer n'était pas pimenté, comme celui de Douglas MacArthur, de références littéraires et philosophiques. Le chancelier allemand n'était pas non plus un écrivain accompli comme de Gaulle ou Churchill. Il m'avoua en fait que la rédaction de ses *Mémoires* était pour lui une corvée qu'il endurait par souci de véracité historique.

Adenauer était néanmoins un homme parfaitement cultivé et informé. Contrairement à l'impression qu'avait pu avoir Bruno Kreisky, il lisait tout le temps, plus spécialement des ouvrages d'histoire ; je puis en témoigner ici en raison de mes conversations avec lui. Quand il partait en vacances, il emportait toujours une grosse collection de disques de musique classique, ses compositeurs préférés étant Schubert, Haydn, Beethoven, Vivaldi et Mozart. Il était connu pour être un horticulteur amateur de premier rang. On savait moins qu'il était aussi passionné de peinture, un véritable expert en matière de maîtres hollandais. Le conservateur de la National Gallery de Washington me déclara un jour que s'il avait à choisir son successeur, il prendrait Adenauer.

Le jour qui suivit les funérailles de Dulles, je rencontrai Adenauer dans mon bureau du Capitole, et le soir Mme Nixon et moi nous l'invitâmes à dîner dans notre appartement de Washington. Pendant nos conversations, Adenauer s'exprima toujours en allemand et n'employa pas un seul mot d'anglais, mais je pouvais me rendre compte qu'il le comprenait assez bien. Comme de Gaulle, il corrigeait parfois son interprète quand il estimait qu'une nuance de sa pensée avait été improprement rendue.

Pendant le dîner notre conversation s'orienta sur les fatigues des campagnes électorales et des voyages intercontinentaux. Il me demanda subitement : « Avez-vous un bon sommeil ? » Je lui répondis que j'avais beaucoup de peine à m'endormir quand j'avais des sujets de préoccupation. Adenauer me rétorqua qu'il avait presque toujours eu un sommeil difficile. Je lui demandai comment il y remédiait : « Je prends des somnifères, répondit-il. Cela fait trente ans que j'en prends. »

« Et que faites-vous quand ils restent sans effet ? » fut ma question suivante. « Je vais chez le médecin pour m'en faire prescrire d'autres », répliqua-t-il en souriant.

Son biographe attitré nous explique que l'insomnie d'Adenauer débuta en 1933, quand les nazis en firent un fugitif. Chancelier, il prit l'habitude de se lever à six heures du matin, longtemps avant les autres membres de sa famille, et de s'asseoir sur sa terrasse ou dans son jardin, à écouter le réveil des oiseaux et voir les rayons du soleil levant jouer sur les hauteurs du massif de l'Eifel. Il disait que ces moments de détente compensaient ses nuits d'insomnie.

Quand il se rendait dans sa salle de bains, Adenauer emportait parfois du papier et un crayon, car il trouvait souvent ses meilleures idées en se rasant. Après le petit déjeuner, les journaux du matin et quelques instants en compagnie de sa famille, il sortait de sa maison à dix heures moins dix, descendait rapidement les cinquante-trois marches de l'escalier de pierre qui longeait ses lilas et ses magnolias, saluait au passage les journalistes, gardiens ou jardiniers qui pouvaient l'attendre, et s'engouffrait dans sa limousine. Comme le pape Pie XII, Adenauer aimait rouler à vive allure. Il était en général dans son bureau de Bonn après dix minutes de route seulement. Ses voisins pouvaient régler leurs montres sur ses habitudes matinales, tant elles étaient précises.

Comme de Gaulle et Yoshida, Adenauer était exceptionnellement attaché à sa famille. Il fut frappé deux fois dans sa vie par de douloureuses tragédies personnelles. Sa première femme, Emma, mourut à Cologne en 1916 après une longue maladie. Au cours des mois qui avaient précédé son décès, Adenauer restait à son chevet à midi et le soir, lui parlant ou lui faisant de la lecture jusqu'à son sommeil. En 1919, âgé de quarante-trois ans, il épousa en secondes noces Gussi Zinsser, qui avait vingt-cinq ans et qui était une cousine de la femme de John McCloy. En 1944, alors que le futur chancelier cherchait à se dérober aux recherches des nazis, ces derniers arrêtèrent Gussi, l'enfermèrent dans une cellule remplie de prostituées et la soumirent à un interrogatoire brutal pour savoir où se trouvait son mari. Elle ne céda que lorsque les autorités hitlériennes menacèrent de jeter également en prison sa fillette Libet.

Gussi mourut de leucémie en 1948, et, profondément chagriné, Adenauer ne devait jamais se remarier. Il éleva ses sept enfants comme il avait été élevé lui-même : avec de fortes doses de discipline et d'affection. L'un de ses fils déclara : « Notre père laisse la démocratie au vestiaire. Il a la main plutôt lourde avec nous. Quand il s'agit de transplanter un rosier, c'est lui qui décide quand et comment. Quand ma sœur veut confectionner un gâteau, c'est encore à lui de prendre la décision. C'est assez habituel en Allemagne, vous savez... C'est ainsi que les choses doivent se passer ! »

Après la disparition de Gussi, Adenauer se faisait souvent accompagner par un ou même plusieurs de ses enfants à l'occasion de ses déplacements. Ainsi, lorsqu'il vint dîner chez nous en 1959, son fils Paul et sa fille Libet étaient avec lui.

Adenauer avait fait le voyage de Moscou en automne 1955 pour des entretiens avec Khrouchtchev, et j'étais en train de préparer mon propre voyage de juillet. J'avais consulté plusieurs experts sur les questions russes — y compris Dulles que j'avais vu dans sa chambre d'hôpital quatre jours avant sa mort — et à l'occasion du dîner de ce soir-là je voulais tout particulièrement connaître les impressions d'Adenauer. Je ne fus pas très étonné de découvrir qu'elles ressemblaient assez à celles de Dulles.

Adenauer s'était rendu à Moscou dans l'espoir d'atténuer la belligérance soviétique à l'égard de la R.F.A. et peut-être d'arracher aux maîtres du Kremlin une mainmise moins brutale sur l'Allemagne de l'Est. Mais il avait trouvé un Khrouchtchev totalement intransigeant sur ces questions, obtenant néanmoins la libération de dix mille prisonniers de guerre allemands, détenus depuis dix ans en U.R.S.S. En échange, il accepta l'instauration de relations diplomatiques entre l'Union soviétique et la République fédérale d'Allemagne.

Il avait entrepris sa mission avec une insurmontable répugnance. Pour Adenauer, l'Union soviétique représentait l'athéisme institutionnalisé, c'est-à-dire une aberration que le monde n'avait plus connue depuis Constantin. La rudesse paysanne de Khrouchtchev ne fit qu'accroître l'horreur ressentie par Adenauer. Il m'avoua qu'il avait dû bander toutes ses forces pour ne pas être physiquement indisposé au contact du dirigeant soviétique.

Khrouchtchev se comporta à sa façon détestable habituelle, insultant, criant, trépignant, hurlant à un moment donné que « les capitalistes rôtissent et dévorent les communistes, qui plus est, sans sel ! ». Adenauer se bornait à le dévisager avec sa coutumière patience de fer, mais lorsque aucun progrès ne semblait devoir être enregistré à l'une des sessions des deux délégations, il donna l'ordre de faire revenir son avion de Francfort — un de ses adjoints ayant toutefois pris la précaution de transmettre la directive du chancelier par une ligne téléphonique normale et donc probablement sur écoute. Craignant que les Allemands ne repartent, les Soviétiques se montrèrent beaucoup plus accommodants.

Khrouchtchev était alors relativement novice dans l'exercice du pouvoir et nullement familier des grands dirigeants qu'il allait trouver en face de lui dans le monde libre. Il cherchait visiblement à provoquer Adenauer. A l'occasion d'un banquet, il proposa une série presque interminable de toasts, pour voir si Adenauer, avec ses soixante-dix-neuf ans, si intraitable à la table de négociations, pouvait être neutralisé par l'alcool. S'il préférait de loin le vin à la vodka, Adenauer n'avait toutefois pas seulement une volonté mais aussi un estomac de fer. Après une quinzaine de toasts, il était toujours droit et alerte — assez alerte, en fait, pour remarquer que Khrouchtchev lui-même avait bu de l'eau et non cette vodka qu'il prodiguait si généreusement. Le lendemain matin, toujours imperturbable, Adenauer déclara à Khrouchtchev qu'on ne pouvait pas faire confiance à un homme qui se livrait à de tels stratagèmes. Surpris d'avoir été pris la main dans le sac, Khrouchtchev ne put que rire de l'incident.

Pendant toute la semaine que durèrent leurs confrontations, Adenauer rendit à Khrouchtchev coup pour coup. Quand le Premier secrétaire du Parti communiste de l'U.R.S.S. répondit à une proposition allemande : « Je vous verrai en enfer avant d'être d'accord sur ce point ! » Adenauer répliqua : « Si vous me voyez un jour en enfer, ce sera uniquement parce que vous y serez déjà ! » Une autre fois, quand un Khrouchtchev en colère brandit le poing, le chancelier sauta sur ses pieds et brandit les deux poings.

Les Russes prirent un air de bonne conscience quand ils commencèrent à énumérer les atrocités commises par les nazis en Union soviétique au cours de la Seconde Guerre mondiale. Mais Adenauer refusa catégoriquement de revêtir le manteau d'abjecte culpabilité que les maîtres du Kremlin avaient façonné à son intention. Il déclara à Boulganine et à Khrouchtchev que beaucoup d'Allemands s'étaient opposés à la guerre et que, de toute façon, son pays avait également souffert des agissements des troupes soviétiques.

Cet argument déclencha un accès de fureur typique de Nikita Khrouchtchev, qui soutint que l'accusation portée par Adenauer concernant les atrocités russes en Allemagne était une « offense ». « Après tout, qui est responsable ? » dit le Premier secrétaire avec hauteur. « Nous n'avons franchi aucune frontière. Nous n'avons pas commencé la guerre ! »

Mais Adenauer resta ferme. Il rappela à Khrouchtchev qu'il avait été emprisonné par les nazis avant et pendant la guerre et qu'il avait eu largement le temps d'étudier les raisons qui avaient pu pousser les nations rangées aux côtés de Hitler. Cette référence évidente au pacte de non-agression signé par Molotov et Ribbentrop en 1939 enleva au Soviétique son aplomb moralisateur ; il se calma, et les entretiens purent se poursuivre beaucoup plus positivement.

Au cours de ce dîner de 1959, Adenauer prit plaisir à relater ses joutes verbales avec Khrouchtchev. Mais il me mit en garde, malgré le comportement suffisant et balourd du Russe, de le sous-estimer. « Il est hautement intelligent, dur et sans scrupules », dit Adenauer.

Il était clair que le chancelier fédéral avait goûté les véhémentes confrontations oratoires qui l'avaient opposé au Premier secrétaire du Parti communiste de l'U.R.S.S. Contrairement à d'autres dirigeants, il ne rechignait pas devant les tâches difficiles ou déplaisantes. Au contraire, il y prenait plaisir. Il fit preuve du même esprit compétitif quand il évoqua par la suite son penchant pour les tournées et campagnes électorales. Pendant toute sa vie, il voulut toujours descendre dans l'arène et non pas rester en spectateur dans les tribunes.

A l'époque de ce voyage de 1959 à Washington, Adenauer venait de rendre publique sa décision d'être candidat au poste de président fédéral (*Bundespräsident*) de l'Allemagne de l'Ouest. Il espérait pouvoir transformer cette fonction, qui était alors essentiellement honorifique, en une charge similaire à celle du président de la République en France sous de Gaulle. Il pourrait ainsi se consacrer aux grands desseins de sa politique sans avoir à supporter le train-train administratif quotidien et les chicaneries de politique partisane liés aux fonctions de chancelier.

Cette décision n'était pas très sage, mais elle était compréhensible. Adenauer avait construit la R.F.A., et au bout de dix années de chancellerie, il avait fini par s'identifier à elle et à se demander ce qu'il en adviendrait après sa disparition. Depuis l'époque nazie, Adenauer n'avait jamais plus fait totalement confiance à ses compatriotes. Il les traita un jour de « moutons carnivores ». Vers la fin de sa vie, il déclara à un journaliste : « Le peuple allemand m'inquiète très sérieusement. Tout ce que je peux dire en sa faveur, c'est qu'il a eu beaucoup trop à supporter. Il n'a connu ni sérénité ni stabilité depuis la guerre de 14-18. »

Adenauer n'ayant jamais cru à la totale maturité politique du peuple allemand, il se battit pour rester au pouvoir au-delà de ce qui était raisonnable, et tenta même d'accroître ses prérogatives alors qu'il aurait dû, au contraire, ouvrir calmement la voie à d'autres pour prendre sa succession. Bref, pendant la crise présidentielle de 1959, Adenauer alla trop loin.

Une fois de plus, des anecdotes circulèrent concernant ses façons autoritaires, cette fois-ci en rapport avec les réunions ministérielles. Beaucoup étaient assez véridiques. Selon une histoire peut-être apocryphe, après un débat au Conseil des ministres sur la proposition de loi accordant le droit de « cogestion » aux ouvriers de l'industrie, on lui demanda : « Et quand pensez-vous accorder le droit de cogestion à vos ministres ? »

Quand se développa le conflit qui allait être connu sous le nom de « crise présidentielle », Adenauer devint de plus en plus amer, car les dirigeants de la C.D.U., qui l'avaient poussé à rechercher la présidence de la R.F.A., insistaient maintenant pour soutenir la candidature de Ludwig Erhard pour lui succéder à la chancellerie fédérale. Aux yeux d'Adenauer, Erhard était politiquement naïf, donc incompétent. Ainsi, pour préserver son acquis, il retira finalement sa candidature à la présidence, décidant de rester à la chancellerie pour en écarter Erhard. Toutefois, l'ancien ministre des Finances ne se laissa pas décourager, et il finit par devenir chancelier fédéral quand Adenauer se retira en 1963.

Octogénaire, alors qu'il était toujours un homme énergique et en parfaite santé, qui abattait autant de travail par jour qu'un homme de vingt ans plus jeune que lui, Adenauer se tenait parfois sur la défensive à cause de son âge avancé. Un jour, alors que personne n'avait pourtant fait mention de sa vue, le chancelier enleva ses lunettes et les brandit pour montrer à un visiteur que ce n'étaient pas des verres correctifs destinés à faciliter la lecture mais qu'ils étaient uniquement conçus pour dévier les rayons ultraviolets de ses yeux sensibles. Il faisait tous les jours la sieste, mais ne voulait pas l'admettre ; quand quelqu'un avait l'audace de lui demander comment il s'était reposé, il répliquait sèchement : « Je ne dormais pas, j'étais occupé ! »

Bien entendu, ce n'était pas là simplement de la vanité ou de la coquetterie. Adenauer croyait très sincèrement qu'il était personnellement indispensable à la survie de l'Allemagne fédérale. Quand certains de ses amis évoquèrent un jour très timidement l'éventualité de son départ de la chancellerie, il répondit d'un ton très badin que, ma foi oui, il pouvait être victime d'un accident d'automobile. Pendant une interview accordée à l'occasion du quatre-vingt-dixième anniversaire d'Adenauer en 1966, alors qu'il avait déjà quitté le pouvoir, le journaliste rappela à l'ancien chancelier qu'il l'avait déjà interviewé lors de son quatre-vingtième anniversaire et qu'il espérait par conséquent en faire autant pour le centième. *Der Alte* répondit du tac au tac : « Très certainement ! Je vais demander à ma secrétaire d'en prendre note ! »

Churchill et de Gaulle avaient eux aussi beaucoup de difficulté à imaginer quelqu'un d'autre à leur place, et ils ne songeaient nullement à se préparer un successeur. Sous ce rapport, ils différaient tous de Yoshida et d'Eisenhower. Le jour où Eisenhower me choisit comme son coéquipier en 1952, il me fit part du choc qu'il éprouva quand il dut constater que Truman n'était pas vraiment prêt à assumer les responsabilités de la présidence étant donné que Roosevelt ne l'avait pas tenu au courant de certains problèmes essentiels. Eisenhower était absolument décidé à ne pas commettre la même erreur, et il m'assura que je serais toujours tenu complètement informé afin d'être en mesure, le cas échéant, de prendre immédiatement sa succession.

Si peu d'hommes illustres se préoccupent de leur dauphin, peu sont aussi durs et impitoyables avec leur successeur que le fut Adenauer à l'égard de son ancien ministre des Finances. Il se moquait ouvertement d'Erhard dans des interviews qu'il accordait et même devant les représentants d'autres pays quand ils venaient le visiter dans sa retraite. Au cours d'une entrevue que j'eus avec Erhard dans mon bureau vice-présidentiel en été 1959, il perdit contenance et m'avoua, les yeux emplis de larmes, à quel point il était blessé par cette façon dédaigneuse qu'avait Adenauer de le traiter.

Ce fut peu après son retour des funérailles de Dulles qu'Adenauer fit connaître sa décision de rester chancelier. Bien qu'il n'eût mentionné ce sujet que très accessoirement au cours de nos réunions, le problème de cette difficile décision à prendre devait peser très lourdement sur son esprit. En dépit de ces préoccupations politiques, il trouva le temps pour un geste personnel qui était singulièrement révélateur de ses chaleureuses qualités humaines dont il faisait si rarement état en public.

Depuis son enfance, Adenauer avait été un horticulteur passionné. Jeune, il avait été tenté par les expériences de croisement jusqu'au jour où il essaya d'inventer des « pensées grimpantes », ce qui lui valut une réprimande de son père : « On ne doit jamais essayer de se mettre en travers de l'œuvre de Dieu ! » Plus tard, le jardin devint pour lui un sanctuaire où il pouvait oublier le totalitarisme nazi et ensuite les mille soucis et pressions liés à sa charge de chancelier fédéral. Les fleuristes professionnels admiraient son travail, ainsi Mathias Tantau d'Uetersen, qui, en 1953, fit venir une rose nouvelle à laquelle il donna le nom d'Adenauer, bien entendu enchanté. La « Konrad Adenauer », une grosse rose rouge foncé, peut encore se voir de nos jours dans les jardins du monde entier, vivant témoignage du prestige d'un éminent homme d'État et d'un non moins éminent jardinier amateur.

Les règles du protocole firent souvent d'Adenauer et de mon épouse des voisins de table aux réceptions de la Maison-Blanche et à l'occasion d'autres mondanités diplomatiques. Ils s'entendaient à merveille. Il me demanda un jour quelles étaient les origines de Mᵐᵉ Nixon. Quand je lui appris qu'elle était mi-allemande, mi-irlandaise, il fit claquer ses doigts, eut un large sourire et dit : « J'aurais dû m'en douter ! Le mélange germano-irlandais produit les femmes les plus intelligentes et les plus belles qui soient ! »

Au cours de leurs conversations, il avait appris qu'elle partageait son intérêt pour les fleurs. Quand il vint chez nous, il manifesta le désir de voir le modeste jardin d'agrément aménagé derrière notre maison. Quelques semaines plus tard, une centaine de rosiers buissons arrivèrent par avion de la R.F.A.

Au mois de mars de l'année suivante, Adenauer fit son septième voyage aux États-Unis. Il fit savoir qu'il désirait me rencontrer, et nous convînmes d'un rendez-vous à six heures du soir à mon domicile. Quinze minutes avant l'heure, ma femme aperçut la limousine du chancelier qui s'immobilisait devant notre porte. Quand elle ouvrit, Adenauer était déjà là et lui annonça qu'il était venu plus tôt pour voir comment ses rosiers avaient passé l'hiver. Lorsque j'arrivai à mon tour pour notre réunion de six heures, je fus surpris de le trouver debout dans notre jardin, engagé avec ma femme dans une discussion non moins sérieuse sur l'état des roses que celle que nous allions avoir concernant l'état du monde.

La visite d'Adenauer à notre domicile attira beaucoup d'attention, en particulier parce que le chancelier était toujours suivi par des photographes et par les techniciens des actualités allemandes. Une chroniqueuse, Ruth Montgomery, écrivit ainsi : « L'amitié entre le chancelier allemand de quatre-vingt-quatre ans et l'Américain de quarante-sept ans passionne les milieux officiels de Washington. Les deux hommes politiques se sont rencontrés et ont pactisé ensemble au moins une demi-douzaine de fois déjà, mais leur réunion récente était certainement la plus amicale. » Et elle ajouta : « Si Nixon devait conquérir la Maison-Blanche, Adenauer aurait déjà accompli le travail d'approche pour le type de liaison privilégiée qu'il entretenait déjà avec John Foster Dulles. »

Depuis des années, Adenauer était passé maître dans l'art d'employer la presse comme arme de tactique politique. Ce mois de juin-là, les échos rapportaient qu'à son avis le sénateur Kennedy n'avait pas assez de formation ni assez d'expérience en matière de relations extérieures pour faire un président compétent. Entre-temps, Franz-Josef Strauss, le ministre de la Défense d'Adenauer, avait ordonné à son ministre d'évaluer ce qu'une administration Kennedy pourrait signifier dans l'arène internationale. On s'arrangea pour qu'une copie du rapport du ministère — ce fut la fameuse « indiscrétion Strauss » — parvînt au *Sun* de Baltimore, qui titra l'histoire, « Nixon plus acceptable pour les Allemands ». Selon un biographe d'Adenauer, « c'était parfaitement vrai, dans la mesure où Adenauer et la C.D.U. étaient concernés... ».

L'intérêt pratique qu'Adenauer portait à notre amitié résultait très clairement du conseil politique qu'il me donna à mesure qu'approchait la campagne de 1960 et aussi de ses remarques négatives concernant les capacités du sénateur Kennedy. Il savait, dès le milieu des années cinquante, que j'avais des chances de devenir président, et il cherchait à édifier progressivement une relation de travail efficace avec un possible successeur conservateur d'Eisenhower.

Mais après la victoire de Kennedy et ma propre défaite en novembre, il fit savoir sans ambiguïté que ses mobiles étaient aussi personnels et désintéressés. Adenauer nous avait invités, ma femme et moi, à venir en Allemagne depuis le milieu des années cinquante, mais les pressions et obligations habituelles ne nous avaient jamais permis de donner suite. Peu après ma défaite, je reçus une lettre très chaleureuse d'Adenauer, dans laquelle il me témoigna toute sa sympathie dans ces circonstances pénibles et renouvela son invitation à nous faire visiter Bonn.

Il fallut finalement attendre dix ans depuis ma première rencontre avec Adenauer pour que je pusse accepter son invitation. L'été 1963, ma femme, mes deux filles et moi-même, nous nous accordâmes six semaines de vacances avec une étape en Allemagne. Je rendis visite à Adenauer dans le bureau du Chancelier à Bonn, et nous eûmes un entretien de plus d'une heure, son fidèle interprète étant la seule tierce personne présente.

Je lui donnai mes impressions concernant l'Europe et lui fis part de mon écœurement ressenti devant le Mur de Berlin que j'avais vu pour la première fois. La France devait constituer notre étape suivante, et Adenauer insista pour me faire transmettre ses meilleurs vœux à son ami de Gaulle, pour lequel son affection et son respect n'avaient cessé de croître depuis leur rencontre initiale au cours des années cinquante. Il exprima un soutien réservé au traité de cessation des essais nucléaires, qui devait être signé le mois suivant. Il me fit comprendre que l'acceptation du traité par l'Union soviétique ne signifiait en rien que le Kremlin renonçât à ses visées expansionnistes.

A mon grand étonnement, toutefois, cet adversaire intransigeant du communisme exprima l'opinion que les États-Unis feraient une erreur en « mettant leurs œufs dans le même panier » et qu'il serait souhaitable pour nous de rechercher un rapprochement avec la Chine communiste pour contenir l'expansionnisme soviétique.

A mesure que notre entretien progressait, je me sentis attristé de constater qu'il avait perdu une bonne part de l'extraordinaire entrain dont il avait toujours témoigné au cours de nos rencontres précédentes. Après l'échec subi par son parti à l'occasion des élections qui avaient suivi la crise du Mur de Berlin, il avait cédé aux pressions exercées par les dirigeants plus jeunes et promis de renoncer à sa charge au terme d'un ultime délai de deux ans. Ce délai arrivait à présent à son terme. Bientôt, il ne serait plus au pouvoir. Son successeur ne lui inspirait pas beaucoup de confiance, et il serait obligé de quitter la scène avant d'avoir pu réaliser entièrement son rêve d'une Europe unifiée, libre et vigoureuse.

En octobre 1963, Adenauer prononça son discours d'adieu au

Bundestag. Quand il eut terminé, il ramassa ses papiers, quitta le banc du gouvernement et se dirigea, toujours raide et solennel, vers le siège qui lui avait été attribué dans l'assemblée. Son maintien était digne et son visage typiquement impassible alors qu'il renonçait au pouvoir de la chancellerie fédérale, mais son cœur était en émoi. Bien qu'il eût consacré quatorze années de sa vie à poser les fondations d'une République fédérale d'Allemagne prospère, libre et à la sécurité garantie, il quittait sa charge l'esprit profondément inquiet, redoutant de voir mis en péril tout ce qu'il avait édifié.

Son successeur, Ludwig Erhard, s'il était un brillant technicien des finances, n'avait guère d'expérience en matière de relations extérieures. Or, à cette même époque, la scène internationale connaissait des développements qu'Adenauer jugeait inquiétants. Au cours du mois précédent, les U.S.A. et le Canada avaient annoncé des plans prévoyant la vente de blé et de farine d'une valeur de 750 millions de dollars à l'Union soviétique. Deux jours seulement avant son discours d'adieu au Bundestag, Adenauer avait supplié le président Kennedy de ne pas donner son accord à ces ventes de céréales sans arracher en contrepartie des concessions aux Soviétiques, notamment sur la question de Berlin. L'été de cette même année, il m'avait fait part de son appréhension concernant précisément un tel développement ; cette appréhension était d'ailleurs visible chez lui quand il mentionnait le mot de *détente*. « Je suis fatigué et effrayé par tout ce bavardage autour de la détente ! » dit-il.

Il était préoccupé, comme je l'étais d'ailleurs moi-même, par cette tendance de certains dirigeants politiques naïfs de l'Occident à voir la détente comme une alternative à la dissuasion. Nous savions parfaitement, lui et moi, qu'il ne pouvait pas y avoir de détente sans dissuasion. D'où notre inquiétude.

Notre dernière rencontre eut lieu lors de la tournée de documentation que je fis en Europe en 1967, dans l'attente des élections présidentielles de 1968.

Après avoir renoncé à ses fonctions de chancelier en 1963, Adenauer avait aussi abandonné sa charge de président de la C.D.U. en 1966. En hommage à son passé prestigieux, on lui avait attribué un bureau de travail dans le bâtiment du Parlement, le *Bundeshaus*. Quand je pénétrai dans cette pièce, je me sentis bouleversé par l'aspect d'Adenauer. Pour la première fois, *der Alte* était réellement un vieillard, privé de pouvoir, plus capable de diriger les destinées de son pays. Il était d'une maigreur presque maladive, et alors qu'autrefois il s'était toujours tenu très droit, il était à présent visiblement voûté. Mais cet homme de quatre-vingt-onze ans n'avait rien perdu de sa vivacité d'esprit. Il traversa la pièce et vint m'embrasser. Puis il fit un pas en arrière et dit, les mains toujours sur mes épaules : « Dieu soit loué, vous êtes là. Votre visite est comme une manne céleste. »

Sur un mur, je remarquai une peinture de l'Acropole d'Athènes ; Adenauer m'expliqua que c'était l'artiste lui-même qui la lui avait offerte : Winston Churchill. Je vis également la photographie de Dulles qu'il avait montrée huit ans plus tôt à Sulzberger. Après avoir échangé des plaisanteries, nous en vînmes aux choses sérieuses, les nouveaux développements sur la scène internationale.

Adenauer était extrêmement préoccupé par l'avenir de la France, une fois de Gaulle disparu : « De Gaulle n'est pas antiaméricain, dit-il, il est proeuropéen. » Il indiqua qu'un sondage récent avait révélé que 40 % des Français souhaitaient de meilleures relations avec l'Union soviétique. Seul de Gaulle, croyait-il, pouvait barrer la voie à la gauche. Il était persuadé qu'après la disparition du général, la gauche finirait par l'emporter en France.

John McCloy me confia que l'admiration d'Adenauer pour de Gaulle frisait le culte du héros. Après une visite qu'il avait rendue à l'homme d'État français dans sa propriété de Colombey, il dit à McCloy d'une voix où transpiraient émotion et vénération : « Et savez-vous qui vint à la porte quand j'eus frappé ? Ni un aide de camp ni un domestique, mais de Gaulle lui-même ! » J'imagine que dans son esprit il voyait Charles de Gaulle comme un descendant en ligne directe de son héros du IXe siècle, Charlemagne.

Comme Adenauer et Dulles, Adenauer et de Gaulle se ressemblaient sous certains aspects. Les deux étaient des hommes de grande taille et d'allure impressionnante. Les deux étaient profondément religieux. Les deux étaient extrêmement attachés à la vie familiale. Les deux avaient une grande force intérieure et affichaient une grande dignité extérieure. Les deux étaient des visionnaires.

Mais, sous d'autres rapports, ils étaient totalement différents. Alors que de Gaulle était un excellent écrivain, Adenauer ne l'était pas. De Gaulle, même s'il était surtout connu comme chef militaire et conducteur d'hommes, était fondamentalement un intellectuel porté sur l'introspection et un fécond penseur. Il était essentiellement un homme de pensée ; Adenauer était essentiellement un homme d'action. Il arrivait fréquemment à Adenauer d'égayer une discussion sérieuse par des traits d'humour ou de spirituelles railleries ; je ne me rappelle pas avoir jamais vu de Gaulle se départir de son sérieux.

Le plus important, toutefois, c'est que ces deux géants de la scène politique de l'après-guerre se soient respectés mutuellement et aient collaboré en vue d'apaiser le conflit séculaire entre la France et l'Allemagne. Aucun des deux n'aurait pu le faire seul. Il faut voir un accident heureux de l'histoire dans le fait qu'ils aient exercé le pouvoir dans leurs pays respectifs au même moment.

Adenauer me déclara qu'il n'était pas d'accord avec son ami de Gaulle quand il recommandait le retrait des forces américaines au Vietnam. Il posa le cas de figure en demandant si les Allemands continueraient à nous faire confiance si nous devions laisser tomber les Sud-Vietnamiens. Mais il ajouta aussitôt qu'en restant au Vietnam, nous ferions exactement ce que les Soviétiques attendaient de nous. « Les Russes ne vont pas essayer de vous aider à vous désengager du Vietnam, dit-il. Ils souhaitent que vous y restiez. Ils veulent vous saigner à blanc, et ils ne vont donc pas vous aider, sauf si quelque autre facteur devait changer la situation et si c'était alors leur intérêt de le faire. »

Il se moqua de la croyance formulée par certains dirigeants politiques et hommes d'affaires en Allemagne et aux États-Unis, selon laquelle une intensification des échanges commerciaux entre l'Occident et l'Union soviétique apporterait la paix. Son commentaire disait bien ce qu'il disait : « Les affaires sont les affaires ! » Je ne pouvais être que d'accord avec lui. Le commerce à lui seul ne peut pas garantir la paix. Dans les deux guerres mondiales, d'anciens partenaires de fructueux échanges commerciaux s'étaient subitement retrouvés de féroces ennemis.

Depuis que je l'avais rencontré pour la première fois quatorze ans plus tôt, sa principale source de préoccupation était restée la même : la politique agressive de l'U.R.S.S. Il s'inquiétait à présent de voir les Soviétiques construire quatre voies d'accès supplémentaires sur Berlin. Il indiqua qu'ils chercheraient d'abord à atteindre l'Allemagne puis la France. Mais il souligna d'autre part qu'ils savaient parfaitement que les États-Unis constituaient leur principal ennemi. « Ne vous y trompez pas, dit-il, ils veulent le monde. Le monde entier. Mais avant tout ils veulent l'Europe, et pour avoir l'Europe ils savent qu'il leur faut détruire l'Allemagne. Nous avons besoin de vous pour rester forts et libres. Mais vous-mêmes, vous avez aussi besoin de nous ! »

Il était plutôt sceptique quant au traité de non-prolifération des armes nucléaires, qui faisait alors l'objet de négociations. Il rappela que le fameux Plan Morgenthau se serait soldé par la destruction totale de l'industrie allemande. Le Plan Marshall l'avait au contraire restaurée. A présent, le traité de non-prolifération aurait en fait pour conséquence de limiter le potentiel de l'Allemagne de devenir une puissance mondiale. Et, bien entendu, les Soviétiques en étaient tout à fait conscients ; dans un rare moment de candeur, Alexis Kossyguine l'avait avoué au Premier ministre danois : « C'est seulement si les Allemands le signent que le traité aura de l'importance pour nous. »

Adenauer critiqua l'*Ostpolitik* du ministre allemand des Affaires étrangères Willy Brandt : essayer d'atténuer la tension par une série de « petits pas » vers de meilleures relations avec le bloc soviétique. Comme son vieil ami Foster Dulles, il soutint jusqu'au bout qu'il ne fallait surtout pas se laisser piéger par les ouvertures « de paix » soviétiques. A son avis, une offensive de paix communiste était en réalité ceci : une tactique destinée à diviser l'Occident et à obtenir une totale victoire sans avoir à recourir à la guerre.

Il évoqua assez longuement les relations sino-soviétiques. Il rappela que Khrouchtchev avait témoigné d'une appréhension presque pathologique de la menace que les Chinois constitueraient à la longue. Khrouchtchev avait ainsi dit à Adenauer : « Douze millions de Chinois viennent chaque année au monde, et chacun d'eux peut subsister sur un seul bol de riz. » Et il avait réuni ses mains en forme de coupe pour illustrer son argument. Khrouchtchev, pensait Adenauer, avait une peur mortelle du développement inéluctable qui permettrait aux Chinois d'acquérir des armes atomiques et de devenir un péril non seulement pour l'Union soviétique mais aussi pour toutes les nations du globe.

Dans une perspective géopolitique, Adenauer ne pouvait voir que peu de différences fondamentales entre les Chinois et les Russes. « Les uns comme les autres, ils veulent dominer le monde », dit-il. Mais, comme il l'avait déjà fait en 1963, il fit valoir que les États-Unis devraient pencher vers les Chinois tant que les Soviétiques présentaient le plus grand danger militaire.

Un peu plus d'un mois après notre conversation, Adenauer s'éteignit dans sa propriété de Rhöndorf. Son fils Paul déclara plus tard à Terence Prittie qu'Adenauer « se faisait beaucoup de soucis à la fin, mais jamais à son propre sujet. Il s'inquiétait de la désunion et de l'impuissance de l'Europe, des risques d'un conflit nucléaire, de l'aveuglement de tous ceux qui étaient victimes de leurs illusions. Il voulait continuer à se battre ». J'appris plus tard, par sa fille Libet, que j'avais été le dernier Américain à le rencontrer, tout comme j'avais été le premier Américain à l'accueillir aux États-Unis en 1953.

C'est une chose que d'avoir une idée. Cela en est une autre que d'avoir cette idée au bon moment. Et c'en est encore une autre que d'être précisément le type d'homme capable de mettre cette idée en pratique. Telles étaient les trois composantes de la grandeur d'Adenauer.

Son idée était l'association entre les nations face à l'ennemi commun, l'Union soviétique, et l'association au sein de la société allemande dans la poursuite de la prospérité et la protection de la liberté. A l'intérieur de l'Europe, il cherchait à retrouver le court moment d'unité du IXe siècle afin d'éviter la répétition des cataclysmes qui avaient résulté de la haine entre les nations. Dans son propre pays, l'idée était de substituer l'européanisme au nationalisme et d'empêcher la tyrannie, de droite ou de gauche, en évitant qu'un seul secteur de la société accumule assez de pouvoir pour annihiler la liberté des individus.

La justesse de ses options politiques devint de plus en plus évidente au fil des ans. En 1954, beaucoup de détracteurs d'Adenauer soutenaient que l'Allemagne de l'Ouest n'avait nul besoin de réarmer et de joindre l'O.T.A.N.; de nos jours, il est difficile d'imaginer une Europe libre sans les divisions de la R.F.A. Les esprits sceptiques se gaussaient de sa croyance que la France et l'Allemagne, après trois guerres meurtrières en moins d'un siècle, pourraient devenir des alliées et des amies. Néanmoins, Adenauer et de Gaulle, deux géants sur la scène européenne qui écrasaient de leur taille et de leur vision tous leurs détracteurs, se révélèrent capables d'aboutir au rapprochement de leurs deux pays par le traité de coopération franco-germanique de 1963. Tout au long des années cinquante, Adenauer fut vivement critiqué pour son incapacité à réunir les deux Allemagnes : aujourd'hui, l'idée que les Soviétiques auraient toléré à cette époque-là une Allemagne réunifiée, libre et indépendante paraît totalement improbable. Il fut attaqué jusqu'au moment de sa retraite pour ne pas avoir recherché avec l'Allemagne de l'Est et les Soviétiques la détente que Willy Brandt et ses successeurs ont voulu promouvoir par leur *Ostpolitik*; il est à présent clair qu'une *Ostpolitik* pratiquée par une Allemagne de l'Ouest moins puissante et moins prospère que celle qui fut bâtie et alliée à l'Occident par Adenauer eût été pure folie, et que l'*Ostpolitik* effectivement poursuivie a été très loin de tenir les promesses qu'en avaient attendu ses promoteurs.

Au cours des années soixante, à mesure que s'atténuaient les tensions de la guerre froide, il devint de bon ton, en R.F.A. et ailleurs, de « prendre les Russes au mot » — c'est-à-dire de se montrer plus réceptif qu'Adenauer à leurs ouvertures sur des questions telles que Berlin et la réunification de l'Allemagne. Beaucoup soutenaient que l'empire soviétique d'Europe de l'Est n'était guère plus qu'un bouclier opposé à d'éventuelles agressions de l'Occident, et que la paix — et peut-être même la liberté pour les peuples d'Europe et d'Allemagne de l'Est — pouvait être garantie à condition pour l'Occident de prouver ses intentions pacifiques à l'U.R.S.S.

Khrouchtchev, quand il avait évoqué les atrocités nazies perpétrées contre les Russes, essayait en 1955 de lancer cet hameçon à Adenauer, mais le chancelier n'avait pas mordu. Cette attitude devait néanmoins influencer de plus en plus la politique Est-Ouest de ses successeurs. Quoi qu'il en soit, et en dépit de l'*Ostpolitik*, l'empire soviétique est toujours là, et on est bien obligé de constater que l'aventurisme soviétique, loin de diminuer, s'est au contraire accru.

En tant que dirigeant dans l'Europe libre d'aujourd'hui, comment Adenauer verrait-il le monde ? Je suis sûr qu'il le verrait différemment de certains des hommes qui ont depuis lors assumé la charge qui était la sienne. En 1979, dans l'invasion de l'Afghanistan, il n'aurait pas vu un conflit mineur dans un coin perdu du Tiers Monde, mais l'arrogante prétention de l'Union soviétique d'accéder aux richesses du golfe Persique. Il n'aurait certainement pas considéré, comme le firent trop d'Européens à vue courte, qu'une menace sur la source d'approvisionnement de l'Europe en pétrole se situait au-delà des intérêts légitimes de l'alliance européenne. En fait, c'était précisément pour faire face à de telles situations de crise qu'Adenauer s'était battu pour la création de l'O.T.A.N. Il savait parfaitement que si les périmètres de l'Occident étaient battus en brèche, l'effondrement de son centre n'allait pas tarder.

De même, dans la crise polonaise de 1981, Adenauer n'aurait pas vu un problème politique interne mais un effort brutal des Soviétiques de perpétuer leur asservissement d'un peuple chrétien d'Europe à l'esprit indépendant. Il aurait jugé la répression polonaise comme un acte de criminalité internationale et aurait agi en conséquence ; pour les dirigeants actuels de la R.F.A., c'est un regrettable inconvénient qu'ils pensent effacer en regardant assez longtemps dans une autre direction. Par une ironie du sort, l'un des buts de l'*Ostpolitik* était pour l'Allemagne de l'Ouest de trouver les voies et moyens d'offrir aux Polonais une compensation pour les maux qu'ils avaient endurés du fait des nazis. Maintenant que les Polonais souffrent des brimades et vexations de nouveaux maîtres, maintenant qu'ils connaissent une nouvelle occupation, les Allemands de l'Ouest ne peuvent que se tordre les mains d'impuissance.

Ces considérations hypothétiques sont naturellement très révélatrices. Si l'Europe occidentale avait continué à avoir des dirigeants comme Adenauer, les Soviétiques se seraient sentis beaucoup moins sûrs de pouvoir se livrer impunément à leur aventurisme agressif. Adenauer fut toujours connu comme un « combattant de la guerre froide », et il était entièrement d'accord avec cette qualification. S'il était aujourd'hui en vie et s'il pouvait contempler l'Europe dans sa désunion et son désarroi moral, il ne dirait certainement pas que la guerre froide est terminée. Il dirait que l'un des combattants a renoncé à chercher à la gagner.

S'il entendait parler de neutralisme, terme si évocateur des problèmes de l'Europe des années trente, il aurait honte et baisserait la tête. Il pensait, quant à lui, que l'Europe pourrait se briser la nuque en essayant de « s'asseoir entre deux chaises » ; la colonne vertébrale qui subsiste aujourd'hui en Europe existe essentiellement du fait des efforts d'Adenauer et de ses partenaires en France. Si l'unité européenne paraît si effroyablement fragile chaque fois que se développe une crise, comme celle de l'Afghanistan ou de la Pologne, cela démontre avec évidence que les successeurs d'Adenauer ont oublié l'impérieuse urgence de son message à l'Europe : qu'elle se trouve confrontée à un péril sans précédent.

Mais il faut bien dire qu'Adenauer serait surtout choqué par l'état des choses au sein même de l'alliance. En 1955, Adenauer et une majorité de ses compatriotes considéraient que c'était un honneur pour eux que d'être admis dans l'alliance européenne quelques années seulement après la fin de la Seconde Guerre mondiale. Aujourd'hui, beaucoup de membres de l'O.T.A.N., y compris la R.F.A., lésinent sur leur contribution financière à l'alliance ou renâclent devant l'implantation de fusées — qui empêchent les Soviétiques de progresser au-delà de la Pologne et de l'Allemagne de l'Est — sur leur territoire. Entre-temps, l'*Ostpolitik* se poursuit ; bientôt, alors que les Soviétiques se rapprochent pourtant de plus en plus du golfe Persique, le gaz naturel russe pénétrera dans les foyers allemands.

La réaction d'Adenauer à tout cela serait très simple ; il déplorerait l'idée, contenue implicitement dans l'*Ostpolitik,* selon laquelle les États-Unis représenteraient pour l'Europe une menace égale à celle de l'Union soviétique. Il avertirait les Européens qu'en essayant de se pencher vers l'Est ils risquent de perdre leur garde-fou de l'Ouest. Et il dirait qu'aucune politique ne mérite d'être suivie si elle vous fait perdre les amis que vous avez en courtisant les amis que vous n'avez pas encore, surtout si ces nouveaux amis se révèlent être vos plus mortels ennemis.

En comparaison avec les deux autres titans de l'Europe d'après-guerre, Churchill et de Gaulle, Adenauer est parfois décrit comme étant relativement incolore et dénué d'intérêt. Outre qu'elle est superficielle et injuste, cette description néglige deux points importants. Le premier est que la France et l'Angleterre se trouvèrent dans le camp des vainqueurs de la Seconde Guerre mondiale, l'Allemagne dans celui des vaincus. La hauteur et les gestes spectaculaires de De Gaulle convenaient au fondateur et au chef de la Cinquième République, mais il est évident qu'un tel comportement eût été dangereusement déplacé chez le dirigeant de l'Allemagne défaite. De même, Adenauer, s'il possédait certes un esprit prompt et mordant, n'aurait jamais pu le manifester aussi ouvertement et généreusement que Churchill, surtout pas quand les Alliés faisaient encore la loi dans l'Allemagne occupée.

Mais ceux qui jugeaient Adenauer terne oubliaient aussi le second point, à savoir qu'il existe différents styles de comportement dans la conduite des hommes et des affaires. Churchill, l'intellectuel pincé et parfois bourru, pouvait détourner de lui les critiques d'un parlementaire adverse ou d'un journaliste par une seule pointe, lancée au moment propice et soigneusement ciselée. La dignité de De Gaulle était tout simplement impénétrable. Mais Adenauer, avec son esprit patient et calculateur de juriste, était le type de dirigeant politique qui l'emporte parce qu'il est prêt à travailler plus durement, à raisonner plus minutieusement et à rester assis à sa place plus longuement que ceux qui l'entourent. Adenauer dominait les problèmes en les maîtrisant, et il se dérobait à ses détracteurs en devinant d'avance où ils allaient porter leurs attaques et en poussant plus loin qu'eux leur propre raisonnement. Un des principes fondamentaux de sa philosophie catholique et, dans ce cas, aussi profondément allemande, était que les bonnes choses dans la vie ne pouvaient résulter que d'un dur labeur. Il ne s'était jamais attendu à voir la R.F.A. connaître du jour au lendemain la respectabilité, la souveraineté, la sécurité et la prospérité. A son sens, ces avantages ne pouvaient être légitimement acquis qu'après une lutte intense et concentrée en vue de les obtenir.

La plus grande force d'Adenauer, sa vision d'un colosse européen uni contre le colosse russe, était aussi à l'origine de sa plus grande faiblesse. Coulant de la même source que son affection pour la France et son attachement à l'idéal européen, il y avait chez lui le sentiment persistant que l'Allemagne de l'Est n'appartenait pas réellement à cette famille. A ses yeux, Berlin était situé sur les marches de l'Asie et était empreint d'une sorte de barbarisme moderne. Les dirigeants de la Prusse avaient trop souvent joué le rôle de despotes orientaux et trop rarement encouragé la paix ou promu la liberté de leur peuple. L'empire de Charlemagne, et ainsi la jeune civilisation européenne, s'arrêtait sur l'Elbe. Dans un sens, il en allait de même de l'Europe d'Adenauer.

Bien sûr, en tant qu'Allemand et en tant que personne, il se souciait très sincèrement de chaque Allemand de l'Est et lui souhaitait de connaître la liberté ; il accueillait et protégeait tous ceux qui parvenaient à s'échapper. Mais en tant qu'historien et en tant qu'originaire du pays rhénan, il estimait que l'Allemagne soviétique était perdue pour la civilisation chrétienne. Dans les profondeurs de son âme, cette perte aura même pu paraître inévitable et, qui sait, permanente.

En dernière analyse, compte tenu de la politique poursuivie après la guerre par l'Union soviétique, ce préjugé philosophique profondément ancré ne modifia en rien l'état des faits. Aucune initiative diplomatique pendant l'ère d'Adenauer n'aurait pu contrecarrer la résolution des Soviétiques de faire de l'Allemagne de l'Est leur avant-poste occidental. Par conséquent, des gestes d'ouverture à l'égard des Soviétiques se seraient uniquement soldés par une perte de terrain de l'Occident dans sa lutte pour protéger sa liberté et ses idéaux. L'engagement personnel d'Adenauer en faveur du rapprochement avec l'Occident fut le résultat direct de ses origines et de sa croyance en Dieu. Par une coïncidence, ce fut aussi son seul choix rationnel en tant qu'homme d'État s'il voulait préserver la liberté de son peuple vaincu.

Le monument à la mémoire d'Adenauer est la libre et démocratique République fédérale d'Allemagne, de même que le monument à la mémoire du général de Gaulle est la Cinquième République française. Après avoir été humiliée et dégradée par Hitler, l'Allemagne est de nouveau devenue un membre respecté de la famille des nations.

En ce qui me concerne, cependant, mon meilleur souvenir d'Adenauer ne sera pas celui de l'éminent dirigeant politique de l'après-guerre, mais celui de l'homme ; d'un homme qui était inflexible quant aux principes en cause et néanmoins rusé et subtil dans le choix de ses tactiques ; d'un homme extérieurement raide et austère, et qui pouvait néanmoins se révéler, pour ceux qui avaient la chance de compter parmi ses amis, comme un être humain extrêmement chaleureux et sensible, doté d'un fascinant sens de l'humour ; d'un homme qui aimait profondément sa famille, son Église et son peuple, les trois avec la même intensité mais de façon différente, d'un homme dont on savait que, même dans les circonstances les plus désespérées et quels que pussent être les risques, il resterait toujours ferme comme un roc.

Rarement un homme privé convint-il si parfaitement à une charge publique.

NIKITA KHROUCHTCHEV

La brutale volonté de puissance

Nikita Sergueïevitch Khrouchtchev était en pleine forme alors qu'il trinquait avec les invités d'une réception diplomatique à Moscou vers la fin de l'année 1957. Jeune garçon, il avait gardé les cochons pour deux kopecks par jour ; maintenant, à l'apogée de sa puissance, il était le maître incontesté de toutes les Russies. Avec la fière assurance d'un homme qui avait réussi à se débarrasser de son dernier rival, il se tourna vers un groupe de journalistes occidentaux et, d'un ton enthousiaste, récita une fable.

« Il y avait une fois quelques hommes en prison... » commença Khrouchtchev. « Il y avait là... un social-démocrate, un anarchiste et un modeste petit juif — un petit gars à peine éduqué qui s'appelait Pinya. » Ils décidèrent d'élire un chef pour distribuer la nourriture, le thé et le tabac, continua-t-il. L'anarchiste, qui était hostile à toute autorité, proposa dédaigneusement l'élection de l'insignifiant Pinya, ce qu'ils firent. Ils décidèrent bientôt d'essayer de s'échapper en creusant un tunnel qui passerait sous les murs de la prison. Mais ils se rendirent compte que le garde ouvrirait le feu sur le premier homme qui en sortirait, et personne ne sembla vouloir conduire le groupe. « Subitement, dit Khrouchtchev d'une voix qui s'amplifiait à mesure que progressait l'histoire, le pauvre petit juif, Pinya, se leva et dit : " Camarades, vous avez fait de moi votre chef par une élection démocratique. J'irai donc le premier ". »

« La moralité de l'histoire, reprit Khrouchtchev, c'est qu'aussi modestes que soient les débuts d'un homme, il finit toujours par acquérir la stature de la fonction pour laquelle il a été élu. » Le dirigeant soviétique fit alors une pause, puis ajouta : « Le petit Pinya, c'est moi. »

Comme toutes les analogies, l'histoire de Pinya est juste sous certains aspects, erronée sous d'autres. Bien entendu, Khrouchtchev ne fut pas démocratiquement élu, et il ne devint pas non plus chef à son corps défendant. La réalité était différente : pendant quarante ans, il s'était battu bec et ongles, avait trahi et comploté, intimidé et assassiné, pour se frayer une voie jusqu'au sommet de l'Union soviétique. L'ascension de Pinya à partir de ses humbles origines est loin d'être aussi étonnante que celle de Khrouchtchev. Porcher, mineur et ajusteur avant d'adhérer au parti bolchevique en 1918, Khrouchtchev ne reçut aucune formation scolaire avant la vingtaine. Il fut sous-estimé par ses collègues et dans le monde pendant toute sa carrière. Mais en 1957, alors qu'il avait consolidé sa mainmise sur le pouvoir soviétique, il était devenu extrêmement dangereux d'ignorer ou de dénigrer ce tsar-paysan.

De tous les dirigeants que j'aie connus, aucun n'avait un sens de l'humour plus acerbe, une intelligence plus vive, un esprit d'à-propos plus tenace ni une volonté de puissance plus brutale que Nikita Khrouchtchev. Ses succès et ses échecs, plus que ceux de tout autre chef politique, changèrent d'une façon dramatique et décisive le cours de l'histoire après la Seconde Guerre mondiale.

Khrouchtchev fut l'homme qui fit bâtir le Mur de Berlin — le premier mur dans l'histoire de l'humanité à ne pas avoir été conçu pour maintenir l'ennemi au-dehors, mais au contraire pour maintenir au-dedans son propre peuple.

Khrouchtchev fut l'homme qui réprima si brutalement le soulèvement populaire contre le régime communiste de Hongrie que je le dénonçai en 1956 comme le « boucher de Budapest ».

Khrouchtchev fut l'homme qui installa des fusées nucléaires sur le sol cubain et qui, même quand il fit marche arrière et les enleva, arracha aux Américains l'engagement de retirer les fusées américaines de Grèce et de Turquie, et aussi de s'abstenir d'accorder leur soutien à ceux qui auraient l'intention de violer le sanctuaire cubain de Fidel Castro.

Khrouchtchev fut l'homme qui déclencha la vaste offensive soviétique en Afrique noire et à travers les pays du Tiers Monde en essayant de s'approprier le Congo par l'intermédiaire de son protégé, Patrice Lumumba.

Khrouchtchev fut l'homme qui amorça l'accumulation massive d'armes nucléaires stratégiques soviétiques, au point de finalement tourner le désavantage soviétique de quinze à un du temps de la crise des fusées cubaines en un sérieux avantage soviétique actuel.

Khrouchtchev fut l'homme qui signa avec Kennedy le traité d'interdiction limitée des essais nucléaires, qui commença à dissiper le mystère qui enveloppait l'U.R.S.S. depuis l'ère stalinienne, et qui, grâce à sa politique de « coexistence pacifique », fit des pas décisifs en vue de faire de la Russie un pays européen.

Khrouchtchev fut l'homme qui désacralisa Staline, détruisant du même coup l'unité du mouvement communiste international.

Avant tout, Khrouchtchev fut l'homme principalement responsable du plus grand recul du communisme et de l'événement géopolitique le plus considérable depuis la Seconde Guerre mondiale : la rupture entre l'Union soviétique et la Chine communiste. Sa politique étrangère, malgré ses succès et ses initiatives, restera néanmoins connue pour son plus gros échec : Khrouchtchev aura perdu la Chine.

Je n'ai jamais été en désaccord avec un autre dirigeant d'une façon aussi véhémente qu'avec Nikita Khrouchtchev. Néanmoins, et à mon corps défendant, je n'ai jamais non plus respecté autant un autre dirigeant pour son exercice efficace du pouvoir à l'état pur. Beaucoup conviendront qu'il était en quelque sorte le diable incarné. Mais peu contesteront qu'il était un diable dangereusement capable.

J'étais vice-président des États-Unis quand Khrouchtchev émergea pour la première fois de l'élite dirigeante soviétique en 1953. Un grand nombre d'observateurs occidentaux le jugèrent très promptement, pour d'ailleurs se tromper le plus souvent. Ils étaient habitués aux dirigeants soviétiques de type stalinien ; des manipulateurs secrets et austères, qui tiraient les ficelles en restant eux-mêmes dans l'ombre. Quand le personnage rond et joufflu de Khrouchtchev fit son apparition sur le devant de la scène, il se situait tellement en dehors du schéma usuel, avec son comportement outrancier, ses déclarations indiscrètes et ses prétentions grandiloquentes, que beaucoup se refusèrent à le prendre au sérieux.

Life ne voulut voir en lui qu' « un petit homme sans importance » ; un chroniqueur de *Newsweek* le qualifia de « fonctionnaire quelconque » et encore de « cheval de labour sans distinction » ; et *Time* le traita de *vydvijnetz*, terme russe désignant une personne ayant été « poussée en avant » par les événements en dépit d'un manque d'éducation ou de formation. La plupart des observateurs estimaient que Khrouchtchev n'était pas digne de cirer les bottes de Staline, encore moins de les chausser. Le comportement dont il témoigna quand il visita Belgrade à l'occasion de l'un de ses premiers voyages en dehors de l'U.R.S.S. fit très peu pour améliorer son image de marque. Il était rude, grossier et ivre, donc nullement à sa place au sein de la société internationale. Les journalistes prirent plaisir à décrire ses frasques d'ivrogne, notant qu'en comparaison de Staline il n'était qu'un poids plume qui ne durerait guère longtemps.

Les dilettantes en politique étrangère des milieux mondains de Washington et même quelques diplomates de carrière sous-estimèrent également Khrouchtchev. Un de ces diplomates m'avait avoué à l'époque qu'il n'avait pas une très haute opinion de Khrouchtchev, étant donné qu'il buvait trop et parlait un « mauvais russe ». Ces observateurs n'avaient simplement pas compris que la syntaxe brouillonne de Khrouchtchev, ses vêtements sans élégance et ses goût grossiers n'enlevaient rien à son efficacité de dirigeant. Beaucoup trop impressionnés par le style et l'éducation, ils oubliaient que des manières élégantes ne font pas nécessairement un dirigeant d'envergure. Dans l'art de gouverner, ce n'est pas la surface d'un homme qui importe mais sa substance. Quelque brillant que puisse être le vernis de sa personnalité, un homme d'État ne réussira que s'il possède en soi une force viscérale bien organisée.

En public, Khrouchtchev était une sorte de sénateur Claghorn. Une année, pendant le défilé militaire du Premier Mai, les membres de l'élite soviétique suivaient impassiblement le passage de leurs troupes. Mais quand un escadron d'avions de chasse survola le défilé dans le tonnerre de ses réacteurs, Khrouchtchev bondit à travers la tribune, tapa dans le dos du président du Conseil des ministres, Nicolas Boulganine, rayonnant de joie comme un petit garçon auquel on viendrait d'offrir de nouveaux jouets. Si Khrouchtchev ne manifestait pas la froide dignité d'un Molotov en regardant passer les chasseurs à réaction, cela ne voulait pas dire qu'il aurait plus de scrupules à s'en servir.

La personnalité de Khrouchtchev fut forgée au cours des années marquées par la toute-puissance de Staline. Le Géorgien n'avait que deux types de subordonnés : les rapides et les morts. Uniquement surpassé par Mao Tsé-toung, Staline fit massacrer plus de sujets de son propre peuple que tout autre personnage historique. Dans son livre intitulé le *Temps de Staline : Portrait d'une tyrannie*, Anton Antonov-Ovseenko avance le chiffre de cent millions de victimes, y compris la propre femme de Staline et la veuve de Lénine. Seuls des hommes absolument dénués de scrupules et possédant l'instinct de l'intrigue pouvaient rester vivants et monter au sommet de la hiérarchie soviétique pendant ces années de terreur. Pour réussir à sortir du rang et à gravir les échelons, Khrouchtchev devait nécessairement faire preuve d'intelligence, de résistance et d'une détermination de fer. John Foster Dulles en était également convaincu. Lors d'une réunion du Conseil national de Sécurité *(National Security Council)*, juste après l'accession au pouvoir de Khrouchtchev, il devait ainsi déclarer : « Celui qui parvient à survivre et à accéder au sommet dans cette jungle communiste sera forcément un puissant dirigeant et un dangereux ennemi. » Et il avait raison. Un diplomate occidental perspicace dit très justement que Khrouchtchev était un homme à l'air mou « avec un cœur d'acier ».

Je rencontrai pour la première fois Nikita Khrouchtchev quand je me rendis en Union soviétique pour y inaugurer l'Exposition nationale américaine de Moscou en 1959, et je le rencontrai une nouvelle fois quand il visita lui-même les États-Unis, la même année.

Peu avant mon départ pour Moscou en juillet 1959, le Congrès adopta la Résolution en faveur des nations captives, comme il l'avait fait régulièrement depuis 1950. Eisenhower promulgua la proclamation prévue dans la résolution en priant les Américains à « réfléchir à la condition des nations sous domination soviétique et à s'engager une nouvelle fois à soutenir les justes aspirations de ces nations captives ».

Khrouchtchev était rentré à Moscou d'un voyage en Pologne quatre-vingt-dix minutes seulement avant ma propre arrivée en provenance des États-Unis, le peuple polonais l'avait traité avec un froid mépris, et les relations des Soviétiques avec les pays satellites étaient d'une façon générale tendues. De l'aéroport, Khrouchtchev alla directement prononcer un discours violemment opposé à la Résolution pour les nations captives. Quand mon appareil atterrit, la réception fut froide et correcte. Le président du Conseil délégué, Frol Kozlov, prononça une longue et tapageuse allocution de bienvenue, mais il n'y avait ni musique, ni hymnes, ni foule. Manifestement, la Résolution pour les nations captives venait de rouvrir une plaie.

Le lendemain, à dix heures du matin, j'arrivai dans le bureau de Khrouchtchev au Kremlin pour notre première entrevue. Lorsque j'entrai, Khrouchtchev était debout dans un angle éloigné de la pièce, examinant une maquette du satellite *Lunik* que les Soviétiques avaient envoyé vers la Lune quelques mois plus tôt. Dans ses petites mains, l'objet avait l'air d'une balle de base-ball.

Il s'approcha de moi d'une démarche plutôt gauche. Il était plus petit que je ne le pensais, ne mesurant en fait qu'un mètre soixante-sept. Sa corpulence, ses jambes courtes et ses épaules de stakhanoviste lui faisaient une silhouette lourde et trapue. Quand nous nous donnâmes la main pour les photographes, la poignée du dirigeant soviétique de soixante-cinq ans se révéla extrêmement robuste, me donnant l'impression d'un homme d'une énorme vitalité, d'une grande force physique et d'une énergie de taureau.

Tant que les journalistes et les photographes furent présents, Khrouchtchev bavarda amicalement, ses petits yeux vifs à l'affût de ce qui se passait dans la pièce. Son visage rond, avec son menton bien planté, son nez épaté et ses hautes pommettes, était animé. Il n'eut que louanges pour l'allocution que j'avais prononcée au

Guildhall de Londres quelque huit mois plus tôt. Il déclara qu'il accueillait favorablement le type de compétition pacifique que j'y avais décrit. Puis il fit signe aux photographes de se retirer et me pria du geste de prendre place en face de lui à une longue table de conférence.

L'atmosphère changea brusquement. Parlant d'une voix aiguë et tapant fréquemment du poing sur la table, Khrouchtchev se lança dans une diatribe contre la Résolution pour les nations captives, affirmant que c'était une provocation grave et une décision aussi stupide qu'alarmante. Il voulut savoir si notre initiative suivante serait la guerre. Il dit ainsi textuellement : « Jusqu'à présent, le gouvernement soviétique pensait que le Congrès ne passerait jamais une résolution en vue de commencer une guerre. Mais il apparaît maintenant que, bien que le sénateur McCarthy soit mort, son esprit demeure bien vivant. Pour cette raison, l'Union soviétique a tout intérêt à garder sa poudre sèche ! »

Je lui expliquai que cette résolution était l'expression de l'opinion américaine et pas du tout un appel à l'action. J'essayai ensuite de passer à d'autres sujets, mais Khrouchtchev ne voulut rien savoir. Je dis finalement : « A la Maison-Blanche, nous avons une procédure destinée à mettre un terme aux discussions trop longues ne menant nulle part. Le président Eisenhower observe : nous avons battu ce cheval à mort ; changeons de cheval ! Peut-être est-ce ce que nous devrions faire à présent. »

Khrouchtchev resta impassible pendant la traduction, mais il décida de revenir une nouvelle fois à la charge : « Je suis d'accord avec votre président quand il dit qu'il ne faut pas trop battre un cheval, dit-il, mais je ne peux toujours pas comprendre pourquoi votre Congrès a jugé utile d'adopter une telle résolution à la veille d'une visite officielle de cette importance. » Il était maintenant rouge de colère. Il cria quelques mots que je devinai être assez grossiers. Oleg Troïanovski, son interprète, qui devint plus tard ambassadeur de l'Union soviétique auprès des Nations unies, rougit, visiblement embarrassé, il regarda notre ambassadeur, Llewellyn Thompson, qui connaissait le russe et arborait un large sourire. Après quelques secondes d'hésitation, Troïanovski donna finalement sa traduction : « Cette résolution empeste. Elle empeste comme du crottin de cheval tout frais, et rien ne sent plus mauvais que ça ! »

Khrouchtchev ne me quitta pas des yeux pendant la traduction. Je décidai de jouer le jeu, et à sa façon. J'avais appris en me documentant sur son passé que Khrouchtchev avait été porcher dans sa jeunesse. Je savais aussi, par mes souvenirs d'enfance, que le crottin de cheval était fréquemment utilisé comme engrais, mais qu'un voisin avait un jour employé un chargement d'excréments de porc, dont la puanteur était insoutenable. Regardant Khrouchtchev droit dans les yeux, je répondis sur le ton de la conversation : « Je suis désolé, mais le Premier secrétaire se trompe. Il y a quelque chose qui sent encore beaucoup plus mauvais que le crottin de cheval, l'excrément de porc. »

Pendant une fraction de seconde après la traduction, Khrouchtchev fut à la limite d'un véritable accès de rage, les veines sur ses tempes semblant prêtes à éclater. Puis il se mit brusquement à sourire : « C'est vous qui avez raison, reconnut-il, et peut-être devrions-nous effectivement parler d'autre chose maintenant. Mais je vous préviens, vous n'avez pas fini de m'entendre au sujet de cette résolution ! » Alors que ce n'était pas précisément son habitude, Khrouchtchev tint parole.

Rarement m'étais-je préparé aussi consciencieusement pour une série d'entretiens au niveau élevé comme pour ceux que j'eus avec Khrouchtchev en 1959. Mais après notre première entrevue dans son bureau du Kremlin, je dus constater qu'aucun travail de documentation n'aurait vraiment pu me rendre apte à cent pour cent à affronter Nikita Khrouchtchev. Car il était totalement imprévisible. La courtoisie, le protocole, les itinéraires n'avaient absolument aucune signification pour lui. Pendant le déroulement de ma visite, il réussit ainsi à me haranguer et à ridiculiser les États-Unis devant les caméras d'un studio de télévision américain reconstitué, à menacer l'Occident des fusées nucléaires soviétiques devant la machine à laver d'une cuisine américaine modèle, et à transformer une réception à déjeuner en un débat de politique étrangère d'une durée de cinq heures et demie, sous les yeux étonnés de Mmes Nixon et Khrouchtchev et des autres invités.

En réfléchissant à mes rencontres avec lui une fois qu'elles eurent pris fin, une image de Khrouchtchev, l'homme, se forma dans mon esprit. Passant toujours à l'offensive, il associait à une intuition des faiblesses de son adversaire une tendance presque constante à toujours pousser son avantage, à prendre un kilomètre là où son contradicteur cédait un centimètre et à bousculer sans vergogne quiconque montrait le moindre signe de timidité. Il était haut en couleur en paroles et en actes, témoignant d'une certaine propension à l'épate, surtout quand il avait une galerie.

Khrouchtchev était un homme qui s'appliquait très soigneusement à se documenter, et il était fier de connaître les tenants et aboutissants de la position de son adversaire aussi bien qu'il connaissait la sienne. Il faisait preuve d'une efficacité particulière dans les débats en raison de la riche diversité de ses ressources, et aussi de son habileté à déformer, contourner et changer le sujet quand il se trouvait piégé ou acculé dans une position intenable.

Bien qu'il donnât l'apparence d'être hautement émotif, il me démontra qu'il savait être sobre, froid, étranger à toute émotion et d'une rigoureuse logique analytique quand la discussion portait sur une question véritablement importante.

Khrouchtchev amusa et stupéfia le monde pendant onze ans. Il sortit calmement des rangs des lieutenants de Staline en 1953 et disparut de la scène sur un coup de théâtre quand ses collègues le déposèrent brusquement en 1964. L'opinion publique internationale resta sur trois images de Khrouchtchev au pouvoir : le clown burlesque, qui avait été plus souvent ivre en public que tout autre dirigeant russe des temps modernes ; le pragmatiste parieur, qui ne s'était pas senti lié par le dogme marxiste mais qui avait essayé de résoudre les problèmes de son pays par des panacées au lieu de lui appliquer des remèdes à long terme ; le communiste totalitaire, qui avait gravi les échelons du pouvoir en passant sur les cadavres de ses rivaux et de ses compatriotes, et qui y était resté en exilant tous ceux qui osaient le défier, jusqu'au moment où il fut victime de ses propres méthodes.

Au cours de mes rencontres avec Khrouchtchev, je découvris que le clown en lui avait deux visages. Ainsi, il pouvait être un turbulent et joyeux boute-en-train, débordant d'amitié et déployant un charme presque séduisant. Arborant un large sourire, il pouvait vous sortir un dicton paysan propre à chaque situation particulière. Il lui arrivait de me prendre par le revers de ma veste, comme pour saisir de la même façon mon attention. Parfois, il se penchait vers moi, vérifiait avec sa tapageuse discrétion si personne d'autre n'écoutait, puis divulguait d'une voix étouffée quelque « secret » militaire soviétique.

Un moment plus tard, surtout quand il avait un auditoire, il pouvait se révéler grossier, dominateur, violent, le maître d'une forme très personnelle de diplomatie, s'exprimant avec force décibels. Pendant ses harangues, il se pressait contre moi et m'enfonçait l'index dans les côtes, comme s'il avait voulu ajouter des provocations physiques à ses provocations verbales. Il plissait les yeux comme se servant d'une mitrailleuse pour mieux viser son objectif. Puis il lançait un violent tir de barrage d'arguments tonitruants et grandiloquents dûment assortis d'invectives et de grossièretés. Quand nos entrevues furent arrivées à leur terme, je ne pus guère m'empêcher de penser que beaucoup des provocations verbales de Khrouchtchev auraient suffi à déclencher une guerre au temps de la diplomatie policée. A notre époque, elles ne faisaient plus que rougir l'interprète.

Le clown en Khrouchtchev savait habilement exploiter sa bouffonnerie, comme je pus m'en rendre compte lorsque, pendant notre visite commune de l'Exposition nationale américaine, nous arrivâmes devant la reconstitution d'un studio de télévision. Un jeune technicien nous pria d'enregistrer chacun un texte de bienvenue qui pourrait ensuite servir à accueillir les visiteurs pendant toute la durée de l'exposition. Khrouchtchev parut d'abord méfiant, mais la vue des nombreux ouvriers soviétiques qui suivaient la scène lui donna subitement de l'entrain. En un tour de main, il grimpa sur le podium et se mit aussitôt à déclamer et à jouer pour les caméras et la foule qui se pressait alentour.

« Depuis combien de temps l'Amérique existe-t-elle ? Trois cents ans ? » me demanda-t-il. Je lui répondis que les États-Unis avaient à peu près cent quatre-vingts ans. « Bien, Nous disons donc que l'Amérique existe depuis cent quatre-vingts ans, et voici le niveau qu'elle a atteint », dit-il avec un geste large embrassant tout le hall d'exposition. « En ce qui nous concerne, nous n'avons pas tout à fait quarante-deux ans d'existence, mais dans sept ans nous atteindrons le même niveau que l'Amérique. » L'auditoire se laissait emporter par la vantardise de Khrouchtchev, lequel parut singulièrement stimulé par ce ravissement de l'assistance. « Quand nous vous rattraperons, nous vous saluerons en vous dépassant », dit-il. Il termina son numéro avec des gestes spectaculaires, regardant le plus sérieusement du monde par-dessus l'épaule et agitant sa petite main grassouillette pour saluer une Amérique imaginaire qui s'estompait au loin.

Les multiples bouffonneries de Khrouchtchev étaient à la fois fascinantes et révélatrices de la nature profonde du personnage. Elles pouvaient le montrer sous un bon ou sous un mauvais jour. Il lui arrivait ainsi de tirer profit de ses clowneries pour ménager le prestige national et personnel de ses hôtes. Quand sa voiture officielle creva pendant une visite dans la campagne yougoslave en 1956, Khrouchtchev, alors âgé de soixante et un ans, tomba très sportivement la veste et se mit à lutter avec Anastas Mikoyan. Ce combat impromptu et amical créa une diversion pour la presse tandis que les hommes de Tito se dépêchaient de changer la roue. Stupéfiés par ce spectacle inattendu, les journalistes rapportèrent tous cette lutte improvisée entre les deux massifs dignitaires communistes, passant sous silence la gênante crevaison.

Mais la plupart des clowneries de Khrouchtchev le montraient sous un mauvais jour, révélant la nature d'un personnage foncièrement grossier et éhonté. Pendant la crise de Berlin de 1959, le Premier ministre britannique Macmillan se rendit à Moscou et proposa une réunion des ministres des Affaires étrangères pour traiter du problème de l'ancienne capitale allemande. Aux yeux de Khrouchtchev, cependant, de telles réunions étaient futiles par définition, les chefs de la diplomatie n'ayant pas assez d'autorité pour véritablement trancher les grands problèmes. Pour illustrer son argument et faire comprendre à Macmillan que les ministres des Affaires étrangères n'étaient en réalité que des comparses, Khrouchtchev n'hésita pas à dire au Premier ministre britannique que s'il demandait à Andreï Gromyko, le chef de la diplomatie soviétique, de se déculotter et de s'asseoir sur un bloc de glace, Gromyko serait tout simplement obligé de le faire.

Cependant, Macmillan ne savait pas encore jusqu'où pouvait aller la grossièreté de l'ancien lieutenant de Staline. Dans un discours qu'il prononça aux Nations unies en 1960, Khrouchtchev proposa plusieurs modifications de la structure et du fonctionnement de l'organisation internationale, y compris un transfert de son siège en Suisse, en Autriche ou sur le territoire de l'Union soviétique. Quand l'Assemblée générale rejeta ses propositions, il se mit à harceler les autres délégués en interrompant leurs discours par des rires et des vociférations. Son comportement de rustre parvint à son comble pendant l'allocution de Macmillan. Devant les représentants de presque tous les pays du monde, le dirigeant soviétique enleva une de ses chaussures et s'en servit comme d'un marteau de commissaire-priseur pour taper violemment sur son pupitre.

Khrouchtchev était un ours, un produit brut de la terre russe, le moujik typique, aussi irascible que rusé. Mais si ses clowneries lui venaient tout naturellement, il ne faisait le clown que lorsqu'il le voulait bien. Indiscrétion et grandiloquence bouffonne lui servaient de tactique.

Sous le règne de Khrouchtchev, la puissance de l'Union soviétique était largement inférieure à celle des États-Unis. Mais ce qui manquait à Khrouchtchev en potentiel militaire, il cherchait à le compenser par une brutale volonté de puissance. Il brandissait ses sabres nucléaires et proclamait que nos petits-enfants vivraient sous le communisme pour nous intimider et nous faire craindre la puissance de l'U.R.S.S. Si la plupart des dirigeants occidentaux ne se laissèrent pas bluffer par ses outrances, le public comprit néanmoins qu'il n'aurait guère eu de scrupules à déclencher une guerre mondiale, cela en dépit de ses véhémentes professions de foi en faveur de la « coexistence pacifique ».

Il fut dans sa forme typique lors d'un discours qu'il prononça en Grande-Bretagne à l'occasion de sa visite officielle de 1956. Il raconta à son auditoire qu'il avait remarqué, le long du parcours du cortège officiel, des personnes qui protestaient contre sa venue sur le sol anglais, mais qu'il avait surtout été frappé par un homme qui lui montrait le poing. « Ma réponse a été celle-ci, dit-il en montrant lui-même le poing, et nous nous sommes parfaitement compris ! »

L'assistance se mit à rire, mais Khrouchtchev ajouta placidement :
« J'aimerais rappeler à ce monsieur que dans le passé certains ont
déjà essayé de nous parler sur ce ton... Hitler a brandi le poing contre
nous, et aujourd'hui il est dans la tombe. Le temps ne serait-il pas
venu pour nous d'être un peu plus intelligents et de cesser de nous
montrer mutuellement le poing ? »

Sans doute l'histoire se souviendra-t-elle aussi de Khrouchtchev
comme d'un pragmatiste. Le dirigeant soviétique n'avait rien du
théoricien rigide du marxisme-léninisme, servilement attaché à
l'application et l'interprétation du dogme fixé par les saintes
écritures. Il croyait sincèrement au communisme et à l'inéluctabilité
de sa victoire finale, mais il ne sacrifiait que le dimanche sur l'autel
de la théorie. J'ai de la peine à m'imaginer Khrouchtchev lisant
réellement les trois lourds volumes de l'œuvre maîtresse de Karl
Marx, *Das Kapital*. Sous ce rapport, il différait beaucoup de Staline,
qui lisait énormément et écrivait copieusement sur le corps doctri-
nal communiste.

Khrouchtchev était très fier de son pragmatisme. Nous parlions
un jour du président du Conseil délégué, Frol Kozlov, que j'avais
accueilli à New York quand il était venu inaugurer l'Exposition
nationale soviétique. Kozlov était un apparatchik qui se pliait
servilement à tous les tours et détours que pouvait prendre la ligne
du parti. Avec un mépris évident, Khrouchtchev laissa tomber ce
commentaire : « Le camarade Kozlov est un communiste impénitent. » Naturellement, Khrouchtchev était lui-même un communiste
endurci, mais il refusait de se laisser lier par le dogme.

Il stigmatisait fréquemment les « rhéteurs » du marxisme-léninisme, traités par lui de « perroquets » qui « apprenaient par
cœur » des passages théoriques archaïques « ne valant pas un
kopeck » à notre époque. « Si Marx, Engels et Lénine pouvaient
sortir de leur tombe, s'exclama-t-il un jour, ils se moqueraient de ces
rats de bibliothèque et de ces exégètes qui, au lieu d'étudier la
société contemporaine et de développer la théorie dans un sens
créateur, passent leur temps à fouiner dans les classiques pour y
dénicher une citation pouvant s'appliquer à la gestion d'une station
de machines agricoles et de tracteurs ! »

Sa foi dans les axiomes de la doctrine communiste n'était pas
acquise mais instinctive. Son esprit était pénétré des clichés de
l'idéologie marxiste-léniniste, sans toutefois qu'il attachât de l'importance aux complexités de celle-ci. « Quand les faits et la théorie
ne concordent pas, avait proclamé Staline, changez les faits ! »
Khrouchtchev, assurément, ne souscrivait pas à ce curieux adage,
mais personne ne pouvait lui reprocher de ne pas saisir la moindre

occasion pour essayer de promouvoir sa cause, pour « bousculer l'histoire », comme il disait lui-même.

Khrouchtchev se trouvait en pleine forme quand il me fit faire une promenade en bateau sur la Moskova au cours de ma visite en Union soviétique. A huit reprises, il donna l'ordre-de stopper le bateau pour saluer des nageurs que nous rencontrions et pour leur serrer la main en criant : « Êtes-vous des captifs ? Êtes-vous des esclaves ? » Les nageurs, visiblement tous des membres de l'élite du parti communiste, répondaient alors en chœur par des *niet* véhéments. Il en profitait pour me pousser du coude en s'exclamant : « Voyez comment vivent nos esclaves ! » Pendant ce temps, les journalistes soviétiques notaient chaque parole. Quand nous mîmes pied à terre, Khrouchtchev était rayonnant. « Savez-vous, lui dis-je, il faut vraiment que je vous admire... Vous ne manquez pas une occasion pour faire de la propagande. » « Non, non, je ne fais pas de propagande, je dis la vérité », rétorqua-t-il, alors qu'il n'avait jamais de sa vie dit la vérité quand un mensonge faisait l'affaire.

Il continua à colporter sa version de la vérité pendant tous mes déplacements à travers l'U.R.S.S. A Leningrad, à Sverdlovsk et dans la ville sibérienne de Novossibirsk, nous fûmes salués, ma femme et moi, d'une façon exceptionnellement chaleureuse par des milliers et des milliers de personnes. Nous fûmes très impressionnés par le fait que les Russes étaient des gens robustes, laborieux et sympathiques, et que dans leur grande majorité ils semblaient réellement aimer les Américains. Mais à chaque arrêt que nous faisions dans une usine ou sur une place de marché, un fonctionnaire communiste téléguidé par Khrouchtchev venait me harceler par des questions politiques soigneusement préparées d'avance. L'homme sortait de la foule et se présentait comme « un simple citoyen soviétique ». Puis il posait ses questions, manifestement apprises par cœur : « Pourquoi les États-Unis bloquent-ils les efforts en vue d'arrêter les essais nucléaires ? » ou bien : « Pourquoi les U.S.A. veulent-ils la guerre ? » ou encore : « Pourquoi les États-Unis nous menacent-ils avec des bases militaires installées dans d'autres pays ? »

Harrison Salisbury, le doyen des correspondants américains en Union soviétique, rendit assez bien compte, dans le *New York Times*, de ce harcèlement orchestré par Khrouchtchev : « Le vice-président Richard M. Nixon prêcha les vertus de la libre parole à plusieurs questionneurs. C'était une expérience extrêmement rare dans la vie publique soviétique, — un libre échange de propos entre une personnalité éminente et des questionneurs sortis de la foule. La similarité des questions posées à M. Nixon et la tactique de ceux qui les formulaient laissaient supposer une source d'inspiration commune. »

S'il était un pragmatiste dans ce sens qu'il ne se laissait pas embarrasser par le dogme officiel, Khrouchtchev était toutefois un médiocre praticien. Il abordait les problèmes de l'Union soviétique exactement comme un joueur aventureux abordant la roulette, c'est-à-dire avec plus d'enthousiasme que de réflexion. Trop impatient pour construire une stratégie et se livrant à l'intuition du moment, il jouait ses atouts en risquant le tout pour le tout — et repartait plus souvent les mains vides.

Prompt en pensée mais plus prompt encore en actions, il laissait souvent ses actions précéder sa pensée. Il aimait tenter de résoudre les grands problèmes de son pays par une seule manœuvre spectaculaire et risquée, donc à jouer son va-tout. Les programmes grandioses se succédèrent ainsi sous son impulsion. Il ouvrit de vastes étendues de terre marginale à la culture, pour les voir ravagées par des tempêtes de poussière ; il intensifia la culture du maïs de fourrage, pour ruiner des dizaines de milliers d'hectares de terre dont le sol était impropre à cette culture ; il vanta les avantages de l'utilisation du béton armé et des constructions préfabriquées, mais négligea d'augmenter la production de ciment.

C'était grâce à de tels programmes que Khrouchtchev se glorifiait de pouvoir dépasser les seuils de production américains au bout de sept ans. Cependant, comme toute personne un peu sensée voyageant à travers l'Union soviétique au cours des années cinquante, je me rendais parfaitement compte que le seul système de transport archaïque de l'U.R.S.S. rendait cette prophétie totalement illusoire.

Khrouchtchev cherchait très sincèrement à amener la prospérité en Union soviétique. Mais il ne comprenait pas, ou alors ne comprenait que trop bien, ce que cela impliquait. Il lui aurait fallu réviser d'une façon drastique tout le système économique et politique soviétique pour atténuer la mainmise du parti communiste sur l'ensemble de la population — ce qu'il ne voulait et ne pouvait pas faire. Il préférait placer ses espoirs dans des projets grandioses tenant plus du tour de passe-passe du prestidigitateur que du véritable programme économique. Quand aucun de ces tours ne donna de résultats concrets, son auditoire au Præsidium commença à s'agiter pour finalement l'évincer de la scène, l'accusant entre autres d'avoir aveuglément poursuivi la réalisation de « projets insensés ». Khrouchtchev avait eu les yeux plus gros que le ventre, il avait voulu garder le contrôle absolu de l'économie et en même temps amener la prospérité. A la fin, il ne put plus faire ni l'un ni l'autre.

Le clown grandiloquent et le pragmatiste mal orienté constituaient des aspects importants de la personnalité de Khrouchtchev, mais je compris dès ma première rencontre avec lui que l'esprit totalitaire habitait son être le plus intime et animait le tout. Faiblement voilée même quand il était dans ses bons jours, sa froide et brutale détermination se trouvait toujours présente dans le regard impitoyable de ses yeux d'un bleu foncé, qui semblaient devenir noirs comme du charbon lorsqu'il faisait valoir un argument.

Aussi paradoxal que cela puisse paraître, cet esprit totalitaire en lui était particulièrement apparent dans son sens de l'humour. Les plaisanteries qu'il aimait raconter à l'occasion des réceptions diplomatiques avaient souvent une connotation sinistre. Beaucoup de ces histoires prétendues drôles avaient trait aux activités de la Tchéka, l'ancienne police politique qui avait précédé le Guépéou et le N.K.V.D. Il semblait les apprécier en particulier en raison des parallèles évidents entre la Tchéka et son propre appareil.

Une de ses histoires préférées concernait une revue de troupes à Moscou. Un soldat dans les rangs s'était permis d'éternuer. Aussitôt l'officier tchékiste présent demanda au coupable de s'avancer pour se dénoncer. Mais personne ne réagit. La première rangée de soldats fut alignée et passée par les armes. L'officier reposa la même question. Devant le silence persistant, une seconde rangée de soldats fut passée par les armes. Pour la troisième fois, l'officier demanda quel était le soldat qui avait éternué. « C'est moi », répondit la voix timide d'un soldat dans le fond. « *Gesundheit* », dit le tchékiste.

Mais Khrouchtchev était aussi friand d'humour macabre chez les autres. Pendant notre déjeuner dans la datcha de Khrouchtchev en dehors de Moscou, en 1959, Mikoyan fit allusion aux méthodes de travail très particulières de Staline, qui n'hésitait pas à convoquer ses subordonnés en pleine nuit. « Nous dormons beaucoup mieux, dit Mikoyan, depuis que le camarade Khrouchtchev est le patron. » Après avoir réfléchi à ce qu'il venait de dire, Mikoyan ajouta avec un sourire : « Je pense que cela est vrai à plus d'un titre... » Khrouchtchev, qui faisait face à Anastas Mikoyan de l'autre côté de la table, rayonnait de plaisir devant ce sous-entendu.

Khrouchtchev était réputé pour ses piques imagées et ses promptes reparties. Il aurait fallu un Churchill dans sa meilleure forme pour l'égaler sous ce rapport. Mais, à la différence de celui de Churchill, l'humour de Khrouchtchev était presque toujours combatif, agressif, intimidant, destiné non pas tellement à faire rire qu'à véhiculer un défi ou une menace implicite. L'esprit de Churchill était vif et acéré, alors que celui de Khrouchtchev était toujours d'une brutale lourdeur.

Pour Khrouchtchev, l'humour était un gourdin servant à matraquer ses adversaires. Alors qu'il reprochait à un groupe de paysans de ne pas vendre leur bétail pour la boucherie, il leur déclara qu'ils

« n'étaient pas des propriétaires de jardins zoologiques collectionnant les animaux pour l'éducation du public ». Quand on lui demanda si la Russie allait toujours rester communiste, il répliqua qu'elle renoncerait au marxisme-léninisme le jour « où les crevettes siffleraient », ou encore « quand vous pourrez voir vos propres oreilles sans avoir besoin d'un miroir ». Lors d'une exposition de peinture, Khrouchtchev, dont l'aversion à l'égard de l'art contemporain était immense, écoutait impatiemment un poète lui expliquer que les « tendances formalistes » dans certaines œuvres abstraites seraient « rectifiées avec le temps ». « Les bossus sont rectifiés par la tombe ! » répliqua un Khrouchtchev indigné.

Quand nous eûmes quitté le studio de télévision reconstitué à l'Exposition nationale américaine, Khrouchtchev ne cessa de me chercher noise au sujet de ma formation d'avocat, laissant entendre que j'étais forcément un rusé et déloyal manipulateur de mots, alors qu'il avait lui-même un passé d'honnête mineur et d'ouvrier. Alors que nous passions devant la reconstitution d'une épicerie américaine, je lui appris que mon père avait été propriétaire d'un magasin dans lequel mes frères et moi nous avions travaillé tout en allant en classe. « Tous les boutiquiers sont des voleurs », gronda Khrouchtchev avec un grand geste du bras. « La fraude existe partout », lui répondis-je. « Même sur le marché que nous avons visité ce matin, j'ai vu des gens occupés à peser des vivres après les avoir achetés à l'État. » Pour une fois, Khrouchtchev n'avait pas pu avoir le dernier mot : il changea vite de sujet.

Dans ses pointes d'humour, Khrouchtchev se prenait rarement lui-même pour cible, et quand il le faisait, il était sous-entendu qu'il ne croyait pas vraiment ce qu'il disait. Après notre confrontation devant la cuisine, je marchais aux côtés de Kliment Vorochilov, qui occupait alors la fonction essentiellement honorifique de président de l'Union soviétique. Khrouchtchev suivait, quelques pas derrière nous, et je lui fis signe de nous rejoindre. « Non, me dit-il, vous marchez avec le président. Je sais me tenir à ma place. »

Les plaisanteries sinistres et les piques grossières de Khrouchtchev révélaient l'homme qui avait appris à tenir les rênes du pouvoir sous les auspices de Joseph Staline. Sous la férule de Staline, le plus cruel des tyrans, seuls les plus capables parvenaient à survivre. A une impitoyable brutalité, ses sous-ordres devaient ajouter une ruse férocement calculatrice. L'ancien ambassadeur Foy Kohler, l'un des rares soviétologues américains, décrivait Khrouchtchev comme l'incarnation de l'adjectif russe *khitryi*. « Selon le dictionnaire, devait-il noter, le mot signifie sournois, malin, artificieux, retors ou roublard. Mais en réalité il signifie plus que cela ; il signifie également dénué de scrupules, débrouillard, rusé, vif. Mélangez tous ces adjectifs en un seul, et vous aurez le *khitryi* Khrouchtchev — un lèche-bottes ou une brute au gré des circonstances, toujours un démagogue et un opportuniste. »

Khrouchtchev adhéra au parti bolchevique en 1918 à l'âge de vingt-quatre ans. En 1928, alors qu'il n'était encore qu'un petit responsable du parti à Kiev, il fut remarqué par Lazare Kaganovitch, le grand patron du parti communiste de l'Ukraine. Quand Kaganovitch retourna à Moscou en 1929, il emmena Khrouchtchev avec lui comme son fidèle premier lieutenant. Au cours des années trente, les deux hommes tirèrent largement profit des purges. Plus staliniens que Staline lui-même, ils virent leur étoile politique monter de plus en plus haut. Chargé de la direction de la construction du métro de Moscou sous les ordres de Kaganovitch, Khrouchtchev acquit bientôt la réputation d'un responsable du parti dur et capable, qui n'avait pas peur d'avoir de la boue sur ses bottes ni du sang sur les mains. Grâce à ce *curriculum vitae* très particulier, il sera nommé premier secrétaire du Comité central d'Ukraine en 1938, c'est-à-dire patron du parti communiste ukrainien.

Aucune mission ne pouvait alors être plus difficile en Union soviétique. Les braises du nationalisme ukrainien étaient encore rougeoyantes et attisées par la collectivisation forcée des terres imposée par Staline, au cours de laquelle plusieurs millions de paysans ukrainiens avaient été exterminés ; elles pouvaient à tout moment provoquer un véritable incendie. Khrouchtchev avait pour tâche de les éteindre définitivement en purgeant le parti communiste de l'Ukraine de tous ses membres soupçonnés de sympathies nationalistes et en accélérant la russification et la soviétisation des quarante millions d'habitants de la province.

Les purges sanglantes étaient à leur apogée quand Khrouchtchev devint ainsi le vice-roi de Staline. En six mois, son prédécesseur avait liquidé presque soixante-dix pour cent du Comité central d'Ukraine qui avait été mis en place en 1937. Staline le remplaça par Khrouchtchev pour encore accélérer la cadence. Khrouchtchev ne devait pas décevoir son maître. Sur les 166 membres du Comité de 1937, ne subsistèrent bientôt plus que trois. Il purgea aussi un cinquième des secrétaires locaux ainsi que des milliers de simples membres du parti.

Quand les troupes allemandes envahirent l'Ukraine pendant la Seconde Guerre mondiale, elles furent joyeusement accueillies par ses habitants comme des libérateurs. C'était de Khrouchtchev et de ses sbires que l'Ukraine était libérée. En 1943, les forces d'occupation allemandes mirent au jour quatre-vingt-quinze charniers contenant un total de dix mille cadavres. Les objets trouvés sur les corps permirent de les identifier comme des victimes des purges politiques communistes de 1937 à 1939.

En 1940, Khrouchtchev dirigea la soviétisation de l'Ukraine occidentale quand cette partie de la Pologne revint à l'U.R.S.S. en vertu de l'accord entre Staline et Hitler. Après l'attaque allemande dirigée contre l'Union soviétique, il servit comme lieutenant général non pas au front, mais en tant que commissaire politique aux armées, avec pour mission de veiller à la stricte application des ordres de Staline. Après la guerre, il retourna en Ukraine pour tuer ceux de ses habitants qui avaient collaboré avec les Allemands. Il put bientôt se vanter auprès de Staline que la moitié des ouvriers meneurs avaient été exterminés.

Staline mourut au mois de mars 1953, mais son influence ne disparut pas avec lui. Elle se perpétuait par l'empreinte que ses années au pouvoir avaient laissée sur les hommes dont il s'était servi pour asseoir sa domination et qui furent appelés à prendre sa succession. Les leçons du stalinisme étaient d'une brutale simplicité. L'instinct faisait comprendre à Khrouchtchev que s'il ne se trouvait pas au sommet ou en voie de l'atteindre, il serait à la merci de ceux qui y étaient déjà. La sagesse lui conseillait de ne s'accommoder avec un adversaire que lorsqu'il n'était pas en mesure de l'écraser ou s'il avait besoin de son aide pour venir à bout de quelqu'un d'autre. L'expérience lui enseignait la valeur particulière d'une parole de Lénine : « La chose importante n'est pas de vaincre l'ennemi mais d'en finir avec lui. »

La lutte pour la succession commença immédiatement après la mort de Staline. Quand Khrouchtchev parvint à s'assurer le poste de Premier secrétaire du parti communiste, d'autres membres du Praesidium se braquèrent contre lui. Lavrenti Beria, le chef de la police secrète, l'appelait « notre politicien patate ». On savait que Kaganovitch, de son côté, n'appréciait pas beaucoup l'ascension de son ancien lieutenant. Georgi Malenkov, le président du Conseil des ministres de l'U.R.S.S., et Viatcheslav Molotov, le redoutable ministre des Affaires étrangères de Staline, qualifiaient Khrouchtchev de « *nedostoïny* », c'est-à-dire en gros d'individu impropre.

Khrouchtchev se rappela tout et ne pardonna rien. Il se servit de l'influence que lui valait son poste pour saper la position de ses rivaux, faisant en gros ce que Staline avait déjà fait trente ans plus tôt. A une parfaite connaissance des rouages du parti, Khrouchtchev associait un talent presque inquiétant du minutage, une féroce ténacité quant au but à atteindre, et une conception du pouvoir d'une sauvage efficacité : en 1957, il l'emportait sur tous les autres.

Ceux qui avaient participé à la compétition pour le pouvoir se trouvèrent battus par Khrouchtchev. Beria, l'homme des services de sécurité et sans doute le personnage le plus craint en Union soviétique après la mort de Staline, fut arrêté et exécuté. Kaganovitch, qui avait tant fait pour la promotion de l'obscur ouvrier ajusteur, fut démis de toutes ses fonctions au parti et au gouvernement, et nommé directeur d'une cimenterie à Sverdlovsk. Malenkov, dont Staline avait fait son successeur, se retrouva lui aussi directeur d'une centrale électrique située au fin fond du Kazakhstan. Quant à Molotov, l'artisan avec Ribbentrop du pacte germano-soviétique, il fut nommé ambassadeur à Oulan-Bator, c'est-à-dire expédié dans l'un des plus obscurs postes diplomatiques.

Le stalinisme avait fait de Khrouchtchev un totalitaire par tempérament autant que par conviction. Il ne tolérait absolument aucune opposition, qu'elle vînt de ses collègues dans leur lutte pour le pouvoir ou de moi dans un débat contradictoire. Quand il se voyait confronté à une force égale, il cherchait à gagner du temps. Mais dès qu'il sentait qu'il était en train de prendre un avantage, il le poussait jusqu'à son extrême limite.

Dans toutes mes discussions avec lui, il se montra totalement inflexible, ne cédant jamais un pouce de terrain et ne laissant jamais la porte ouverte à la négociation. Dans son esprit, il avait toujours absolument raison alors que j'avais moi-même irrémédiablement tort. Quand je lui répondis dans son propre langage lors de notre réunion au Kremlin, il s'esquiva. En revanche, lorsque je ne réagis pas à sa forfanterie dans le studio de télévision reconstitué, il prit ma réserve pour de la faiblesse et l'exploita au maximum.

Après sa prestation agressive devant les caméras de télévision, notre visite de l'Exposition nationale nous amena dans la maison américaine modèle. Alors que nous entrions dans le vestibule central donnant sur les diverses pièces, Khrouchtchev poursuivit sur le ton de la provocation. Nous nous arrêtâmes devant la cuisine modèle et, assez bizarrement, la discussion porta sur les machines à laver. Après une déclaration grandiloquente dans laquelle il cherchait à prouver qu'il valait mieux n'avoir qu'un seul type de machine à laver, je lui dis : « Ne vaut-il pas mieux pour nous discuter des mérites respectifs de nos machines à laver plutôt que des capacités respectives de nos fusées ? N'est-ce pas là le genre de compétition que vous recherchez ? »

Quand il entendit la traduction, Khrouchtchev sembla se mettre en colère, enfonça son pouce dans ma poitrine et s'écria : « Oui, c'est là le genre de compétition que nous désirons, mais vos généraux prétendent qu'ils sont assez puissants pour nous détruire. Nous pouvons aussi vous montrer quelque chose pour vous faire sentir ce que veut dire l'esprit russe. Nous sommes puissants, nous pouvons vous battre ! Mais dans ce domaine, nous pouvons aussi vous montrer quelque chose. »

Il avait jeté le gant, et il était temps pour moi de contrer son bluff. « A mes yeux, vous êtes puissants et nous sommes puissants », lui dis-je en pointant mon doigt sur lui pour mieux faire passer le message. « A l'époque où nous vivons, chercher à savoir lequel des deux est le plus fort n'a aucun sens. S'il y a la guerre, nous serons tous les deux perdants. » Khrouchtchev essaya de rire de mon argument, mais j'insistai : « J'espère que le président du Conseil des ministres de l'U.R.S.S. a bien compris toutes les implications de ce que je viens de dire. Quand vous placez l'une ou l'autre de nos puissantes nations dans une situation où elle n'a d'autre choix que d'accepter les conditions dictées par l'autre ou de faire la guerre, vous jouez avec la chose la plus destructive au monde ! »

Il répliqua furieusement, semblant par moments perdre tout contrôle de soi. Mais, comme je devais le noter plus tard, « Khrouchtchev ne perd jamais le contrôle de ses émotions, il s'en sert ! ». A présent il s'en servait pour me faire apparaître comme le méchant, m'avertissant très sérieusement de ne pas le menacer et niant avec véhémence avoir jamais lui-même délivré un ultimatum. « Pour moi, tout cela ressemble à une menace, hurla-t-il. Nous aussi, nous sommes des géants ! Vous tenez à nous menacer, nous répondrons aux menaces par des menaces ! »

Je lui répondis que, de notre côté, nous ne nous lancerions jamais dans des menaces. Il m'accusa alors de l'avoir menacé indirectement. « Vous évoquez des implications », dit-il, faussant délibérément le sens que j'avais donné à ce terme. « Ce n'est pas moi qui le fais. Nous avons les moyens à notre disposition ! Les nôtres sont supérieurs aux vôtres ! C'est vous qui voulez rivaliser ! *Da, da, da...* »

Je lui rétorquai que nous étions parfaitement conscients de la puissance de l'Union soviétique, mais soulignai qu'à l'ère nucléaire, des différences marginales dans un sens ou dans un autre ne tiraient pas à conséquence. Khrouchtchev comprit bientôt qu'il ne pourrait pas tirer profit d'une discussion débouchant sur une impasse, et il chercha à y mettre un terme. Il déclara à contrecœur : « Nous recherchons la paix et l'amitié avec toutes les nations, spécialement avec l'Amérique. »

La méfiance était un trait fondamental de sa nature. Quand nous eûmes quitté la maison modèle, Donald Kendall, le P.-D.G. international de Pepsi-Cola, lui offrit un verre du produit de sa société. Il regarda la boisson d'un air soupçonneux et n'accepta d'y toucher qu'après moi. Après y avoir goûté, il vida le verre d'une seule traite.

Mon affrontement avec Khrouchtchev au cours de ce fameux

« débat de la cuisine » devait me convaincre qu'il était un être brutalement totalitaire jusqu'à la moelle des os. Il ne se contentait jamais de simplement présenter ses arguments et de me laisser présenter les miens. Il créait arbitrairement des controverses pour pouvoir essayer de me forcer à la soumission ou de m'acculer au silence, non pas en vertu de la logique de ses arguments ou de l'éloquence de ses paroles, mais par l'intensité de sa forfanterie et la gravité de ses menaces.

Ce portrait pourra paraître dur à ceux qui se rappellent surtout Khrouchtchev comme l'homme du « dégel », l'homme qui exposa les massacres injustes de Staline. Mais aucun de ces épisodes ne fait mentir cette description. Au contraire, ils la confirment.

Pendant le « dégel », Khrouchtchev toléra une plus grande liberté d'expression en art et en littérature, mais il se réserva le privilège de déterminer ce qui pouvait être critiqué et ce qui ne le pouvait pas. Un grand nombre des horreurs de l'ère stalinienne pouvaient être librement stigmatisées, mais celles qui se poursuivaient jusque dans l'époque de Khrouchtchev lui-même étaient taboues. Khrouchtchev imposa très strictement ses règles en matière de création littéraire : il ne savait que trop bien combien il est difficile, dans les milieux intellectuels et artistiques, d'empêcher un tout petit peu de liberté de s'amplifier et de faire boule de neige. Il déclara un jour à un groupe d'écrivains qu'il eût été possible d'éviter le soulèvement hongrois de 1956 si le gouvernement avait fait fusiller quelques auteurs qui semaient le trouble dans les esprits et provoquaient le mécontentement. Si jamais une situation analogue devait naître en Union soviétique, ajouta-t-il en regardant durement les écrivains, « mes mains ne trembleraient pas ».

Pareillement, dans le « rapport secret » au XXe congrès du parti communiste, Khrouchtchev ne dénonça pas la sanglante terreur stalinienne en vertu de quelque soudaine indignation morale. Son initiative découlait d'un calcul politique mûrement réfléchi. Choisissant très soigneusement ses mots, Khrouchtchev ne condamna jamais la brutalité en soi de Staline. Il nota, en l'approuvant, que Lénine « exigeait une attitude intransigeante à l'égard des ennemis de la Révolution et de la classe laborieuse, et, lorsque cela était nécessaire, il savait être implacable », et qu' « il employa sans hésitation les méthodes les plus extrêmes contre les véritables ennemis de classe ». Il alla même jusqu'à citer la liquidation des « déviationnistes droitiers » comme l'un des grands « services » rendus par Staline au communisme. Il dénonça uniquement les crimes dans lesquels ses rivaux politiques pouvaient être impliqués. En fait, en mettant l'accent sur les purges de Staline, il fut à même de mener la sienne propre.

Le dissident exilé Vladimir Boukovski rapporte un incident singulièrement révélateur... Alors que Khrouchtchev dénonçait les crimes de Staline à une réunion du parti communiste, on lui fit remettre une note d'une personne dans l'assistance. Elle disait ceci : « Où étiez-vous *vous-même* à l'époque ? » Khrouchtchev lut la question au micro, puis s'écria : « Qui est-ce qui a écrit cette note ? Veuillez vous lever ! » Après quelques minutes de silence, il devint clair que l'auteur de la note garderait l'anonymat. « Très bien, dit Khrouchtchev en décidant de répondre, j'étais là où vous êtes maintenant vous-même ! »

Il est possible que cette anecdote ait été inventée de toutes pièces. Néanmoins, qu'elle soit authentique ou apocryphe, elle illustre d'une façon poignante que Khrouchtchev garda le système stalinien intact dans ses bases, même s'il désacralisa Staline lui-même. S'il exorcisa le fantôme de Staline de l'âme de sa nation, il ne réussit jamais à exorciser le stalinisme de son âme propre.

Après notre discussion extrêmement vive dans la cuisine modèle, Khrouchtchev se transforma en un hôte amical et bon vivant. Lors d'un déjeuner au Kremlin, il nous invita à nous plier avec lui à la coutume russe consistant à lancer les verres de champagne dans la cheminée après avoir bu les toasts. En outre, il cessa d'insister pour que nous utilisions des avions soviétiques le reste du voyage, nous permettant au contraire de nous déplacer avec nos propres appareils.

Ces exemples démontraient assez bien les changements d'attitude désarmants dont pouvait faire preuve Khrouchtchev dans ses rapports. Sans jamais céder le moindre pouce de terrain sur les questions fondamentales, il savait se montrer extrêmement généreux dans ses relations personnelles. Cela ne lui coûtait guère, mais pouvait lui rapporter ne fût-ce qu'un infime avantage dans les pourparlers ultérieurs touchant aux choses sérieuses. Il était la vivante illustration d'une règle de fer de l'art de gouverner : les bonnes relations personnelles ne conduisent pas nécessairement à de meilleures relations entre États.

Mais Khrouchtchev savait très bien que tout cela n'était que façade, amusement pour la galerie. En choisissant pour armes la jovialité et le charme, l'un des hommes d'État les plus férocement impitoyables de tous les temps, Joseph Staline, réussissait à faire figure d'hôte empressé auprès de certains de ses interlocuteurs. Quand Khrouchtchev et plus tard Brejnev me traitèrent de façon analogue, je compris mieux pourquoi Harry Truman avait pu se référer un jour à Staline comme à « ce bon vieux Joe ». Cependant, chez aucun de ces dirigeants soviétiques, l'étalage calculé de bons sentiments ne laissait présager de substantielles concessions.

Khrouchtchev continua à m'investir de son charme pendant le dîner officiel offert en son honneur par l'ambassadeur des États-Unis. Au milieu de la soirée, il commença à décrire avec une profusion de détails les beautés du paysage russe. Il décida subitement qu'il nous fallait les découvrir. Selon notre programme, nous étions attendus à sa datcha le lendemain matin, mais il prit rapidement les dispositions devant nous permettre de couvrir les trente-cinq kilomètres de route dès après le dîner, afin de pouvoir y passer toute la journée suivante.

J'étais heureux de quitter la tristesse oppressante de Moscou quand nos voitures filèrent par des routes désertes vers la résidence d'été de Khrouchtchev. En regardant passer sous mes yeux les rues et les façades uniformément ternes de la capitale soviétique, je me dis que, décidément, nous ne devrions pas associer la couleur rouge au communisme, mais le gris.

La datcha de Khrouchtchev était située dans les profondeurs de la forêt qui entoure Moscou. Avant la révolution de 1917, elle avait été une résidence d'été des tsars. Elle devint celle de Staline quelques années après l'accession au pouvoir des tsars rouges, pour être dévolue à Khrouchtchev quand il monta à son tour sur le trône. Incontestablement, la datcha était une des propriétés les plus luxueuses que j'aie jamais visitées. Le bâtiment proprement dit, plus grand que la Maison-Blanche, était entouré de cours et de jardins impeccablement entretenus. Sur un côté, un large escalier de marbre descendait jusqu'aux rives de la Moskova. Devant toute cette somptuosité, je ne pus m'empêcher de penser que les bolcheviks avaient accompli un long chemin depuis les jours ascétiques des révolutionnaires de la clandestinité.

Vers midi, Khrouchtchev et sa femme arrivèrent dans leur limousine. Khrouchtchev arborait une chemise fantastiquement brodée. Débordant de l'énergie et de l'enthousiasme d'un organisateur de voyages, il nous mit en place pour les photos d'usage, pour ensuite m'emmener en promenade en bateau sur la Moskova. A notre retour, nous rejoignîmes les dames pour déjeuner, et je supposai que nous nous retirerions ensuite pour nos entretiens officiels.

Khrouchtchev nous conduisit à une longue table dressée sous la voûte de feuillage de superbes pins et bouleaux qui avaient été primitivement plantés sous le règne de la Grande Catherine. La table regorgeait des plus fines spécialités ainsi que des meilleurs alcools. Malgré sa réputation bien méritée de grand buveur, Khrouchtchev ne fit que goûter à l'assortiment de vins et de vodkas. Il appréciait la bonne chère et savait faire honneur à l'alcool. Cependant, tout comme son caractère emporté était toujours son serviteur et jamais son maître, sa consommation d'alcool en cette circonstance resta dans les limites du plaisir normal et ne gêna à aucun moment ses occupations sérieuses. Il resta parfaitement sobre et lucide pendant notre long après-midi d'entretiens.

Au début du déjeuner, la conversation fut cordiale et enjouée. Quand fut servi le premier plat, Anastas Mikoyan, vice-président du Conseil des ministres, commença à s'entretenir avec Mme Nixon assise de l'autre côté de la table avec pour voisin immédiat Nikita Khrouchtchev. Le Premier soviétique interrompit Mikoyan en le grondant : « Dites donc, espèce de rusé Arménien, Mme Nixon m'appartient ! Vous, vous restez de votre côté de la table ! » Il traça avec son doigt une ligne imaginaire dans l'axe de la table et proclama : « Ceci est un rideau de fer ! N'essayez pas de le franchir ! »

Pendant ce temps, j'avais une conversation agréable avec Mme Khrouchtchev, sur laquelle le dirigeant soviétique ne semblait pas vouloir exercer un droit de propriété. Elle paraissait aussi énergique que son mari, mais n'avait rien de sa fruste rudesse. Son attitude accueillante et chaleureuse constituait un heureux contraste par rapport au comportement souvent grossier de Khrouchtchev. Contrairement à son époux, plutôt taillé à la serpe, elle avait des goûts raffinés — la musique classique, le ballet, la littérature française, les grands auteurs russes — et en parlait en véritable connaisseur.

L'un des premiers plats était une spécialité rare, du poisson blanc gelé de Sibérie. Il était servi cru, découpé en tranches très fines et relevé avec du sel, du poivre et de l'ail. « C'était le plat préféré de Staline, dit Khrouchtchev en me le recommandant très vivement. Il disait que ce poisson lui mettait de l'acier dans l'échine ! » Khrouchtchev prit une double portion, et je m'empressai d'en faire autant.

Un peu plus tard, alors qu'on débarrassait la table pour le plat suivant, Khrouchtchev changea brusquement de conversation, passant des mondanités diplomatiques aux sujets militaires. Il commença par vanter outrageusement la puissance et la précision des fusées soviétiques, citant force statistiques concernant leur charge et leur portée. Mais il ajouta ensuite, d'une voix étouffée et comme après réflexion, qu'environ un mois plus tôt, un missile balistique intercontinental soviétique mal réglé avait quitté sa trajectoire pour se diriger vers l'Alaska. Bien qu'il ne comportât pas de tête nucléaire et s'écrasât finalement dans l'océan, Khrouchtchev avoua qu'il avait craint une « salade » au cas où il serait tombé en territoire américain.

S'échauffant à mesure que progressait la conversation, Khrouchtchev déploya un éventail de gestes et de mimiques qu'aurait pu lui envier le conducteur d'une fanfare. D'un prompt revers de la main, il écartait un argument de la même façon qu'il aurait chassé une mouche. Lorsque l'insecte — c'est-à-dire l'argument — continuait à l'importuner, il l'écrasait par un dicton paysan bien asséné. Il levait impatiemment les yeux au ciel quand il estimait pouvoir anticiper ce qui allait suivre de la part d'un contradicteur. Quand il s'exprimait avec emphase, il étendait les deux bras en avant et plaçait ses mains en cornet, comme pour montrer des preuves tangibles de ce qu'il avançait. En colère, il balançait les bras au-dessus de sa tête, pour inciter la fanfare à jouer plus fort.

Je lui demandai s'il avait l'intention de remplacer ses bombardiers par des fusées du fait de la plus grande précision et maniabilité de ces dernières. Il répondit : « Nous avons pratiquement arrêté la fabrication de bombardiers, étant donné que les fusées sont tellement plus précises et ne sont pas sujettes à l'erreur humaine ni aux émotions humaines. Les hommes se révèlent souvent incapables de larguer les bombes sur les buts fixés en raison d'une répulsion émotive. C'est là quelque chose dont on n'a pas à s'occuper avec les fusées. »

Il déclara qu'il était sincèrement désolé pour toutes les marines de guerre du monde. En dehors des sous-marins, leurs navires n'étaient plus que des « canards assis » pour les fusées et ne pourraient que fournir de « l'aliment pour requins » dans une guerre future. Je le questionnai alors sur son programme de construction de submersibles. « Nous construisons autant de sous-marins que possible », répondit Khrouchtchev. Mikoyan lui jeta un regard de mise en garde et dit : « Le président du Conseil veut en fait dire que nous construisons autant de sous-marins qu'il faut pour assurer notre défense ! »

Khrouchtchev reconnut son ignorance quand je m'enquis au sujet du développement éventuel en U.R.S.S. de carburants solides pour la propulsion des sous-marins lanceurs de missiles. Il dit : « Il s'agit là d'un problème technique pour lequel je ne suis pas compétent. » Mᵐᵉ Nixon avoua sa surprise de voir un sujet échapper à la compétence du chef d'un gouvernement monolithique. Une fois de plus, Mikoyan vola au secours de son patron et observa : « Même notre président du Conseil Khrouchtchev n'a pas assez de bras pour tout faire ! C'est d'ailleurs pour cette raison que nous sommes là pour l'aider. »

Je déclarai alors à Khrouchtchev que ses constantes vantardises à propos de sa puissance militaire n'étaient pas précisément faites pour réduire les tensions internationales ni pour faciliter la négociation d'accords durables. Il parut d'abord vouloir accepter de se restreindre, mais à peine dix secondes plus tard il revenait déjà sur sa parole. Il affirma qu'il détenait la supériorité dans le domaine des fusées, contre lesquelles il n'y avait aucune défense possible. En riant, il évoqua l'histoire d'un optimiste et d'un pessimiste qui, selon lui, avait alors cours en Angleterre. Le pessimiste soutenait que six bombes atomiques seulement suffiraient à détruire la Grande-Bretagne, alors que l'optimiste estimait qu'il en faudrait bien neuf ou dix.

Je changeai alors de sujet pour évoquer les tentatives soviétiques en vue de semer la subversion dans les pays à gouvernement non communiste. Je lui dis que j'espérais qu'il n'était pas assez naïf pour croire que les États-Unis ignoraient les directives envoyées par le Kremlin aux mouvements communistes d'autres pays. Je lui fis remarquer que dans un discours prononcé en Pologne, il avait déclaré apporter son soutien aux révolutions communistes à travers le monde entier.

« Nous sommes contre la terreur exercée contre des individus, répliqua-t-il, mais quand il s'agit de soutenir un soulèvement communiste dans un autre pays, c'est une autre question. » Il ajouta que si la « bourgeoisie » n'acceptait pas de céder la place pacifiquement, des révolutions violentes pourraient devenir nécessaires.

« En d'autres termes, vous estimez que les travailleurs dans les pays capitalistes sont des " captifs " dont la libération est justifiée ? » demandai-je.

Il me répondit que parler de *captifs* était employer un langage vulgaire, pas du tout « scientifique ». Il ajouta que ce n'était pas une ingérence dans les affaires intérieures d'un autre pays quand l'Union soviétique apportait son soutien à une authentique révolution interne.

Je lui demandai alors pourquoi la presse soviétique avait approuvé l'attaque dont ma femme et moi avions été victimes de la part d'une foule entraînée par des communistes à Caracas, au Venezuela, en 1958. Pendant un instant, Khrouchtchev se trouva désarçonné. Puis il se pencha vers moi et souffla d'une voix basse, chargée d'émotion : « Nous avons un proverbe qui dit ceci : Vous êtes mon hôte, mais la vérité est ma mère ! Je vais donc répondre à votre très grave question. Vous avez été la cible de l'indignation justifiée des gens de là-bas. Mais leurs actes n'étaient pas dirigés contre vous deux personnellement, ils étaient dirigés contre la politique américaine — contre l'échec de votre politique américaine ! »

Je lui fis observer que la puissance militaire d'un supergrand et la ferveur des révolutionnaires constituaient une dangereuse combinaison. S'il ne faisait pas très attention, ajoutai-je, les événements pourraient aisément s'amplifier et lui échapper.

Je lui dis qu'une rencontre entre lui-même et Eisenhower serait extrêmement souhaitable, pour aplanir les différends entre l'Est et l'Ouest sur la base d'un donnant donnant. Je soulignai que les deux côtés devraient nécessairement faire des concessions. « Vous dites que les États-Unis ont toujours tort, et que l'Union soviétique n'a jamais tort, lui dis-je encore. De cette façon, on ne fera jamais la paix. »

Il se sentit de nouveau provoqué. Il se lança dans une harangue sur Berlin et le problème allemand qui dura presque une heure. Je fus incapable de seulement glisser un mot. Quand il se calma enfin, j'essayai de découvrir si sa position comprenait une marge de manœuvre pour une éventuelle négociation. « Admettez que je ne sois pas le vice-président mais le président des États-Unis, assis à cette table en face de vous, lui demandai-je. Votre position est-elle à tel point rigide que vous ne feriez même pas attention aux paroles du président ? »

Khrouchtchev répondit que la question était « correcte », mais qu'il devait se borner à indiquer ce que l'Union soviétique pouvait ou ne pouvait pas accepter. Il déclara ensuite simplement qu'avec ou sans conférence au sommet, il ne permettrait jamais la perpétuation du régime d'occupation dans la partie occidentale de Berlin. Ce qui revenait clairement à dire qu'il y aurait confrontation entre les supergrands si ses conditions n'étaient pas acceptées.

Je lui fis remarquer qu'il ne devait pas s'attendre à voir le président Eisenhower se rendre à une conférence au sommet pour simplement apposer sa signature sous des propositions soviétiques. Il sembla être d'accord sur ce point, cédant pour la première fois de tout l'après-midi quelques pouces de terrain. Mais il précisa aussitôt qu'il ne pouvait pas être question pour lui de participer à un sommet simplement pour ratifier des propositions américaines. « J'irais plutôt à la chasse et au tir aux canards », fit-il. A présent il était visible que Khrouchtchev n'avait plus aucune envie de poursuivre le débat. Il se leva bientôt de table, pour signaler que le déjeuner était terminé — plus de cinq heures après son commencement.

Khrouchtchev me laissa l'impression d'un homme d'une exceptionnelle énergie, discipline et endurance. Comme un boxeur robuste mais sans art, il faisait résolument face, prêt à recevoir les coups verbaux autant qu'à en donner. Son rythme ne ralentissait jamais. Il oscillait dans tous les sens, mettant ma défense à l'épreuve, cherchant l'ouverture par laquelle il pourrait m'envoyer un direct, faire passer une combinaison, un uppercut, tout ce qui pourrait lui valoir des points, me faire baisser ma garde, m'amener au K.-O. Quand une certaine catégorie d'arguments ne donnait rien, il en essayait une autre. Puis une autre, et une autre encore. Quand je parvenais à l'acculer dans un coin, il en sortait frontalement en boxant furieusement ou bien se dérobait latéralement par les cordes en changeant de sujet. Il était passé maître dans l'art d'imposer son propre jeu, ne me permettant jamais de préparer le terrain pour un véritable débat, et réinterprétant constamment mes questions à son propre avantage. Notre ambassadeur, Llewellyn Thompson, fut beaucoup trop généreux à mon égard dans son jugement ultérieur : « Ils avaient un poids lourd dans leur coin, et nous avions nous-mêmes un poids lourd dans le nôtre... Ils firent match nul. »

Je me sentis profondément déprimé quand notre avion décolla de Moscou pour voler vers Varsovie, car je me rendais parfaitement compte que les Russes, qui nous avaient accueillis si chaleureusement dans leur grande majorité, ne se libéreraient sans doute jamais du voile d'oppression qui les étouffait. Néanmoins, je devais bientôt comprendre pourquoi Khrouchtchev avait fait preuve d'une telle susceptibilité concernant la Résolution en faveur des nations captives.

Je commençais à me douter que les choses seraient peut-être différentes à Varsovie quand notre cortège de voitures quitta l'aéroport de Babice. La garde d'honneur polonaise, qui avait défilé au pas de l'oie russe au moment de la revue, se mit à nous applaudir et à nous lancer des vivats quand nous passâmes à sa hauteur. Je ne pus m'empêcher de penser que Khrouchtchev aurait à y réfléchir par deux fois avant d'utiliser ces soldats dans une guerre contre l'Occident. Le gouvernement polonais, soucieux de ne pas voir s'établir une trop grande différence entre mon accueil et celui de Khrouchtchev quelques jours plus tôt seulement, s'abstint de révéler publiquement le parcours du cortège. Mais il avait été divulgué par Radio Free Europe et véhiculé comme une traînée de poudre par le bouche à oreille.

Ma femme et moi, nous avons reçu plus d'un accueil enthousiaste durant toutes nos années de voyages à l'étranger — à Tokyo en 1953, à Bucarest en 1969, à Madrid en 1971, au Caire en 1974 — mais je dois bien reconnaître qu'aucun n'approcha en intensité la formidable ovation spontanée que nous reçûmes ce jour-là à Varsovie. Environ 250 000 personnes débordèrent des trottoirs et envahirent les rues, arrêtant régulièrement la progression du cortège de voitures. Certains de ces Polonais criaient, d'autres chantaient, beaucoup enfin pleuraient.

Des centaines de bouquets de fleurs furent jetés dans ma voiture, dans celle de Mme Nixon et même dans les voitures de presse qui suivaient. Les journalistes qui s'aventurèrent dans la foule s'entendirent dire : « Cette fois-ci, nous avons nous-mêmes acheté les fleurs. »

Le jour de la visite de Khrouchtchev avait été déclaré férié et chômé par le gouvernement polonais, qui avait organisé le transport des enfants et des ouvriers sur le parcours du cortège, et acheté les fleurs que la foule était censée jeter dans son enthousiasme « spontané ». Beaucoup de Polonais avaient gardé ces fleurs pour notre propre arrivée. A mesure que nous avancions difficilement à travers les rues noires de monde de Varsovie, la foule criait *Niech zyje Amerika*, c'est-à-dire « Longue vie à l'Amérique », et chantait *Sto lat*, « Puissiez-vous vivre des milliers d'années ».

Compte tenu de cette expérience, je n'ai guère été surpris quand des millions de Polonais se sont soulevés en masse contre le communisme en 1980. Jamais un système de gouvernement n'a eu autant de facilité à étendre sa domination sur d'autres pays, ni autant de difficulté à gagner l'approbation des habitants de ces pays.

La réception extrêmement émouvante que nous reçûmes ce jour-là à Varsovie ne fit que renforcer les convictions que j'avais depuis longtemps concernant les pays d'Europe de l'Est assujettis au communisme. Cependant, quelle que soit la compassion que nous puissions ressentir à leur égard, nous devons rester extrêmement prudents et ne pas encourager les populations des nations opprimées à provoquer le genre de répression armée que Khrouchtchev infligea au peuple hongrois en 1956. En même temps, il nous faut constamment veiller à garder les lignes de communication ouvertes avec les peuples d'Europe de l'Est et l'Union soviétique, et à ne rien entreprendre qui puisse éteindre la flamme vacillante mais toujours persistante de leur farouche espoir de pouvoir un jour se débarrasser du joug communiste. Comme John Foster Dulles l'exprima si bien quelques mois avant sa mort : « Les communistes sont obstinés pour ce qui est faux ; soyons nous-mêmes inébranlables pour ce qui est juste. »

Après le déjeuner à la datcha, je me retirai avec Khrouchtchev pour quelques mots en privé. Nous évoquâmes l'invitation qu'il avait reçue du président Eisenhower à venir en visite officielle aux États-Unis. Je lui expliquai que notre idée était de lui faire obtenir un accueil courtois, ce qui semblait possible à condition qu'il y eût quelque progrès dans les discussions sur Berlin qui se trouvaient alors dans une impasse à Genève. Khrouchtchev resta distant et refusa de prendre le moindre engagement, le résultat étant que Gromyko demeura aussi intransigeant que jamais à Genève.

La décision d'Eisenhower d'inviter le chef du monde communiste à venir aux États-Unis avait suscité une tempête de controverses. Les conservateurs extrémistes ainsi que les Américains originaires d'Europe de l'Est y étaient farouchement opposés. Ils croyaient que cette visite conférerait à l'Union soviétique l'illusion d'une égalité morale et éroderait par conséquent la volonté du peuple américain de lutter contre le communisme. Je ne partageais pas cette opinion. Les Américains sont certes d'un naturel confiant et amical, mais ils n'allaient sûrement pas renoncer à leur opposition au communisme simplement parce que son chef les saluait d'une voiture découverte dans un cortège officiel.

A mon avis, l'idée de la visite était bonne, à condition de ne pas conduire à une illusoire euphorie. Beaucoup s'imaginaient, par exemple, qu'il nous suffirait de réitérer au dirigeant soviétique nos intentions pacifiques pour l'amener à atténuer sa position rigide et à se montrer accommodant pour régler les questions pendantes entre l'Est et l'Ouest. Dans les media, voire même au gouvernement, certains étaient assez naïfs pour croire que si Eisenhower traitait Khrouchtchev avec respect, allait se répandre en amabilités à son égard et le séduire avec son fameux charme, il en résulterait de réels progrès dans la résolution de nos différences fondamentales.

Cette approche ne recevait pas mon assentiment. En me référant à mon expérience personnelle, je me disais que Khrouchtchev verrait dans une trop grande amabilité une preuve de faiblesse. Je ne m'attendais pas à des progrès significatifs dans l'atténuation de nos différences fondamentales. Il était d'une importance vitale pour Eisenhower de lui faire l'impression d'un hôte courtois et raisonnable, mais aussi d'un grand chef qui ne se laissait en aucun cas manœuvrer.

A mon sens, la visite de Khrouchtchev était surtout importante en raison de l'effet éducatif qu'elle ne manquerait pas d'avoir sur lui. Certes, il savait que les États-Unis constituaient une grande puissance militaire et économique. Mais son idéologie lui enseignait que des injustices rongeaient la société capitaliste et en minaient la force. Les descriptions de seconde main que Khrouchtchev recevait de ses collaborateurs tendaient plutôt à renforcer cette opinion, formulant ce qu'il aimait entendre et non pas ce qu'il avait besoin de savoir. En fait, Khrouchtchev se fondait sur l'image irrémédiablement démodée du capitalisme que Karl Marx avait esquissée plus de cent ans plus tôt et qui avait déjà été fondamentalement fausse à l'époque. Khrouchtchev avait si souvent répété les mensonges concernant les aspects négatifs et les faiblesses des sociétés libres qu'il avait fini par y croire. J'estimais qu'un voyage à travers les États-Unis lui montrerait la réalité et lui enlèverait ces dangereuses illusions. Il serait nécessairement amené à apprécier la force du pays ainsi que la volonté et le tonus de son peuple.

Quand Khrouchtchev arriva à Washington en septembre 1959, il devint le premier dirigeant russe de l'histoire à fouler le sol américain. Il était d'ailleurs parfaitement conscient de la signification de cet événement. Pour cette raison, il fut aussi le dignitaire étranger le plus soucieux du respect le plus strict des règles du protocole. Toute dérogation du programme officiel lui apparaissait comme une insulte à l'honneur de son pays.

Quelques jours avant son arrivée, j'avais eu la malchance d'observer que les Soviétiques n'avaient pas envoyé un seul *Lunik* vers la Lune, comme ils le soutenaient, mais en réalité trois, les deux premiers satellites ayant manqué leur cible. Khrouchtchev eut vent de ce commentaire et le considéra comme une atteinte au prestige de l'U.R.S.S. et comme la preuve flagrante que je cherchais à saboter son voyage. Pendant son séjour aux États-Unis, il se déclara prêt à « jurer sur la Bible » que la version soviétique officielle était la bonne, et me défia d'en faire autant pour défendre ma propre version de la mission *Lunik*. Il critiqua aussi les déclarations que j'avais faites concernant les relations soviéto-américaines dans un discours devant le congrès de l'Association dentaire américaine. Il ignora volontairement mes allocutions devant deux autres conventions : celle de l'*American Legion* et celle des Anciens Combattants. Ces deux associations étaient sur le point de publier des déclarations condamnant la visite de Khrouchtchev. Ce fut seulement parce que j'insistai sur l'importance d'un accueil courtois du dirigeant soviétique qu'elles renoncèrent à leur initiative.

Quand Eisenhower m'invita au Bureau Ovale pour assister à la première séance préliminaire du sommet, Khrouchtchev n'arbora pas le moindre sourire en me serrant la main. Sarcastique, il évoqua notre fameux débat de Moscou. Eisenhower essaya de l'amadouer en disant qu'il avait suivi le reportage du débat à la télévision et qu'il estimait que nous avions très bien tenu nos rôles respectifs et fait preuve de courtoisie l'un à l'égard de l'autre.

Khrouchtchev se plaignit alors en affirmant que j'étais opposé à sa visite et que je faisais tout mon possible pour gâcher son accueil, citant pour preuve l'un de mes récents discours. « Après avoir eu connaissance de cette allocution, dit-il, j'ai été extrêmement surpris par l'accueil tolérant et visiblement amical du peuple américain. En Union soviétique, il n'y aurait pas eu d'accueil du tout si j'avais préalablement attaqué le visiteur en public ! » Je lui rappelai alors les attaques au vitriol qu'il avait lancées contre moi au moment de mon arrivée à Moscou. Il rétorqua aussitôt que mes propres attaques contre lui étaient beaucoup plus violentes, suggérant à Eisenhower d'être l'arbitre pour décider lequel de nos discours avait été le plus provocant. Entre Eisenhower et moi, nous décidâmes alors d'un commun accord, en nous faisant signe, que les choses se passeraient mieux en mon absence, et je trouvai bientôt une excuse pour m'en aller.

Quand nous préparâmes le voyage de Khrouchtchev à travers les États-Unis, je fis valoir qu'il était absolument indispensable de le faire accompagner par une personne apte à répondre efficacement aux attaques saugrenues que Khrouchtchev ne manquerait pas de lancer contre notre politique. Eisenhower accepta avec enthousiasme ma suggestion de choisir pour cette fonction notre ambassadeur auprès des Nations unies, Henry Cabot Lodge. Ce diplomate extrêmement habile avait fait ses preuves au cours des débats animés ayant opposé l'Est à l'Ouest, et il occupait un rang suffisamment élevé dans la hiérarchie gouvernementale pour constituer l'escorte officielle de Nikita Khrouchtchev. Il devait accomplir un travail remarquable. Pratiquement à chaque étape, il fut appelé à porter la parade à une déclaration arrogante de Khrouchtchev, et il le fit chaque fois d'une façon incisive et en même temps courtoise.

A la fin du périple, Lodge vint me dire que Khrouchtchev était le Harry Truman de l'Union soviétique. Alors que les deux hommes étaient effectivement simples, directs et terre à terre, je suis sûr qu'aucun des deux n'aurait apprécié la comparaison. Lodge avait l'impression que ce voyage à travers notre pays avait eu un impact éducatif certain sur Nikita Khrouchtchev. Il évoqua, dans ce contexte, la mine défaite du dirigeant soviétique devant les milliers de voitures d'ouvriers dans les parcs de stationnement des usines de Californie ou encore devant les preuves tangibles de l'énorme productivité des champs de maïs de l'Iowa. Il n'est donc pas étonnant qu'à la suite de cette visite, Khrouchtchev ait prévenu Mao que les États-Unis n'étaient pas un tigre de papier.

Après cette visite guidée, Khrouchtchev et Eisenhower se retirèrent à Camp David pour tenter d'y élaborer certains accords sur des questions bilatérales. Eisenhower me demanda d'assister à la première séance plénière de la conférence dans le salon d'Aspen Lodge. Khrouchtchev, qui n'avait visiblement nulle intention de parvenir au moindre accord, se braqua promptement contre moi. Il déclara, en me fixant du regard, que beaucoup de membres de l'administration Eisenhower cherchaient à améliorer les relations avec l'Union soviétique, mais que d'autres espéraient pouvoir continuer une politique d'affrontement. Les implications de son long regard appuyé étaient sans équivoque, mais je n'avais aucune raison précise de lui répondre. Eisenhower intervint alors pour dire qu'il pensait que son gouvernement était uni derrière la politique étrangère des États-Unis.

Le sentiment d'infériorité typiquement russe de Khrouchtchev ainsi que son obsession du prestige soviétique lui faisaient voir constamment des atteintes à l'honneur de son pays là où il n'y avait strictement rien de tel. Pendant le déjeuner qui suivit la séance plénière, j'essayai d'égayer la conversation en interrogeant Khrouchtchev sur ses préférences en matière de vacances. Il répondit qu'il aimait faire de la natation dans la mer Noire ou bien aller à la chasse à la campagne. Eisenhower observa alors qu'il aimait lui-même se libérer pour aller à la pêche ou pour faire du golf, mais qu'il ne lui était pas facile d'échapper aux constants appels téléphoniques. Après avoir écouté la traduction, Khrouchtchev en prit ombrage et dit : « Nous avons nous aussi des téléphones en Union soviétique. En fait, nous allons bientôt en avoir plus que vous n'en avez aux États-Unis ! » Quand il se rendit compte que son invité parlait sérieusement, Eisenhower eut de la peine à réprimer un sourire.

Après le déjeuner, je convins avec Eisenhower qu'il valait mieux pour moi retourner à Washington afin qu'il pût enfin avoir des entretiens fructueux avec Khrouchtchev. Le président fit tout son possible pour séduire le dirigeant soviétique par son attitude raisonnable et son charme contagieux. Mais Khrouchtchev se sentait gonflé par les récents succès soviétiques dans le domaine de l'exploration de l'espace : plutôt que de véritablement négocier avec Eisenhower, il ne cessa de le provoquer. A la fin des discussions, le président dut reconnaître que tous les toasts et tous les dîners au monde, que toutes les amabilités diplomatiques ne feraient pas dévier Khrouchtchev d'un pouce des positions intransigeantes qui étaient les siennes. Mais Khrouchtchev apprit au moins une chose : que sous la jovialité extérieure d'Eisenhower se cachait une nature de fer.

Je vis Khrouchtchev pour la dernière fois à la réception qu'il offrit à l'ambassade de l'U.R.S.S. peu avant son départ. Je lui dis que sa visite s'était finalement très bien passée et qu'il avait reçu un accueil très courtois, parfois même chaleureux. Il me répliqua avec indignation : « Si les choses se sont bien passées, ce n'est certainement pas grâce à vous ! Selon les rapports qui me sont parvenus, vous vouliez au contraire l'échec de cette visite ! »

Je sentais qu'il devait y avoir une raison à cette constante animosité. Khrouchtchev savait qu'une élection présidentielle allait avoir lieu en 1960 et que je serais probablement candidat. La montée en flèche de ma cote de popularité à la suite du fameux « débat de la cuisine » faisait manifestement enrager Khrouchtchev. Sa façon de réagir fut une preuve de plus de son habileté manœuvrière.

Avant tout, il cherchait à nuire à la réputation de l'administration Eisenhower. Il avait raison de supposer qu'il pouvait affecter ma popularité en touchant celle d'Eisenhower. Si le peuple américain estimait que le président en exercice pouvait utilement progresser dans ses relations avec l'Union soviétique, il estimerait en toute logique que son successeur désigné serait le meilleur instrument de la continuation d'une telle politique. Si, en revanche, le président paraissait plutôt inefficace, incapable de vraiment améliorer les rapports avec les Russes, le peuple américain pourrait fort bien rejeter le vice-président. Lorsque, en 1960, la défense soviétique abattit un avion espion du type U-2 au-dessus du territoire de l'U.R.S.S., Khrouchtchev fit avorter la conférence quadripartite de Paris et exploita l'incident sans vergogne pour tenter de ridiculiser Eisenhower. Bien entendu, embarrasser les États-Unis ne pouvait que servir ses intérêts, mais il n'était pas non plus homme à ne pas se saisir de la moindre occasion pour nuire aux chances électorales d'un adversaire.

Certains prétendront que Khrouchtchev était peut-être réellement et sincèrement choqué par la violation de l'espace aérien soviétique. A cet argument, je répondrai qu'à ma connaissance, en dehors précisément de l'affaire de l'U-2, Khrouchtchev n'eut jamais la tartuferie de prétendre que l'Union soviétique ne se livrait pas elle-même aux diverses formes d'espionnage. Au cours du déjeuner qu'il nous offrit dans sa datcha en 1959, il me souffla à l'oreille qu'il s'était procuré un exemplaire des « Plans opérationnels de guerre des États-Unis » et qu'il soupçonnait nos espions d'avoir obtenu de leur côté le document soviétique équivalent. Il se répandit même en plaisanteries sur l'espionnage. Pendant le dîner offert à la Maison-Blanche, en 1959, en l'honneur de Khrouchtchev, on lui présenta Allen Dulles, le directeur de la C.I.A. Avec la meilleure humeur du monde, Khrouchtchev dit à notre chef des services de renseignements : « Je lis les mêmes rapports que vous. » Puis, pince-sans-rire, il suggéra que nos deux pays unifient leurs réseaux en un seul et même service, cela dans un souci d'économie et « pour ne plus avoir à payer deux fois le même renseignement ». Je ne pus résister à la tentation de lui présenter le directeur du F.B.I., J. Edgar Hoover. Quand il entendit le nom de Hoover, Khrouchtchev s'exclama, un éclair de malice dans les yeux : « Je suppose que nous avons un certain nombre de connaissances en commun ! »

Son agressivité perpétuelle à mon égard avait aussi un but précis. Il s'arrangeait pour que notre antagonisme fût connu dans les salles de rédaction, et de nombreux échos parurent bientôt dans la presse évoquant « l'antipathie de Khrouchtchev pour Nixon ». Ces ragots eurent l'effet escompté. Peu avant l'élection, Mme Christian Herter, l'épouse du secrétaire d'État, me pressa de réagir. Elle m'expliqua que ses amis lui avouaient qu'ils voteraient peut-être pour Kennedy, parce qu'il pourrait « s'entendre avec Khrouchtchev », ce qui n'était manifestement pas mon cas. Après l'élection, Khrouchtchev se vanta ouvertement auprès des journalistes d'avoir fait tout son possible pour contribuer à ma défaite. Plusieurs années après, il prétendra même avoir déclaré à Kennedy : « Nous vous avons fait président ! »

La stratégie de Khrouchtchev fut-elle réellement payante pour Kennedy et nuisible en ce qui me concernait ? Cette question relève évidemment du domaine de la spéculation. Néanmoins, dans un scrutin aussi serré que celui de 1960, de faibles quantités de suffrages auront pu faire la différence. La plupart des observateurs convinrent d'ailleurs que les initiatives de Khrouchtchev ne m'aidèrent en rien, ce qu'elles n'étaient de toute façon pas censées faire.

La politique étrangère de Khrouchtchev pouvait avoir la subtilité de ses manœuvres électoralistes américaines ou la brutalité d'une division blindée soviétique. Son dessein — la conquête du monde — demeurait constant, inspiré autant par son héritage russe que par son idéologie communiste. Konrad Adenauer cerna très bien ce problème quand il me déclara : « Il est hors de doute que Khrouchtchev cherche à régner sur le monde. Mais il ne cherche pas la guerre. Il ne veut pas d'un monde de villes détruites et de corps carbonisés. »

Khrouchtchev parada à travers le monde sous la bannière de la « coexistence pacifique », mais la sincérité de son désir de paix fut toujours extrêmement douteuse. L'ambassadeur Charles Bohlen me confia qu'après la conférence de Genève de 1955, un grand nombre de responsables américains se fourvoyèrent en croyant que Khrouchtchev était « sincère » dans sa volonté de paix. Je lui demandai si cela signifiait que Khrouchtchev ne voulait pas la paix.

« Ce n'est pas la question, répliqua-t-il. Khrouchtchev veut le monde. Mais il connaît les conséquences de la guerre moderne aussi bien que nous. Il tient à atteindre son objectif sans avoir à recourir à la guerre. Dans ce sens, il veut la paix. L'erreur est de dire qu'il est sincère. Nous sommes des idéalistes. Ils sont, eux, des matérialistes. » Désignant le guéridon qui se trouvait en face de nous, il ajouta : « Il est aussi absurde de dire de Khrouchtchev ou de tout autre communiste qu'il est sincère que de dire que ce guéridon est sincère ! Il est en faveur de la paix non pas parce qu'il est sincère mais parce qu'il estime pouvoir se rapprocher de son but, la conquête du monde, sans avoir besoin de recourir à la guerre, pour le moment. »

La meilleure explication de la doctrine khrouchtchévienne de la coexistence pacifique me vint de John Foster Dulles quatre jours avant son décès des suites d'un cancer. J'étais en train de préparer mon voyage en Union soviétique de 1959, et je me rendis au chevet de Dulles à l'hôpital Walter Reed pour recevoir ses conseils. Je lui dis que certaines personnes m'avaient demandé de faire comprendre à Khrouchtchev que nous n'avions pas de visées agressives à l'égard de l'Union soviétique et que nous voulions sincèrement la paix. Je le priai de m'indiquer le point sur lequel je devrais insister tout particulièrement auprès de Khrouchtchev.

Dulles avait l'habitude de faire une pause et de réfléchir avant de répondre à une question. Cette fois-là, cette pause eut une longueur inhabituelle. Il dit enfin : « Khrouchtchev n'a nul besoin d'être convaincu de nos bonnes intentions. Il sait que nous ne sommes pas des agresseurs et que nous ne menaçons pas la sécurité de l'Union soviétique. Il nous comprend. Mais ce qu'il a besoin de savoir, c'est si nous le comprenons également, lui. Quand il affirme qu'il est pour une compétition pacifique, cela veut dire en réalité qu'il est pour la compétition entre son système et le nôtre exclusivement dans notre monde, pas dans le sien. Le type de coexistence pacifique qu'il recommande signifie la paix pour le monde communiste et le désordre et le conflit permanents pour le monde non communiste. »

Je ne pense pas avoir jamais entendu aucun autre commentaire saisir d'une façon aussi tranchante et pertinente la nature de la politique khrouchtchévienne de « coexistence pacifique ». Dans le monde libre, il se livrait avec un zèle forcené à une *Realpolitik* de l'affrontement des puissances, estimant en revanche que les pays du bloc communiste devaient rester strictement intouchables. Les règles de ce jeu chez Khrouchtchev étaient foncièrement déloyales, mais malheureusement il disposait de la puissance militaire lui permettant de les imposer.

Les vantardises outrancières de Khrouchtchev recouvraient mais ne cachaient pas un fort sentiment d'insécurité. Toutefois, ce manque d'assurance était aussi typiquement russe, remontant jusqu'aux jours de Pierre le Grand, le souverain qui ouvrit la Russie à l'Europe, en fait pour révéler que son pays avait des siècles de retard dans pratiquement chaque domaine d'activités. Les Russes ont essayé depuis lors de remonter ce handicap.

Harold Macmillan, le Premier ministre britannique, m'avait raconté avant mon voyage que Khrouchtchev tirait une grande fierté à faire étalage des trésors nationaux russes, en particulier des joyaux et de l'orfèvrerie des tsars. Macmillan sentait que Khrouchtchev cherchait désespérément à être « admis comme membre du club » — à être accepté et respecté comme un membre à part entière des grands de ce monde et pas seulement parce qu'il disposait de la formidable puissance militaire de l'Union soviétique. Nous étions d'accord pour l'admettre « au sein du club », mais à condition pour lui d'en accepter le règlement.

Khrouchtchev et son successeur, Brejnev, ont fait beaucoup pour transformer la Russie en un pays véritablement européen. On a pu dire que Staline, comme Mao, était fondamentalement un nationaliste, et que Khrouchtchev, comme Chou, était un internationaliste. Staline quitta rarement l'U.R.S.S., alors que Khrouchtchev parcourut le globe dans tous les sens, totalisant cinquante-deux voyages à l'étranger pendant ses onze années de pouvoir. Staline était un despote asiatique qui avait les yeux fixés sur l'Est, mais Khrouchtchev et Brejnev regardaient tous les deux en direction de l'Occident. Au cours des discussions qu'il eut avec moi concernant la Chine, Brejnev se penchait parfois vers moi pour me dire à voix basse, sur le ton de la confidence : « Nous autres Européens, nous devons joindre nos forces pour dresser des digues contre une possible agression chinoise. »

Je pense que l'attirance de Khrouchtchev pour l'Occident résultait pour une large part de son énorme respect pour sa réussite économique. Il voulait à tout prix apporter le progrès économique à l'indigente population soviétique. Il savait d'ailleurs que sans ce progrès, son grand dessein de domination mondiale resterait à jamais une chimère. Cependant, tout en désirant le progrès occidental, il insistait sur le maintien des structures communistes. Les deux sont tout simplement inconciliables, comme il le découvrit lui-même quand il tenta d'intégrer des concepts économiques occidentaux dans le rigide système idéologique soviétique. Il voulait le progrès de l'Occident, sans ses idées. Le résultat fut qu'il n'obtint ni l'un ni l'autre.

La carrière politique de Khrouchtchev s'acheva avec une brusquerie égalée seulement par son style personnel. En octobre 1964, peu avant le départ de la mission *Voskhod* du centre spatial de Baïkonour, Khrouchtchev téléphona aux trois cosmonautes de l'équipage pour leur souhaiter bonne chance et leur annoncer qu'il leur préparait un accueil triomphal pour le retour. A peine Khrouchtchev eut-il raccroché que Leonid Brejnev téléphona à son tour aux trois hommes pour leur souhaiter bonne chance, une initiative sans précédent de la part d'un subordonné de Khrouchtchev.

Alors que la mission avait accompli environ la moitié de son vol, Khrouchtchev communiqua par radiotéléphonie avec les cosmonautes se trouvant à bord du vaisseau *Voskhod*. Il prit congé par des mots singulièrement prophétiques : « Voici le camarade Mikoyan. Il m'arrache littéralement l'appareil des mains. Je ne pense pas pouvoir l'en empêcher ! » Quand les trois cosmonautes revinrent sur terre après leurs sept jours de vol, Khrouchtchev était totalement absent des festivités organisées en leur honneur. En fait, pendant que le vaisseau *Voskhod* tournait dans l'espace, il avait été relégué dans l'oubli de la vie de retraité d'un politicien en disgrâce.

Si ses collègues déposèrent finalement Nikita Khrouchtchev, il y avait à cela deux raisons fondamentales. En premier lieu, et même si beaucoup d'entre eux lui devaient une promotion, ils étaient de plus en plus contrariés par sa façon excentrique et imprévisible de diriger le pays. Chaque fois que Staline donnait à sa politique une tournure radicalement nouvelle, il prenait soin de procéder à l'élimination physique de ceux qui avaient soutenu sa politique antérieure, la « ligne » précédente. Les purges de Khrouchtchev n'avaient pas le caractère de finalité de celles auxquelles il avait lui-même participé pour seconder Staline. Sous son règne, les bureaucrates du parti pouvaient certes perdre leur rang et tous les avantages matériels en découlant, ils perdaient rarement leur tête. « A la fin, devait observer le soviétologue Robert Conquest, il dressa ses subordonnés contre lui sans les terroriser suffisamment, une fatale erreur. »

Deuxièmement, dans les hautes sphères dirigeantes russes, on avait tout simplement honte de Khrouchtchev. Ses clowneries, ses rodomontades et insultes à l'égard des visiteurs étrangers avaient pu distraire, amuser pour un temps la hiérarchie. Mais les Russes, rongés par leur ancestral sentiment d'infériorité, tenaient à être acceptés et considérés comme des interlocuteurs valables, des partenaires sérieux sur la scène internationale. Khrouchtchev, comme plusieurs hauts responsables soviétiques me le laissèrent entendre à l'occasion de nos rencontres au sommet, était réputé ternir leur prestige. « Dieu soit loué », s'exclama un diplomate soviétique quand il eut connaissance du limogeage de Khrouchtchev, « nous voici enfin débarrassés de cet idiot ! Il nous ridiculisait dans le monde entier ! »

Le maître du Kremlin, chef absolu de la deuxième nation la plus puissante du monde, était devenu du jour au lendemain ce que les Soviétiques appellent une « non-personne ». Khrouchtchev vivait pour ainsi dire constamment aux arrêts, confiné soit dans son médiocre appartement moscovite, soit dans sa modeste résidence secondaire à la campagne, exception faite de brefs déplacements en voiture, eux-mêmes étroitement surveillés. Ne plus être au pouvoir est pénible et difficile pour la plupart des grands dirigeants, pour Khrouchtchev, ce fut un sort plus redoutable presque que la mort. Quand il lui arrivait d'apparaître en public, il était manifeste aux yeux de tous que la vie de retraité lui était une torture. Il avait perdu tout son dynamisme électrique, son regard était devenu terne, sans éclat. Sa voix n'était plus qu'un murmure, s'évanouissait complètement avant même la fin de ses phrases.

Je faisais un voyage privé à Moscou en 1965 et dînais en compagnie de mes deux guides soviétiques, quand un journaliste canadien me suggéra d'aller visiter Khrouchtchev dans son appartement. Mes guides étaient censés ne jamais me quitter d'une semelle.

Sous prétexte de me rendre aux toilettes, je parvins à me dérober avec mon ami canadien, à sortir du restaurant par une porte de derrière et à prendre un taxi pour nous rendre jusqu'au triste H.L.M. où vivait Khrouchtchev. Quand nous arrivâmes devant sa porte, deux lourdes femmes barraient le passage. L'une d'elles tenait un seau d'eau dans une main, une serpillière dans l'autre. Je lui demandai si je pouvais voir Khrouchtchev. Elle me répondit par le truchement de mon ami, qui faisait fonction d'interprète : « Il n'est pas là ! Je ne sais pas où il est. » Pour ce qui la concernait, il aurait pu se trouver sur la Lune avec son *Lunik.*

Je lui laissai une note manuscrite, disant que je serais heureux de le revoir un jour. Je pensais par la suite qu'il n'avait jamais dû recevoir mon mot. Des années plus tard, cependant, après son décès survenu en 1971, j'appris que Khrouchtchev avait été mis au courant de ma tentative de le rencontrer, et qu'il avait beaucoup regretté d'avoir été absent de son appartement ce soir-là.

Alors que je me trouvais engagé avec Khrouchtchev dans le fameux « débat de la cuisine », je sentis quelqu'un me heurter en se frayant un chemin à travers la foule pour se poster contre la barrière qui séparait la cuisine de l'allée centrale. Mon regard se posait de temps en temps sur lui alors qu'il suivait très attentivement la discussion. Il ne réagit qu'une seule fois à nos propos. Il hocha vigoureusement la tête quand Khrouchtchev s'écria : « Nous aussi, nous sommes des géants ! » A l'époque, je ne m'attardai pas sur le personnage. Mais j'appris plus tard qu'il s'appelait Leonid Brejnev. Treize ans plus tard, nous nous revîmes une nouvelle fois, cette fois-ci pas par hasard mais dans une rencontre au sommet en tant que dirigeants des deux pays les plus puissants du monde.

Brejnev m'accueillit dans le même bureau du Kremlin où j'avais vu pour la première fois Khrouchtchev. Il se montra cordial quand nous nous serrâmes la main. Son visage large et carré, aux yeux d'un bleu de glace, demeurait impassible, sauf pour un sourire fixe et quelque peu forcé. Exactement comme Khrouchtchev, il m'invita du geste à m'asseoir en face de lui à une longue table placée d'un côté de la pièce. Il commença par se plaindre de nos actions au Vietnam, mais avec une certaine indifférence. Puis, après cette déclaration pour la forme, il s'échauffa d'une façon très perceptible. Il me dit qu'il serait nécessaire pour nous de développer des rapports personnels du type de ceux qui avaient existé entre Roosevelt et Staline pendant la Seconde Guerre mondiale.

Je répondis qu'après avoir étudié l'histoire des relations entre les chefs alliés, j'avais découvert qu'au cours de la guerre les dissensions entre des responsables placés sur les échelons moyens ou inférieurs de la hiérarchie furent fréquemment aplanies par des accords au sommet. Et j'ajoutai : « Voici le genre de relations que j'aimerais établir avec le Secrétaire général. »

« Je n'en serais que trop heureux, et j'y suis parfaitement disposé de mon côté », rétorqua-t-il, manifestement ravi. J'observai alors que si nous devions laisser toutes les décisions aux bureaucrates, rien ne serait jamais résolu. « Ils nous enterreraient tout simplement sous des tonnes de papier ! » s'exclama-t-il en riant de bon cœur et en tapant de la paume de la main sur le plateau de la table. Sur cette note plaisante et optimiste, qui constituait un contraste saisissant avec ma première réunion en compagnie de Nikita Khrouchtchev, se termina notre première et brève rencontre.

Brejnev, avec lequel j'allais tenir trois conférences au sommet en tant que président, devint le quatrième maître absolu de l'Union soviétique. Né en 1906 dans un taudis d'ouvriers en Ukraine, Brejnev fut un adolescent pendant les années de gouvernement de Lénine, un responsable communiste à la fortune montante sous les purges de Staline, et un fidèle lieutenant pendant l'ascension de Khrouchtchev. Homme de l'appareil plutôt que visionnaire, technicien plutôt qu'idéologue, il fut néanmoins un communiste convaincu et sans scrupules, qui dirigea l'Union soviétique dans sa première tentative soutenue de domination mondiale.

Brejnev et son tonitruant prédécesseur présentaient un singulier et intéressant jeu de contrastes. Khrouchtchev portait des chemises à poignets droits et des costumes mal ajustés, alors que Brejnev arborait des chemises à poignets mousquetaires et des boutons de manchettes en or assortis à ses complets de soie de bon faiseur. Quand il se déplaçait en voiture, Khrouchtchev se mettait presque toujours à côté du chauffeur, tandis que Brejnev s'enfonçait dans le luxueux capitonnage des sièges arrière de sa limousine sans même un regard pour le chauffeur.

Même quand ils avaient un intérêt en commun, les deux hommes différaient dans leur façon d'en jouir. Par exemple, ils aimaient tous les deux la chasse. Khrouchtchev adorait chaque aspect de la chasse aux canards, du calme clapotis de l'eau contre la coque de son canot jusqu'à l'attente fiévreuse du battement d'ailes marquant la soudaine envolée des oiseaux. Brejnev me confia qu'il préférait la chasse au sanglier, mais il est évident qu'il était beaucoup moins sportif que son prédécesseur. En fait, il resta calmement assis sous le porche de sa maison de campagne, attendant que ses proies pénètrent dans un terrain spécialement préparé avec des appâts de maïs, pour enfin abattre les animaux avec un fusil à lunette.

La chasse n'était pas le seul penchant de Brejnev. Il avait aussi un goût prononcé pour toutes sortes de gadgets techniques, tels que des portes automatiques et des téléphones sophistiqués. Illustrant une combinaison typiquement russe de discipline et de laxisme, Brejnev me montra un jour son nouvel étui à cigarettes à chronomètre incorporé, destiné à ralentir sa consommation abusive de cigarettes. Toutes les heures, il retirait cérémonieusement l'unique cigarette allouée par l'appareil et refermait l'étui. Puis, quelques minutes plus tard, il sortait de sa poche un paquet normal lui permettant de fumer entre les cigarettes « vertueuses » distribuées par son étui fantaisie.

Brejnev, le dirigeant du premier « État prolétarien » du monde, collectionnait aussi les automobiles les plus puissantes et luxueuses produites par les pays capitalistes. Quand nous nous rendîmes à Camp David à l'occasion de notre conférence au sommet de 1973, je lui offris le cadeau officiel commémorant sa visite, une Lincoln Continental bleu foncé. Il voulut l'essayer sur-le-champ, se jeta sur le volant et me fit signe de prendre place à côté de lui. Il fit hurler le moteur et nous partîmes à vive allure sur l'une des routes étroites qui courent le long du périmètre de Camp David. Brejnev avait l'habitude de rouler sur la voie rapide de Moscou réservée aux hauts dignitaires et sans trafic. J'appréhendais de voir subitement déboucher sur cette route à une voie une jeep des services de protection ou de la Marine.

A un moment donné, cette route comportait une très forte dénivellation, suivie d'un tournant, avec un panneau portant la mention : RALENTISSEZ, VIRAGE DANGEREUX. Même quand je prenais cette descente avec la petite voiture de golf, j'étais obligé de freiner sec pour ne pas sortir de la chaussée dans le virage serré du bas. Brejnev roulait à plus de quatre-vingts quand nous nous approchâmes de la dénivellation. Je me penchai vers lui pour le mettre en garde, lui disant : « Ralentissez, ralentissez », mais il ne fit guère attention à mes paroles. Quand nous parvînmes dans le creux, il y eut un violent crissement de pneus tandis qu'il freinait à mort pour négocier son virage.

A la fin de notre promenade, il déclara : « Voici une très bonne voiture. Elle tient très bien la route ! » Je lui répondis : « Vous êtes un excellent conducteur ! Je n'aurais jamais été capable de prendre ce virage à la vitesse à laquelle nous roulions ! » Et je me disais intérieurement que, décidément, la diplomatie n'était pas toujours un art facile.

Brejnev aimait mener la belle vie, adorait la navigation de plaisance, l'élevage de pur-sang et la compagnie des jolies filles. A Camp David, pendant le sommet de 1973, alors que je m'approchais du pavillon de Brejnev pour notre première réunion, je croisai une très jolie jeune femme, remarquablement bien faite. L'interprète de

Brejnev me la présenta comme étant la masseuse de son patron. Quand nous nous serrâmes la main, je reconnus son parfum : *Arpège*, l'un des meilleurs parfums de Paris, aussi l'un des préférés de Mme Nixon.

Brejnev n'était certainement pas le seul, parmi les grands dirigeants actuels, à apprécier l'opulence et le confort, mais il fut le premier dirigeant soviétique à faire étalage sans vergogne de ses goûts de luxe. Au cours d'une longue conversation que j'eus pendant mon voyage en Chine de 1976, le vice-président du Congrès me répéta sans cesse que les Soviétiques, à la différence des Chinois, étaient des révisionnistes parce que les membres de leur élite politique et culturelle menaient des vies de privilégiés. Il déclara : « Considérez ceci : les membres des hautes sphères du gouvernement et du parti, les artistes, les savants, etc., sont devenus des millionnaires et se conduisent en millionnaires — c'est là le problème de l'Union soviétique aujourd'hui ! » S'il se gardait certes d'évoquer la stratification de la société chinoise, il touchait néanmoins dans le mille pour ce qui concernait les Soviétiques.

Brejnev et ses collègues ont constitué ni plus ni moins qu'une « classe nouvelle », séparée et distante du Soviétique moyen et totalement indifférente à ses préoccupations. En fait, durant tous mes voyages en U.R.S.S., j'ai été amené à penser que l'élite communiste ressemble beaucoup plus à la définition marxiste d'une « classe dirigeante » que tout groupe passé ou présent de capitalistes.

Une plaisanterie qui a cours sur Brejnev illustre assez bien cette contradiction. Un jour, il fit visiter à sa mère sa somptueuse datcha. Quand il lui eut montré très fièrement ses jardins magnifiques, ses vestibules dorés et ses superbes chambres, elle se tourna vers lui et demanda, perplexe : « Tout cela est bien beau, Leonid, mais que feras-tu si les communistes reviennent ? »

Brejnev était peut-être un « nouveau tsar » dans sa vie privée, mais sa politique étrangère fut un retour à l'expansionnisme des anciens tsars. S'il avait été un chef de la Russie sous l'Ancien Régime, nul doute qu'on l'aurait appelé « Leonid le Grand » pour ses mérites dans la promotion de l'influence russe à travers le monde. Sous sa direction, l'U.R.S.S. et ses alliés communistes ont réussi la mainmise sur le Sud-Vietnam, le Cambodge, le Laos, l'Éthiopie, le Yémen du Sud, l'Angola, le Mozambique et, tout récemment, l'Afghanistan, le « tourniquet du destin de l'Asie ». En outre, Moscou a développé très dangereusement ses têtes de pont d'infiltration dans les Antilles et en Amérique centrale.

Quand Khrouchtchev s'est trouvé destitué, les joueurs ont sans doute changé, mais la partie est restée la même. Les objectifs de

Brejnev furent identiques à ceux de Khrouchtchev : intensifier la puissance soviétique, étendre la mainmise de l'U.R.S.S. sur d'autres pays et d'autres régions du globe, et exporter le communisme en toute occasion. Khrouchtchev était un maître du bluff et de la rodomontade parce qu'il n'avait pas le choix. Il avait peu d'atouts dans son jeu. Brejnev pouvait se permettre d'être cordial parce qu'il s'était octroyé quelques atouts grâce au développement massif de sa puissance armée.

Dans leur diplomatie personnelle, Khrouchtchev et Brejnev ressemblaient assez à Lyndon Johnson. Ils se sentaient obligés de renforcer leurs paroles par un contact physique. La diplomatie tactile de Khrouchtchev était presque toujours menaçante, qu'il essayât de m'intimider par sa proximité ou qu'il tentât de me harceler en m'enfonçant ses doigts dans les côtes. Quand Brejnev touchait ou saisissait mon bras, il ne cherchait pas à contraindre mais à implorer. Cependant, lorsque ces gestes plutôt amicaux ne réussissaient pas à me persuader, Brejnev pouvait aussi recourir à la force brutale pure et simple.

Brejnev me frappait surtout par sa versatilité émotionnelle. Il pouvait ainsi faire allusion, avec ce qui semblait être une parfaite sincérité, à son profond désir de laisser à des descendants un héritage de paix et de concorde. Et un instant plus tard, avec une détermination qui ne souffrait nulle équivoque, il pouvait affirmer son droit absolu de diriger la destinée d'autres pays sur toute la surface du globe.

Cette facilité qu'avait Brejnev de passer sans transition d'une attitude amicale et enjouée à une attitude agressive et implacable était tout à fait remarquable. Pendant notre conférence au sommet de 1972, il emmena avec enthousiasme les membres de notre délégation en promenade en bateau sur la Moskova. Tandis que nous filions sur les eaux du fleuve, Brejnev ne cessa de me donner d'amicaux coups de coude en désignant fièrement du doigt les quatre-vingt-dix kilomètres à l'heure indiqués par le compteur de vitesse.

Après cette agréable excursion, Brejnev nous invita à nous asseoir pour une réunion de travail avant le dîner. Je pensai un instant à l'histoire de Jekyll et Hide quand Brejnev, qui m'avait jovialement tapé dans le dos quelques instants plus tôt, se mit à dénoncer furieusement mes efforts en vue de mettre un terme à la guerre du Vietnam et à m'accuser de vouloir exercer une pression sur lui par nos nouvelles relations avec la Chine. Sa sortie ne fut que la première d'une attaque prolongée. Pendant trois heures, Brejnev, Alekseï Kossyguine et Nikolaï Podgorny se relayèrent dans de violents assauts verbaux, s'exprimant comme des interrogateurs du K.G.B. face à un suspect récalcitrant.

Mais peu de temps après cette séance, nous montâmes à l'étage pour avoir une conversation parfaitement cordiale pendant le dîner. Je lançai ma plaisanterie habituelle, priant nos hôtes de ne pas faire boire Kissinger puisqu'il lui fallait ensuite négocier avec Gromyko. Cette saillie amusa follement les dirigeants soviétiques, qui essayèrent aussitôt d'amadouer Kissinger à coups de verres de vodka. C'était vraiment comme si l'acrimonieuse séance du rez-de-chaussée n'avait jamais eu lieu.

Brejnev, comme beaucoup d'autres dirigeants soviétiques de sa génération, se laissait tout particulièrement dominer par l'émotion quand il évoquait les souffrances de la guerre. Il faut rappeler ici que l'Union soviétique compta plus de vingt millions de morts du fait de la Seconde Guerre mondiale, et le souvenir de ces jours catastrophiques y est demeuré extrêmement vivace.

Quand je m'adressai au peuple soviétique dans une allocution radiotélévisée, en 1972, je rappelai l'histoire de Tania, une fillette de douze ans dont le journal rapportait la perte, l'un après l'autre, des membres de sa famille pendant le siège de Leningrad. Et je devais conclure par ces paroles : « Faisons en sorte qu'aucun enfant n'ait jamais plus à endurer ce qu'endura la petite Tania ! » Brejnev m'avoua plus tard que ma conclusion lui avait fait venir les larmes aux yeux. Quand j'inclus le même message dans un toast que je lui portai l'année suivante à l'occasion d'un dîner privé dans ma propriété de San Clemente, les yeux de Brejnev se gonflèrent de larmes. Il se leva de sa chaise, fit le tour de la table et vint m'embrasser.

Brejnev se pencha un jour vers moi pour me dire : « Je suis un homme émotif, particulièrement en ce qui concerne la mort pendant la guerre. » Bien entendu, qui disait émotivité ne disait pas sensiblerie. Il avait une voix forte et profonde qui irradiait beaucoup de magnétisme animal et de pulsion personnelle. Il gesticulait avec emphase et se levait fréquemment de sa chaise pour aller et venir à travers la pièce. A propos de cette habitude, il me dit un jour en riant : « Chaque fois que je me lève, je fais une autre concession. » Il lui arrivait de trop parler, et d'une façon imprécise, mais il possédait l'art de faire dévier une conversation des points sur lesquels il se savait vulnérable. Et il pouvait être exactement aussi emporté, rusé et retors que Khrouchtchev.

En 1973, au cours de notre second sommet, nous nous étions retirés assez tôt un soir car Brejnev s'était plaint des effets sur lui du décalage horaire de trois heures par rapport à Washington. Quelques heures plus tard, cependant, un agent du Service secret vint me trouver dans ma chambre avec un message de Kissinger : Brejnev désirait s'entretenir avec nous. Je fis le nécessaire pour nous réunir dans mon cabinet de travail à l'étage. « Je n'ai pas pu dormir, monsieur le Président », déclara Brejnev avec un large sourire tandis qu'il entrait dans la pièce, suivi de Gromyko et de son ambassadeur à Washington, Anatoly Dobrynine. Je lui répondis que c'était là une bonne occasion de discuter sans interruptions ni distractions.

Pendant les trois heures qui suivirent, Brejnev m'entreprit sur le Moyen-Orient. Il exprima une volonté intransigeante d'imposer de concert avec nous un arrangement aux Israéliens et aux Arabes. Pour le moins, déclara-t-il, il nous fallait absolument tomber d'accord sur un ensemble de « principes » devant régir un arrangement, citant comme exemples le retrait des troupes israéliennes de tous les territoires occupés, la reconnaissance des frontières nationales et des garanties internationales pour l'application et le respect de l'accord.

Je rétorquai à cela qu'aucun des deux côtés du conflit ne voudrait ni ne devrait accepter un arrangement dicté et qu'il nous appartenait plutôt d'essayer de faire débuter des pourparlers entre les deux parties. Je fis valoir que je porterais préjudice aux droits d'Israël en apportant mon consentement à n'importe lequel de ses « principes ». Et j'insistai en disant que si nous fixions au préalable des principes sujets à controverse, les deux parties concernées refuseraient tout simplement d'engager le dialogue — auquel cas les principes se révéleraient contraires au but poursuivi.

A un moment donné, Brejnev regarda ostensiblement sa montre et fronça les sourcils : « Peut-être que je vous fatigue, observa-t-il, mais nous devons absolument arriver à une entente. » Il laissait clairement entendre que notre accord devait puissamment favoriser les Arabes. En fait, il déclara avec véhémence que, sans un tel arrangement, il quitterait le sommet les mains vides, ce qui impliquait qu'il ne pourrait guère garantir l'état présent de non-belligérance ; en bref, il faisait peser sur nos entretiens la menace d'une reprise des hostilités. « Si les choses ne sont pas très claires concernant les principes, dit-il, nous aurons beaucoup de peine à empêcher un regain de l'activité militaire. »

L'intensité émotionnelle de cette séance de minuit égalait presque celle de notre réunion sur le Vietnam pendant notre première conférence au sommet. Je continuais pour ma part à rejeter l'idée d'un diktat par les supergrands, en répétant qu'un accord durable pourrait uniquement résulter d'entretiens directs entre les Israéliens et les Arabes. Après une heure et demie d'un quasi-monologue de Brejnev, je conclus la discussion en disant qu'il nous faudrait concentrer tous nos efforts en vue d'un règlement pacifique du conflit israélo-arabe dans l'année même, « le Moyen-Orient réclamant la plus grande urgence ».

Pendant toute la durée de cette réunion, j'évitai soigneusement de me laisser gagner par l'émotion dans mes réactions aux sorties violentes de Brejnev. A la différence de Khrouchtchev, Brejnev était beaucoup plus impressionné par un extérieur stoïque que par des outrances verbales et des rodomontades. Si nous ne parvînmes pas au moindre accord, ce fut tout simplement parce que nous poursuivions des objectifs différents. En gros, la situation était celle-ci : les États-Unis voulaient la paix, et les Soviétiques voulaient le Moyen-Orient. Mais à la fin de notre réunion, je sentis que j'avais bien fait comprendre à Brejnev ma détermination à soutenir Israël et à parvenir à un accord négocié équitable.

Quatre mois plus tard, le 6 octobre, je fus informé par le Premier ministre israélien, Golda Meir, que la Syrie et l'Égypte étaient sur le point de déclencher la guerre. Je me rappelai immédiatement notre conférence au sommet, quand Brejnev avait évoqué la possibilité d'une reprise des hostilités au Moyen-Orient, et je me demandai si Brejnev s'était déjà engagé à l'époque à soutenir une offensive des pays arabes.

Les services de renseignements américains et israéliens n'avaient pas réussi à déceler les préparatifs militaires arabes avant l'imminence de l'attaque. Il en résulta une grande vulnérabilité d'Israël, en particulier parce que l'invasion coïncida avec la grande fête religieuse de Yom Kippour (« jour de l'Expiation ») et que beaucoup de soldats juifs se trouvaient par conséquent en permission. Les Israéliens connurent de graves revers pendant les premiers jours des combats, et au troisième jour ils avaient perdu plus d'hommes que pendant toute la guerre de 1967.

Les combats faisant rage, armes et munitions commencèrent bientôt à manquer des deux côtés. Nous avions commencé à prendre des dispositions en vue de réapprovisionner Israël, quand nous apprîmes que les Soviétiques avaient organisé un puissant pont aérien pour acheminer du matériel vers la Syrie et l'Égypte. Ils envoyaient à leurs clients sept cents tonnes d'équipement et de fournitures par jour. Pendant ce temps, nous avions des problèmes avec notre propre transport aérien. Le retard venait du Pentagone, où des heures précieuses furent perdues parce que nos hauts responsables militaires n'arrivaient pas à décider quel type d'appareil employer ni combien. Kissinger me rapporta que le Pentagone ne voulait envoyer que trois avions de transport militaire du type C-5A afin de susciter moins de difficultés politiques avec la Syrie, l'Égypte et l'U.R.S.S. Je lui demandai alors combien d'appareils étaient disponibles au total, et il me répondit que nous pouvions compter sur une trentaine environ. Je lui déclarai alors : « C'est à moi de prendre les décisions politiques. De toute façon, nous aurons autant de problèmes diplomatiques en envoyant trois avions qu'en en envoyant une trentaine ! » Plus tard, après d'autres atermoiements bureaucratiques, je priai Kissinger d'ordonner au Pentagone d'envoyer « tout ce qui a des ailes ». Le jour suivant, trente avions de transport militaire du type C-130 volaient vers Israël, et au bout d'une semaine l'opération était devenue plus importante que le pont aérien de Berlin de 1948-1949.

Vers la fin de la première semaine de combats, les Israéliens commencèrent à passer à l'offensive. Quand les espoirs soviétiques en une rapide victoire arabe se dissipèrent définitivement, Brejnev m'adressa une lettre me priant d'envoyer Kissinger à Moscou pour des entretiens directs. Ils élaborèrent un ensemble de propositions en vue de la signature d'un cessez-le-feu, accord qu'Israéliens, Égyptiens et Syriens acceptèrent de respecter à partir du 21 octobre. Il fut rapidement violé, mais les belligérants convinrent d'un nouveau cessez-le-feu trois jours plus tard.

Brejnev ne s'avouait pas encore vaincu. Le 24 octobre, nos services de renseignement eurent connaissance de nouvelles extrêmement alarmantes : sept divisions aéroportées soviétiques, totalisant cinquante mille hommes, avaient été placées en état d'alerte ; et quatre-vingt-cinq navires soviétiques, comprenant des bâtiments de débarquement et des porte-hélicoptères, croisaient à présent en Méditerranée. Peu après, le président égyptien, Anouar el-Sadate, demanda publiquement que les États-Unis et l'Union soviétique envoient au Moyen-Orient une force commune d'intervention pour faire respecter le cessez-le-feu et garantir la paix. Il était évident que cette initiative aurait l'appui de Brejnev, car elle lui fournirait l'occasion de rétablir une présence militaire soviétique en Égypte. Nous eûmes bientôt vent de rumeurs, toujours dans le même sens, que les Soviétiques étaient en train de manœuvrer aux Nations unies pour inciter les non-alignés à proposer une résolution appelant la création d'une force commune d'intervention américano-soviétique au Moyen-Orient.

J'envoyai un message à Sadate, le mettant en garde contre les dangers que constituerait fatalement l'introduction de la rivalité des grandes puissances dans la poudrière qu'était devenue cette région du globe. Quelques heures plus tard, arriva un message de Brejnev. Il prétendait qu'Israël continuait à violer le cessez-le-feu, et nous invitait par conséquent à nous joindre à lui pour envoyer des contingents militaires dans la région. Il demandait une réponse immédiate, ajoutant : « Je vais dire très clairement que si vous deviez trouver impossible d'agir conjointement avec nous dans cette affaire, nous serions confrontés avec la nécessité d'envisager de toute urgence la possibilité de prendre unilatéralement les mesures appropriées. Nous ne pouvons pas tolérer l'arbitraire de la part d'Israël. » Le message constituait sans doute la menace la plus grave dans les relations entre les U.S.A. et l'U.R.S.S. depuis la crise des fusées cubaines onze ans plus tôt.

Je demandai au chef d'état-major de la Maison-Blanche, le général Haig, et à Kissinger de réunir nos plus hauts responsables de la sécurité nationale pour formuler une ferme réaction à cette menace à peine déguisée. Les mots n'étaient plus de mise, il nous fallait de l'action. Mes conseillers en matière de sécurité nationale recommandèrent à l'unanimité la mise en état d'alerte militaire de toutes les forces armées américaines conventionnelles et nucléaires, ce que nous fîmes effectivement aux premières heures du matin du 25 octobre.

Quand nous eûmes la certitude que les Soviétiques avaient décelé les premiers signes de l'alerte générale, j'adressai un message à Brejnev dans lequel j'expliquais que j'avais étudié son propre message la nuit précédente mais que je jugeais inacceptable sa proposition d'envoyer des forces militaires soviétiques et américaines au Moyen-Orient. Je déniais qu'il y eût véritablement des violations de l'accord de cessez-le-feu, précisant que dans cette perspective nous ne pouvions que considérer sa « suggestion d'une action unilatérale comme une affaire extrêmement préoccupante impliquant des conséquences incalculables ». Je dis que je pourrais éventuellement envisager l'envoi sur place de quelques membres du personnel militaire américain et soviétique, mais nullement comme unité combattante. Ces militaires pourraient être intégrés dans la force multinationale de l'O.N.U. augmentée à cet effet. Je formulai enfin notre point de vue dans un langage sans équivoque : « Il vous faut savoir, cependant, que nous ne saurions en aucun cas accepter une action unilatérale. »

Plus tard au cours de cette même matinée arriva un message de Sadate dans lequel l'homme d'État égyptien expliquait qu'il comprenait notre position et qu'il demanderait aux Nations unies de fournir une force de paix internationale. Suivit un message de Brejnev : à présent, il ne voulait plus envoyer que soixante-dix « observateurs » individuels au Moyen-Orient. Certes, nous étions loin du contingent militaire qu'il avait évoqué dans sa lettre antérieure, mais j'opposai de nouveau une fin de non-recevoir à sa proposition, indiquant qu'il appartiendrait au secrétaire général de l'O.N.U. de fixer la composition des observateurs du cessez-le-feu.

L'alerte fut efficace. Brejnev s'abstint d'envoyer des militaires soviétiques dans la région, et il devint possible de commencer à œuvrer en vue d'une solution pacifique du conflit. L'alerte avait réussi pour deux raisons. D'abord, Brejnev savait que nous avions toujours un léger avantage sur les Soviétiques en matière d'armement nucléaire. En second lieu, il avait parfaitement compris que nous étions déterminés à défendre nos intérêts vitaux et à faire corps avec nos alliés, comme nous l'avions démontré l'année précédente par les actions décisives que nous avions entreprises au Vietnam. Mes paroles froides sur la ligne du téléphone rouge entre Moscou et Washington, pendant la crise, furent renforcées par mon refus catégorique de céder à ses demandes pressantes sur le Moyen-Orient au cours de notre réunion nocturne de San Clemente. Ainsi, pendant la crise d'octobre, Brejnev comprit qu'il se trouvait en face d'un adversaire qui disposait d'un potentiel militaire imposant et qui avait la volonté de s'en servir le cas échéant, aussi recula-t-il.

Quand je me retrouvai avec Brejnev à Moscou en 1974, il exprima un vif ressentiment à l'égard des Israéliens, les rendant responsables de toutes les tensions qui s'étaient accumulées au Moyen-Orient. Il nia aussi avec véhémence que les Soviétiques eussent directement poussé les Arabes à déclencher la guerre de 1973. Le ton de ses protestations me laissait deviner qu'il avait été peiné par la brutalité de nos échanges pendant la crise d'octobre. Mais il laissa aussi clairement entendre qu'il ne tenait plus du tout à s'aventurer si près d'une guerre.

Brejnev se montra toujours réaliste dans sa diplomatie. Cependant, comme Dobrynine le confia un jour à Kissinger, Brejnev et toute la direction de l'U.R.S.S. avaient un « point névralgique » : la Chine. Il semblait qu'aucune conférence au sommet ne fût jamais complète sans un appel de Brejnev, sous une forme ou une autre, à nous joindre à lui dans une alliance contre ce qu'il appelait le « péril jaune ».

Je lui déclarai pendant notre second sommet que je trouvais exagérées ses craintes concernant les Chinois. Je lui expliquai qu'il leur faudrait au moins une vingtaine d'années pour développer un armement nucléaire pouvant leur permettre de prendre le risque d'une agression de l'Union soviétique. Brejnev secoua la tête pour marquer son désaccord, aussi lui demandai-je combien de temps il faudrait, selon lui, pour faire de la Chine une grande puissance nucléaire.

Il leva ses deux mains, les doigts écartés, et dit : « Dix ans, dans dix ans ils auront des armes qui égaleront celles que nous avons aujourd'hui. Bien entendu, nous serons alors beaucoup plus avancés, mais nous devons néanmoins leur faire comprendre que cela ne peut pas durer. En 1963, pendant le congrès de notre parti, je me rappelle avoir entendu Mao dire ceci : " Que quatre cents millions de Chinois meurent, trois cents millions survivront ! " Telle est la psychologie de cet homme. » Brejnev indiqua ensuite que la direction chinoise dans son ensemble était foncièrement agressive et le resterait même après la mort de Mao.

Nos trois conférences au sommet devaient produire un nombre important d'accords, concernant plus particulièrement la limitation des missiles de croisière et de l'armement nucléaire, le plus connu étant le premier traité de limitation des armes stratégiques, SALT 1. Mais nous estimions tous les deux, Brejnev et moi, que les relations personnelles qui s'étaient développées entre nous constituaient un atout au moins aussi important que tout traité spécifique. Étant donné que nous étions parvenus à bien nous connaître mutuellement, nous avions considérablement réduit le danger le plus redoutable pour la paix, sans doute aussi le moins connu : l'erreur de calcul.

A l'âge nucléaire, aucun homme d'État sensé ne franchira délibérément le pas conduisant à une guerre entre les superpuissances. Cependant, des dirigeants qui ne se rencontrent pas, qui ne s'expliquent pas mutuellement leurs différences, et qui donc ne se comprennent pas, courent le risque de se pousser par inadvertance jusqu'au bord de la guerre et même au-delà — non pas parce qu'ils souhaitent la guerre, mais parce qu'ils font une erreur de calcul concernant les actions ou initiatives pouvant provoquer la guerre. Au cours de nos rencontres, nous avions découvert, Brejnev et moi, que nous nous valions pour ce qui était de notre détermination à ne pas céder sur l'essentiel. Par conséquent, chacun de nous aurait réfléchi par deux fois avant de provoquer l'autre. Il était devenu évident que si nous voulions progresser dans nos domaines de dissensions, nous devions le faire en commun et dans le respect mutuel. C'est la raison principale pour laquelle je continue de penser que des réunions au sommet annuelles entre les chefs des deux superpuissances sont et demeurent essentielles dans la mesure où nous voulons juguler tout risque de guerre par erreur de calcul.

Au cours des trente-six années passées, j'ai eu une occasion exceptionnelle, à la fois d'examiner de première main la stratégie du mouvement communiste international et de prendre toute la mesure des chefs communistes.

En 1947, j'ai été témoin des efforts déployés par les communistes pour exploiter les misères et les souffrances de l'Europe occidentale ravagée par la guerre.

La même année, j'ai participé à la direction d'une enquête du Congrès qui devait révéler des infiltrations de l'espionnage communiste jusque dans les plus hautes sphères du gouvernement des États-Unis.

Au cours des années cinquante, j'ai vu des centaines de milliers de réfugiés qui avaient risqué leur vie en fuyant l'oppression communiste en Allemagne de l'Est, en Hongrie, au Nord-Vietnam, en Corée du Nord et en Chine communiste.

En 1958, à Caracas, au Venezuela, ma femme et moi nous avons été attaqués et avons failli être tués par une foule manœuvrée par les communistes.

Au début des années soixante-dix, j'ai développé avec Leonid Brejnev des relations personnelles plus étroites que celles ayant pu exister entre un dirigeant soviétique et un dirigeant américain depuis le temps de Staline et Roosevelt.

Pendant mes voyages en Union soviétique, en Chine, en Roumanie, en Hongrie, en Pologne, en Tchécoslovaquie et en Yougoslavie, j'ai pu voir de près les effets de la domination communiste. De plus, certaines des révélations les plus profondes sur le comportement soviétique me sont venues des dirigeants d'autres pays communistes.

Si cette expérience est certes considérable, je ne prétends pas savoir avec certitude comment devrait être orienté chaque aspect de notre politique à l'égard de l'Union soviétique. Fatalement, ces orientations comprendront toujours une large part de spéculation. Dans *The Real War* (*la Vraie Guerre*), j'ai longuement explicité les approches que je jugerais opportunes.

Si l'expérience ne nous enseigne pas clairement tout ce que nous devrions faire, elle nous indique toutefois sans équivoque ce que nous ne devrions pas faire.

Quand nous traitons avec l'Union soviétique, nous ne traitons pas seulement avec une grande puissance, mais d'une manière plus spécifique avec cette poignée d'hommes relativement restreinte qui a le contrôle de cette grande puissance. Quand nous comprenons Khrouchtchev, Brejnev et leurs successeurs probables, nous pouvons mieux comprendre comment l'Union soviétique risque de réagir à nos éventuelles initiatives politiques.

Le débat aux États-Unis semble souvent osciller entre deux extrêmes, les deux bien intentionnées, les deux patriotiques, mais les deux très peu judicieux.

D'une part, il y a les représentants des superfaucons. Selon eux, puisque les Soviétiques mentent, trichent, s'emparent de tout ce qu'ils peuvent s'emparer, et sont si férocement décidés à renverser l'Occident, nous ne devrions rien avoir à faire avec eux. Ils soutiennent que nous devrions accroître notre potentiel nucléaire jusqu'à parvenir à une indiscutable supériorité. Puisque les Russes nous menacent, affirment-ils, nous ne devrions pas avoir d'échanges culturels avec eux, ni commerce ni pourparlers. Ils estiment que si nous suivions cette ligne de conduite, les économies boiteuses du bloc de l'Est s'effondreraient fatalement, entraînant dans leur chute les régimes communistes.

A l'autre extrémité de l'échiquier politique, il y a les représentants des supercolombes. Ils soutiennent que les maîtres du Kremlin sont des vieillards pusillanimes et conservateurs, qui ne constituent nulle menace pour nous dans la mesure où nous ne les menaçons pas nous-mêmes. Ils proposent par conséquent que nous donnions l'exemple en réduisant unilatéralement notre potentiel nucléaire, initiative qui, selon eux, inciterait les Soviétiques à en faire autant et à employer les ressources ainsi dégagées pour édifier une vie meilleure pour leur peuple.

Ces deux vues sont pareillement erronées. Les Soviétiques ne permettront pas aux États-Unis de regagner la supériorité nucléaire ; leurs dirigeants sont à la tête d'un État totalitaire, ce qui veut dire qu'ils peuvent consacrer à l'armement toute fraction du revenu national qu'ils jugent utile. Refuser de négocier pour réduire le danger d'un conflit nucléaire est aussi hasardeux que téméraire. Prétendre qu'en isolant l'Union soviétique on aboutirait nécessairement à son effondrement témoigne d'un manque total de réalisme ; une telle attitude pourrait même produire le contraire de l'effet escompté. Un conflit extérieur peut parfois renforcer une dictature, et le relâchement de la tension peut parfois l'affaiblir. Sans la détente des années soixante-dix, les conditions qui permirent la naissance de Solidarité en Pologne ne se seraient peut-être jamais développées.

D'un autre côté, il serait dangereusement naïf de vouloir appliquer la règle d'or à nos rapports avec l'Union soviétique. Le président Carter, avec les meilleures intentions du monde, tenta une restriction unilatérale dans l'espoir que les Soviétiques suivraient. Le résultat fut désastreux. Tandis que Carter limitait les programmes d'armement américains, les Soviétiques intensifiaient les leurs. En conséquence, le président Reagan se trouva obligé de se lancer dans une escalade d'armements pour restaurer l'équilibre des forces dans le domaine nucléaire.

Il existe deux types de détentes : une détente résolue et une détente molle. La détente résolue se fonde sur une dissuasion efficace et crédible. Ce type de détente encourage les Soviétiques à négocier, le prix d'une agression soviétique paraissant trop élevé dans cette hypothèse. La détente molle, au contraire, *décourage* la négociation, le prix de l'expansion communiste se trouvant alors à tel point réduit que les Soviétiques peuvent se laisser tenter par la prime à l'agression.

La détente résolue, appuyée par une force rendant la dissuasion éminemment crédible, préserve la paix. La détente molle, quant à elle, invite ou bien à la guerre ou bien à la reddition sans guerre. Nous avons besoin de la détente, mais il doit s'agir de la bonne détente.

S'il y a des choses que nous ne pouvons pas faire, il y en a cependant d'autres que nous pouvons faire. Ce serait folie que de se résigner au désespoir et de ne rien faire du tout sous prétexte que nous ne pouvons pas *tout* faire.

Les dirigeants soviétiques sont des réalistes lucides, durs et inflexibles qui comprennent toutefois parfaitement l'arithmétique de la puissance internationale.

Pour nous, l'impératif essentiel doit être le maintien de la liberté de l'Occident, en faisant comprendre aux Soviétiques, sans la moindre ambiguïté, que nous sommes et restons décidés à recourir à la dernière extrémité à cet effet. Plus claire et manifeste sera cette détermination, et moins il y aura de risques de voir les Soviétiques la mettre à l'épreuve.

Cela signifie qu'il nous faut absolument rétablir l'équilibre des forces militaires, afin d'être en mesure d'empêcher la guerre par la dissuasion et d'éviter la reddition sans guerre. Alors que les États-Unis possédaient la supériorité en armement nucléaire, ces forces étaient au service de la paix. Quand les Soviétiques nous menaçaient de passer à une action agressive, nous pouvions placer nos forces nucléaires en état d'alerte, comme nous le fîmes en octobre 1973, et notre adversaire reculait. Mais aujourd'hui, une telle alerte générale ne serait plus crédible, la supériorité étant passée dans le camp soviétique, aussi bien dans le domaine des engins tactiques que dans celui des missiles stratégiques. Entre les mains d'une puissance agressive telle que l'Union soviétique, cette supériorité devient une dangereuse menace. C'est pourquoi nous nous trouvons contraints, dans l'intérêt même de la paix, de dépenser tout ce qu'il faut dépenser pour rétablir l'équilibre des forces.

Les dirigeants soviétiques aspirent à la supériorité militaire et veulent s'en servir pour dominer le monde. Mais si nous réussissons à leur faire comprendre que nous ne leur laisserons pas cette supériorité, alors il y aura réellement une possibilité de les voir s'asseoir à la table des négociations pour envisager sérieusement une limitation mutuelle des armements et même leur diminution.

Beaucoup de voix se font actuellement entendre, recommandant un gel réciproque des armements à leur seuil présent, arguant qu'une telle initiative diminuerait les risques de guerre et ne pourrait que favoriser le contrôle des armements. En réalité, c'est exactement l'inverse! Dans l'éventualité d'un gel, les Soviétiques garderaient leur avantage actuel, ce qui augmenterait les risques de conflit armé et de chantage à l'holocauste nucléaire. Un gel élimine- rait aussi toutes les possibilités d'aboutir à un traité du contrôle des armements réduisant le nombre des engins, car les Soviétiques ne seraient plus du tout incités à négocier. Les maîtres du Kremlin sont peut-être vieux et décrépits, ce ne sont pas des imbéciles. Nous ne pourrons rien obtenir d'eux si nous n'avons rien à donner en échange.

Comme potion magique en vue de réduire le dilemme nucléaire, l'idée du gel est aussi creuse que simpliste. Elle se fonde sur des prémisses fallacieuses. La première est qu'il existerait nécessaire- ment un moyen d'échapper aux dangers de l'âge nucléaire. Mais tant que ces armes subsisteront, le péril demeurera grand. Même si les deux côtés s'accordaient pour réduire leur arsenal de moitié, chacun d'eux conserverait encore suffisamment de puissance de feu pour annihiler plusieurs fois son adversaire et la planète.

La seconde notion fallacieuse est que les stocks d'armes et la course aux armements conduiraient à la guerre. Si nous voulons préserver le monde de la destruction, disent les tenants de cette opinion, nous devons mettre d'urgence un terme à la course aux armements. L'histoire démontre cependant que ce n'est pas l'exis- tence des armes en tant que telles qui amène la guerre ; en réalité, c'est l'incapacité de résoudre les différends politiques qui peut conduire à l'emploi des armes. Les armes sont le résultat, non la cause, des tensions politiques. Et nulle résolution sur le désarme- ment, même pas la plus parfaitement formulée, ne résoudra de profonds désaccords politiques.

Nous ne pouvons pas échapper au dilemme nucléaire, mais nous devons apprendre à vivre avec lui. Il nous faut laisser de côté la question stérile du contrôle des armements pour nous attaquer au cœur du problème : les différences fondamentales entre les États- Unis et l'Union soviétique. Nous devons concevoir un processus permettant de résoudre ces différences à la table de conférence plutôt que sur le champ de bataille. Mais pour atteindre ce stade, il nous faut d'abord inciter les Soviétiques à négocier, et ils le feront uniquement si notre force leur fait redouter notre inimitié. Brejnev comprenait cette analyse, même s'il lui résista. Nous devons conti- nuer à faire sentir à ses successeurs que nous la comprenons également.

Il est aussi impératif pour nous de résister à l'aventurisme agressif soviétique dans d'autres régions du globe où nos intérêts vitaux se trouvent en jeu. Nous ne pouvons pas être le gendarme de la planète, mais nous ne pouvons pas non plus nous permettre de rester des spectateurs passifs quand les Soviétiques et leurs comparses sèment la subversion chez nos amis et alliés ou même les attaquent ouvertement. Nous devons être prêts à pousser en avant notre puissance pour stopper les avancées soviétiques dans des régions lointaines du globe, car c'est là où se jouera le destin du monde.

En outre, il est temps pour nous d'utiliser notre formidable puissance économique pour influencer le comportement international de l'Union soviétique. Il se peut que nous ayons pris du retard dans certains secteurs du domaine militaire, mais nous disposons en revanche d'un énorme avantage au plan économique. Les Soviétiques ont désespérément besoin d'échanges commerciaux avec nous, ce qui nous donne un point d'appui. Mais il nous faut structurer nos échanges de façon à augmenter au maximum leur vulnérabilité aux pressions économiques et à minimiser la nôtre.

Bien entendu, Brejnev et ses collègues au Kremlin refuseront d'admettre qu'ils ont *besoin* d'un arrangement avec nous, tel est pourtant le cas. Nous devrions effectivement leur offrir un arrangement, mais à condition pour eux d'en payer le prix. Il importe de leur faire comprendre que s'ils continuent à se livrer à des agressions directes ou indirectes dans des domaines menaçant nos intérêts, l'arrangement ne tiendra plus. Lénine disait que les capitalistes viendraient faire la queue pour vendre à la Russie soviétique la corde dont elle se servirait plus tard pour les pendre. Nous devrions leur vendre la corde, mais de façon à leur lier les mains pour qu'ils ne puissent plus les étendre sur de nouvelles conquêtes.

S'il est urgent de contenir la force expansionniste soviétique, il nous faut aussi exercer des pressions en vue d'obtenir des changements à l'intérieur même du camp communiste. Cela ne s'accomplira guère en formulant un certain nombre de vœux pieux à cet effet — Brejnev et consorts n'ont que mépris pour ce genre de bavardage — mais en apportant un élan supplémentaire aux forces qui sont déjà à l'œuvre dans ce sens.

Le monde communiste ne va pas s'effondrer dans quelque soudain cataclysme. Mais il a déjà changé et il changera encore, et nous pouvons accélérer ce changement. C'est dans ce processus que se situe l'espoir de l'Occident.

Certains rejettent comme étant vaine l'idée d'une réforme du monde communiste par un changement pacifique. Ils lèvent les bras au ciel en s'écriant que ce changement prendrait une éternité. C'est oublier que beaucoup de choses ont *déjà* changé.

L'ancien Premier ministre britannique Macmillan me rappela un jour qu'une centaine d'années s'étaient écoulées entre le règne de la reine Élisabeth Ire, qui faisait décapiter ses conseillers quand ils n'avaient plus sa faveur, et celui de la reine Anne qui, en raison de la force de l'opinion publique, pouvait uniquement exiler les siens. Il fit ce commentaire en 1958, cinq ans après la mort de Staline, qui avait exécuté ses ennemis réels ou imaginaires par millions. Quand Khrouchtchev élimina ses rivaux, il put uniquement les bannir dans de lointaines provinces. Et Brejnev put uniquement reléguer Khrouchtchev dans les faubourgs de Moscou.

Le rythme du changement est désespérément lent, et il le paraît d'autant plus aux yeux d'un peuple aussi terriblement impatient que le peuple américain. Il nous faut avoir assez de patience pour reconnaître que le changement lent est préférable à l'immobilisme, et pour maintenir les options politiques à long terme qui sont parfois nécessaires à la poursuite de ce changement lent.

La circulation des hommes et des idées n'est sans doute pas aussi efficace que le pensent certains de ses champions quelque peu naïfs, mais elle contribue au changement; elle constitue un élément moteur important du processus. Il en va de même du commerce de biens non stratégiques, à condition qu'il soit lié, comme le contrôle des armements, au comportement soviétique dans d'autres domaines. Le commerce peut être structuré de façon à nous offrir une prise, c'est-à-dire en vue de faire agir à notre avantage les dépendances réciproques créées par lui. Les idées possèdent leur force propre, et nous pouvons les faire passer à travers les barrières. Le pape polonais incarne avec un impact dramatique la puissance que peut engendrer la foi religieuse. Notre atout majeur est le simple fait, évident d'une manière patente des deux côtés du Rideau de Fer, que le communisme ne marche pas. Même ses apologistes les plus abjects se réfèrent de plus en plus à des justifications autres que ses misérables résultats.

Le peuple russe est extrêmement vigoureux, et il en va de même des peuples des pays d'Europe de l'Est. En dernière analyse, dans la compétition entre l'Est et l'Ouest, leur force comptera parmi les forces de l'Occident, car les adversaires de l'Occident sont leurs oppresseurs.

Pendant les décennies à venir, les dirigeants devront s'adapter à une situation dans laquelle les superpuissances se tiendront dans une sorte d'inconfortable face à face. Quoi que l'on puisse penser du terme de *détente*, la détente est devenue un fait de la vie, et un fait nettement préférable à l'autre possibilité de l'alternative. La détente n'est pas un banquet d'amis. Elle est l'effort en vue de trouver les moyens permettant de vivre avec les différences plutôt que de se battre pour elles. Tant que l'Union soviétique persistera dans ses visées expansionnistes, il ne pourra pas y avoir de détente sans dissuasion. Mais la dissuasion est à la fois plus facile et plus efficace avec la détente que sans elle.

Les États-Unis devront être forts militairement, forts économiquement, fermes dans leur résolution, et ils auront besoin de la coopération d'alliés forts, avec des chefs résolus. L'Union soviétique constitue une menace très réelle ; faire face à cette menace est la première responsabilité des dirigeants occidentaux. Mais c'est précisément parce qu'il s'agit d'une menace redoutable que nous devons continuer à chercher des idées pour réduire nos différences, pour les résoudre par la négociation là où cela est possible et pour poursuivre le dialogue par-dessus celles de nos différences qui ne peuvent pas être résolues.

Les dirigeants russes nous respecteront si nous maintenons fermement notre position et si nous sommes assez puissants pour faire appuyer nos paroles, le cas échéant, par la force. Ils nous traiteront avec mépris si nous agissons mollement. Mais s'ils voient qu'ils sont obligés de négocier avec nous, et s'ils voient que nous allons effectivement négocier, alors ils négocieront.

Les maîtres du Kremlin ont une tendance naturelle à protéger et à étendre leur puissance. Mais ce ne sont pas des fous. Ils saisiront tout ce qu'ils pensent pouvoir saisir impunément, mais *uniquement* cela. S'ils estiment devoir battre en retraite sur un flanc pour protéger leur position, ils le feront.

Notre tâche est d'accroître les pressions qui conduisent au changement et de maintenir l'espoir d'une rétribution là où un tel changement se produit.

Dans mon discours au Guildhall que Khrouchtchev couvrit d'éloges quand je le rencontrai pour la première fois il y a près de vingt-cinq ans, j'avais lancé un appel pour une vaste compétition pacifique, autant dans le domaine spirituel que dans le domaine matériel. Pour une telle compétition, l'Occident a toutes les cartes dans son jeu. Nous devrions y penser et continuer à abattre ces cartes.

CHOU EN-LAI

Le mandarin révolutionnaire

L'histoire de la Chine pendant les cinquante années passées est, à un degré extraordinaire, l'histoire de trois hommes : Mao Tsé-toung, Chou En-lai et Tchang Kaï-chek. Alors que Mao accentuait sa mainmise sur le continent chinois après sa victoire sur les forces de Tchang, les communistes chinois figuraient le conflit entre Mao et Tchang comme une guerre entre Dieu et le diable. Mao s'imaginait lui-même qu'il était l'équivalent moderne du premier empereur de la dynastie des Ts'in, le souverain qui unifia la Chine il y a plus de deux mille ans. Il se forgea un culte de la personnalité qui lui conféra le statut d'une divinité. Chou resta essentiellement dans l'ombre, il était le fonctionnaire loyal qui faisait tourner la machine. A Taiwan, Tchang régnait d'une main autoritaire, mais sans l'autoglorification extravagante de Mao, gardant sa dignité, réalisant un miracle économique et entretenant l'espoir de son peuple d'un retour possible sur le continent.

Des trois, c'est Tchang que j'ai connu le plus longtemps. Sa femme et lui étaient pour moi des amis dans un sens où les autres ne l'étaient pas. Nos liens étaient personnels et aussi le résultat de croyances et de principes partagés. Mais la guerre pour la domination du continent chinois fut gagnée par Mao et Chou, et de ces deux hommes Chou eut la vision politique la plus durable. Chou était aussi, très simplement, un des êtres les plus doués qu'il m'ait été donné de connaître, avec une intuition fulgurante des réalités du pouvoir. Les trois sont morts, mais c'est l'héritage de Chou qui s'affirme de plus en plus dans la Chine contemporaine.

Sept mois avant mon premier voyage en Chine de 1972, j'envoyai Henry Kissinger à Pékin avec pour mission confidentielle de négocier l'organisation de ma venue. Pendant les deux jours de son séjour secret dans la capitale chinoise, Kissinger passa au total plus de dix-sept heures en entretiens directs et sur les sujets les plus vastes avec Chou. A son retour, il me confia qu'il plaçait Chou En-lai au rang de De Gaulle, comme étant l'un des hommes d'État étrangers « les plus impressionnants » qu'il eût jamais rencontrés.

S'il peut lui arriver, comme à nous tous, de verser dans l'hyperbole et l'exagération verbale, Kissinger n'a pas l'habitude d'encenser outre mesure les absents. Après avoir rencontré Chou moi-même et négocié avec lui pendant une semaine, je pus comprendre pourquoi Henry Kissinger s'était répandu en compliments si exceptionnels sur Chou En-lai.

Lors de la conclusion de mon voyage chinois de 1972, je devais déclarer dans mon toast final : « Nous avons été ici pendant une semaine. La semaine qui a changé le monde. » Certains observateurs estimèrent alors que je m'étais sans doute laissé emporter par l'aspect dramatique de ma visite et que j'en avais exagéré la portée. Je pense que l'histoire prouvera que sans ce premier pas vers la normalisation de nos relations avec la République populaire de Chine, l'équilibre de puissance entre les États-Unis et l'Union soviétique serait aujourd'hui fatalement rompu en notre défaveur. Hommes et événements contribuèrent pareillement à cette ouverture diplomatique qui se trouva consacrée par le communiqué de Chang-hai de 1972 ; mais le mérite principal en revint à Chou En-lai.

Chou était un révolutionnaire communiste et un gentilhomme confucéen, un idéologue affirmé et un calculateur lucide, un lutteur politique et un grand conciliateur. Placé dans ces rôles contradictoires, un homme de moindre envergure aurait fini par s'embrouiller dans la pensée autant que dans l'action. Mais Chou pouvait assumer chacun de ces rôles ou en combiner des qualités sans donner la moindre impression d'hésitation ou d'incohérence. Ils n'étaient pas pour lui des masques à revêtir cyniquement aux moments appropriés. Ils constituaient les facettes d'une personnalité très subtile et complexe, expliquant pour une large part la longue durée et la richesse de sa carrière politique.

La détermination inflexible et implacable de l'idéologue communiste lui permettait de tirer le maximum de profit des occasions historiques et de supporter les revers politiques et les contraintes physiques. Les qualités personnelles du gentilhomme confucéen lui permettaient d'exceller dans la diplomatie de personne à personne et de devenir « notre dirigeant bien-aimé » pour des millions de Chinois. La perspicacité du réaliste lui permettait d'évaluer avec précision les forces sous-jacentes en œuvre dans le domaine de la politique intérieure comme dans celui de la diplomatie internationale. La sagacité du lutteur politique lui autorisait l'espoir que sa politique lui survivrait et se poursuivrait jusque dans la période postmaoïste. Le tact et la courtoisie du conciliateur lui permettaient de maintenir la cohésion de son pays alors que les actions de figures plus cataclysmiques tendaient à la briser.

La convergence de toutes ces qualités allait permettre à Chou En-lai de mener une carrière dans les plus hautes sphères de la direction communiste et qui dura plus longtemps que celles de Lénine, Staline et Mao Tsé-toung.

La première partie de la vie de Chou est un cas de figure de l'évolution politique d'un dirigeant révolutionnaire. Il naquit dans la localité de Huai'an, à quelque trois cents kilomètres au nord-ouest de Chang-hai, dans la province de Jiangsu (Kiang-sou). Quand sa mère mourut et que son père se révéla dans l'incapacité de l'avoir à sa charge, le clan des Chou entreprit de l'élever, le confiant tour à tour à l'un de ses nombreux oncles. Dans cette famille attachée à la tradition des mandarins, Chou fut formé depuis son enfance par l'étude des grands classiques chinois. Cependant, alors qu'il vivait avec un oncle et une tante dans la ville manchoue de Chen-yang, l'ancien Moukden, il fréquenta plusieurs années une école de missionnaires, dont il sortit à l'âge de quinze ans. Au cours de cette période, il apprit le « nouveau savoir » introduit de l'Occident.

Après avoir achevé ses études primaires, Chou essaya de suivre un programme au terme duquel il aurait pu poursuivre des études supérieures aux États-Unis. Mais il échoua au concours d'admission et en fut amèrement déçu. Il entra donc à l'école primaire supérieure Nankai de Tianjin (T'ien-tsin) pour ensuite passer deux ans au Japon, où ses lectures lui firent découvrir pour la première fois les idées de Karl Marx. En 1919, Chou rentra en Chine et suivit les cours de l'université Nankai. Cependant, l'agitation politique le passionnait déjà beaucoup plus que sa carrière académique. Pour son rôle dans l'organisation de grèves d'étudiants et de manifestations, il fut condamné à quatre mois de prison.

Chou avait vingt-deux ans en 1920 quand il sortit de prison. Il décida alors de voyager en Europe pour compléter sa formation. Il visita l'Angleterre et l'Allemagne, mais passa le plus clair de son temps en France. Sa réputation d'organisateur de grèves l'avait précédé, et il fut partout accueilli avec enthousiasme par les groupuscules d'étudiants chinois progressistes. Il s'inscrivit à des cours, mais l'agitation politique consumait la plus grande part de son énergie. Chou reçut bientôt des subsides du Komintern.

En 1924, Chou retourna en Chine pour adhérer au parti révolutionnaire de Sun Yat-sen, le Kouo-min-tang, avec lequel les communistes étaient alors alliés. Il fut nommé directeur politique adjoint de l'Académie militaire de Huangpu (Whampoa) créée par le jeune chef

d'état-major de l'armée du Kouo-min-tang, Tchang Kaï-chek.
Impressionné par les capacités de Chou, Tchang Kaï-chek en fit le
commissaire principal aux Armées pendant les campagnes militaires
du Kouo-min-tang, pour finalement l'envoyer avec d'autres officiers
à Chang-hai pour y organiser un soulèvement destiné à faciliter la
prise de la ville par les forces révolutionnaires.

Mais en 1927, quand Tchang prit effectivement Chang-hai, il
tourna ses fusils contre les communistes dans ses rangs, car il en
redoutait la puissance croissante. Chou parvint de justesse à sauver
sa vie. Par la suite, il organisa plusieurs insurrections urbaines
dirigées contre le Kouo-min-tang; mais toutes ces entreprises
échouèrent, et l'armée de Tchang Kaï-chek contraignit finalement
les restes de l'Armée rouge à entreprendre la Longue Marche. Au
cours des dix mille kilomètres de cette célèbre marche, Chou En-lai
devint le fidèle assistant de Mao Tsé-toung. Quand les forces
communistes et le Kouo-min-tang se retrouvèrent unis contre les
Japonais pendant la Seconde Guerre mondiale, Chou assura la
liaison entre Mao et Tchang. Plus tard, il fut le principal négociateur
communiste aux pourparlers visant à mettre un terme à la guerre
civile. Après la victoire communiste de 1949, Chou allait remplir les
fonctions de Premier ministre ou de ministre des Affaires étrangères,
parfois les deux, pendant plus d'un quart de siècle.

La personnalité unique de Chou En-lai constitua l'une des impressions les plus frappantes de mon voyage en Chine de 1972. Au fil des
longues heures des sessions plénières et des réunions informelles,
j'appris à bien le connaître et à le respecter énormément. Le chinois
en-lai signifie « venue gracieuse », une expression qui saisissait
parfaitement sa présence et sa disposition d'esprit. Chou n'avait
aucune prétention mais dégageait une force tranquille. Avec ses
mouvements élégants, son maintien droit et souple, il avait un
charme immense, une prestance remarquable. Dans ses relations
personnelles et politiques, il observait très scrupuleusement la
vieille maxime chinoise de ne jamais « rompre la surface ».

L'apparence de Chou donnait l'impression d'une grande chaleur
personnelle, d'une absolue sincérité, d'une totale maîtrise de soi et
d'une indéniable profondeur. Dans les séances plénières, il maintenait une réserve calculée. Portant un impeccable costume à la Sun
Yat-sen gris, avec un badge où figurait l'idéogramme « servir le
peuple », il me faisait face, immobile, de l'autre côté de la table. Il se
penchait légèrement en avant, posant ses bras sur la table, les mains
jointes devant lui. Son bras droit était visiblement atrophié, souvenir d'une blessure qu'il avait subie au cours de la Longue Marche. A
soixante-treize ans, ses cheveux bruns ramenés en arrière n'étaient
que faiblement grisonnants. Leur ondulation était inhabituelle pour

un Chinois, de même que le teint foncé, presque méditerranéen de Chou.

Ses traits nettement sculptés demeuraient impassibles pendant les séances formelles. Quand il écoutait, Chou penchait légèrement la tête d'un côté tout en me regardant droit dans les yeux. Henry Kissinger déclara un jour que Chou le faisait penser à un cobra qui se tient immobile, prêt à frapper, pour ensuite sauter au moment opportun. La description qui fut souvent appliquée à Charles Parnell, le grand patriote irlandais du xixᵉ siècle, aurait très bien convenu à Chou En-lai : un volcan sous une calotte de glace.

Chou semblait comprendre ce que je disais avant même d'entendre la traduction, ce qui n'était guère surprenant puisqu'il avait autrefois maîtrisé, outre l'anglais, le français, l'allemand, le russe et le japonais. Il lui arrivait parfois de corriger la traduction de ses déclarations pour rendre d'une façon plus précise les nuances de sa pensée. Il parlait sans notes et ne faisait venir que très rarement un de ses collaborateurs pour participer à la discussion. Il était logique et sérieusement convaincant. Pour souligner un argument, il baissait la voix, donnant de l'emphase par un discret hochement de la tête.

Alors qu'il aurait pu paraître fragile en raison de sa minceur, Chou déployait une énergie qui surpassait de loin celle de beaucoup de ses adjoints plus jeunes. Du fait de l'énorme volume de travail qui lui incombait — il était à l'époque à la fois Premier ministre et ministre des Affaires étrangères — il se levait très tôt le matin et travaillait jusqu'à une heure avancée de la nuit. Il recevait souvent des visiteurs étrangers à des heures bizarres de la matinée, et conduisait des conversations qui pouvaient durer jusqu'au lever du soleil, se montrant à la fin de tels entretiens aussi frais et incisif qu'il l'avait été à leur début.

Quand, à l'occasion des rencontres plus informelles des banquets et des déplacements touristiques, nous apprîmes à mieux nous connaître, les gestes de Chou devinrent plus expansifs et son visage plus animé. Il se renversait souvent en arrière dans sa chaise et se servait de ses mains très expressives avec beaucoup d'effet, balançant un bras en avant pour appuyer une déclaration, ou joignant les mains par le bout des doigts pour tisser les fils d'un argument jusqu'à une conclusion. Le silencieux sourire amusé que pouvaient provoquer chez lui certaines reparties lors des séances formelles devenait, dans la conversation mondaine et suite à d'amicales plaisanteries, un rire franc et parfois bruyant. L'amusement faisait briller ses yeux, tandis que son large sourire creusait ses rides et semblait donner libre cours à un vrai plaisir.

Pendant les dîners officiels, nous portions des toasts de *mao-tai* et non de champagne, la boisson habituelle pour ces occasions. Vin de riz à très fort degré d'alcool, le *mao-tai* est un breuvage redoutable. Les humoristes ont pu dire que celui qui en buvait trop explosait en allumant une cigarette à la fin du repas. Pour en démontrer la combustibilité, Chou En-lai, au cours d'une conversation, approcha une allumette enflammée d'une coupe de *mao-tai* : le liquide se consuma instantanément en flammes.

Quand nous fîmes le tour de la salle de banquet pour trinquer avec plus d'une cinquantaine de hauts responsables, je remarquai qu'il ne touchait son verre que du bout des lèvres. Nous en étions encore à notre premier verre, tous les deux, lorsque nous revînmes à notre table. Nous bûmes alors ce qui restait. Compte tenu du pouvoir de la boisson, je fus stupéfait d'entendre Chou me raconter qu'en certaines occasions particulières au cours de la Longue Marche, il avait pu en boire jusqu'à vingt-cinq coupes par jour ; il dut cependant reconnaître qu'à son âge actuel il ne pouvait plus dépasser une dose quotidienne de deux à trois coupes. Je me rappelai avoir lu que l'Armée rouge, quand l'itinéraire de la Longue Marche lui fit investir le village de Mao-tai, d'où ce vin de riz tire son origine, avait vidé toutes les réserves. Avec dans les yeux la lueur complice d'un vendeur de potions magiques, Chou observa que pendant la Longue Marche, le *mao-tai* avait constitué « un remède pour toute chose ».

Notre conversation passa de la politique à l'histoire et à la philosophie, domaines dans lesquels Chou était parfaitement à l'aise. Chou était un érudit devenu insurgé qui n'avait jamais perdu la sagacité d'esprit ni la profondeur de pensée du chercheur. Cependant, les catégories dans lesquelles son idéologie enfermait parfois sa pensée pouvaient déformer son interprétation de l'histoire. Au cours de nos entretiens, par exemple, il se référa aux troupes françaises qui avaient combattu aux côtés des colons pendant la Guerre révolutionnaire comme à des « volontaires ». Les forces françaises, en fait, à l'exception de quelques personnalités telles que La Fayette, étaient composées de soldats de métier parfaitement entraînés qui servaient un but politique précis en s'opposant aux troupes britanniques.

Chou me dit aussi que Lincoln déclencha la guerre civile pour libérer les esclaves et qu'il gagna parce qu'il avait le soutien du « peuple ». En réalité, Lincoln, qui est l'un des rares véritables géants de l'histoire et dont les Chinois parlèrent avec le plus grand respect, ne fit pas la guerre pour libérer les esclaves mais pour ramener les États du Sud au sein de l'Union. Sa Proclamation d'Émancipation fut une manœuvre tactique qui ne libéra les esclaves que dans les États insurgés, mais pas dans les États limitrophes qui étaient restés dans l'Union. Lincoln était farouchement opposé à l'esclavage, mais sa priorité première était la sauvegarde de l'Union.

Alors qu'il était pourtant un ardent révolutionnaire, Chou En-lai ne paraissait nullement déplacé au milieu de la splendeur des palais du vieux Pékin, où il évoluait avec le calme et la grâce d'un sage des périodes dynastiques. Quand on l'avait vu dans ce décor, on s'imaginait difficilement qu'il était l'un des principaux dirigeants d'un mouvement dont le but avoué était la conquête du monde, la refonte de la civilisation et le changement de la nature humaine. La décoration intérieure était curieusement respectueuse du passé de la Chine. Les palais étaient ornés de fabuleuses peintures de paysages chinois et remplis d'objets d'art anciens en argent, or et jade. Il n'y avait là nulle trace des exhortations grossières des affiches de propagande qui s'alignaient sur les murs de Pékin.

La subtilité de l'art et du décor était égalée par la subtilité que trahissaient la personnalité de Chou En-lai et sa façon de traiter les affaires de l'État. Cette subtilité, dont Chou témoignait à un degré que je n'ai rencontré chez aucun autre dirigeant d'envergure mondiale, est un trait de caractère typiquement chinois. Il est le résultat de longs siècles de développement et de raffinement conscient de la civilisation chinoise. Il était présent dans la conversation, quand Chou établissait très méticuleusement des distinctions entre diverses nuances de signification ; il était présent dans les négociations, quand il évitait les points de discorde en omettant de les préciser ; il était présent dans la diplomatie, quand il faisait parfois passer d'importants messages par le truchement d'événements apparemment anodins.

Chou et tous les autres dirigeants communistes chinois avec lesquels j'eus à m'entretenir prirent un plaisir particulier à me rappeler que la glace entre nos deux pays avait été pour la première fois rompue par un échange d'équipes de ping-pong. Ils semblaient se réjouir autant de la méthode employée que du résultat auquel elle avait permis d'aboutir. Mao, par exemple, déclara que la Chine s'était révélée « bureaucratique » en posant comme préalable à l'amélioration des relations un règlement de toutes les questions majeures. « Plus tard, dit-il, je me rendis compte que vous aviez raison, et nous avons joué au tennis de table. »

Chou possédait aussi la rare capacité de faire attention aux moindres détails, sans toutefois se laisser absorber par eux. Lors de notre troisième soirée à Pékin, nous fûmes conviés à une démonstration de gymnastique et de ping-pong. Il avait commencé à neiger, et le lendemain notre programme prévoyait la visite de la Grande Muraille. Chou quitta discrètement son fauteuil, et je pensai qu'il s'était rendu aux toilettes. Je découvris plus tard qu'il était en réalité allé s'assurer que la route menant à la Grande Muraille serait convenablement balayée. Le lendemain la route était impeccable. L'incident était typique.

Je découvris également que Chou En-lai avait personnellement sélectionné les membres de la garde d'honneur qui nous accueillit à l'aéroport ; ils étaient tous très grands, vigoureux et d'une tenue irréprochable. Il avait aussi choisi les airs que l'orchestre devait jouer pendant le dîner. Je devais avouer qu'il s'était parfaitement documenté sur mes goûts et mon passé, parce que beaucoup de ces morceaux comptaient parmi mes préférés, ainsi *Amérique la Belle* qui avait été joué lors de mon inauguration. Après le voyage, le secrétaire d'État William Rogers me confia qu'avant l'un de ses entretiens avec Chou, une jeune femme était venue lui apporter les épreuves du journal du lendemain, épreuves qu'il se mit en devoir d'arranger pour la maquette de la une.

Dans le cas de Chou, il y a certainement une part de vérité dans l'adage selon lequel la grandeur n'est que l'accumulation de l'attention au détail. Cependant, si Chou s'occupait effectivement de faire croître chaque arbre en particulier, il n'en perdait pas pour autant de vue la forêt dans son ensemble.

Chou possédait également une autre qualité spécifiquement chinoise, c'est-à-dire une assurance inébranlable, vertu acquise par les Chinois grâce à la suprématie culturelle dont ils jouirent dans leur région pendant des millénaires. Mais la prise de conscience par les Chinois de leur héritage culturel allait dans deux sens.

D'une part, elle s'associait à un ressentiment tout à fait normal à l'égard des humiliations nationales subies par la Chine au cours des deux siècles passés pour créer une sensibilité exacerbée aux impairs diplomatiques. L'attitude des Chinois à l'égard du monde extérieur fut merveilleusement décrite par mon ami, feu Harold Lee, diplômé d'Oxford et résident de Hong Kong, qui pénétrait d'une façon presque magique la psychologie des Chinois autant que celle des Occidentaux. Je lui demandai en 1965 comment les communistes chinois réagiraient à une reconnaissance du gouvernement de Pékin par les États-Unis. La réponse fut caractéristique et sans fard : « Vous voulez nous reconnaître, *nous ?* demanderaient-ils, incrédules. Vous n'y êtes pas du tout ! La seule question est de savoir si nous allons vous reconnaître, *vous ?* » Un incident survenu à la conférence de Genève de 1954 sur l'Indochine devait illustrer l'extrême sensibilité de Chou En-lai aux manquements à l'honneur national chinois. Chou représentait la Chine, et le secrétaire d'État John Foster Dulles les États-Unis. Dulles avait déclaré à un journaliste qu'il n'y avait qu'une seule circonstance où les deux pourraient se rencontrer : « Seulement si nos voitures entraient en collision ! » Il arriva que les deux se trouvèrent face à face en venant avant l'heure à une séance du matin. Chou tendit la main pour serrer celle du secrétaire d'État américain. Mais Dulles secoua la tête et sortit précipitamment de la pièce, humiliant cruellement le ministre chinois des Affaires étrangères. Six ans plus tard, quand il raconta l'incident à son ami Edgar Snow, Chou ressentait encore de la façon la plus douloureuse l'affront qu'il avait subi ce jour-là. Dans le contexte de l'époque, la rebuffade de Dulles était compréhensible. Des milliers d'Américains avaient été tués par les « volontaires » chinois dans la guerre de Corée ; le gouvernement Tchang Kaï-chek à Taiwan allait bientôt signer avec nous un traité de défense mutuelle ; et la Chine continentale et l'Union soviétique étaient associées dans une même belligérance à l'encontre des États-Unis. Cependant, je savais combien cet incident avait offensé profondément Chou En-lai. C'est pourquoi, quand j'atteignis la dernière marche de la passerelle de l'avion lors de ma première venue à Pékin, je tendis ostensiblement la main en avant en allant à sa rencontre. Notre poignée de main donna la photo la plus mémorable du voyage.

D'autre part, dans nos rapports avec les Chinois, leur assurance leur permettait d'être critiques vis-à-vis d'eux-mêmes sans en faire un complexe. Dans nos entretiens, Chou évoquait constamment leur besoin de mieux comprendre les choses et de surmonter leurs imperfections. Lors de notre première réunion, il nota le grand contraste de la moyenne d'âge entre les deux délégations, disant : « Il y a trop de personnes âgées dans notre direction. Voilà un domaine dans lequel nous devrions prendre exemple sur vous. » De même, dans la suite du voyage, il s'excusa pour un incident pendant notre visite des tombes Ming, où un responsable mineur avait mis en place des enfants avec des costumes folkloriques bariolés et leur avait enseigné d'évoluer d'une certaine façon à notre arrivée : « Certains ont cru bon d'égayer les tombes avec de petits enfants, et cette mise en scène était évidemment déplacée. Vos correspondants de presse nous l'ont fait remarquer, et nous reconnaissons que c'était une erreur. Bien entendu, il n'est pas question pour nous de couvrir cette faute, et nous avons blâmé ceux qui en ont été responsables. »

Pendant tout mon voyage, je n'ai pas pu m'empêcher de faire la comparaison entre les fanfaronnades de Khrouchtchev et l'approche beaucoup plus saine des Chinois. Les vantardises grossières de Khrouchtchev dissimulaient manifestement un complexe d'infériorité. L'autocritique subtile de Chou était la preuve évidente d'une ferme assurance. Je savais d'ailleurs que ce n'était au fond qu'une manière d'approche et qu'en réalité les Chinois étaient absolument convaincus de l'ultime supériorité de leur culture et de leur philosophie, qui triompheraient à la longue non seulement des nôtres mais de toutes les autres.

La puissance intellectuelle et le magnétisme personnel de Chou En-lai fascinaient beaucoup de personnes qui ne se rendaient pas compte que ces qualités allaient de pair avec celles d'un implacable acteur politique. Le journaliste Fred Utley disait que Chou était « difficile à résister... spirituel, charmant et plein de tact ». Theodore White admettait « une totale absence de scepticisme ou d'esprit critique » en sa présence. Un journaliste chinois au Japon devait déclarer : « Je dirais qu'il est la personnalité la plus impressionnante que j'aie jamais rencontrée. »

En revanche, ceux qui voyaient en lui le politicien sans scrupules et qui ne se laissaient pas séduire par lui brossaient un portrait totalement différent de Chou. Walter Robinson, attaché au Département d'État pour les affaires d'Extrême-Orient pendant les années cinquante, me confia un jour que Chou En-lai, tout charmant qu'il était, avait tué des hommes de ses propres mains pour ensuite s'en aller calmement en fumant une cigarette.

Un responsable américain qui avait été en relation avec Chou dans les années quarante disait : « Son nom se prononce comme Joe, eh oui, je croyais que c'était ce genre de type, un type du nom de Joe. Je m'étais d'abord dit que nous pourrions l'avoir. Et j'ai subitement compris que je me trompais lourdement. Sauf si ça pouvait l'aider, il n'aurait jamais admis que le lundi était le lundi ! »

De son côté, un des principaux négociateurs du Kouo-min-tang avoua un jour : « Au début, j'étais absolument persuadé qu'il avait raison, et qu'il était peut-être nécessaire de faire des concessions des deux côtés de la négociation. Puis, à mesure que les jours passaient, je commençai à me demander si cet homme, même s'il était sincère, n'était pas totalement aveuglé par ses préjugés politiques. Je me rendis finalement compte qu'il n'y avait pas la moindre parcelle de vérité en lui... Je compris en fait que tout cela était du cinéma. Cet homme est le plus grand comédien qui existe. Il peut rire un moment et pleurer la minute suivante, et faire rire et pleurer avec lui son auditoire. Mais ce n'est que du cinéma ! »

Les deux images étaient évidemment liées. Chou agissait toujours en accord avec les intérêts de son pays et de son idéologie, et quand il séduisait les diplomates et journalistes étrangers, c'était bien entendu avec la même intention. Mais quand ses intérêts exigeaient de lui de ne pas tenir parole, il le faisait sans s'embarrasser de la moindre sentimentalité. Dans les rapports que nous eûmes avec lui, Chou respecta scrupuleusement la lettre et l'esprit de nos accords. Cependant, il ne le fit pas par simple souci d'amitié. Plus exactement, il forgea cette amitié pour promouvoir ses intérêts.

Écrivant longtemps après avoir connu Chou En-lai à Yan'an (Yenan) et comprenant que sa confiance absolue en Chou avait été mal placée, Theodore White devait associer les deux images de ce chef, indiquant notamment que Chou était « un homme aussi brillant et implacable que beaucoup de dirigeants révélés par le mouvement communiste au cours de ce siècle. Il pouvait agir avec une audace absolue, avec la délicatesse d'un chat lançant ses griffes sur une souris, avec la détermination d'un homme que toute sa réflexion a conduit à cet unique moyen d'action — et il était néanmoins capable d'une chaleureuse amabilité, d'une indéniable humanité et d'une soyeuse courtoisie ».

Associant les qualités personnelles du gentilhomme confucéen aux instincts politiques implacables du révolutionnaire léniniste, la personnalité de Chou En-lai convenait idéalement à son rôle politique. Comme un alliage de plusieurs métaux, la fusion de ses éléments était plus forte que chacune de ses composantes prises isolément. Le système communiste récompense les spécialistes de l'intrigue, mais consume fréquemment les adeptes du compromis. Le génie politique de Chou était de savoir jouer avec un égal succès le rôle du lutteur et celui du conciliateur.

Un journaliste demanda un jour à Chou si, en tant que communiste chinois, il était plus communiste ou plus chinois. Et Chou répondit : « Je suis plus chinois que communiste. » Les collègues de Chou En-lai étaient naturellement aussi des Chinois. Mais la plupart étaient communistes d'abord, chinois ensuite. Chou croyait également d'une façon très profonde à son idéologie, ce n'était toutefois pas dans sa nature que de porter cette croyance jusqu'à ses extrêmes.

L'arrière-plan mandarin de Chou le plaçait aussi à part de ses collègues. Sa famille avait été enracinée dans les us et coutumes de la Chine ancienne, et ses membres avaient conservé pendant des siècles leur position sociale en formant leurs enfants par les classiques chinois pour ensuite leur donner une situation dans la hiérarchie de la bureaucratie impériale. Chou renonça dans son adolescence à la base philosophique de la société chinoise, mais il ne put et ne voulut d'ailleurs jamais se débarrasser de son empreinte culturelle. Il garda toujours un certain respect pour le passé de la Chine — pour ces éléments de la « vieille société » qui méritaient d'être préservés.

A la différence de la plupart des communistes chinois, il reconnut à plusieurs reprises sa dette envers son passé et sa famille. En 1941, au cours d'une pause dans leurs pourparlers en vue de restaurer l'alliance entre le P.C. chinois et le Kouo-min-tang contre les Japonais, il s'adressa ainsi à l'assistance. Pour les Chinois dans son auditoire, il frappa une corde extrêmement sensible quand, d'une voix retenue et sur un ton où perçait un nostalgique regret, il déclara qu'il voulait surtout battre les Japonais pour pouvoir se rendre sur la tombe de sa mère et y remplir ses obligations filiales : « En ce qui me concerne, la tombe de ma mère, à laquelle je dois tout ce que je suis et deviendrai peut-être, est dans le Zhejiang (Tchö-Kiang) occupé par les Japonais. Je ne désire qu'une chose : pouvoir y retourner une fois seulement pour enlever les mauvaises herbes sur sa tombe, le moins que puisse faire pour sa mère le fils prodigue qui a donné sa vie à la révolution et à son pays. »

Pendant cette guerre contre les Japonais, le père de Chou, qui semblait échouer dans toutes ses entreprises, écrivit à son fils devenu célèbre pour lui demander une aide financière. Chou s'empressa de lui envoyer une partie de son maigre salaire. Quand son père mourut en 1942, Chou fit publier un faire-part dans le journal du parti, rédigé dans les termes exigés par la tradition familiale, et cette initiative dut provoquer plus d'un froncement de sourcils dans les milieux révolutionnaires.

Longtemps avant notre rencontre historique de 1972, Chou déclara à un journaliste que c'était la faute des États-Unis s'il n'existait pas de relations officielles entre nos deux pays. Tout Américain serait le bienvenu en Chine, dit-il, à condition qu'il y eût aussi la réciproque. Et il ajouta : « Nous avons en Chine l'adage suivant : " Il est discourtois de ne pas rendre une visite ". Ces paroles, souligna-t-il, sont de Confucius, qui n'était pas marxiste. »

Il peut paraître bizarre de voir un dirigeant communiste chinois citer l'autorité de Confucius, mais chez Chou En-lai la chose allait de soi et était tout à fait en harmonie avec son caractère. Son éducation lui avait conféré les qualités que Confucius réclamait du « gentilhomme » ou « homme supérieur » appelé à diriger le pays : ligence, la dignité, la grâce, l'amabilité, la résolution et l'énergie.

Toutes ces qualités devaient rendre Chou En-lai remarquablement efficace dans les relations politiques personnelles et lui permettre de coexister avec ses rivaux pendant un bon quart de siècle. Selon Zhang Guotao (Chang Kouo-t'ao), ancien membre du Bureau politique du P.C. chinois, la résistance de Chou aux luttes intestines du parti et ses succès de médiateur devaient beaucoup au fait qu'il était un homme « rond » : « Il appartient à cette catégorie comme quelqu'un qui est souple dans ses rapports avec la société, qui sait se faire des amis, qui ne prend jamais des positions extrémistes et qui sait toujours s'adapter à la situation existante. »

Ses vertus confucéennes valurent aussi à Chou En-lai l'affection constante du peuple chinois. Il fut le seul personnage public à être gratifié par ses administrés de l'appellation « notre dirigeant bien-aimé ». Sa popularité était une force unique en politique intérieure chinoise, une force qui fut particulièrement manifeste au moment de sa mort. Quand les actualités télévisées montrèrent Jiang Qing, qui était la femme de Mao et une ultragauchiste, refusant avec dédain d'enlever sa casquette devant le cadavre de Chou En-lai, la foule massée devant un écran de télévision à Canton commença à scander en chœur : « Tapez-lui dessus ! Tapez-lui dessus ! »

Dans son oraison funèbre, Deng Xiaoping (Teng Hsiao-p'ing), qui était le second choisi par Chou, loua si chaleureusement le Premier ministre disparu que son allocution devint l'objet d'une controverse politique. Par un *dazibao* (affiche ou journal mural) intitulé : « Il faut renverser le jugement », les gauchistes demandèrent que le discours fût condamné par Mao. Bien qu'à l'époque Mao Tsé-toung sympathisât politiquement avec les gauchistes, il refusa de donner suite à leur exigence, et il aurait alors déclaré : « Le peuple s'opposera certainement à toute attaque contre Chou En-lai. Le jugement émis à l'occasion de l'oraison funèbre à la mémoire de Chou ne peut pas être modifié. Le peuple ne supportera pas un renversement du jugement. »

En tant que révolutionnaire léniniste, Chou exerça souvent le pouvoir de la façon la plus implacable et cruelle. Un ancien camarade de classe du cours secondaire qui rencontra Chou beaucoup plus tard observa que « ses yeux étaient nettement plus froids ; ils étaient devenus les yeux d'un homme capable de tuer ». L'histoire politique de la Chine est remplie d'épisodes sanguinaires, mais la tyrannie du régime communiste constitue une catégorie en soi dans ce domaine sinistre. Mao Tsé-toung, Chou En-lai et leurs collègues ont été directement ou indirectement responsables du massacre de plusieurs dizaines de millions de Chinois.

Durant le voyage autour du monde que j'entrepris en 1953 comme vice-président, je devais découvrir de près toute l'horreur de la froide brutalité des communistes chinois. Alors que je circulais dans la région frontière entre Hong Kong et la Chine communiste, je m'arrêtai pour discuter avec un paysan. Il me dit ceci : « Ma femme, nos deux enfants et moi, nous avons fait plus de cent cinquante kilomètres à pied pour trouver la liberté dans les Nouveaux Territoires de Hong Kong. » Je lui demandai alors pourquoi ils s'étaient donné toute cette peine pour fuir la Chine communiste. Et il me répondit : « Mon unique frère était aveugle et avait une ferme à proximité de la mienne. Étant donné qu'il était aveugle, il ne pouvait pas produire autant que l'exigeaient les communistes pour payer ses impôts. Les communistes sont venus l'enlever et l'ont abattu. Quand nous avons vu ça, nous avons commencé notre marche vers la liberté. »

Mon interprète me raconta une histoire non moins sinistre concernant une vieille femme de soixante-dix ans qui franchissait fréquemment le cours d'eau qui longe la frontière entre les territoires de Hong Kong et la Chine, car elle avait de la terre des deux côtés. « Un jour, me dit-il, alors qu'elle traversait une fois de plus, un communiste lui tira dessus... Mais la première balle ne fit que la blesser. Alors l'homme s'approcha d'elle et lui envoya trois balles dans le dos. »

L'idéologie communiste immunisait Chou En-lai contre toute réaction morale ou sentimentale à cette implacable cruauté. Le marxisme-léninisme s'accompagne d'une vision déterministe de l'histoire. Ses tenants croient que l'histoire conduira inéluctablement au communisme mondial et qu'il est de leur mission d'accélérer le processus historique. En s'attribuant ce rôle, ils rejettent toute considération d'ordre moral, les crimes commis par eux étant jugés nécessaires pour favoriser le cours prédéfini de l'histoire.

Un problème se pose aux communistes, toutefois, quand ils ne sont pas d'accord entre eux. La moralité ne peut toujours pas intervenir. Le compromis non plus. Ce qui laisse beaucoup de place à la violence. Dans un désaccord, les deux parties ne peuvent pas avoir raison à la fois, et celle qui a tort sera censée « retarder les forces de l'histoire ». Et ce crime capital sera souvent puni de mort.

Néanmoins, dans ses manœuvres politiciennes comme dans l'exécution de sa politique, Chou En-lai préférait recourir à son tact et son habileté plutôt qu'à son implacable brutalité d'idéologue. En tant que Premier ministre, Chou réalisa de vastes réformes économiques, dont certaines furent bénéfiques et beaucoup néfastes, mais sans les convulsions sociales que provoquèrent souvent ses rivaux en imposant trop de changements trop rapidement. Contre l'opposition des extrémistes de gauche qui souhaitaient la réalisation du paradis socialiste pour la semaine à venir, Chou s'employa avec ténacité à promouvoir un programme de modernisation économique progressive.

Dans les alliances mouvantes de la politique intérieure chinoise, Chou se servit de son pouvoir silencieusement mais avec beaucoup d'efficacité. Jamais il ne donna à ses collègues l'impression de vouloir accroître son pouvoir. Quand une coalition se formait autour d'un extrémiste ayant la bénédiction de Mao Tsé-toung, Chou En-lai collaborait avec son rival malgré l'hostilité qu'il ressentait à l'égard de la nouvelle ligne politique. Il se tenait tranquille jusqu'au moment où la coalition dégénérait et aboutissait à une impasse dans laquelle son soutien devenait essentiel. Il passait alors promptement à une faction d'opposants avec une ligne plus modérée.

Mais quand d'autres, dans les luttes intestines du parti, s'engageaient dans l'escalade de la violence, Chou suivait. Un exemple morbide de tels développements devait précisément se produire peu après l'annonce du rapprochement diplomatique entre les États-Unis et la Chine. Il devint évident que Lin Biao (Lin Piao), qui était le chef de l'Armée rouge, avait mobilisé les opposants hostiles à la rencontre au sommet. Chou et ses alliés engagèrent la lutte pour les éliminer. Lorsque Lin Biao comprit qu'il avait perdu la bataille, il s'embarqua à bord d'un avion et essaya de s'enfuir de Chine. Au cours de nos entretiens, Chou me déclara que l'avion de Lin s'était dirigé vers l'Union soviétique mais avait disparu en route. Il ajouta qu'ils n'avaient pas pu le retrouver depuis. Puis il se borna à sourire.

La Révolution culturelle des années soixante et du début des années soixante-dix constitua sans doute l'épreuve la plus dure que Chou En-lai eut à subir pendant ses années au pouvoir.

Mao Tsé-toung craignait que depuis la victoire communiste de 1949, l'esprit et la vigueur révolutionnaires de la nation eussent été érodés et que les jeunes eussent perdu de leur élan. Il décida que la Chine ne pourrait préserver que dans le soulèvement ses vertus révolutionnaires. Il appela les jeunes Chinois à lutter contre le système, déclarant notamment : « Quand nous avons commencé à faire la révolution, nous n'étions que des garçons de vingt-trois ans, alors que les gouvernants de l'époque... étaient âgés et avaient de l'expérience. Ils avaient plus de savoir mais nous avions plus de vérité ! »

Les jeunes, dont beaucoup étaient terriblement frustrés par tous les manques dont ils souffraient dans les domaines de l'enseignement et de l'économie, réagirent à cet appel avec un esprit de vengeance, incendiant des centaines d'écoles et de fabriques. Paraphrasant le vieux cliché selon lequel « les révolutions dévorent toujours leurs propres enfants », le philosophe Lin Yutang eut alors ce commentaire : « En Chine, ce sont les enfants qui sont en train de dévorer la révolution. »

La mission vaguement définie des gardes rouges de Mao était de bouleverser l'ordre politique et bureaucratique. Chou En-lai, en tant que Premier ministre, occupait le sommet de cet ordre. Quand la Révolution culturelle fut à son paroxysme, près de cinq cent mille gardes rouges investirent la Grande Maison du Peuple, faisant pratiquement de Chou leur prisonnier. Avec son aplomb habituel, il engagea avec ses jeunes adversaires une série de débats marathons qui durèrent trois jours et deux nuits, ce qui leur permit de donner libre cours à leur exaspération, de formuler leurs griefs, et de se calmer. Peu après, leur foule commença à se disloquer.

Quand Kissinger revint de son voyage secret en Chine de 1971, il me confia que Chou En-lai ne pouvait que difficilement dissimuler son angoisse lorsqu'il évoquait la Révolution culturelle. Ce n'était pas surprenant. Chou était un dirigeant communiste de la première génération, qui s'était battu dans la révolution pour réaliser un rêve égalitaire ; il était aussi le dirigeant qui cherchait à promouvoir un programme de modernisation économique graduelle. Pour cette raison, une part de lui-même sympathisait avec les buts de la Révolution culturelle ; mais l'autre part en lui savait pertinemment bien que si la Chine devait satisfaire les besoins même les plus élémentaires de sa population et de sa défense nationale au cours des prochaines décennies, il lui faudrait moderniser son économie.

Chou En-lai, dont Edgar Snow avait dit un jour qu'il était un bâtisseur plutôt qu'un poète, avait certainement dû ressentir de l'angoisse en voyant la fureur des gardes rouges s'attaquer à ces fondements de la modernisation qu'il avait si méticuleusement posés.

La Chine se souviendra sans doute de Chou comme du grand médiateur qui sut maintenir la cohésion du parti et du pays à travers toutes les tempêtes, mais le monde se souviendra surtout de l'éminent chef de la diplomatie chinoise. Il fut à la fois le Metternich, le Molotov et le Dulles de son pays. Une habileté instinctive dans la négociation, une parfaite maîtrise des principes régissant la puissance internationale et une certitude morale dérivée d'ardentes croyances idéologiques s'associaient chez Chou En-lai avec une intelligence intime des pays étrangers, une vision historique à long terme et une extraordinaire richesse d'expériences personnelles pour produire l'un des diplomates les plus accomplis de notre temps.

Mao Tsé-toung laissait à Chou une relative liberté en matière de politique étrangère. A propos de problèmes spécifiques de relations extérieures, Mao déclara d'emblée, lors de notre première rencontre de 1972 : « Ces questions ne sont pas des questions à discuter chez moi. Elles doivent être discutées avec le Premier ministre. Je discute les questions philosophiques. » Nos entretiens abordèrent alors l'ensemble des sujets figurant au programme du sommet, mais d'un point de vue philosophique. Il est intéressant de noter que Chou, pendant tout le reste de mes entretiens avec lui, se référa souvent à ces premières déclarations de portée générale de Mao pour le guider dans ses propres positions dans la négociation.

Chou En-lai fut une figure centrale de deux événements diplomatiques majeurs qui se trouvèrent essentiellement à l'origine de l'actuel équilibre des forces planétaires : la rupture sino-soviétique et le rapprochement sino-américain. La controverse qui amena le divorce entre la Chine et l'Union soviétique se réduisait fondamentalement à la grande question suivante : qui allait être le numéro Un du bloc communiste ? L'U.R.S.S., en tant que première grande puissance communiste, avait joui d'une absolue suprématie au sein du mouvement communiste international depuis 1917 et était farouchement déterminée à garder sa prééminence. La Chine aurait pu être la seconde grande puissance communiste, mais, en tant que Chinois et donc lointains héritiers de l'Empire du Milieu, Mao Tsé-toung et Chou En-lai ne pouvaient pas se contenter du second rôle.

Le différend de la primauté existait au double niveau de la substance et du symbolisme. Alors que l'Union soviétique était le seul pays communiste doté d'armements nucléaires, ses dirigeants pouvaient exiger des Chinois un alignement sur la diplomatie du Kremlin étant donné que la Chine dépendait du parapluie nucléaire soviétique pour sa protection. Ils se servaient aussi de leur monopole nucléaire comme d'une menace à peine déguisée ; dans le monde communiste, le parapluie nucléaire que les Soviétiques tiennent au-dessus de leurs alliés s'accompagne d'une épée de Damoclès. Il n'est donc pas surprenant que les Chinois aient voulu développer leurs propres armements nucléaires. Ils sollicitèrent l'assistance technique des Soviétiques, lesquels l'accordèrent d'abord à contrecœur, pour finalement la révoquer.

Au niveau du symbolisme, les dirigeants chinois estimaient que tout ce qui n'était pas stricte égalité avec les Soviétiques revenait en fait à courber l'échine devant les barbares. Après une réunion à Moscou en 1957, Chou En-lai se plaignit avec véhémence du monopole de la langue russe, lançant à Khrouchtchev qu'il serait temps pour lui d'apprendre le chinois pour que les entretiens ne soient pas toujours conduits en russe. « Mais le chinois est une langue si difficile », implora Khrouchtchev. « Elle n'est pas plus difficile pour vous que le russe l'a été pour moi ! » répliqua Chou en colère.

La dispute éclata au grand jour lors du Congrès du P.C.U.S. de 1961. Khrouchtchev souhaitait une condamnation de l'Albanie, qui était restée obstinément attachée à la politique stalinienne malgré la ligne nouvelle du Kremlin. En tant qu'observateur officiel du P.C. chinois, Chou En-lai s'y opposa. Sans doute se disait-il que si une Albanie aux idées indépendantes était condamnée maintenant, la Chine pourrait l'être plus tard.

Khrouchtchev réagit en faisant adopter par le congrès une résolution dénonçant le stalinisme en bloc. Chou se rendit alors sur la tombe de Staline pour y déposer une couronne dont l'inscription disait qu'elle était à la mémoire du « grand marxiste-léniniste ». Mais Khrouchtchev, dans ce genre d'affaire, ne laissait jamais le dernier mot à ses opposants : il appliqua le soufflet final en faisant voter une résolution stipulant que la dépouille de Staline serait enlevée du mausolée de Lénine. Chou En-lai quitta ostensiblement la salle du congrès, et le schisme entre les deux pays devint irréparable. « Le fantôme de John Foster Dulles, déclara Chou quelques années plus tard, a maintenant élu domicile au Kremlin. »

Du fait de la rupture sino-soviétique, la Chine se retrouva isolée et entourée de puissances hostiles à la fin des années soixante. Avant de prendre ma décision finale concernant un éventuel accommodement avec Pékin, j'essayai de me mettre à la place de Chou En-lai. Dans presque toutes les directions, il voyait des ennemis réels ou potentiels.

Au nord-est, il y avait le Japon. Si les Japonais ne constituaient pas une menace militaire pour la Chine, leur formidable puissance économique leur en fournissait le potentiel pour l'avenir.

Au sud, il apercevait l'Inde. Certes, il n'avait que mépris pour les Indiens depuis que la Chine avait mis leurs armées en déroute dans une série de heurts sur la frontière sino-indienne. Mais il savait aussi que l'Inde était le second pays le plus peuplé du monde, qui pouvait devenir avec l'aide soviétique une dangereuse menace.

Au nord, il se voyait confronté avec l'Union soviétique, qui avait la capacité d'éliminer en une opération chirurgicale d'une trentaine de minutes la minuscule force nucléaire chinoise, et qui entretenait à la frontière chinoise quarante divisions dotées de l'équipement et de l'armement le plus moderne, potentiel militaire qu'elle avait plus que triplé en moins de dix ans.

Au-delà du Pacifique, il voyait les États-Unis. En tant que communiste, l'Amérique représentait pour lui le plus grand ennemi idéologique. En tant que Chinois, cependant, force lui était de reconnaître que de tous ses voisins en Asie et dans le Pacifique, les États-Unis étaient le seul à ne pas avoir de visées, présentes ou futures, sur la Chine. Et surtout, chose plus importante, les États-Unis étaient la seule nation à laquelle sa puissance permettait de tenir tête à l'ennemi mortel des Chinois au nord.

La table était mise, par conséquent, pour un rapprochement, non pas en vertu d'une quelconque sympathie mutuelle pour nos philosophies différentes, mais parce que le maintien du fragile équilibre des forces était essentiel à nos intérêts réciproques. Ils avaient besoin de nous, et nous avions besoin d'eux. Quand Chou commença à percevoir nos signaux en vue d'une reprise des relations, il entreprit de « saisir l'heure et saisir le jour », comme devait le dire Mao dans un de ses poèmes.

Viatcheslav Molotov, le redoutable ministre des Affaires étrangères de Staline, mit un jour en garde un négociateur américain : « Si vous croyez qu'il est difficile de traiter avec nous, attendez de vous trouver en face de Chou ! » En fait, quand cette rencontre se produisit, je découvris que Chou En-lai n'était pas du tout le négociateur intransigeant qu'avait évoqué Molotov. En tant que communiste convaincu, il nous considérait comme des ennemis idéologiques. Mais en tant que Chinois réaliste, il reconnaissait qu'il avait besoin de nous.

Nos différences étaient grandes, mais nos intérêts communs étaient plus grands encore. Notre tâche était d'atténuer les différences, non de les exacerber. Les dirigeants chinois cherchaient à tempérer l'encerclement hostile dans lequel les avait placés leur rupture avec l'U.R.S.S. Nous pensions, de notre côté, qu'il était absolument urgent de mettre un terme au « furieux isolement » du gouvernement chinois ; en outre, cette initiative était pour nous une occasion de contenir l'Union soviétique par une diplomatie triangulaire. S'il existait un intérêt commun pour un rapprochement, il nous appartenait de définir nos relations par un communiqué et de résoudre un grand nombre de problèmes techniques.

Au cours de nos négociations, je me rendis compte qu'il était politiquement impossible à Chou En-lai d'abandonner brusquement les positions diplomatiques que lui dictait son idéologie. Mais je savais qu'il était un réaliste qui plaçait l'intérêt national au-dessus de l'idéologie, car, comme il l'avait dit à Kissinger, « le timonier doit mener le bateau en se servant des vagues ».

Quand notre discussion porta sur la présence militaire américaine au Japon et dans le Pacifique, je savais que le sujet était particulièrement épineux. Je pris acte de la position des Chinois, qui demandaient un retrait des troupes américaines au Japon ainsi que l'abrogation de notre traité de défense mutuelle. Je fis ensuite valoir que notre politique allait dans le sens des intérêts de la Chine, même si elle semblait contrarier les axiomes de son idéologie. Faisant tacitement allusion aux Soviétiques, je déclarai : « Les États-Unis quitteraient-ils même les eaux japonaises, que d'autres continueraient à y pêcher. » Le Japon, poursuivis-je, ou bien rechercherait un accommodement avec le Kremlin, ou bien se lancerait dans la course aux armements.

Je savais que Chou, en tant que réaliste conscient des impératifs nationaux de la Chine, approuvait probablement mon analyse, mais que Chou, en tant que doctrinaire, ne pourrait jamais exprimer son accord d'une façon explicite. Sa réponse fut d'une subtilité caractéristique. Il laissa d'abord passer une pause, puis changea de sujet sans autre commentaire. Mais personne dans la pièce n'aurait pu se méprendre sur le sens de son silence et le prendre pour autre chose que pour un assentiment.

Je rencontrai Chou En-lai pendant plus de quinze heures de négociations officielles en face à face, abstraction faite des nombreuses heures passées ensemble à l'occasion des déjeuners, des dîners et des autres apparitions publiques. Quatre aspects du personnage firent sur moi une impression indélébile : son énergie, son degré de préparation, son habileté de négociateur et son calme à toute épreuve.

Son énergie et sa capacité de travail étaient remarquables. Pendant nos séances particulièrement longues, il arrivait à des hommes plus jeunes des deux délégations de s'assoupir à mesure que s'égrenaient les heures et que s'étirait le ronron apparemment interminable des interprètes. Mais Chou, malgré ses soixante-treize ans, demeurait vif, prompt et résistant de bout en bout. Il ne s'éloignait jamais du sujet de la discussion, ne créait jamais d'obstruction en monopolisant la parole et ne demandait jamais de pause. Quand une séance de l'après-midi ne nous avait pas permis de résoudre un point de désaccord concernant la formulation du communiqué commun, il ne se déchargeait pas du problème sur ses adjoints mais se réunissait avec Kissinger pour le reste du jour ou de la nuit afin d'aplanir lui-même la difficulté. Lorsqu'il reparaissait le lendemain matin, il avait l'air de revenir d'un séjour de détente à la campagne. Il profitait visiblement du surmenage, en particulier quand il avait dû se consacrer à l'étude des questions les plus importantes. La surcharge de travail le stimulait ; le pouvoir et les responsabilités de sa fonction l'empêchaient de vieillir.

Il était toujours parfaitement documenté sur ses dossiers, et il ne s'adressait à ses collaborateurs que lorsqu'il s'agissait de l'élaboration de matières éminemment techniques.

Kissinger m'avait prévenu que je serais stupéfait de l'extraordinaire habileté de négociateur de Chou En-lai, et il ne s'était pas trompé. La plupart des négociations impliquent des questions symboliques en même temps que des questions purement matérielles. Après ma rencontre avec Mao Tsé-toung, je m'installai en face de Chou pour notre première séance plénière. Chou mit alors sur le tapis une question symbolique, avec l'intention très subtile de mettre ma résolution à l'épreuve et de voir si, en venant en Chine, j'avais réellement renoncé à mes vues péremptoires du passé.

« Comme vous l'avez dit au président Mao cet après-midi, aujourd'hui nous nous sommes serré la main, commença-t-il. Mais John Foster Dulles n'en voulait rien savoir.

— N'avez-vous pas dit que vous ne souhaitiez pas lui serrer la main ? répliquai-je.

— Pas nécessairement, répondit Chou. Je l'aurais fait.

— Eh bien, dis-je en tendant la main par-dessus la table. Nous allons nous serrer la main, *nous* ! »

Chou semblait s'échauffer sur le sujet, et il enchaîna : « L'adjoint de Dulles, Walter Bedell Smith, voulait agir différemment, mais sans enfreindre à la discipline de John Foster Dulles, et il lui fallut donc tenir une tasse de café dans la main droite. Étant donné qu'on ne se sert pas de la main gauche pour serrer la main à quelqu'un, il s'en servit pour me serrer le bras. » Tout le monde se mit à rire, et Chou ajouta : « Nous ne pouvions pas vous en vouloir, à l'époque, car le point de vue international était alors que les pays socialistes constituaient un bloc monolithique, et que les pays occidentaux constituaient également un bloc monolithique. Nous comprenons aujourd'hui que tel n'est pas le cas. »

« Nous avons rompu le vieux schéma, reconnus-je à mon tour. Nous jugeons maintenant un pays en fonction de sa conduite propre et nous ne faisons plus l'amalgame en disant que tels pays vivent dans d'absolues ténèbres parce qu'ils ont tel type de philosophie. Je voudrais toutefois dire très honnêtement au Premier ministre que mes vues, puisque je faisais partie de l'administration Eisenhower, étaient similaires à celles de M. Dulles à cette époque-là. Mais le monde a changé depuis, et les relations entre la République populaire et les États-Unis doivent également changer. »

Chou était un interlocuteur dur et tenace, mais il fit preuve de beaucoup de souplesse en traitant nos différences. Des lieues de distance nous séparaient dans la section du communiqué relatif à Taiwan. Nous ne voulions et ne pouvions pas abandonner Taiwan ; il ne voulait ni ne pouvait renoncer à en revendiquer la possession. En fait, il voulait se servir de notre communiqué commun pour réaffirmer cette revendication. Ce ne fut pas une mince performance, dont le mérite essentiel revenait à Kissinger et à Chou, que de parvenir à un compromis permettant à chaque partie d'affirmer sa position dans un langage feutré. Chou — qui avait toujours les yeux fixés sur l'essentiel — savait que les nouvelles relations avec les États-Unis avaient plus d'importance que le débat sur Taiwan.

Durant tous nos entretiens, il ne perdit jamais son sang-froid. Contrastant singulièrement avec Khrouchtchev et ses rodomontades autant qu'avec Brejnev et ses attitudes théâtrales, Chou En-lai n'élevait jamais la voix, ne tapait jamais sur la table, ne menaçait jamais de rompre les pourparlers pour arracher une concession. En 1976, je confiai à l'épouse de Chou que ce qui m'avait le plus frappé chez son mari, c'était que son attitude se révélait toujours ferme mais courtoise et qu'il parlait très doucement quand il « avait les cartes ». J'attribue son sang-froid pour une large part à sa formation et à ses origines, mais il reflétait aussi une mâle assurance. Il ne ressentait pas le besoin, comme c'était visiblement le cas chez les dirigeants russes, de faire étalage de sa virilité devant son entourage.

La conversation de Chou En-lai n'était pas aussi pittoresque que celle de Mao Tsé-toung, mais il lui arrivait de recourir à des images extrêmement expressives. Alors que nous roulions de l'aéroport à la maison des hôtes de Pékin, il déclara simplement : « Votre poignée de main a franchi l'océan le plus vaste du monde, vingt-cinq années d'absence de communication. »

Chou était un fin poète, et il se servait parfois d'un poème pour souligner un argument. Faisant allusion à l'élection présidentielle de 1972 et à son espoir de me voir gagner, Chou évoqua un poème de Mao intitulé *Ode à une fleur de prunier*. « Dans ce poème, expliqua Chou, le président Mao voulait dire que celui qui prend une initiative n'est pas toujours celui ou celle qui avancera la main pour en cueillir le fruit. Quand les fleurs sont pleinement écloses, c'est le moment où elles vont bientôt disparaître. » Et Chou enchaîna : « Vous êtes celui qui a pris l'initiative. Vous ne serez peut-être pas là pour en voir le succès, mais il est évident que nous serions heureux de votre retour. »

Pendant notre dernière et longue séance de travail dans la maison des hôtes à Pékin, Chou eut également recours à la poésie pour illustrer une idée. Il dit : « Dans la salle à manger à l'étage il y a un poème du président Mao, dans sa propre calligraphie, concernant la montagne Leou-chan (Lu Shan). La dernière phrase est ainsi libellée : " La beauté est située au sommet de la montagne. " Vous avez pris un risque en venant en Chine... Mais il existe un autre poème chinois qui dit : " Sur les cimes périlleuses réside la beauté dans son infinie variété. " » Le tour d'esprit poétique de Chou, comme celui de Mao, n'est pas précisément inhabituel chez les grands chefs politiques. La politique, dans sa conception la plus noble, est beaucoup plus de la poésie que de la prose.

Les négociations de Chou En-lai avec Tchang Kaï-chek et les médiateurs américains pendant la guerre civile furent indispensables à la victoire communiste. Sa tactique de retardement valut à l'Armée rouge un précieux gain de temps pour accroître sa puissance, et son désir feint de parvenir à un compromis paralysa les garants américains de Tchang.

Un responsable du Kouo-min-tang à Taiwan alla jusqu'à dire : « Si seulement nous avions eu Chou de notre côté pendant la guerre civile, Mao serait peut-être aujourd'hui exilé à Taiwan, alors que nous serions nous-mêmes à Pékin ! » Même en tenant compte de la part d'exagération forcément comprise dans une telle affirmation, ce responsable du Kouo-min-tang voyait juste dans ce sens : le rôle de Mao Tsé-toung dans la révolution chinoise a toujours été surestimé. Mao n'aurait pas pu conquérir et gouverner seul la Chine. Aurait-il pu le faire sans Chou En-lai ? La question demeure posée. En tout cas, il ne l'a pas fait. Ce qui est sûr, c'est que la Chine fut conquise grâce à l'association de Mao avec Chou.

Le paysan Mao, qui se révolta contre l'oppression des propriétaires terriens et des seigneurs de la guerre, et l'intellectuel Chou, qui lutta contre l'inégalité et les empiétements étrangers, représentèrent les deux éléments déterminants de la société chinoise qui s'unirent dans la révolution communiste.

D'une importance historique capitale, leur association ne partit pourtant pas sous des auspices très favorables. Chou était un insurgé urbain qui avait échoué, quand il vint rejoindre Mao dans sa base du Kiang-si (Jiangxi). Chou prit rapidement en main le commandement militaire. Beaucoup plus tard, Mao dira qu'au cours de cette période il « n'avait aucune voix » dans les affaires du parti. Après que l'armée du Kouo-min-tang eut chassé l'Armée rouge du Kiang-si pour la pousser sur la Longue Marche, les deux hommes collaborèrent pour mettre au point l'itinéraire sinueux de leur progression ainsi que la tactique des combats. A mi-chemin des dix mille kilomètres de la Longue Marche, Chou En-lai se servit de tout le poids de son influence pour aider Mao Tsé-toung à se hisser à la tête du parti, et leur association prit la forme que le monde allait connaître pendant quarante-deux ans.

Une fois au pouvoir, l'association de ces deux hommes oscilla entre l'antagonisme et la symbiose. Mao voyait un monde rempli de contradictions et animé d'un mouvement permanent ; la lutte était à ses yeux l'impératif suprême. Plus pragmatique, Chou préférait recourir à la lutte d'une façon sélective à des fins concrètes. Contre l'écrasante inertie des cinquante millions de bureaucrates de la Chine, Chou jeta dans la balance ses remarquables talents d'administrateur et son énergie personnelle apparemment inépuisable, réalisant ainsi un degré de surveillance des services de l'État qui permit à Mao de se libérer des contingences et de se consacrer à une direction purement philosophique du pays.

Kakuei Tanaka, Premier ministre japonais, déclara un jour que Chou « se comporte en présence de Mao comme un secrétaire embarrassé attaché à un important élu du peuple ». Il est difficile de s'imaginer l'élégant Chou En-lai dans une posture embarrassée, mais s'il s'effaçait devant Mao Tsé-toung, c'était sans doute partiellement à dessein. Il savait combien il eût été dangereux pour lui de donner l'impression de prétendre au trône de Mao.

Cela ne veut pas dire que leur collaboration ne s'accompagnait pas d'une loyauté et d'une affection mutuelles. Mao n'avait pas l'habitude d'exalter en public les mérites de ses subordonnés, mais deux exemples peuvent illustrer ici l'amitié entre ces deux dirigeants. Pendant une certaine phase de la Révolution culturelle, un groupe de gardes rouges qualifia Chou En-lai de « patron pourri de la bourgeoisie, jouant hypocritement avec la contre-révolution » et exigea qu'il fût passé en jugement. « D'accord, aurait répondu Mao à leur demande, mais à condition que je me tienne à ses côtés. » Neuf ans plus tard, alors que Chou En-lai était à l'agonie, Mao Tsé-toung, qui ne sortait plus depuis des années, se rendit à son lit d'hôpital pour passer les dernières heures avec lui. A l'exception des médecins, Mao Tsé-toung fut ainsi la dernière personne à parler avec lui.

L'extraordinaire association de ces deux grands chefs de la Chine du XXe siècle arriva à son zénith en 1972 avec la fin de la Révolution culturelle et le rapprochement sino-américain.

Alors que Chou m'escortait dans le cabinet de travail encombré de livres de Mao Tsé-toung, je me rappelai ce que Malraux m'avait dit pendant notre dîner à la Maison-Blanche, quelques jours à peine avant mon départ pour Pékin : « Vous aurez affaire à un colosse, mais à un colosse qui va mourir. » Je n'eus pas de négociations avec Mao. Il prit ma mesure comme je pris la sienne. Il voulait savoir si j'avais une vision globale des choses qui fût compatible avec la sienne. Il essayait de discerner si l'opulence américaine nous avait amollis et si nos problèmes vietnamiens avaient sapé notre pugnacité.

La fragilité de sa santé était frappante. Quand j'entrai dans la pièce, sa secrétaire dut l'aider à se lever. Il m'expliqua en s'excusant qu'il ne pouvait pas très bien parler, une gêne que Chou attribua plus tard à une crise de bronchite mais dans laquelle je voyais plutôt les séquelles d'une attaque. Sa peau était sans rides, mais le teint en était presque cireux. Son visage était doux, mais inexpressif. Son regard était distant tout en pouvant devenir perçant. Ses mains semblaient n'avoir jamais vieilli. Elles n'étaient pas rudes mais au contraire très délicates. L'âge avait néanmoins affecté sa résistance. Selon le programme établi par les Chinois, notre rencontre ne devait pas durer plus de quinze minutes environ. Mao fut à tel point captivé par la discussion que l'entrevue dura finalement une heure. Je remarquai que Chou regardait de plus en plus fréquemment sa montre à mesure que Mao commençait à montrer des signes de fatigue.

La différence entre les deux était frappante. Chou avait l'air d'un diplomate hautement civilisé et quelque peu débonnaire, et il parlait et se comportait comme tel. Mao était robuste et rustique, dégageant un magnétisme animal. Mao était le président du conseil d'administration : même dans ses années de déclin, il continuait à être reconnu comme le grand patron. Mais Chou était le directeur général sur le terrain.

Mao avait une façon de s'exprimer anodine et elliptique qui me fit supposer qu'il jonglait simultanément avec une douzaine de pensées différentes. Il faisait part de ses vues avec une voix calme et monocorde qui était impressionnante dans une petite réunion mais qui n'aurait rien donné dans un discours public.

Il adorait paraître outrancier, même quand il avançait des arguments sérieux. « J'ai voté pour vous lors de votre dernière élection », proclama-t-il avec un large sourire. Je lui répondis qu'entre deux maux il avait dû choisir le moindre. « J'aime les gens de droite, rétorqua-t-il en s'amusant visiblement. On me dit que vous êtes des gens de droite — que le parti républicain est à droite — que le Premier ministre Heath est également à droite. » J'avançai le nom de De Gaulle. Mao objecta que de Gaulle était une autre question, puis enchaîna : « Ils disent aussi que le parti chrétien-démocrate d'Allemagne de l'Ouest est à droite. Je suis relativement ravi quand ces gens de droite viennent au pouvoir. » Me référant à notre rapprochement diplomatique, je mis les choses au point en disant : « Je pense que ce qu'il importe surtout de noter, c'est qu'en Amérique, au moins cette fois-ci, les gens de droite peuvent faire effectivement ce dont les gens de gauche peuvent uniquement parler. »

Il se laissait aussi fréquemment aller à une modestie exagérée pour biaiser. Alors que les photographes faisaient leur travail au début de notre réunion, nous échangions des propos anodins. Kissinger rappela qu'étant professeur à Harvard, il avait fait lire à ses étudiants les œuvres de Mao Tsé-toung. Et Mao de répondre : « Mes écrits ne sont rien du tout. Il n'y a rien d'instructif dans ce que j'ai écrit. » Je fis alors observer que ses écrits avaient mobilisé une nation et changé le monde. « Je n'ai pas été capable de le changer, répondit Mao. J'ai seulement pu changer quelques endroits dans le voisinage de Pékin. »

Quand je retournai en Chine en 1976, l'état de santé de Mao s'était considérablement détérioré. Ses paroles n'étaient plus qu'une succession de grognements monosyllabiques. Mais son esprit demeurait vif et incisif. Il comprenait tout ce que je disais, mais quand il essayait de répondre, les mots ne parvenaient tout simplement pas à sortir. Lorsqu'il estimait que l'interprète ne l'avait pas saisi, il s'emparait fébrilement d'un bloc-notes pour y mettre ses commentaires par écrit. Il m'était pénible de le voir dans cet état. Quelle que soit l'opinion qu'on puisse avoir de Mao Tsé-toung, il faut reconnaître qu'il s'est battu jusqu'au bout.

A cette époque, les États-Unis souffraient du syndrome vietnamien et hésitaient à prendre leurs responsabilités de puissance mondiale. Mao me posa la question cruciale : « La paix est-elle l'unique objectif de l'Amérique ? » Je lui répondis que notre objectif était en effet la paix, mais une paix qui soit plus que la seule absence de guerre. « Il doit s'agir d'une paix assortie de justice », dis-je à Mao.

C'est là un aspect du problème que nous devons garder présent à l'esprit quand nous avons affaire aux communistes chinois. Ce sont des révolutionnaires prêts à se battre et à mourir pour la défense de leurs intérêts et leurs idéaux. Si nous répondons à la question de Mao par un discours mettant exclusivement l'accent sur le besoin de paix et d'amitié, les Chinois en déduiront que nous prenons cette position parce que nous savons être dans l'erreur ; qui pis est, ils nous prendront pour des imbéciles. Après tout, diront-ils, si la paix est leur unique objectif, ils pourront l'atteindre à tout moment en se rendant, en s'avouant vaincus. C'est pourquoi nous ne devons jamais cesser de répéter aux Chinois que, nous aussi, nous avons des valeurs pour lesquelles nous sommes prêts à nous battre.

Les premiers symptômes de la maladie de Parkinson avaient raidi tous les mouvements de Mao. Il n'avait jamais été physiquement gracieux. Mais à l'âge de quatre-vingt-deux ans, le pas gauche et lourd du paysan était devenu la démarche pénible et traînante du vieillard. Mao, comme Churchill dans ses dernières années, était resté fier. A la fin de notre entrevue, ses secrétaires l'aidèrent à se lever de sa chaise et à m'accompagner jusqu'à la porte. Mais quand nous nous trouvâmes subitement devant les projecteurs et les caméras de la télévision, il repoussa ses aides et se tint debout, seul, pour notre ultime poignée de main.

« La brusquerie extérieure de Mao n'était pas trompeuse », devait écrire Ross Terrill dans son étude biographique consacrée à Mao Tsé-toung. « L'équilibre de son être, s'il existait, provenait du choc des contraires. Il était en partie un tigre, disait-il de lui-même, en partie un singe. L'aspect implacable et l'aspect de don Quichotte se révélaient tour à tour. » Contrairement à Chou En-lai, Mao n'avait pas réuni en un seul écheveau les divers fils de sa personnalité, laissant chaque tendance libre de le tirer dans une direction différente.

Comme arbitre suprême de la politique gouvernementale, Mao était impulsif. Il se levait tard dans la matinée et travaillait pendant la nuit. A l'instar de Staline, il convoquait souvent les membres de son entourage à des heures inhabituelles de l'aube pour des questions triviales. Il se retirait des affaires courantes pendant de longues périodes d'introspection solitaire. Il lui arrivait de soumettre des experts sur un sujet politique donné à un interrogatoire contradictoire pouvant durer des heures, puis d'aller se promener dans son jardin et de demander l'avis d'un garde sur le même sujet.

Malraux m'avait dit qu'il y avait « quelque chose du sorcier » chez Mao, que c'était un homme « habité d'une vision, possédé par elle ». Mao nourrissait la vision d'une société chinoise ressemblant à une grande famille. Quand on lui apprit que son fils avait été tué dans la guerre de Corée, il répondit placidement : « Il n'est pas de victoire sans sacrifices. Et il n'y a pas de différence entre le sacrifice de mon fils et celui du fils d'autres personnes. » Mais si le singe en Mao était possédé de cette vision, le tigre en lui jeta la Chine dans des convulsions en essayant de la réaliser. Mao voulait la spontanéité chez son peuple. Mais il la tolérait seulement dans la mesure où elle était conforme à sa vision. Quand les deux divergeaient, il cherchait à atteindre son but par le recours aux contraintes légales et le pouvoir policier le plus brutal de l'État. Jusqu'à la fin, Mao ne sembla jamais vouloir comprendre qu'une telle coercition engendrait une hiérarchie, freinait l'initiative et étouffait la spontanéité.

Mao Tsé-toung, qui fut à la fois le Karl Marx, le Lénine et le Staline de la révolution chinoise, laissa sa marque dans l'histoire par une exceptionnelle intuition stratégique, une remarquable habileté tactique et une violence d'une stupéfiante cruauté. Il révisa le marxisme en faisant de la paysannerie et non plus du prolétariat industriel la classe révolutionnaire. Il révisa le léninisme en faisant la révolution avec des soldats organisés en armée et non plus avec des insurgés regroupés en réseaux de conspirateurs. Il se moquait de ceux qui comparaient son gouvernement au règne sanguinaire de Ts'in Che Houang-ti, dont la tyrannie était restée inégalée chez les anciens empereurs : « Vous vous imaginez que vous nous insultez en nous comparant à Ts'in Che Houang-ti, mais vous vous trompez, nous avons été cent fois pires ! »

Mao n'aurait pas pu réussir grâce aux seules qualités majeures de la perspicacité et de l'insensibilité. Il lui fallut aussi le charisme attirant des disciples fanatisés et une force de volonté dédaigneuse du risque. Chez Mao, la force de volonté produisait le charisme. Quand je le rencontrai, j'eus l'impression que son volontarisme était en quelque sorte une caractéristique physique. Sa poésie la plus convaincante fut écrite pendant et après les combats de la Longue Marche. Quand il évoquait l'exaltation de la lutte, plus particulièrement de la lutte violente, il semblait se référer à l'exercice de la volonté de la même façon que d'autres parlent de l'exercice de leurs muscles. Grâce à cette qualité, il pouvait inspirer à ses camarades des tâches épiques telles que la Longue Marche, car elles le faisaient paraître — lui et par conséquent eux-mêmes — invincible.

En 1972, avec un geste extrêmement large qui aurait pu embrasser ou notre rencontre ou bien toute la Chine, Mao me dit : « Notre vieil ami commun, le généralissime Tchang Kaï-chek, ne doit pas beaucoup apprécier cela. » Et quelques instants plus tard, il ajouta : « L'histoire de notre amitié avec lui est beaucoup plus longue que l'histoire de votre amitié avec lui. » En 1953, lors de ma première entrevue avec Tchang, le généralissime eut le même geste extrêmement large en évoquant la Chine, indiquant par là que ses déclarations intéressaient autant le continent que sa redoute de Formose.

Je décelais quelque chose d'impérial dans la façon dont ces deux chefs parlaient de la Chine. Leurs gestes et leurs déclarations semblaient suggérer que chacun des deux hommes avait fini par identifier sa destinée propre à celle de son pays. Quand deux chefs de cette envergure se rencontrent dans l'histoire, ils ne font pas de compromis, ils entrent en collision. L'un devient le vainqueur, l'autre le vaincu.

Assez curieusement, peut-être, les deux hommes se ressemblaient sous beaucoup d'aspects. Les deux étaient foncièrement des Orientaux. Mao ne quitta que deux fois la Chine, pour rencontrer les dirigeants soviétiques à Moscou en 1949 et 1957 ; Tchang ne voyagea que deux fois en dehors de l'Asie, une fois pour se rendre en mission à Moscou en 1923 et une autre fois pour le sommet des Quatre Grands, dont il était, tenu au Caire en 1943. Les deux se retiraient fréquemment pour de longues périodes de solitude. Mao employait ce temps pour écrire des poèmes ; Tchang l'utilisait pour réciter de la poésie classique chinoise en se promenant dans la montagne. Les deux étaient des révolutionnaires. Mao se révolta contre la tyrannie de son père et contre le système social dans son ensemble ; Tchang se révolta contre la corruption intérieure et la faiblesse extérieure de la dynastie mandchoue et, incidemment, coupa la queue de ses cheveux — le geste symbolique de la révolte — sept ans avant Mao.

Leurs différences étaient à la fois superficielles et profondes. Mao était affaissé sur sa chaise comme un sac de pommes de terre jeté là n'importe comment ; Tchang se tenait assis droit comme un piquet, donnant l'impression d'avoir une tige d'acier à la place de la colonne vertébrale. Mao possédait un sens de l'humour très libre et décontracté ; Tchang, au cours de nos entrevues, ne révéla jamais la moindre trace d'humour. La calligraphie de Mao était chaotique, ses caractères au tracé irrégulier s'empilant sur des files capricieuses ; celle de Tchang était rigide, ses caractères carrés se succédant sur des files d'un ordre parfait.

Surtout, ils vénéraient la Chine différemment. Ils aimaient tous les deux leur pays, mais Mao cherchait à gommer le passé alors que Tchang voulait bâtir sur lui. Victorieux, Mao simplifia les idéogrammes chinois, non seulement pour faciliter sa campagne en vue de réduire le nombre des illettrés, mais aussi pour effacer l'histoire que contenait chacun des complexes idéogrammes. Vaincu, Tchang ménagea la place sur sa flotille d'évasion pour quelque 400 000 antiquités chinoises, tout en sachant que le transport de ces trésors l'obligeait à laisser sur le continent de nombreux et loyaux compagnons.

Lors de ma première rencontre avec Mao, il mentionna que dans un discours récent Tchang avait traité les chefs communistes chinois de « bandits ». Je lui demandai comment lui-même appelait Tchang Kaï-chek. Mao se mit à rire, et Chou répondit : « D'une façon générale, nous les appelons " la clique de Tchang Kaï-chek ". Dans nos journaux, nous le traitons parfois de bandit ; à son tour, il nous qualifie de bandits. De toute façon, nous nous insultons. » Les relations entre Chou et Tchang avaient connu les hauts et les bas d'une promenade sur les montagnes russes. Au début des années vingt, Chou avait été le subordonné de Tchang à l'académie militaire chinoise, et Tchang l'aurait jugé à cette époque-là comme étant un « communiste raisonnable ». Quelques années plus tard, il mettait sa tête à prix, offrant une prime de 80 000 dollars pour la capture de Chou mort ou vif. Dans l'ensemble, cependant, je fus assez étonné de découvrir que Chou En-lai et plusieurs autres responsables communistes qui prirent des nouvelles de Tchang avaient une attitude curieusement ambivalente à son égard. En tant que communistes, ils le détestaient ; en tant que Chinois, ils le respectaient et allaient même jusqu'à l'admirer. Dans toutes mes discussions avec Tchang, il n'exprima jamais le moindre respect réciproque.

Je rencontrai pour la première fois Tchang Kaï-chek, le troisième grand chef de la Chine du XXᵉ siècle, en 1953. Je restai en rapport avec lui comme vice-président et comme personne privée, et nous nouâmes des liens d'amitié que j'appréciais énormément. C'est pourquoi le rapprochement avec Pékin fut pour moi une déchirante expérience personnelle.

Tchang et son épouse devaient m'accueillir fréquemment dans leur superbe résidence de Taipei. Son épouse nous servait d'interprète, mais participait occasionnellement elle-même à la discussion. Il eût été difficile de trouver meilleur interprète que Mᵐᵉ Tchang, formée à Wellesley. En plus de la grande facilité avec laquelle elle s'exprimait à la fois en chinois et en anglais, elle connaissait si parfaitement la façon de penser de son époux, qu'elle était en mesure d'intervenir avec précision quand une expression ou un terme dans l'une des deux langues n'avait pas son équivalent exact dans l'autre.

Cependant, Mᵐᵉ Tchang était beaucoup plus que l'interprète de son mari. Il est souvent de bon ton de rabaisser les femmes des grands dirigeants au niveau de figures historiquement et personnellement insignifiantes, sous prétexte que leur célébrité vient uniquement de leur mariage. C'est ignorer non seulement le rôle que ces femmes jouent souvent à l'arrière-plan, mais aussi les qualités et vertus qui sont fréquemment les leurs. Je pense que l'intelligence, la force de persuasion et la rectitude morale de Mme Tchang auraient pu faire d'elle une grande dirigeante à part entière.

Le contraste entre Mme Tchang et Jiang Qing, la quatrième femme de Mao, était encore plus frappant que celui qui existait entre Tchang et Mao. Mme Tchang était éminemment civilisée, toujours arrangée avec beaucoup d'élégance, très féminine, mais en même temps une femme de tête. Jiang Qing était dure, dépourvue de tout humour, absolument pas féminine, le prototype idéal de la femme communiste fanatique et asexuée. Whittaker Chambers me dit un jour : « Quand on rencontre un couple communiste, l'ultrarouge est presque toujours la femme ! » Cela était certainement vrai pour ce qui concernait Jiang Qing. Je n'ai jamais rencontré de personne plus froide et rude. Alors que nous assistions côte à côte à un programme culturel de propagande qu'elle avait organisé pour ma venue, elle ne montra ni la cordialité chaleureuse de Mao ni la grâce élégante de Chou. Elle était si crispée que des gouttes de transpiration apparurent sur son front et ses mains. Son premier commentaire était typique de son attitude abrupte et hostile : « Pourquoi n'êtes-vous pas venu plus tôt en Chine ? »

La femme de Chou En-lai, Deng Yingchao (Teng Yíng-tchao), était totalement différente. Je la rencontrai en 1972 et en 1976, peu après le décès de son mari. Elle ne témoignait pas de moins de charme et ne semblait pas moins cultivée que le défunt. Abstraction faite de ses liens avec Chou, elle était et demeure une communiste convaincue, jouant son rôle propre au sein du parti. Mais à la différence de l'épouse de Mao, elle n'a pas laissé son idéologie communiste détruire sa féminité. Il n'est pas sans intérêt de noter ici que si Chou n'eut qu'une seule femme dans sa vie, Mao Tsé-toung en eut quatre.

La triste fin de la famille de Mme Tchang illustre en un raccourci saisissant les divisions et frustrations qui devaient naître de la guerre civile en Chine. Charles Soong, qui était devenu riche grâce à la fabrication et la distribution de bibles, avait trois filles : Aï-ling, Mei-ling et Tch'ing-ling. Aï-ling se maria avec le gouverneur de la Banque de Chine et s'enfuit aux États-Unis après la chute de la Chine. Mei-ling devint l'épouse de Tchang, se battit avec lui contre les communistes, partagea son exil à Formose jusqu'à sa mort, et vit maintenant aux États-Unis. Tch'ing-ling devint la femme du fondateur du mouvement révolutionnaire chinois, Sun Yat-sen, et se rangea du côté des communistes pendant la guerre civile. Vers la fin de sa vie, elle devint le symbole vénéré de la révolution, et quand elle mourut en 1981, elle reçut des funérailles nationales à Pékin.

Quand Tchang demanda Mei-ling en mariage, il y eut de l'obstruction au sein de la famille Soong, car Tchang n'était pas chrétien. La famille lui demanda de se convertir à la foi chrétienne s'il voulait épouser Mei-ling. Tchang, qui n'était pas homme à prendre la religion à la légère, répondit qu'il ferait un bien piètre chrétien si cette croyance lui était imposée et non pas librement choisie. Il promit d'entreprendre une étude extrêmement sérieuse de la Bible après son mariage avec Mei-ling, et la famille Soong donna son accord. Trois années plus tard, Tchang se convertissait au christianisme. A partir de ce moment-là, Tchang et son épouse prirent l'habitude de prier ensemble, assez fréquemment, pendant toute une heure de la matinée. Tchang n'était pas affectueux de nature et peu enclin aux confidences, mais il fut totalement conquis par Mei-ling et lui devint très proche. Elle fut sa confidente intime pour les affaires de l'État et voyagea à plusieurs reprises aux États-Unis comme son émissaire personnel pendant et après la Seconde Guerre mondiale. Son charme et ses façons gracieuses en firent une célébrité internationale et adoucirent quelque peu l'image plus rude de Tchang Kaï-chek.

La cape noire et toujours immaculée de Tchang ainsi que son crâne rasé faisaient un tout avec le maintien austère et réticent qui était le sien dans les réunions privées. Son habitude de faire suivre mes déclarations par un rapide *hao, hao* (bien, bien) lui donnait une apparence de nervosité. Mais ses yeux exprimaient une absolue confiance en soi et une extraordinaire ténacité. Ils étaient noirs, brillaient toutefois à l'occasion d'un vif éclat. Leur regard errait à travers la pièce jusqu'au moment où débutait notre discussion. Alors, ses yeux se fixaient sur les miens pendant toute la durée de notre entretien.

Dans leurs habitudes personnelles, Tchang et Mao offraient un singulier jeu de contrastes. Tout en Tchang était ordonné, ses vêtements, son bureau, sa maison. Il était un individu discipliné et organisé sous tout rapport. Les qualificatifs de *soigneux* et de *net* ne seraient pas de trop pour décrire l'impression qu'il donnait. Mao était l'exact opposé. Son cabinet de travail était jonché de livres et de papiers. Mao était aussi désorganisé que Tchang était organisé, et aussi indiscipliné que Tchang discipliné. Les qualificatifs de *négligé* et de *souillon* auraient bien convenu à son apparence.

Tchang Kaï-chek était l'exemple du plus rare des animaux politiques : le révolutionnaire conservateur. La révolution américaine réussit à fonder une société libre et ordonnée parce que ses dirigeants étaient essentiellement des conservateurs. Ils se battaient pour des libertés qu'ils avaient autrefois possédées, mais qui leur avaient été enlevées. La Révolution française échoua en partie parce que ses chefs cherchaient à réaliser une vision purement intellectuelle et abstraite qui n'avait aucun fondement dans leur histoire nationale.

Les intentions de Tchang ressemblaient plus à celles des Américains qu'à celles des Français. Il voulait revivifier la tradition chinoise. Il rejetait sa corruption par l'ordre ancien. Il luttait contre l'abus de l'opium et contre la pratique tenace des pieds bandés. Mais il n'était pas un démocrate, même s'il institua un gouvernement constitutionnel. Le problème, tel qu'il le voyait, n'était pas celui d'un manque de liberté mais d'un trop-plein de liberté. La Chine avait besoin de discipline, car ainsi que l'avait déclaré Sun Yat-sen : « Nous sommes devenus un tas de sable. » La discipline que voulait Tchang, cependant, allait libérer les facultés créatrices et productives du peuple chinois.

Appliquées à Taiwan, ses idées furent à l'origine d'un miracle économique. S'il reçut effectivement une aide économique américaine jusqu'en 1965, les montants de cette assistance furent si faibles qu'elle ne peut pas expliquer la croissance économique explosive de son pays. Les statistiques économiques ne pourront jamais rendre compte de la tragédie représentée pour le peuple chinois par la victoire communiste, mais elles donnent néanmoins quelques indications révélatrices. Les communistes ont imposé la collectivisation de la production agricole, ce qui fait que le continent chinois produit aujourd'hui moins de riz par tête qu'avant la révolution. Tchang racheta les terres aux propriétaires fonciers et les distribua aux paysans. Les anciens propriétaires réinvestirent une grande partie de l'argent ainsi obtenu dans l'industrie, tandis que le gouvernement encourageait l'investissement étranger. Taiwan a aujourd'hui un revenu par tête d'habitant qui est de cinq fois supérieur à celui de la Chine continentale. Et les dix-huit millions de Chinois de Formose ont un volume d'exportations supérieur de cinquante pour cent à celui du milliard de Chinois de la République populaire.

Tchang était un homme d'action qui avait eu si souvent raison au cours de sa turbulente carrière qu'il développa une confiance absolue dans son propre jugement. Il aimait beaucoup lire les œuvres du philosophe confucianiste Wang Jang-ming, qui professait que « de savoir et ne quand même pas faire revient à ne pas savoir ».

Même la débâcle de 1949 ne parvint pas à ébranler la confiance en soi de Tchang. A ses yeux, ce n'était qu'un revers temporaire de plus. A chacun de nos entretiens, il évoqua la possibilité d'une reconquête du continent chinois. Et même quand certains de ses compagnons eurent abandonné tout espoir, il garda toujours la foi.

Le nom qu'il avait choisi pour lui-même, Kaï-chek, se traduit par « pierre inamovible », et compte tenu de son caractère, ce choix était des plus judicieux. J'admirais grandement sa résolution. Il ne jugea jamais utile de s'incliner devant l' « inévitable » tout simplement parce qu'il paraissait inévitable. Naturellement, il se trouve toujours des personnes pour dire à une figure publique que ses objectifs sont impossibles à atteindre. Ces esprits-là manquent de vision créatrice. Trop souvent ils estiment qu'une chose est impossible tout simplement parce qu'elle n'a jamais été faite auparavant. Tchang comprenait cela. Ainsi avait-il écrit : « J'ai toujours été entouré et parfois dominé par des ennemis. Mais je sais comment endurer. »

En dépit de sa ténacité, Tchang avait aussi ses défauts, mais une tragédie telle que la chute de la Chine n'est jamais imputable à un seul homme. Tchang était un brillant tacticien politique et militaire, mais sa rigidité dans l'application des règles en faisait un médiocre stratège. L'esprit de Tchang était prompt et décisif quand il opérait au sein d'un ensemble donné de postulats stratégiques. Il appliquait les règles telles qu'il les trouvait. Il était moins capable d'innover une stratégie nouvelle. Beaucoup de personnages historiques ont défié les postulats de leur époque. L'histoire est remplie de notes de bas de page concernant ceux dont les innovations n'étaient pas appropriées à leur temps ; l'histoire réelle est faite par ceux dont les innovations exploitaient les occasions du moment. Pour la malchance de Tchang, Mao Tsé-toung compta parmi ces derniers.

Quand l'armée de Tchang Kaï-chek entama l'expédition septentrionale pour tenter d'unifier la Chine militairement, certaines parties du pays étaient entre les mains des étrangers, d'autres étaient sous la tutelle des seigneurs de la guerre, d'autres encore étaient livrées à l'anarchie. A mesure qu'il progressa, Tchang accumula lentement la plus formidable armée chinoise, et au bout de quelques années il était devenu le maître d'une Chine unifiée.

Cependant, cette unification était plus verbale que réelle. Tchang avait soumis ses rivaux, mais sans les asservir. Il avait permis à ses ennemis de suivre la stratégie chinoise traditionnelle qui consiste à céder devant une force supérieure et à sauver la face en en devenant l'allié. Ce fut peut-être sa plus grande erreur. Machiavel aurait mis Tchang en garde ; il lui aurait expliqué qu'en laissant aux seigneurs de la guerre leurs fiefs et le commandement de leurs armées, il ne pourrait jamais être sûr de ses conquêtes, une certaine loyauté ne s'obtenant que par la dépendance.

Et Machiavel, dans ce contexte particulier, aurait eu raison. Tchang Kaï-chek ne parvint jamais à maintenir une domination absolue et totale du territoire chinois. Ses forces se trouvaient bloquées pour maintenir l'unité nationale. Quand il lui fallait envoyer des troupes supplémentaires dans une certaine région du pays, il était fatalement contraint d'en délester une autre, où le seigneur de la guerre régional pouvait alors menacer de faire sédition. En fait, Tchang dut relever à diverses reprises des défis émanant de seigneurs de la guerre locaux. Il ne put donc jamais démobiliser son armée pour consacrer son attention et ses ressources aux réformes et à la modernisation de l'économie. Bien plus grave encore, il ne put jamais déployer toute la puissance de feu de son armée contre l'adversaire communiste. Sa stratégie, en un mot, lui permit de sauver la face mais lui fit perdre la Chine.

La leçon ne sera pas perdue pour Mao Tsé-toung, qui exploitera sa victoire à fond, en plaçant sous contrôle communiste chaque niveau de la société dans chaque région du continent chinois. Il est probable qu'aux yeux des historiens, cette pénétration totale de la société chinoise par les structures communistes restera l'action la plus remarquable de Mao.

Les réalisations historiques de Chou En-lai sont plus difficiles à déterminer. Il contribua puissamment à la victoire communiste dans la guerre civile. Mais après 1949, Chou ne fut que l'un parmi les divers lieutenants qui rivalisaient pour avoir l'oreille de Mao. Chou voulait tempérer l'idéologie avec du pragmatisme en suivant une politique de modernisation progressive de l'économie. Mais les virages politiques capricieux de Mao allaient continuellement freiner les efforts de Chou dans ce sens. Chou se trouvait aussi pratiquement seul dans ses tentatives de rendre moins dure la vie quotidienne en Chine communiste, d'accorder un certain degré de liberté d'expression, d'insuffler à la société chinoise ce que Burke appelait les « joies gratuites de la vie ». Mais là encore, ses efforts furent vains.

Chou En-lai sera très bien noté pour sa diplomatie. Il pilota une nation dont la puissance virtuelle était beaucoup plus grande que sa puissance réelle, mais laissa néanmoins son empreinte dans l'histoire en exploitant avec une rare intelligence les occasions qui s'offraient à lui. Quand je rencontrai la veuve de Chou peu après sa mort, en 1976, je lui déclarai qu'il n'était pas nécessaire d'ériger un monument à sa mémoire, car les historiens futurs verraient dans ses actions en vue de préserver l'équilibre planétaire des forces un testament à sa grandeur. J'essayai ensuite de résumer la remarquable carrière de Chou En-lai en disant : « Ce qu'on ne peut pas voir est souvent plus significatif que ce qu'on peut voir. »

Dans mes conversations avec Chou et Mao, les deux devaient évoquer sur un ton presque fataliste la tâche énorme qui restait à accomplir et le peu de temps dont ils disposaient encore. Ils revenaient constamment à la question de leur âge, et je sentais qu'ils savaient déjà que leur fin était proche.

Dans la dernière année de sa vie, Chou reçut de Mao un poème dont les accents désabusés rendaient bien leur détresse commune :

> *Les parents loyaux qui sacrifièrent tant à la nation ne redoutèrent jamais le destin final.*
> *Maintenant que le pays est devenu rouge, qui sera son gardien ?*
> *Notre mission, inachevée, prendra peut-être un millier d'années.*
> *La lutte nous épuise, et nos cheveux sont gris.*
> *Vous et moi, vieil ami, pouvons-nous rester simples spectateurs quand nos efforts sont balayés ?*

Leur angoisse aura pu être commune, mais leurs visions et missions ne l'étaient pas.

A la fin de leur vie, ils ne devaient d'ailleurs guère poursuivre les mêmes objectifs. On suppose que la faction plus tard connue sous le nom de « Bande des Quatre » parvint à éliminer Chou du pouvoir, peut-être avec l'accord tacite de Mao, pendant la dernière année de Chou. Cependant, en prévision des rivalités au sommet qui allaient suivre la disparition de Mao, Chou avait déjà tranquillement mis en place des partisans de ses choix politiques à autant de positions clefs que possible. Mao passa ses dernières années à bondir d'une façon tout à fait imprévisible d'un côté de l'échiquier politique à l'autre, causant ainsi un dommage incalculable à la Chine. Il pouvait par exemple soutenir une fraction relativement modérée, devenir impatient, déclencher une petite révolution culturelle en s'associant à l'extrême gauche, puis adopter une tendance inverse.

Les deux grands chefs de la Chine communiste moururent à neuf mois d'intervalle en 1976. Aucun des deux n'avait atteint ses buts. Mais les orientations politiques de Chou En-lai lui ont survécu, alors que les successeurs de Mao Tsé-toung à la tête de l'État se sont empressés d'abandonner le maoïsme.

Sans Mao Tsé-toung, le mouvement communiste chinois eût été privé de la mystique qui n'attira pas seulement tous ses partisans fanatiques engagés dans la soumission de la Chine, mais inspira aussi des millions de sympathisants à travers le monde. Mao Tsé-toung, cependant, comme la plupart des dirigeants révolutionnaires, savait détruire mais non pas bâtir.

Chou En-lai pouvait aussi détruire. Il avait toutefois le talent, rare chez les chefs révolutionnaires, de faire plus que simplement régner sur des ruines : il pouvait conserver ce que le passé avait de meilleur et construire une société nouvelle pour l'avenir.

Sans Mao Tsé-toung, le feu de la Révolution chinoise n'aurait jamais pris. Sans Chou En-lai, il se serait consumé et il n'en resterait que des cendres. La révolution se survivra-t-elle et fera-t-elle finalement plus de bien que de mal ? La réponse à cette question est entre les mains des dirigeants chinois. Si, comme Chou En-lai, ils choisissent d'être plus chinois que communistes, la Chine du XXIe siècle n'aura pas à se soucier des Soviétiques au nord, des Indiens au sud, des Japonais au nord-est, ni même des Américains à l'est. La Chine, avec un milliard des habitants les plus doués du globe et d'immenses ressources naturelles, pourra devenir le pays non seulement le plus peuplé, mais aussi le plus puissant du monde.

UN MONDE NOUVEAU

Des chefs nouveaux pour des temps changés

En 1943, Wendell Willkie, qui avait été battu par Roosevelt en 1940 et prévoyait de se représenter aux élections de 1944, publia un livre intitulé *Un Monde*. Le contenu de ce livre a été largement oublié depuis, mais pas le titre : il résumait en deux mots l'une des réalités clefs de l'âge moderne. Pour la première fois, nous vivions réellement dans « un monde », la partie même la plus distante du globe n'échappant plus aux remous du reste.

Au cours des quatre décennies qui se sont écoulées depuis la publication du livre de Willkie, *Un Monde*, le monde aura connu des changements plus grands que pendant n'importe quelle période comparable de l'histoire. C'est pourquoi une telle vision globale devrait aujourd'hui s'intituler *Un Monde nouveau*.

Le monde nouveau dans lequel nous vivons est un monde de populations nouvelles. Soixante-dix pour cent de tous les habitants actuels de la surface du globe sont nés après la Seconde Guerre mondiale.

C'est un monde de nations nouvelles. Quand l'Organisation des Nations unies fut fondée en 1945, elle comptait cinquante et un membres. A présent elle en a plus de cent cinquante. Vingt-sept de ces nations nouvelles ont un nombre de ressortissants inférieur à celui de la population d'une ville comme San José, en Californie.

C'est un monde d'idées nouvelles. Il y avait une tendance simpliste durant la majeure partie de l'après-guerre à diviser le monde en deux parties distinctes : le monde communiste et le monde libre. Aujourd'hui, après la rupture sévère entre Moscou et Pékin, le monde communiste ne constitue plus un bloc monolithique. Le monde libre non plus. Un large éventail de croyances politiques, économiques et religieuses sollicite l'adhésion des populations des nations nouvelles.

C'est un monde dans lequel la nature de la guerre a changé en raison de l'avènement des armes nucléaires. La guerre ouverte entre les grandes puissances est devenue pratiquement périmée comme instrument de politique nationale. La notion même de guerre mondiale, et avec elle l'idée d'une victoire ou d'une défaite, n'a pour ainsi dire plus de sens aujourd'hui. Mais si le risque d'une guerre mondiale a reculé, le risque de petites guerres localisées s'est accru. En fait, une grande puissance n'est plus crédible de nos jours quand elle menace une autre grande puissance de représailles nucléaires au cas où cette dernière s'attaquerait à des sphères périphériques.

Les grandes figures évoquées dans ce livre ont appartenu à une époque particulière, unique. La Seconde Guerre mondiale a été un moment de l'histoire moderne caractérisé par des événements cataclysmiques. Elle a déclenché des forces qui ont changé le monde d'une façon durable. Elle nous a fait entrer dans l'âge nucléaire. Elle a mis fin à la domination des puissances d'Europe occidentale sur le reste de la planète, et elle a sonné le glas des vieux empires coloniaux. Elle a placé l'Europe de l'Est sous tutelle soviétique et fait d'une Russie prédatrice l'une des deux superpuissances du monde. Elle a campé le décor pour la lutte titanesque entre ces systèmes de valeurs que nous qualifions aujourd'hui d'une manière quelque peu inadéquate d' « Est » et d' « Ouest » — entre les idées démocratiques enracinées dans la civilisation de l'Europe occidentale et le système totalitaire développé à Moscou.

Avant la guerre, Churchill était une voix solitaire dans l'opposition, un homme rejeté comme un excentrique ; le général de Gaulle était une voix solitaire cherchant vainement une audience ; Adenauer était un fugitif dans son propre pays. Chacun possédait déjà les qualités qui furent plus tard si utiles à leur pays, mais ces qualités ou bien n'étaient alors pas reconnues ou bien non désirées. Pour chacun, le temps n'était pas venu.

Churchill, de Gaulle, Adenauer, de tels chefs sont rares, non seulement parce qu'en tant qu'individus ils sont d'une stature inhabituelle, mais aussi parce que les circonstances qui les poussent au premier plan sont exceptionnelles. La Seconde Guerre mondiale et ses séquelles, non seulement exigèrent des capacités de gouvernement exceptionnelles, mais fournirent en outre la scène sur laquelle pouvaient se jouer de grandes pièces dramatiques.

Mais en dehors de ces géants de l'après-guerre, des centaines d'autres dirigeants ont joué un rôle dans la formation du monde nouveau. Ils sont moins connus et leurs vies ont été moins étudiées, mais sous bien des rapports ils ne sont pas moins importants. Nkrumah, Sukarno et Nehru étaient les figures exemplaires de révolutionnaires dressés contre les puissances coloniales européennes. Ramon Magsaysay des Philippines aurait pu devenir l'une des étoiles les plus brillantes au firmament politique d'Extrême-Orient s'il n'était pas mort prématurément. David Ben Gourion et Golda Meir étaient des pionniers, qui firent surgir une nation nouvelle des anciens déserts de Palestine. Et quatre autres dirigeants du Moyen-Orient — deux rois, le chah et Faysal ; et deux Égyptiens, Nasser et Sadate — comptaient parmi ceux qui luttaient pour faire entrer leurs nations dans le monde nouveau sans être terrassés par les forces du monde ancien.

Il y a aussi des dirigeants dont les noms, en d'autres circonstances, auraient résonné à travers l'histoire, mais qui sont peu connus parce qu'ils ont joué un rôle dans des temps tranquilles ou parce qu'ils ont été à la tête de pays moins puissants. Lee Kuan Yew et Robert Menzies, par exemple, eussent égalé des Gladstone et des Disraeli s'ils avaient été Premiers ministres de Grande-Bretagne et non de Singapour et d'Australie. Leurs vies sollicitent un monde de spéculations concernant ce qui aurait pu être : combien différente eût été l'histoire de l'Inde après la guerre si Nehru avait eu comme Lee le sens des réalités économiques ? Quel cours eût pris l'histoire de l'Europe si Menzies avait figuré parmi les Premiers ministres de l'Angleterre d'après-guerre ?

Et enfin, d'autres qui mériteraient d'être dans nos mémoires sont oubliés non parce qu'ils ont joué un rôle dans des temps tranquilles mais parce qu'ils l'ont joué tranquillement. Nous nous souvenons souvent plus facilement des bruyants démagogues que des calmes conciliateurs ou méticuleux bâtisseurs.

L' « HOMME BIEN » QUI SAUVA L'ITALIE : DE GASPERI

L'un des dirigeants les plus impressionnants de ce dernier groupe était aussi le premier que je fus appelé à rencontrer : le président du Conseil de l'Italie d'après-guerre : Alcide de Gasperi.

A la fin de la Seconde Guerre mondiale, l'Italie se retrouva désespérément pauvre, encore beaucoup plus que le reste de l'Europe. Les grands palais de la Renaissance italienne avaient bien pu survivre dans toute leur splendeur aux ravages de la guerre, les habitants du pays avaient besoin de vivres. Quelques pâtes, une tranche de pain — c'était déjà de la richesse dans l'Italie sortie du conflit.

En désespoir de cause, les hommes ont souvent recours aux extrêmes. La pauvreté de l'Italie devint l'aubaine de Staline. Moscou pompa de l'argent dans les coffres du P.C. italien, essayant de renforcer le parti comme un moyen propice à une mainmise sur l'Italie. Pendant un temps, on eut l'impression que Moscou allait gagner. Mais une modeste figure se mit en travers, celle d'Alcide de Gasperi.

Je rencontrai de Gasperi en 1947, alors que je visitais l'Italie en tant que membre de la commission Herter qui étudiait les besoins de la reconstruction de l'Europe occidentale. Les élections italiennes les plus importantes depuis la guerre allaient avoir lieu dans moins d'une année. Le P.C. italien était le parti le plus important et celui qui recevait le plus de subsides en dehors du bloc soviétique, et les commentateurs en Europe autant qu'en Amérique prévoyaient une victoire communiste. Les nobles italiens tiraient déjà des plans pour fuir le pays dans l'éventualité d'une accession des communistes au pouvoir. D'une manière ou d'une autre, ces élections marqueraient un tournant crucial. Nous le savions. De Gasperi le savait. Les Soviétiques le savaient.

De Gasperi était président du Conseil depuis le mois de décembre 1945. Tous les membres de notre commission furent frappés par sa force, son intelligence et sa détermination. Mais aucun des adjectifs si souvent employés pour qualifier de grands hommes — tels que *dominant, visionnaire* ou encore *magistral* — ne convenait pour décrire de Gasperi. Il avait une certaine allure livresque. En fait, de Gasperi était un personnage livresque qui avait d'abord passé une grande partie des années fascistes en prison, en tant que détenu politique, pour ensuite rester confiné, après sa libération, dans la bibliothèque vaticane, comme employé et chercheur. Il était grand et mince, avec un front très large, des yeux bleus au regard intense, des lunettes rondes, et une bouche large dont les lèvres minces semblaient faire la moue même quand son regard extrêmement vif indiquait qu'il n'était pas du tout malheureux. Sa chevelure resta épaisse et à peine grisonnante jusqu'à sa mort, en 1954, à l'âge de soixante-treize ans.

Le contraste était frappant entre de Gasperi et Giuseppe di Vittorio, l'autre important dirigeant italien que je rencontrai à l'occasion de ce voyage de 1947. Di Vittorio, membre du parti communiste, était le secrétaire général du principal syndicat ouvrier italien et l'un des plus puissants chefs politiques de l'Italie d'après-guerre. Je lui rendis visite à son bureau. La pièce était richement décorée de mobilier ancien d'époque, ornée de luxueuses tentures rouges, et agrémentée au sol d'une épaisse moquette rouge. Di Vittorio m'apparut comme un personnage rond, vibrant et très hospitalier quand il me reçut. Il souriait, plaisantait et riait facilement. Son attitude fut chaleureuse au début. Mais quand la conversation en vint aux États-Unis et à l'Union soviétique, sa bonhomie disparut. Il devint de glace, belliqueux. Il portait un petit drapeau rouge au revers de son veston, et il ne laissait planer aucun doute, ni par ses paroles ni par ses façons, quant à sa totale allégeance à l'Union soviétique et sa totale hostilité envers les États-Unis.

Faisant contraste, le cabinet de travail d'Alcide de Gasperi était simplement confortable mais plus richement meublé. Quand il reçut les membres de notre commission, il se montra courtois et néanmoins calmement réservé. De même que di Vittorio était l'extraverti type, ainsi de Gasperi était l'introverti type. On pouvait difficilement se le représenter tapant dans le dos des gens, participant à des bavardages bruyants ou versant dans un humour trivial. Je me rappelle que ce jour-là il avait un regard presque mélancolique. Cette caractéristique n'est pas inhabituelle chez les chefs politiques. Charles de Gaulle et Adolfo Ruiz Cortines, le plus grand président mexicain de l'après-guerre, avaient souvent un tel regard.

Un observateur superficiel aurait pu parier sur une victoire facile de di Vittorio sur de Gasperi dans une compétition électorale, car di Vittorio, quand il le voulait, pouvait extérioriser le type de personnalité engageant si propre à séduire le chaleureux peuple italien, alors que de Gasperi ne pouvait rien de tel. Mais après quelques minutes seulement en sa présence, nous fûmes tous frappés, même les politiciens professionnels isolationnistes les plus endurcis, par une qualité particulière que nous ne pouvions pas décrire mais que nous lui concédions tous. De Gasperi irradiait une force intérieure, et plus calmement il s'exprimait, plus convaincant il devenait. On sentait qu'il avait une foi profonde dans son peuple, son pays et son Église.

Les candidats qui font des prestations brillantes et avantageuses gagnent souvent les campagnes électorales. Mais cet homme posé, sans prétention, orateur médiocre sans nul charisme visible et qui ne se faisait que difficilement à la jovialité de façade du politicien, avait la force, l'intelligence et le caractère qui sont la marque d'un grand chef. Il est heureux que le peuple italien ait pu déceler ces qualités. S'il ne l'avait pas fait, l'Italie d'aujourd'hui serait peut-être communiste, et ce que Churchill avait coutume d'appeler le ventre mou de l'Europe se trouverait alors fatalement percé.

La conduite de De Gasperi était modeste, mais il était néanmoins sûr de lui et de ses capacités. Il était réputé pour sa disposition à accepter des compromis avec ses adversaires politiques, maintenant toutefois sans fléchir les valeurs morales et politiques fondamentales. On l'appelait « l'homme remarquable le moins remarquable de notre temps », et il était néanmoins le plus grand dirigeant italien issu du scrutin populaire depuis la chute de la République romaine il y a deux mille ans.

Reconstruire un pays vaincu à la suite d'un conflit armé est une des tâches les plus difficiles pour un homme d'État. Mais les bouleversements de la guerre et de la défaite poussent souvent sur le devant de la scène des chefs exceptionnellement capables. De même que MacArthur et Yoshida étaient les hommes indispensables au Japon d'après-guerre, et qu'Adenauer le fut à l'Allemagne, Alcide de Gasperi fut l'homme indispensable à la reconstruction de l'Italie vaincue.

A l'instar d'Adenauer pour l'Allemagne de l'Ouest, de Gasperi put ramener l'Italie au sein de la famille des nations parce qu'il était clair pour le reste du monde qu'il était, selon les termes d'un de ses concitoyens, « un homme bien, qui croit à ce qu'il dit ». En outre, ses façons paisibles et réservées contrastaient singulièrement avec les fanfaronnades mélodramatiques qui avaient caractérisé la politique italienne pendant l'ère fasciste et apportaient un heureux soulagement autant au peuple italien lui-même qu'à l'opinion publique internationale.

Mussolini avait soumis les Italiens à un régime rhétorique aussi riche que celui de De Gasperi était pauvre. Alcide de Gasperi reconnaissait ses propres limites en tant qu'orateur, mais il devinait aussi que le peuple italien, après avoir été exhorté pendant vingt-trois ans par *il Duce,* préférait maintenant être sermonné par *il Professore.* Son discours était enclin à la divagation, devenait parfois même un peu décousu. Plutôt que d'amples gestes de la main, de Gasperi accompagnait sa diction de petits gestes parfois crispés ; plutôt que de recourir à des métaphores fleuries, il truffait son discours de raisonnements minutieux et impeccables. Il lui arrivait de marquer une pause à la tribune et de fouiller dans ses papiers pour trouver le chiffre ou la référence propre à étayer son argumentation. S'il ne le trouvait pas au bout de quelques minutes, il poussait un soupir en murmurant : « Tant pis ! Continuons... »

De Gasperi compensait ses déficiences d'orateur par son habileté à canaliser les votes. Comme l'exprima un de ses amis pendant les crises parlementaires qui secouèrent le gouvernement italien au cours des premières années de l'après-guerre, « un vote de confiance vaut cent épigrammes ». Grâce à son habileté manœuvrière, de Gasperi parvenait à s'assurer les votes de confiance nécessaires à la survie de ses gouvernements successifs.

Dans l'Italie sortie de la Seconde Guerre mondiale, gouverner était un exercice de persévérance. En Allemagne de l'Ouest et au Japon, l'autorité suprême était entre les mains de l'occupation alliée, qui restitua progressivement la souveraineté aux gouvernements élus. Les responsables nationaux se trouvaient ainsi secondés quand il leur fallait faire face aux problèmes posés par les pénuries en vivres, l'agitation syndicale, les agissements des groupes politiques extrémistes. De plus, l' « occupant étranger » fournissait un bouc émissaire idéal auquel on pouvait imputer tous les maux.

A la différence de ces pays, l'Italie se trouva presque immédiatement livrée à elle-même. Malgré de graves problèmes économiques et la tactique souvent sauvage des communistes, Alcide de Gasperi réussit néanmoins le tour de force de rester au pouvoir de 1945 à 1953, période au cours de laquelle il forma huit cabinets successifs reposant sur des coalitions dominées par son parti de la démocratie chrétienne.

Une raison de son succès était sa façon calme d'affronter les crises politiques. L'anecdote suivante, rapportée à son sujet, illustre bien son imperturbabilité toute romaine. Un jour, alors qu'il travaillait dans un vestibule à proximité de la Chambre des députés, un huissier affolé vint l'interrompre pour lui annoncer que les débats à l'assemblée étaient devenus houleux. Sans en avoir cure, le président du Conseil continua à rédiger ses notes. En désespoir de cause, l'huissier ajouta : « Monsieur le Président, ils lancent les encriers !... Mais, Monsieur le Président, ils se jettent même les tiroirs de leurs pupitres à la figure ! » De Gasperi leva la tête : « Ah oui, dit-il. Combien ? »

A l'origine, le gouvernement d'Alcide de Gasperi comprenait des communistes. Il avait gagné la réputation d'un faiseur de compromis et d'un habile parlementaire. Mais il finit par comprendre que les communistes cherchaient à paralyser le gouvernement de l'intérieur, et en 1947 il forma ainsi un nouveau cabinet d'où ils étaient exclus.

C'était une initiative stupéfiante et courageuse. C'était aussi un risque très grave pour la stabilité de son gouvernement. De Gasperi avait été un fervent alpiniste jusqu'à l'âge de cinquante-quatre ans, quand il dévissa dans les Dolomites et se retrouva suspendu à une seule corde pendant vingt interminables minutes au-dessus d'un abîme. Il tint bon et parvint finalement à se penduler jusqu'à la sécurité. Il fit preuve de la même ténacité au gouvernement après en avoir éliminé les communistes. Il récolta les fruits de sa persévérance à l'occasion des élections cruciales de 1948 : les électeurs italiens consacrèrent son triomphe par un véritable raz de marée, avec douze millions de suffrages qui donnèrent la victoire à la démocratie chrétienne et ainsi à sa coalition anticommuniste. Après 1948, de Gasperi maintint l'assise parlementaire de son gouvernement grâce à d'intelligentes coalitions, où il admettait les tendances les plus diverses de l'échiquier politique, à l'exception des néo-fascistes et des communistes. Des intérêts extrêmement variés, allant des paysans aux industriels, étaient de la sorte directement représentés dans le gouvernement.

Un facteur clef des élections de 1948 fut la décision du pape Pie XII de mobiliser des volontaires de l'Action catholique dans les 24 000 paroisses d'Italie pour soutenir de Gasperi et sa politique anticommuniste. Je rencontrai deux fois Pie XII, en 1947 et 1957, et découvris qu'il ressemblait à de Gasperi dans ce sens qu'il associait une profonde et intense compassion humaine à une intelligence très réaliste des affaires politiques séculières. Beaucoup devaient critiquer sa décision de jeter toute l'autorité du Vatican dans la balance, pour appuyer la coalition anticommuniste d'Alcide de Gasperi ; mais Pie XII estimait qu'il agissait ainsi en vertu de ses responsabilités spécifiques de pape. Je pouvais me rendre compte qu'à ses yeux le communisme était autant une menace contre l'Église que contre la liberté politique de l'Italie.

Mais la marge de la victoire de 1948 était trop grande pour s'expliquer uniquement par l'intervention de l'Église dans le débat politique. Sans de Gasperi, qui put se présenter comme un défenseur honnête et libéral de la démocratie et des libertés, la démocratie chrétienne aurait très bien pu perdre les élections. L'Occident aurait alors perdu l'Italie, et l'Italie aurait perdu sa liberté.

De Gasperi possédait une connaissance profonde du peuple italien. Quand nous visitâmes la péninsule, il évoqua d'une manière touchante ses épreuves, son besoin urgent de vivres. De leur côté, les communistes ne parlaient pas d'autre chose aux Italiens. Mais de Gasperi savait que sa nation avait besoin de plus. La Scala de Milan, l'opéra sans doute le plus prestigieux du monde et un symbole important de l'héritage culturel italien, avait été partiellement détruite pendant la guerre. Alors que le gouvernement italien aurait pu employer toutes ses ressources et même plus pour l'approvisionnement de la péninsule en vivres, il en réserva une partie à la restauration de cette composante essentielle de son patrimoine. De Gasperi parla avec fierté du projet ; il savait qu'en ce moment critique de leur histoire les Italiens avaient besoin de subvenir autant aux besoins de leur esprit — et surtout de leur âme musicale — qu'à ceux de leur corps. A l'occasion de notre visite, nous assistâmes à une représentation à la Scala. Le drapeau américain avait été déployé au-dessus de notre loge. Les projecteurs furent braqués sur nous, et l'orchestre entonna notre hymne national. Dans une salle surchauffée par l'émotion éclata un tonnerre d'applaudissements. Je compris à ce moment-là que de Gasperi avait bien saisi l'âme de son peuple, et que les communistes, avec leur matérialisme, étaient à côté de la question ; cette expérience vint encore renforcer ma confiance en sa victoire aux élections à venir.

Même quand il fut président du Conseil, de Gasperi mena une vie de simplicité et de dévotion. Lorsqu'il prit pour la première fois ses fonctions, il fut obligé de demander une avance sur sa rémunération pour pouvoir s'acheter un nouveau costume.

Comme beaucoup d'autres dirigeants, de Gasperi commençait sa journée par une promenade à pied. Il se faisait accompagner par son attaché de presse pour un premier tour d'horizon de l'actualité, et emportait toujours une bonne poignée de sucreries qu'il distribuait aux enfants qu'il pouvait rencontrer dans les faubourgs de Rome. Il travaillait jusqu'à neuf heures et demie du soir, et éteignait souvent lui-même les lumières dans les locaux de la présidence du Conseil. Pendant plusieurs années après son accession au pouvoir, il continua à vivre — avec sa femme Francesca et leurs quatre filles — dans le petit appartement où il avait déjà habité quand il était un employé du Vatican et qu'il avait meublé à crédit. Dans la chambre, il n'y avait pas d'autre décoration hormis un crucifix et une image de la Vierge.

Pendant ses premières années comme président du Conseil, de Gasperi eut pour voisine de palier une vieille comtesse qui le rendait personnellement responsable de la chute de la monarchie italienne. (Il avait effectivement été le principal champion de la république lors du référendum national de 1946 par lequel les Italiens choisirent leur forme de gouvernement.) Pour bien marquer sa rancune à l'égard du président du Conseil, elle laissait sa poubelle sur le palier, dans l'espoir qu'elle le ferait trébucher, et tapait sur son piano jusqu'à une heure avancée de la nuit. Mais de Gasperi se résignait à ces inconvénients avec philosophie et bonne humeur.

Bien entendu, les fonctions prolongées d'Alcide de Gasperi à la tête du gouvernement lui apportèrent, à lui et à sa famille, un honnête confort, mais jamais l'opulence. Quand je visitai l'Italie après la mort de De Gasperi, j'allai voir sa veuve et la trouvai dans un modeste appartement des faubourgs de Rome.

Fervent catholique, Alcide de Gasperi fonda le parti des démocrates-chrétiens alors qu'il était encore employé à la bibliothèque du Vatican. Surtout après avoir reçu l'appui de l'Église contre les communistes en 1948, il fut parfois accusé de prendre ses ordres du souverain pontife. Ses amis répondaient généralement à ce genre d'insinuations que toute sa pensée avait toujours été à tel point imprégnée de catholicisme, et cela depuis son plus jeune âge, qu'il n'était absolument pas nécessaire pour le Vatican de lui donner des instructions pour la défense des principes chrétiens.

En Italie comme en Allemagne de l'Ouest, la fin de la guerre vit l'apparition de dirigeants qui brandissaient la bannière de la démocratie chrétienne et qui étaient voués par priorité absolue à la restauration et préservation des libertés individuelles. Pour de Gasperi comme pour Adenauer, toute politique d'inspiration chrétienne était par définition une politique centriste où une intervention limitée de l'État dans la société n'était pas seulement acceptée, mais même souhaitée dans la mesure, bien entendu, où elle n'empiétait pas sur la liberté de chaque individu de penser, d'agir et de prier à sa guise.

Alcide de Gasperi assistait tous les jours à la messe, et pour ne pas attirer l'attention, il lui arrivait fréquemment de suivre les offices dans de petites églises de quartiers très tôt dans la matinée. Son catholicisme avait toujours été une foi intense et globale, intéressant « l'esprit et le cœur des choses », en public comme dans la vie privée.

Quoi qu'il en soit, de Gasperi démontra son indépendance vis-à-vis de l'Église en 1952, quand la hiérarchie catholique favorisa une alliance entre la démocratie chrétienne et tous les autres partis non communistes, y compris les néo-fascistes, pour empêcher le P.C. italien de conquérir la municipalité de Rome. Sur ce point précis, le président du Conseil des ministres italien défia le souverain pontife en excluant les néo-fascistes de la coalition électorale.

Comme Adenauer, de Gasperi vouait un enthousiasme passionné à l'unité européenne. En fait, toujours à l'instar du chancelier fédéral allemand, il était originaire d'une province frontière, et il avait le même sens inné du patrimoine historique et culturel commun à toutes les nations européennes. Ils pensaient tous deux que l'unification de l'Europe était le seul moyen de protéger la liberté de ses peuples contre les empiétements communistes à l'est et de réduire les dissensions internes résultant des nationalismes et de la xénophobie.

De Gasperi était un fervent partisan de la communauté économique européenne et de l'O.T.A.N. Il avait placé toute sa foi et tout son patriotisme européen dans la Communauté européenne de Défense, la fameuse C.E.D., qui prévoyait la création d'une armée européenne fédérée. En août 1954, alors qu'âgé de soixante-treize ans il était retiré depuis un an du pouvoir, de Gasperi s'effondra en pleurant lors d'une conversation téléphonique, en suppliant son ancien ministre de l'Intérieur et président du Conseil alors en fonctions, Mario Scelba, de garder cette idée vivante en Italie. Quand il succomba quelques jours plus tard à une crise cardiaque, certains allèrent jusqu'à dire qu'il avait eu le cœur brisé par le refus persistant et obstiné des Français d'approuver le projet.

Sa réussite dans la solide implantation de l'Italie dans la communauté européenne occidentale devait lui survivre. Au cours de plusieurs de mes visites en Europe après son départ de la tête du gouvernement — y compris mon voyage présidentiel en Italie de 1969 — je pus constater que dans les moments où l'O.T.A.N. passait par des crises d'affrontements internes, les Italiens s'affirmaient toujours parmi les champions les plus convaincus et les plus loyaux de l'alliance. Il n'est guère étonnant que l'Italien Manlio Brosio fût un secrétaire général de l'O.T.A.N. des plus efficaces. S'il n'avait pas appartenu à un petit parti politique, Brosio aurait pu faire un autre grand chef de gouvernement italien.

Alcide de Gasperi n'avait pas l'air d'un héros et ne s'exprimait pas comme un héros. Il fut néanmoins l'un des héros de l'après-guerre. Il démontra que l'homme d'État compétent n'a pas besoin d'enflure verbale ni même d'éloquence ; qu'un chef politique peut diriger son pays calmement, sans coups d'éclat ; que les « hommes bien » peuvent s'imposer.

A la fin de la guerre, l'Italie se trouvait devant un dangereux vide politique. Les fascistes étaient venus au pouvoir en 1922 ; les jeunes adultes italiens ne connaissaient nulle autre forme de gouvernement en temps de paix. Or, de Gasperi apporta aux Italiens ce dont ils avaient besoin : un gouvernement modéré et constant fondé sur le pragmatisme au lieu de l'idéologie et sur la liberté au lieu de la coercition. En dépit des intrigues et des manœuvres du parti communiste le plus solidement structuré de l'Occident, de Gasperi se révéla capable d'instaurer une république et de la faire durer.

Lorsque de Gasperi arriva au pouvoir en 1945, la production industrielle et la production agricole étaient à un niveau dangereusement bas et le chômage sévissait à l'état endémique. A un moment donné, l'Italie ne disposa plus que de deux semaines de réserves en céréales. Après six ans de gouvernement de Gasperi, le secteur agricole se retrouva presque entièrement sur pied et la production industrielle dépassa son niveau d'avant-guerre.

Il rétablit aussi complètement la respectabilité et la crédibilité de l'Italie auprès des autres pays, instaurant des liens durables autant avec les États-Unis d'Amérique qu'avec les nations d'Europe occidentale. C'est pour une large mesure en raison de l'action persistante d'Alcide de Gasperi que le gouvernement de l'Italie demeure dominé par la démocratie chrétienne et que ses relations avec le reste du monde libre sont toujours amicales. Il faut même reconnaître que l'Italie demeure l'un des membres les plus sûrs et sérieux d'une alliance passablement perturbée.

Au début de l'année 1982, la crise polonaise vint sonder le caractère des dirigeants de l'Occident. Il eût été très difficile d'imaginer un Churchill, un de Gaulle, un Adenauer ou un de Gasperi réagir comme certains dirigeants politiques et conducteurs d'opinion face au coup porté contre les bourgeonnements de la liberté en Pologne, coup manifestement téléguidé par Moscou. Dans la mentalité de ces grands chefs d'après-guerre, il n'y avait tout simplement pas de place pour cette façon molle et souffreteuse d'escamoter les crises par l'atermoiement tatillon, l'équivoque cauteleuse et l'optimisme de circonstance qui semblent caractériser de plus en plus la politique européenne en général et ses réactions aux pressions soviétiques en particulier. De Gaulle pouvait être impérieux, et son indépendance farouche et obstinée fut souvent une épine dans le flanc de l'Amérique. Mais au moment de la crise des fusées cubaines, il adressa au président Kennedy un message sans équivoque ni vaine temporisation : « S'il y a la guerre, je serai avec vous... » De Gaulle, Adenauer, de Gasperi étaient des dirigeants dont les principes politiques étaient enracinés dans une profonde foi religieuse. Ils n'étaient pas des hommes à se laisser intimider.

Aux États-Unis, le sentiment s'est fait jour, récemment, que nous devons peut-être plus compter sur nous-mêmes et sur nos propres forces plutôt que de nous appuyer sur des alliés européens mous et très peu sûrs, l'alliance occidentale, sa nature et sa cohésion, voire même sa crédibilité, se trouvant remises en question. Les Européens, de leur côté, ont de plus en plus tendance à décrire les U.S.A. comme un pays impulsif et alarmiste, prompt à « dégainer », à faire étalage de sa puissance militaire, et ils en tirent prétexte pour avancer une excuse après l'autre pour justifier leur inaction face aux menées expansionnistes des Soviétiques. Cette Europe frileuse des années quatre-vingt ressemble sous ce rapport assez étrangement à l'Europe des années trente. La question est maintenant de savoir si les leçons des années trente seront tirées dans les années quatre-vingt — et tirées à temps.

LES RÉVOLUTIONNAIRES ANTICOLONIALISTES : NKRUMAH, SUKARNO, NEHRU

Pour les nations d'Europe occidentale, la période de l'après-guerre fut celle de la fin des empires. Pour beaucoup de leurs anciennes colonies, cette mutation signifia une insertion brutale dans les incertitudes de l'indépendance et, pour les dirigeants de ces anciennes colonies, une épreuve extrêmement rude que certains réussirent à passer alors que d'autres la ratèrent. Trois de ces hommes captivèrent plus particulièrement l'imagination du monde : Nkrumah du Ghana, Sukarno d'Indonésie et Nehru de l'Inde. Ils étaient tous les trois porteurs de charisme, ils réussirent tous les trois à secouer le joug colonial, et ils se lancèrent tous les trois avec ambition dans le maelström de la politique internationale du Tiers

Monde. Les similitudes autant que les contrastes offerts par leurs carrières montrent combien sont différentes les exigences de la conduite d'une révolution et celles de la construction d'une nation.

Quand je visitai l'Europe en 1947 comme membre de la commission Herter, je trouvai des dirigeants qui luttaient désespérément en vue de relever leur pays des cendres d'une destruction d'une ampleur dépassant toute imagination. Ils avaient besoin d'aide pour reconstruire ; ils avaient aussi besoin de vivres pour éviter la famine à des millions de leurs concitoyens. Mais ils n'étaient pas obligés de tirer de la jungle des nations nouvelles. Ils pouvaient disposer du savoir et de la sagesse accumulés par des siècles de civilisation avancée. Ils pouvaient s'adresser à l'esprit de leurs peuples, esprit qui allait répondre positivement et relever ce nouveau défi de l'histoire comme il l'avait déjà si souvent fait au cours de crises antérieures. Sous les ruines apparentes il y avait une capacité de travail et donc de reconstruction éminemment compétente — des hommes et des femmes qui possédaient l'expérience requise pour gérer une économie industrielle moderne. Il suffisait de leur donner les outils pour qu'ils fussent en mesure de remplir la tâche.

Dix années plus tard, je visitai le Ghana, représentant les États-Unis d'Amérique à l'occasion des cérémonies qui allaient marquer l'accession à l'indépendance de ce pays. Si le Ghana ne disposait certes pas de la main-d'œuvre qualifiée ni de l'infrastructure industrielle des pays européens, la documentation que j'avais reçue indiquait néanmoins qu'il avait de grandes chances de réussite en s'engageant dans la voie de l'autonomie.

Le Ghana était le premier pays d'Afrique noire à accéder à l'indépendance, acquise dans son cas particulier par une révolution pacifique et non par une insurrection violente. Le chef de son mouvement indépendantiste, Kwame Nkrumah, avait été formé aux États-Unis, à l'université Lincoln et à l'université de Pennsylvanie. Le Ghana passait à l'époque pour un cas exemplaire de la politique britannique d' « abdication créative ». Comme ils l'avaient fait dans d'autres colonies, les Anglais avaient eu le grand mérite de préparer le pays très soigneusement à l'indépendance, en formant des Ghanéens dans l'administration et en leur confiant des postes de responsabilité. Le Ghana avait aussi une économie robuste et disposait d'une élite cultivée. Les richesses du pays comprenant notamment la plus grosse récolte de cacao du monde, le Ghana avait d'amples réserves en devises étrangères et pouvait s'enorgueillir d'une balance commerciale bénéficiaire.

Aujourd'hui le Ghana est devenu le lieu d'un désastre économique et politique, et l'une des principales raisons de sa tragédie s'appelle précisément Kwame Nkrumah. Il est l'exemple type, le cas de figure en quelque sorte de l'homme qui réussit brillamment à conduire une révolution, pour ensuite échouer lamentablement dans sa tâche de bâtir une nation.

Des délégations venues du monde entier assistaient aux festivités de l'indépendance. Je puis très bien me rappeler notre première nuit dans le nouvel hôtel qui avait été construit spécialement pour héberger les délégations étrangères et plus tard recevoir les touristes qu'on attendait. Nous ne pûmes pratiquement pas fermer l'œil de la nuit en raison du bruit de la foule qui emplissait les rues en scandant des slogans, en chantant et en dansant, célébrant à sa façon la « belle vie » qui allait commencer.

La duchesse de Kent représentait la couronne britannique. Elle arriva sur la place du défilé dans une Rolls-Royce et parut impeccablement fraîche et royale malgré la chaleur accablante. Quand elle lut le discours de la couronne à l'ouverture du Parlement, les ministres ghanéens et les députés de ce qui était alors un parti d'opposition portaient la perruque blanche anglaise. La cérémonie se déroula dans la plus grande dignité.

La réception offerte par le gouverneur général britannique, Charles Arden-Clarke, était une affaire de prestige. Des dignitaires du monde entier passaient entre les longues files de réception. Une heure s'était écoulée quand Mme Nixon et moi nous arrivâmes en tête de file. Je me sentais navré pour Arden-Clarke. Homme épais, il transpirait abondamment sous le lourd uniforme de laine que les Anglais imposent aux membres de leur corps diplomatique, même sous les tropiques. Quand nous nous serrâmes la main, il dit : « Voici le moment idéal de faire une pause... », puis nous accompagna dans une pièce de réception climatisée où on nous servit du jus de citron glacé. Je lui demandai alors s'il croyait à la réussite de l'expérience ghanéenne. Arden-Clarke, qui avait supervisé une grande partie des préparatifs de l'indépendance, réfléchit un instant à ma question puis répondit en haussant les épaules : « Les chances de succès sont d'environ cinquante pour cent. Nous les avons préparées aussi bien que possible. Mais n'oubliez pas, d'un autre côté, qu'il n'y a qu'une soixantaine d'années que nous avons ici découpé dans la jungle un territoire de tribus guerroyantes ! Il se peut très bien que les gens que vous avez entendus chanter et danser dans la rue la nuit dernière soient livrés trop tôt à l'indépendance... Mais nous y sommes contraints par l'opinion publique mondiale. »

Winston Churchill me confia naguère qu'à son avis Franklin Roosevelt, dans son ardeur anticolonialiste, avait poussé l'Angleterre, la France et d'autres puissances coloniales à se retirer trop tôt d'Afrique et d'Asie. Certes, il estimait qu'en fin de compte l'indépendance politique était le droit de chaque nation, mais il ajouta : « La démocratie est le mode de gouvernement le plus difficile qui soit. Il faut des années de préparation à un peuple avant d'être en mesure de maîtriser tous les problèmes qu'il lui faut affronter dans une société libre et démocratique. »

Néanmoins, en 1957, comme pratiquement tous les Américains qui assistaient aux cérémonies de l'indépendance, je fus gagné par l'enthousiasme du moment. Ce fut à cette occasion que je rencontrai pour la première fois Martin Luther King. Une certaine nuit, nous discutâmes pendant plus d'une heure des perspectives d'avenir du Ghana. Je fus fortement impressionné par son analyse hautement intelligente et froidement objective de la situation de ce pays. Mais ses yeux lancèrent des éclairs quand il me dit avec fougue : « Il *faut* que le Ghana réussisse ! Le monde entier a les yeux fixés sur lui pour voir si le premier pays d'Afrique noire à recevoir son indépendance est capable de se gouverner soi-même. »

Je me disais que le Ghana prenait son départ sous des auspices si favorables que seul un mauvais génie pourrait lui gâcher ses chances. Je ne me doutais pas, alors, que Kwame Nkrumah pourrait précisément devenir ce génie. En fait, à cette époque, je le trouvais très impressionnant, à la fois dans son comportement et dans ses propos.

Nkrumah professait une profonde admiration pour la démocratie américaine et pour tout ce qu'elle avait accompli. Quand je lui présentai le cadeau officiel du gouvernement des États-Unis, une bibliothèque technique complète, il parut enchanté et déclara qu'elle l'aiderait à mettre en œuvre en Afrique les progrès techniques de la civilisation occidentale. Il m'affirma aussi qu'Abraham Lincoln était l'un de ses héros, et qu'il était déterminé à mettre en pratique les principes de Lincoln d'une façon pouvant convenir aux conditions politiques, économiques et sociales du Ghana.

Kwame Nkrumah naquit en 1909 dans une partie lointaine de l'Afrique occidentale britannique. Son père était le forgeron du village. Il fréquenta les écoles des missionnaires catholiques et suivit les cours du célèbre collège d'Achimota de la Côte-de-l'Or. Il fut un étudiant si doué que son oncle, un chercheur de diamants, décida de l'envoyer aux États-Unis pour y faire des études supérieures. Il obtint d'abord le diplôme de bachelier en théologie à l'université Lincoln, puis continua des études en Amérique et en Angleterre. Il revint en Côte-de-l'Or en 1947 avec deux licences et un intérêt prononcé pour le socialisme et le panafricanisme. Il fonda bientôt son propre parti politique, le parti de la Convention du Peuple, et — comme Sadate et Nehru — finit par se retrouver en prison pour ses activités nationalistes. Il fut libéré par Arden-Clarke en 1951, quand le parti de la Convention du Peuple remporta les élections générales en un véritable raz de marée de suffrages. L'année suivante, il devenait Premier ministre.

Dès son plus jeune âge, Nkrumah avait témoigné d'un don particulier pour la prise de parole en public ; avec sa voix qui s'enflait progressivement et son air méditatif de bon aloi, il parvenait à fasciner les foules. Je le vis charmer de la sorte ceux qui s'étaient réunis en 1957 pour les cérémonies de l'indépendance. Alors qu'il s'exprimait sur un ton contenu et réservé en privé, il devenait un tout autre homme quand il évoluait au milieu du peuple ou s'adressait à lui. Quelques mots lui suffisaient pour mettre son auditoire en transe. Son peuple lui était manifestement attaché, et lorsque je m'entretins avec lui, j'eus l'impression qu'il était attaché à son peuple.

Mais quand les lampions des fêtes de l'indépendance furent éteints, le Ghana tomba d'un désastre dans l'autre. Nkrumah commença à puiser dans le budget de l'État et à dépenser sans compter, principalement pour financer le genre de projets que les pays sous-développés considèrent comme les symboles du modernisme : un immense barrage, une ligne aérienne, un aéroport. Décidé à rendre le Ghana totalement autonome du point de vue économique, il entreprit d'éliminer les importations en produisant localement tout ce dont le Ghana avait besoin, et pour Nkrumah cela voulait dire produire par le gouvernement —, et peu importait que le gouvernement ne fût pas compétent ou que les produits fabriqués localement fussent finalement plus chers que les produits importés. Il nationalisa les industries, les plantations, les magasins, avec des résultats catastrophiques. Il se considérait comme le père non seulement de son peuple mais aussi de l'indépendance africaine dans son ensemble, et il investit de fortes sommes dans la construction du siège de l'Organisation de l'Unité africaine (O.U.A.), qui fut finalement installé en Éthiopie. Il se servit à profusion de l'argent de son pays pour financer des mouvements nationalistes dans d'autres régions d'Afrique.

La paranoïa antioccidentale et le panafricanisme militant de Nkrumah s'exacerbèrent à un moment où le Ghana aurait au contraire énormément profité de liens plus étroits avec l'Occident industrialisé. Il développa un culte de la personnalité et gaspilla les deniers de l'État pour l'édification de monuments à sa propre gloire.

Vers le milieu des années soixante, les cours du cacao — toujours la principale denrée d'exportation du Ghana — s'effondrèrent, et le Ghana n'eut plus de réserves pour colmater les brèches de son budget et réduire le déficit de sa balance des paiements.

Alors que l'économie du pays allait à vau-l'eau, au lieu de se concentrer sur les mesures d'austérité et de redressement qui s'imposaient, Nkrumah essaya d'étendre l'aire de sa domination et d'imposer sa propre détresse aux autres. La Guinée, au nord, était un pays jouissant d'énormes ressources naturelles, y compris l'or et le diamant. L'homme fort de la Guinée, Sékou Touré, vint en visite officielle à Washington en 1960 et je l'accompagnai à cette occasion jusqu'à la Maison-Blanche. C'était un homme chaleureux et charmant. Mais Sékou Touré était aussi un marxiste convaincu, et il avait essayé d'appliquer à la Guinée les principes de son idéologie, avec les résultats qui étaient à prévoir. Ainsi, malgré la richesse de ses ressources naturelles, la Guinée était encore plus mal en point que le Ghana. Mais alors que Nkrumah, comme Sukarno en Indonésie et Nasser en Égypte, était incapable de régler les problèmes auxquels il se trouvait confronté dans son propre pays, il commença à montrer un appétit insatiable pour les aventures extérieures. Il tenta ainsi sans succès d'unir le Ghana et la Guinée.

Au fil des années, Nkrumah se détacha de plus en plus de son peuple, se qualifiant lui-même de « Rédempteur » et gouvernant à partir d'un réduit lourdement gardé. En 1964, tous les partis d'opposition furent déclarés hors la loi et beaucoup d'opposants à l'action de Nkrumah jetés en prison. Deux ans plus tard, alors que l'économie ghanéenne subissait les contrecoups des fluctuations du cours du cacao et les effets des exorbitants investissements de prestige de Nkrumah, ce dernier fut renversé par l'armée alors qu'il se trouvait en visite officielle à Pékin. En 1972, il mourait en exil en Guinée.

Durant le premier quart de siècle de son indépendance, le Ghana connut cinq coups d'État militaires et eut trois gouvernements civils. Sa récolte de cacao, toujours la denrée de base de son économie, est tombée à près de la moitié de son volume d'avant l'indépendance. Sa production d'or a baissé de deux tiers. La production de tabac des plantations nationalisées n'est plus que le dixième de ce qu'elle était il y a huit ans. La production des denrées alimentaires est également en baisse. De la main-d'œuvre globale du pays, une part de quatre-vingt-cinq pour cent est salariée de l'État.

L'héritage de Nkrumah est fait de monuments édifiés à sa propre gloire, d'une corruption qui sévit pratiquement à tous les niveaux du gouvernement et de l'administration, et d'une économie en faillite. Il faudra beaucoup d'années pour réparer les dommages causés au jeune État ghanéen par Kwame Nkrumah : cette tâche attend un dirigeant qui saura bâtir une nation et pas seulement détruire.

Sous certains aspects, le Ghana constitue une tragédie de bonnes intentions. Dans son zèle à acquérir une totale indépendance par rapport aux anciennes puissances coloniales, Nkrumah s'imaginait

sans doute qu'il pouvait accomplir des miracles. Mais quand il fut
installé au pouvoir, il succomba aux tentations de la mégalomanie.
Les hommes politiques qui, en Occident, incitèrent à une accéléra-
tion de la décolonisation étaient poussés par des mobiles idéalistes.
Vu rétrospectivement, il est certain que ceux qui en appelaient à la
prudence et à la modération étaient plus réalistes, tenaient compte
des données objectives.

Le monde passait alors par une phase critique dans laquelle, dans
des douzaines d'avant-postes coloniaux, les peuples étaient mûrs
pour être plumés par de nouveaux maîtres égoïstes et exploiteurs.
Les lézardes qui s'ouvrirent dans les vieilles structures coloniales
amenèrent une lutte nouvelle pour le pouvoir, car ceux qui réussissaient à s'emparer des leviers de commande disposaient souvent du
même coup d'extraordinaires richesses naturelles. En accédant à
l'indépendance, beaucoup de ces anciennes colonies se retrouvèrent
ainsi avec les pièges de la démocratie alors qu'ils n'avaient pas
l'expérience de la démocratie. Le résultat fut la tyrannie, ou
l'appauvrissement, ou les deux.

Ce qui rend la misère du Ghana doublement tragique est le fait
qu'elle était parfaitement évitable. La meilleure preuve dans ce sens
est fournie par le voisin immédiat du Ghana, la Côte-d'Ivoire. La
République de Côte-d'Ivoire constitue un contraste frappant autant
envers le Ghana qu'envers la Guinée. Actuellement, elle est sans
doute sur le point de connaître un nouvel essor grâce à l'exploitation
des réserves de pétrole au large des côtes. Jusqu'à présent, toutefois,
elle n'avait pas les ressources en minerais de la Guinée et son
économie avant l'indépendance était moins riche que celle du
Ghana. Mais elle avait un dirigeant, Félix Houphouët-Boigny, qui
savait faire face à la réalité avec fermeté et lucidité. Fondateur du
Rassemblement démocratique africain, député de la Côte-d'Ivoire, il
avait déjà rempli des fonctions ministérielles au sein du gouvernement français avant l'indépendance de son pays ; il fut ainsi
successivement ministre délégué à la présidence du Conseil (1956-
1957) et ministre d'État (1957-1959). Alors qu'il s'associait puissamment au désir de son peuple d'accéder au rang de nation à part
entière, il fit néanmoins valoir que l'établissement soudain d'une
« indépendance absolue » plongerait la nation nouvelle dans le
chaos. Ainsi, quand la Côte-d'Ivoire se vit octroyer son indépendance
par la France du général de Gaulle en 1960, il coupa certains de ses
liens avec la métropole, mais pas les liens essentiels. Au lieu de
chasser les Français et les autres Européens, il les invita à rester ou à
venir. Au lieu de se lancer dans une campagne de nationalisation à
outrance, il tabla d'abord sur la libre entreprise. En conséquence, la
Côte-d'Ivoire devint le pays le plus prospère d'Afrique occidentale,

avec un taux de croissance annuel de 8 % et un revenu national par tête d'habitant supérieur de plus de trois fois à celui du Ghana — et de neuf fois à celui de la Guinée marxiste.

Politiquement, le développement du pays vers une société démocratique n'a pas été aussi grand ni aussi rapide que certains pouvaient le souhaiter. Mais la Côte-d'Ivoire n'est pas non plus tombée dans le piège consistant à trop vouloir et à le vouloir trop tôt, au risque de tout perdre. En réalité, de tous les pays d'Afrique noire, la République de Côte-d'Ivoire a certainement réalisé le plus avec le moins, en termes de ressources naturelles.

Félix Houphouët-Boigny fait valoir que le progrès économique enregistré sous sa direction a posé les jalons d'un progrès politique futur. Seul le temps nous permettra de vérifier cette prédiction. Mais le progrès sur un front est incontestablement préférable à l'échec sur tous les fronts. En définitive, la Côte-d'Ivoire a sans nul doute plus de chances d'avenir que ses voisins.

La scène internationale connaît aujourd'hui, dans le contexte de ce qu'il est convenu d'appeler le dialogue Nord-Sud, un débat extrêmement vif concernant un transfert éventuel de ressources du Nord industriel et riche vers le Sud sous-développé et pauvre. Les champions enthousiastes de cette idée soutiennent que nous avons besoin d'un nouveau Plan Marshall pour les pays pauvres d'Afrique, d'Amérique latine et d'Asie. Cette initiative peut paraître bien intentionnée mais repose sur une approche complètement naïve. L'aide économique totale apportée aux pays d'Europe occidentale par le Plan Marshall n'a pas dépassé les 12 milliards de dollars, et les États-Unis n'ont pas accordé plus de 2,3 milliards de dollars au Japon. En raison de leur capacité industrielle, ces pays avancés se seraient relevés sans aide extérieure. L'aide ne fit qu'accélérer le processus de reconstruction.

Tel n'est pas le cas des économies sous-développées du Tiers Monde. Depuis la Seconde Guerre mondiale, les États-Unis ont accordé pour près de 90 milliards de dollars d'aide économique à ces pays. Une certaine partie de cet argent a été judicieusement employée. Beaucoup a été gaspillé. Dans l'ensemble les résultats ont été décevants, et cette déception prend une allure dramatique quand on établit la comparaison avec l'Europe occidentale et le Japon. La leçon à tirer de la tragédie du Ghana de Nkrumah est que le progrès économique passe impérativement par la possession du savoir-faire technique et une stabilité gouvernementale propice à l'investissement privé.

A l'instar de Kwame Nkrumah du Ghana, Achmed Sukarno de l'Indonésie était un chef immensément charismatique qui mena avec succès le combat pour l'indépendance. Mais, toujours comme Nkrumah, Sukarno fut un désastre une fois l'indépendance acquise. Les deux étaient capables de détruire; aucun des deux n'était capable de construire.

Séduisant et conscient de l'être, sûr de soi au point de friser l'effronterie, Sukarno avait une présence électrisante qui galvanisait les foules. Mais il était un révolutionnaire qui permit à la révolution de devenir une religion — une fin en soi plutôt qu'un moyen en vue d'une fin.

Pendant les années trente, Sukarno fut à diverses reprises jeté en prison ou exilé par les Hollandais pour ses activités nationalistes, et ces expériences pénibles le laissèrent avec un féroce ressentiment dont il ne parviendra jamais à se débarrasser. Même lorsque la République indonésienne fut définitivement instaurée et protégée, il poursuivit sa propre révolution personnelle contre ses anciens maîtres coloniaux en fomentant des troubles en Nouvelle-Guinée occidentale néerlandaise.

Quand je le rencontrai en 1953, il consacra la plus grande partie de notre entrevue, non pas à l'examen des redoutables problèmes auxquels se trouvait confronté son propre pays, mais à l'évocation circonstanciée de ses visées territoriales sur la Nouvelle-Guinée occidentale, ou Irian, comme l'appellent les Indonésiens. Je ne fus pas surpris outre mesure. L'obsession de Sukarno avec l'Irian était légendaire. A Canberra, quelques jours plus tôt seulement, le Premier ministre australien Robert Menzies m'avait prévenu que j'aurais probablement droit à une conférence sur le sujet. J'essayais sans cesse de ramener la conversation avec Sukarno sur ses propres problèmes politiques et économiques, mais en vain, les affaires de son pays ne l'intéressaient manifestement guère, et il réussit encore à me faire une autre conférence sur le Vietnam et sur la terrible perversité des Français. Quand je lui demandai ce que nous devrions faire au Vietnam, il répondit avec une brutale franchise : « Rien ! Vous y avez tout gâché en refusant de soutenir Hô Chi Minh. »

Au début des années soixante, Sukarno ordonna des raids contre la Nouvelle-Guinée néerlandaise et finit par s'en emparer. Mais sa « splendide victoire » fut en réalité une victoire à la Pyrrhus. Quelques années plus tard, en effet, il se trouvait évincé du pouvoir. Alors qu'il était occupé à fulminer contre l'Irian, les communistes, encouragés par l'extrême pauvreté et les désordres intérieurs de l'Indonésie, ses relations de plus en plus amicales avec Pékin et l'existence de ministres communistes au sein de son gouvernement, étaient devenus de plus en plus puissants et agressifs. Certes, Sukarno proclamait qu'il était lui-même un anticommuniste. « Je n'ai pas à m'inquiéter au sujet des communistes », se vanta-t-il auprès de moi quand il vint à **Washington** au milieu des années cinquante. « J'ai tout le pouvoir qu'il faut pour les mettre au pas. » Mais en 1965, les communistes tentèrent de saisir le pouvoir par un coup d'État qui fut brutalement réprimé par l'armée, laquelle dépouilla Sukarno de toutes ses prérogatives, pour finalement le placer en résidence forcée en 1966. Il mourut quatre ans plus tard.

Sukarno est le meilleur exemple que je connaisse d'un chef révolutionnaire capable de détruire très habilement un système, mais totalement incapable de fixer son attention sur sa reconstruction. Pourtant, les matières brutes étaient là : l'Indonésie, après l'Inde et les U.S.A. la nation la plus nombreuse quantitativement du monde non communiste, avait plus de ressources naturelles que tout autre pays du Sud-Est asiatique. Malheureusement, ce pays favorisé par la nature était privé d'une direction politique appropriée. Sukarno distraya son peuple pendant un temps de ses problèmes, mais il ne commença jamais à les résoudre.

Les populations indonésiennes restaient désespérément pauvres malgré les immenses richesses de l'archipel. Sukarno essayait de les sustenter, non par la prospérité matérielle, mais par ce qu'il appelait « la richesse de l'imagination symbologique ». Son programme économique de 5 100 pages, qui ne fut jamais appliqué, était divisé en 8 volumes, 17 chapitres et 1 945 sujets, en commémoration du jour où l'Indonésie reçut son indépendance des Pays-Bas : le 17 août 1945. Entre-temps, comme Kwame Nkrumah, Achmed Sukarno dépensa l'argent de son pays avec autant de prodigalité que d'inconscience ; le résultat ne se fit pas attendre, et l'Indonésie se retrouva avec le taux d'inflation le plus élevé dans le monde d'après-guerre.

Sukarno était un homme consumé par les passions, par les passions politiques comme par les passions physiques. Il évoquait la révolution dans les mêmes termes sensuels qui lui servaient à décrire les jolies femmes qui peuplaient son palais de Djakarta quand je le visitai, en 1953. A ses yeux, la révolution était un spasme cathartique national constituant un bien absolu en soi en dépit de tous les dommages qu'il pouvait provoquer, et il croyait qu'elle pouvait être perpétuée indéfiniment. Cette mystique sensuelle de la révolution apparaît très nettement dans cette déclaration de Sukarno :

« Je suis fasciné par la révolution. Je suis complètement absorbé par elle. Je suis affolé, obsédé par son romantisme... La révolution surgit, éclate, tonne dans presque chaque coin de la terre... Venez... Frères et sœurs, continuez à attiser les flammes du feu bondissant... Soyons ces bûches qui nourrissent les flammes de la révolution ! »

Alors que j'étais en Indonésie, j'observai Sukarno s'adressant à un rassemblement de plusieurs milliers de personnes. Il garda l'assistance sous son charme pendant plus d'une heure, puis termina sa péroraison par la répétition rituelle du mot *merdeka,* le cri de guerre de la révolution indonésienne et un terme signifiant à la fois liberté, dignité et indépendance. La foule ne cessa de lui répondre en scandant à l'unisson : « *Merdeka ! merdeka !* », pour enfin atteindre un état de frénésie presque incroyable. Je regardai Sukarno. Son excitation était palpable. Il était radieux.

Sukarno était très bel homme, et il le savait ; il savait qu'il exerçait une fascination magnétique sur ses congénères. Certains des orateurs politiques les plus doués de ma connaissance sont des hommes posés et réservés, presque timides, dans le cadre privé. J'ai toujours eu l'impression que leur charisme public était une qualité qu'ils gardaient jalousement en réserve pour les situations qui l'exigeaient. Mais Sukarno, lui, était tout d'une pièce. Il n'y avait pas en lui le moindre soupçon d'artifice ou de calcul. La ferveur d'une foule était subsistance pour lui, aussi importante que pour d'autres le pain et le vin. La révolution déclenche des passions et conduit les hommes à s'abandonner de la façon la plus audacieuse à leurs impulsions ; Sukarno, lui, cherchait à continuer indéfiniment la révolution. Je ne fus pas surpris de lire, dans les souvenirs de Khrouchtchev, que lorsque l'Indonésie commença à solliciter une aide financière de l'Union soviétique, Sukarno demanda immédiatement de l'argent pour la construction d'un stade géant. Nikita Khrouchtchev en resta perplexe ; il avait pensé que les Indonésiens lui demanderaient des vivres, qui sait, des armes... Mais Sukarno voulait un lieu où il pourrait continuer à tenir ses gigantesques meetings populaires, célébrer ses grand-messes à la gloire de la révolution.

L'un des principaux problèmes que connaissent les nations du Tiers Monde est constitué par l'absence d'une véritable classe moyenne. C'est pourquoi opulence et indigence s'y côtoient fréquemment. Mais je n'ai vu nulle part de contraste aussi criant entre riches et pauvres que dans le Djakarta de Sukarno. En 1953, alors que nous roulions vers la ville en venant de l'aéroport, nous vîmes des égouts à ciel ouvert et des kilomètres et des kilomètres de misérables baraques. Mais le chef de l'État, Sukarno, vivait dans un palais entouré de plusieurs hectares de merveilleux jardins. Quand nous arrivâmes devant l'entrée principale, il nous attendait en haut des marches d'un escalier monumental, revêtu d'un élégant costume d'une blancheur immaculée. Le palais lui-même, également d'une blancheur éclatante, brillait avec une telle intensité sous la lumière crue du soleil que nous dûmes en détourner le regard.

Sukarno était un hôte très digne qui ne témoignait en rien de cette flagornerie obséquieuse dans laquelle sombrent beaucoup de dirigeants de pays moins importants quand ils reçoivent les représentants des grandes puissances. Contrairement à eux, il n'avait pas le moindre complexe d'infériorité, et on aurait plutôt pu dire l'inverse. Il parlait un excellent anglais et fut d'un charme presque condescendant en nous guidant à travers son somptueux palais, rempli d'objets d'art indonésiens d'une valeur inestimable, et de très belles femmes indonésiennes. Le dîner fut exquis cette nuit-là. Nous mangeâmes à la lueur de milliers de torches, près d'un grand lac artificiel dont la surface scintillante était parsemée de fleurs de lotus blanches. Le repas fut servi dans une vaisselle dorée.

Sukarno, cependant, continuait à aimer les choses plus simples de la vie. Il me dit que la salle de bains des invités comprenait à la fois une douche moderne et une vieille baignoire métallique, ajoutant qu'il préférait lui-même la dernière. Malgré les excès de son mode de vie, il avait su maintenir un contact étonnamment direct avec les habitants déshérités de son pays. J'ai toujours aimé, pendant toute ma carrière d'homme politique, franchir les cordons des cortèges officiels et prendre des bains de foule, serrer des mains et discuter avec ces hommes et ces femmes que les services d'ordre ont trop tendance à tenir éloignés de nous. Certains dirigeants que j'ai rencontrés dans d'autres pays, de même que beaucoup de membres de notre corps diplomatique — surtout en Asie — estimaient que le procédé n'était pas très digne. Pas Sukarno. Il fit exactement la même chose alors que nous roulions à travers la campagne indonésienne, qui était plus pauvre encore que les quartiers misérables de Djakarta que nous avions vus à notre arrivée. Nous nous arrêtâmes dans la maison d'un paysan et le regardâmes cuire des patates douces pour son repas du soir. Nous visitâmes également un café de village et bavardâmes avec le tenancier. Alors que les habitants semblaient effectivement étonnés de subitement voir le vice-président des États-Unis au milieu d'eux, ils furent à peine surpris par l'apparition de leur propre président. En fait, Sukarno avait l'habitude de sillonner les campagnes, de se mêler à son peuple et de passer la nuit dans quelque cabane à moitié effondrée.

Le charisme de Sukarno agissait autant sur les Américains que sur les Indonésiens. En 1956, je l'escortai quand il arriva aux États-Unis pour une visite officielle. Dans le cadre des réceptions organisées en son honneur, nous nous rendîmes au District Building, l'hôtel de ville de la capitale fédérale où Sukarno devait recevoir les clefs de la ville. Très gracieux et visiblement de bonne humeur, Sukarno avait belle prestance et fière allure dans son élégant uniforme kaki, avec sa chéchia et son bâton de commandement incrusté d'ivoire. Soudain, à l'effroi du service d'ordre mais à la grande joie de la foule, il se mêla aux badauds, serra la main aux hommes, commença des conversations animées avec les enfants et embrassa les femmes, dont la plupart réagirent par des exclamations de plaisir.

De même que Sukarno aimait se faire plaisir politiquement, de même il aimait se faire plaisir physiquement. J'ai récemment évoqué le personnage de Sukarno devant le président tunisien Habib Bourguiba, qui avait été lui-même un dirigeant révolutionnaire à la même époque et qui avait aussi bâti une nation. Quand je lui dis que Sukarno avait été un grand chef révolutionnaire, Bourguiba fronça le sourcil et secoua la tête. Non, répondit-il. D'abord, protesta Bourguiba, Sukarno avait été mis en place par les Japonais, avec lesquels il avait collaboré pendant la Seconde Guerre mondiale pour évincer les Hollandais d'Indonésie. Mais il ajouta encore une autre objection : « Je peux très bien me rappeler la visite de Sukarno dans notre pays, dit-il. Nous avions beaucoup de choses importantes à nous dire. Mais la première chose qu'il me demanda était *une femme !* »

Sukarno se maria au moins six fois dans sa vie. Pendant toutes les années qu'il passa au pouvoir, ses prouesses sexuelles ainsi que son insatiable appétit sexuel alimentèrent ragots et conversations. La documentation que je reçus du Département d'État avant mon voyage de 1953 soulignait cet aspect de son caractère et indiquait qu'il appréciait les compliments dans ce sens. Il était clair que la sexualité autant que la révolution satisfaisaient en lui le même besoin d'être adoré, de voir d'autres s'abandonner à lui. Malheureusement, c'est là exactement l'opposé des qualités que doit posséder le dirigeant efficace d'un pays en voie de développement. Sukarno, c'est évident, aurait dû accorder la priorité absolue non pas à la satisfaction de ses propres besoins, mais à la satisfaction des besoins énormes et terriblement urgents de son peuple. Sous son égide, au contraire, le gouvernement devint l'exercice obsessionnel de sa propre virilité politique et physique. Le colonialisme hollandais représentait pour lui une disgrâce et une humiliation personnelles, un défi à sa virilité. Les vingt années durant lesquelles il fut au pouvoir, il les passa en réaffirmant sa virilité par une existence personnelle indisciplinée et en émettant des bruits menaçants en direction de la Nouvelle-Guinée hollandaise. Il finit par être dévoré par ses passions.

Sukarno et Nkrumah illustrent à eux deux l'une des vérités regrettables concernant l'art du gouvernement : à savoir que les hommes les plus doués pour toucher le peuple au niveau des émotions ont souvent les plus mauvais programmes.

Disons-le tout net : la démagogie est payante. Précisément parce qu'il est dépourvu du sens des responsabilités, le démagogue est libre de couler son message dans le moule de la plus troublante émotivité pour ainsi atteindre les instincts les plus bas de son audience. La peur et la haine sont des forces puissantes ; les démagogues peuvent les mobiliser à leur profit. L'espoir est également une force puissante, et les démagogues sont très habiles dans l'art de susciter de faux espoirs, de duper ceux qui cherchent si désespérément à les croire et qui hypothèquent ainsi leur avenir pour une chimère.

Sukarno avait un programme — le rejet du joug colonial — autour duquel il bâtit son message. Mais au-delà de cet appel à la libération de la tutelle étrangère, son régime fut un désastre pour le peuple indonésien. Il se trouvait toutefois qu'il le tenait bien en main, à cause de l'impact émotif du *merdeka*, à cause de son propre magnétisme animal et de son flair d'orateur populaire, à cause aussi de sa belle prestance et de ses façons cavalières propices au culte du héros.

Ce n'est sans doute pas par hasard que tant de nouveaux chefs de nations nouvelles, surgies de l'effondrement progressif des grands empires coloniaux, ont été des démagogues. Quand le but d'une action politique se résume dans la volonté de secouer le joug colonial, cette action simple et univoque convient parfaitement à la démagogie et la démagogie lui convient. En fait, pour transformer une nation en une armée de citoyens ou pour le moins donner l'impression qu'une telle transformation est possible, il faut un fort degré de mobilisation émotionnelle. Nul besoin ici de la démarche savamment dosée et équilibrée qui constitue l'essence du gouvernement démocratique. Il s'agit simplement de modeler la population en une force suffisamment menaçante pour persuader la puissance dominante qu'il serait dangereux ou futile de vouloir s'imposer plus longtemps.

Jawaharlal Nehru en Inde était ce que Nkrumah et Sukarno n'étaient pas : un dirigeant révolutionnaire charismatique qui était aussi un bâtisseur de nation. Mais il partageait néanmoins avec ces derniers un certain défaut. En effet, l'obsession de Nehru pour le Cachemire ressemblait assez à celle de Sukarno pour l'Irian, et la préoccupation du rôle qu'il avait à jouer dans la politique du Tiers Monde semblait souvent devancer sinon même éclipser son souci des besoins propres de l'Inde.

Nehru était brillant, hautain, aristocratique, un homme d'un caractère vif et d'un énorme ego. Il vouait un culte passionné à l'Inde et aux idéaux d'indépendance et d'unité nationale. Malheureusement pour l'Inde, comme tant d'autres intellectuels de l'époque, il était aussi fasciné par la théorie socialiste. L'Inde n'a pas cessé de payer un prix exorbitant pour les efforts entrepris par Nehru et ensuite par sa fille en vue d'imposer cette théorie d'une manière arbitraire au vaste bouillonnement des populations de l'Inde, avec ses longs siècles de traditions tenaces et ses millions de déshérités vivant au jour le jour.

Nehru naquit en 1889 à Allahabad, dans ce qui est aujourd'hui une partie du Pakistan. Son père était un riche brahmane originaire du Cachemire et l'un des avocats les plus réputés de l'Inde. Les liens ancestraux de Nehru avec le Cachemire expliquent sans doute pour une part non négligeable son obsession ultérieure pour la question du Cachemire, sa détermination féroce à intégrer le Cachemire dans l'Union indienne et son opposition non moins féroce au plébiscite par lequel le peuple du Cachemire aurait lui-même décidé de son sort, décision qui aurait presque certainement favorisé le Pakistan au détriment de l'Inde.

Nehru lui-même reçut l'éducation et la formation d'un gentleman anglais à Harrow et Cambridge, et il fut admis au barreau anglais en 1912. De retour en Inde, il se consacra pendant un certain temps à sa carrière d'avocat. Mais il fut révolté par le fameux massacre d'Amritsar de 1919 et se dévoua à partir de ce moment-là à la cause de l'indépendance indienne. Devenu disciple du Mahatma Gandhi, son évolution politique le conduisit toutefois à se situer à gauche de Gandhi, et il se montra moins lié que le Mahatma à la non-violence ; il prêchait certes la non-violence aux autres, mais n'hésitait pas à recourir à la force quand les intérêts vitaux de l'Inde étaient en jeu. Dans les campagnes électorales, il pouvait se révéler infatigable. Pour les élections de 1937, en tant que président de la commission exécutive du parti du Congrès, il couvrit 175 000 kilomètres en vingt-neuf mois et prononça 150 discours dans une seule semaine.

Pendant les années trente, Nehru fut fréquemment jeté en prison pour ses activités de résistance à la domination britannique et au système en place. Il fut également emprisonné au cours de la Seconde Guerre mondiale pour avoir refusé d'apporter l'aide de l'Inde à la Grande-Bretagne dans sa lutte contre les puissances de l'Axe si l'Inde ne recevait pas immédiatement son indépendance. Certains de ses meilleurs écrits ont été rédigés en prison, y compris son autobiographie et une histoire universelle sous forme de lettres adressées à sa fille. A la fin de la guerre, il prit part aux négociations qui devaient conduire à la partition du subcontinent et à la création des deux nations indépendantes de l'Inde et du Pakistan. Il devint le premier Premier ministre de l'Inde en 1947 et conserva ce poste jusqu'à sa mort en 1964.

D'une taille moyenne, environ un mètre soixante-quinze, Nehru avait des traits réguliers, un nez aquilin et des yeux bruns plutôt sombres dont le regard pouvait être d'une grande intensité. Il avait un maintien d'une élégance aristocratique. Son anglais, autant parlé qu'écrit, était impeccable et posé. Il pouvait aussi être un orateur charismatique. Je ne l'ai jamais entendu s'adressant à une foule, mais sa capacité de fasciner d'immenses auditoires était légendaire. On rapporte qu'il lui arriva de tenir en haleine une foule d'un million de personnes. Les centaines de milliers qui ne pouvaient pas entendre ses paroles étaient captivés par sa seule présence.

De tous les grands dirigeants du monde que j'aie connus, Nehru comptait incontestablement parmi les plus intelligents. Il pouvait aussi être arrogant, désagréable, atrocement pharisaïque, et il avait un complexe de supériorité qu'il ne se donnait pas beaucoup de peine à dissimuler.

Il fut aussi confronté à des défis qui auraient renversé un homme de moindre envergure.

Quand je vis pour la dernière fois le chah d'Iran, c'est-à-dire à Cuernavaca au Mexique en 1979, il évoqua certains des problèmes qui avaient préoccupé Nehru et tous les autres dirigeants indiens. Il compara l'Inde avec la Chine : « Les Chinois sont un seul peuple, expliqua-t-il. Ils parlent peut-être des dialectes différents, mais leur langue écrite est universelle. Ils ont un sens de la communauté où qu'ils soient, en Chine ou en dehors de la Chine, qui les attire réciproquement. Ils peuvent être violemment opposés sur des questions politiques, mais en dernière analyse ils se considèrent tous comme étant d'abord des Chinois et ils sont très fiers de leur héritage chinois. » « L'Inde, observa-t-il ensuite, est un vaste enchevêtrement de races, de religions et de langues. Il n'existe pas de langue spécifiquement indienne. La seule façon pour les Indiens de se comprendre dans leur Parlement est de parler anglais. »

Il nota que les populations du subcontinent indien représentent six grandes religions et parlent quinze langues principales et des milliers de langues secondaires et de dialectes, et que l'histoire de l'Inde est d'une telle complexité qu'il n'est même pas possible d'y dénombrer toutes les variantes raciales ou ethniques. Il indiqua encore que l'Inde n'avait pas été une nation avant sa réunion sous l'égide coloniale anglaise. Il remarqua aussi que l'Inde était un pays qui avait trop d'habitants et pas assez de ressources, alors que la Chine, malgré son énorme population, dispose de ressources considérables et du potentiel requis pour se nourrir et se vêtir.

L'argument du chah était que l'Inde constituait un pays pratiquement ingouvernable et que seul un puissant génie politique pourrait réussir à en maintenir la cohésion. Nehru y parvint, précisément. Il s'acharna aussi — et ce fut là son grand mérite — à conserver et à développer les institutions démocratiques, alors que les formidables problèmes économiques et sociaux qu'il lui fallut affronter auraient pu le tenter à opter pour la voie dictatoriale.

Avant ma rencontre de 1953 avec Nehru en Inde, certains m'avaient déclaré qu'il était antiaméricain. Pour d'autres, il était antianglais. D'autres encore m'avaient dit qu'il était tout simplement anti-Blanc ! Peut-être y avait-il une part de vérité dans chacune de ces affirmations, mais en me fondant sur le témoignage de mes propres conversations avec lui, je serais assez tenté de dire avec feu Paul Hoffman que Nehru était en réalité passionnément pro-indien.

Malgré ses années de lutte contre la domination britannique et les souffrances endurées dans les geôles de l'occupant, Nehru continuait à goûter la poésie anglaise et passait parfois ses vacances en Angleterre. Il se plaça sur le devant de la scène comme porte-parole du Tiers Monde et architecte du « non-alignement », mais il ne laissait passer aucune occasion pour faire sentir au monde que l'Inde tenait à être considérée comme une grande puissance. Homme fier qu'il était, il avait dû ressentir très cruellement la situation de citoyen de seconde zone qui était celle des autochtones en Inde sous la domination anglaise. Mais la condescendance et la hauteur dont il fera plus tard preuve en s'adressant au reste du monde sembleront être naturelles chez lui, venir en quelque sorte du dedans, de l'intimité de son être. Cette suffisance se trouva sans doute accentuée par l'adulation dont il faisait l'objet de la part du peuple indien. Sa popularité sans cesse croissante au cours des années trente amena sa femme et sa fille à parfois le plaisanter gentiment dans la vie quotidienne, en lui disant par exemple : « Ô Joyau de l'Inde, quelle heure est-il ? » ; ou encore : « Ô Incarnation du Sacrifice, pourriez-vous nous passer le pain ? »

Quand je rencontrai Nehru en 1953, il consacra moins d'un quart d'heure de notre temps aux relations entre nos deux pays. Mais il passa plus de la moitié de ce temps à me faire un exposé concernant les dangers que constituait pour l'Inde un Pakistan militariste et agressif. Bien que ses propos eussent traité de la menace supposée du Pakistan contre l'Inde, son attitude annonçait déjà ce qui allait se passer dix-huit ans plus tard, quand l'armée indienne dotée de matériel soviétique, sous la direction de sa fille, démembra le Pakistan et faillit même le rayer de la carte, objectif que je contribuai sans doute à interdire aux Indiens en faisant alors « pencher la balance » de la politique américaine en faveur du Pakistan.

Vu rétrospectivement, c'était là sa grande faiblesse : avoir consacré une si large part de ses incontestables talents et de son énergie au conflit entre l'Inde et le Pakistan. Nehru était suffisamment capable et avait suffisamment de volonté pour résoudre la question du Pakistan pacifiquement. Malheureusement, il ne parvint pas à s'y résoudre de son vivant. Le conflit indo-pakistanais est l'un des exemples les plus tragiques du gaspillage des deniers publics en dépenses militaires insensées. Pendant plusieurs dizaines d'années, deux des nations les plus pauvres du monde, où des millions d'hommes et de femmes croupissent dans des conditions de pauvreté révoltantes, ont dépensé des milliards de dollars par an, non pas pour se protéger d'une éventuelle agression pouvant venir du nord, mais pour se défendre l'une contre l'autre.

Néanmoins, au cours de nos entretiens, Nehru fit valoir un argument que je jugeai pertinent. Il indiqua en effet que l'Inde, avec ses quatre cents millions d'habitants, essayait d'atteindre la prospérité, le progrès et la justice par le moyen de la démocratie. La Chine, avec ses six cents millions d'habitants, essayait d'atteindre les mêmes objectifs par le moyen de la dictature. Il y allait donc de l'intérêt des États-Unis et de l'Occident en général de faire en sorte que l'expérience indienne réussisse, pour ensuite servir d'exemple à d'autres pays du Tiers Monde sur la voie de l'indépendance et du développement. En un mot, il fallait miser sur le succès du modèle démocratique, non sur celui du modèle communiste. Bien entendu, cet argument était intéressé : Nehru nous demandait une aide accrue. Mais il avait aussi sa logique propre.

Cependant, une des raisons de la persistance tenace des difficultés économiques de l'Inde était la propre adhésion obstinée de Nehru au socialisme. S'il était vrai, comme le soulignait Nehru, que l'Inde et la Chine étaient les deux rivaux d'une compétition entre le modèle démocratique et le modèle totalitaire, l'Inde ne représentait certainement pas la libre entreprise. Nehru avait lu Marx en prison ; vers le milieu des années trente, il prêchait le socialisme et engageait ses disciples à se constituer en syndicats d'ouvriers et de paysans. En fait, son attirance première vers les idées socialistes n'était guère surprenante. Il était l'enfant des privilèges, élevé avec une conscience sociale. L'Inde dans laquelle il grandit n'était ni une démocratie industrielle ni même une démocratie agricole. C'était un système de castes doté d'une hiérarchie extrêmement rigide dans lequel de fabuleuses richesses permettaient à certains une vie de légendaire opulence, tandis que des millions d'autres n'avaient d'autre perspective d'avenir qu'une rongeante indigence dont seule une mort prématurée pouvait apporter la délivrance.

L'Inde avait besoin de productivité à partir de la base. Elle reçut à l'inverse, dans le domaine de l'économie, de l'idéologie à partir du sommet, avec des couches et des couches d'une bureaucratie paperassière qui mettait son nez dans tout ce qui bougeait. L'Amérique à elle seule a octroyé à l'Inde plus de 9 milliards de dollars d'aide depuis son indépendance. Mais cet argent a servi beaucoup plus à remédier aux insuffisances de la planification socialiste qu'à la construction d'une économie saine et autonome.

Le flirt de Nehru avec le socialisme ainsi que son obsession pakistanaise devaient figurer, malheureusement, parmi les préjugés transmis à sa fille, Indira Gandhi. Elle fut témoin des conversations que j'eus en 1953 avec Nehru et fit d'ailleurs fonction d'hôtesse pour nous recevoir, ma femme et moi. Je dois dire qu'elle se montra tout à fait aimable et prévenante pendant toute la durée de notre séjour. Quand je la rencontrai de nouveau des années plus tard, alors qu'elle était Premier ministre de l'Inde et moi président des États-Unis, il était clair qu'elle était bel et bien la fille de son père : son hostilité à l'égard du Pakistan était encore plus marquée que la sienne.

Jawaharlal Nehru était incontestablement un très grand dirigeant révolutionnaire. Dans mes entretiens avec lui, je pouvais sentir pourquoi il exerçait une attirance si puissante sur le peuple indien. Il y avait en lui une sorte de mysticisme d'un autre monde, mais associé à une connaissance très sûre des éléments du pouvoir et une volonté de se servir du pouvoir — jusqu'à ses extrêmes limites le cas échéant.

Son legs est l'Inde. Mais c'est aussi l'amertume persistante de l'âpre conflit entre l'Inde et le Pakistan.

Seul un homme d'une immense envergure pouvait maintenir la cohésion de l'Inde pendant la période critique des premières années de son indépendance, résister aux forces centrifuges qui s'exerçaient contre son unité. Car, comme le laissaient entendre les commentaires du chah, il n'était pas plus dans l'ordre naturel des choses pour l'Inde d'être un seul pays que ce l'était pour l'Europe ; linguistiquement, ethniquement et culturellement, l'Inde est même une région plus diversifiée que l'Europe. Mais il reste à savoir si le maintien de cette cohésion profita effectivement aux populations indiennes. L'unité est parfois plus importante pour les unificateurs que pour les unifiés. Si moins d'énergie avait été dissipée pour contenir les forces centrifuges naturelles du pays, on aurait peut-être pu faire plus pour améliorer les conditions de vie des habitants de l'Inde.

C'est devenu un cliché que d'évoquer l'Inde comme « la démocratie la plus peuplée du globe ». Nul ne peut savoir si l'Inde eût été plus favorisée en étant divisée en plusieurs nations. D'ailleurs, la question n'est plus là : Nehru en a fait une seule nation, a maintenu la cohésion de cette nation et a su en préserver les structures démocratiques. Il est arrivé à sa fille de recourir à des moyens dictatoriaux pour garder ou reprendre le pouvoir. Je ne crois pas que

Nehru lui-même aurait eu recours à de tels procédés. Il me fit en tout cas l'impression d'être fermement attaché au maintien et au développement des institutions et procédures démocratiques. Si l'on considère l'énormité des tâches auxquelles Nehru se trouva confronté, sa réussite est à compter parmi les prestations les plus extraordinaires de l'après-guerre.

UN BÂTISSEUR DE LA NATION PHILIPPINE : MAGSAYSAY

L'histoire est pleine de spéculations et d'interrogations passionnantes concernant « ce qui se serait passé si... ». A mes yeux, l'une des plus affligeantes de ces questions est celle-ci : Que se serait-il passé si Ramon Magsaysay, le président de la République des Philippines, n'avait pas été tué dans un accident d'avion, en 1957, âgé de quarante-neuf ans seulement ?

Magsaysay fut l'un des dirigeants les plus remarquables parmi tous ceux qui émergèrent comme chefs des nations nouvelles apparues après la Seconde Guerre mondiale. Il n'avait pas, comme Nkrumah, Sukarno ou Nehru, conduit son pays à l'indépendance. Les Philippines se virent octroyer librement leur indépendance par les États-Unis en 1946. Magsaysay en devint le président en 1953. Au moment de sa mort, il était sur le point d'être réélu à la magistrature suprême en un raz de marée de suffrages.

Peut-être tenons-nous là une des raisons de sa réussite. Magsaysay n'avait pas été un chef révolutionnaire ; il n'avait donc ni raison psychologique ni raison politique de fabriquer une révolution permanente ou d'en créer un substitut sous la forme d'aventures extérieures. Il pouvait concentrer l'ensemble de ses talents exceptionnels sur l'accomplissement de la tâche qui lui paraissait primordiale : apporter la sécurité, la stabilité et le progrès au peuple philippin.

Cependant, en poursuivant cette tâche, Magsaysay devait mener une lutte non moins rude que celles qui attendaient les autres conducteurs d'hommes et de nations dans la période troublée de l'après-guerre. MacArthur avait libéré les Philippines des Japonais, mais pas des ravages provoqués par les combats et le passage des armées. L'économie et l'esprit du pays avaient été gravement touchés par la guerre et par l'occupation japonaise. Une fois que le pays eut obtenu sa pleine et totale indépendance, il dut se battre pour survivre, et se battre aussi durement que les vaincus de la Seconde Guerre mondiale. Le traité de libre-échange entre les U.S.A. et les Philippines fut certes d'un grand secours, comme les 800 millions de dollars d'aide américaine accordés de 1945 à 1955. Mais le gouvernement n'avait pas à faire face seulement à une économie ruinée, il lui fallait aussi relever le défi posé par une nation secouée par de violents désaccords politiques.

Sous certains aspects essentiels, les Philippines ressemblaient assez à l'Italie d'après-guerre. Les deux nations avaient été ravagées spirituellement et économiquement par le conflit. Les deux étaient exposées à une menace communiste autrement redoutable que celle qui pesait sur le Japon, sur l'Allemagne ou sur tout autre pays d'Europe. Les deux se retrouvaient essentiellement livrées à elles-mêmes après la fin de la guerre, ce qui signifiait qu'il leur fallait affronter directement le péril communiste sans pouvoir s'en référer à l'autorité suprême d'une puissance d'occupation. Et les deux nations avaient des chefs à d'importants moments critiques — de Gasperi en Italie de 1945 à 1953, Magsaysay aux Philippines de 1950 à 1957, d'abord comme ministre de la Défense puis comme président — qui surent relever le défi avec courage, imagination et honnêteté.

Quand les communistes promettaient aux Italiens de les délivrer de la misère et du désespoir, Alcide de Gasperi ne pouvait pas, comme Konrad Adenauer, simplement désigner du doigt la frontière de l'est et déclarer à son peuple que les preuves des promesses communistes se trouvaient là. Il lui fallait être plus rusé que les communistes, être plus fin manœuvrier qu'eux, tout en prouvant aux Italiens que sa voie à lui était la seule pouvant réellement conduire à la prospérité et la liberté. Sa tâche se situait sur deux niveaux intimement liés mais souvent séparés : battre les communistes, et nourrir, vêtir et inspirer son peuple.

Quand son tour vint aux Philippines, Magsaysay mena également un combat sur deux fronts contre les communistes. Sa nation avait été autant secouée émotivement par la guerre et l'occupation japonaise que l'Italie l'avait été par la guerre et le fascisme. En fait, MacArthur me fit observer un jour que le peuple philippin, par rapport aux autres nations engagées dans la guerre du Pacifique, avait eu à déplorer le plus fort pourcentage de pertes en vies humaines. Alcide de Gasperi devait faire face à un parti communiste solidement structuré et amplement subventionné ; Ramon Magsaysay devait se battre contre un puissant groupe d'insurgés communistes, les Hukbalahaps, et en même temps revigorer son peuple et, comme de Gasperi, lui offrir un choix plus positif que le séduisant chant de sirènes des communistes. S'il mourut avant d'avoir pu entièrement accomplir sa tâche, il fit néanmoins de grands progrès en un court laps de temps, et son exemple fut comme un phare pour l'ensemble de l'Asie non communiste.

Magsaysay était un de ces chefs très rares associant un immense impact populaire à une formidable énergie et beaucoup de bon sens.

Quand je le rencontrai pour la première fois en 1953, il n'était encore que président élu et pas en fonctions. Je fus d'abord frappé par sa taille. Mesurant près d'un mètre quatre-vingts, il était très grand pour un Philippin. Il avait une présence naturelle, beaucoup de charme personnel et un magnétisme animal qui se révélait de façon spectaculaire dès qu'il surgissait devant une foule. A l'occasion de cette visite de 1953, je m'adressai à une réunion de vingt mille jeunes membres de la Chambre de Commerce des Philippines, un après-midi à Manille. Quand Magsaysay pénétra dans la salle, où il venait pourtant simplement s'asseoir sur l'estrade, la foule entra en délire. Le courant qui passa entre Magsaysay et les premières rangées de l'assistance avait l'intensité d'un éclair.

Magsaysay participa activement au mouvement de résistance pendant la Seconde Guerre mondiale, et il fut l'un des chefs de la guérilla contre l'occupant japonais. Il fut remarqué par MacArthur qui, en 1945, en fit le commandant militaire de la province de Zambales. Mais ce fut le succès de sa lutte contre un autre ennemi, les Huks, qui allait faire de lui un héros national.

Quelques années après la guerre, les Huks étaient devenus si puissants qu'ils pouvaient s'offrir le luxe d'entretenir un quartier général officiel en plein Manille. Vers 1950, il y avait plus de seize mille Huks, et dans certaines régions des Philippines, ils percevaient effectivement des impôts pour financer leurs propres écoles et fabriques.

Le moral de l'armée philippine était tombé à un niveau désespérément bas, et les forces armées ne servaient donc pas à grand-chose contre les Huks. Les conditions de vie en milieu rural étaient catastrophiques. MacArthur observa un jour que s'il avait été un paysan philippin, il serait probablement devenu un Huk lui aussi. L'une des sources de la force des Huks résidait dans leur promesse d'une réforme agraire. Les travailleurs de la terre étaient obligés, dans le système de métayage philippin, de ristourner une moyenne de soixante-dix pour cent de leurs maigres revenus à la classe héréditaire des propriétaires fonciers.

Magsaysay, alors député au congrès des Philippines, devint ministre de la Défense en 1950, et il déclencha avec vigueur et rapidité une opération sur deux fronts contre les insurgés communistes. D'abord il réorganisa l'armée ; il y fit régner la discipline en harcelant les unités par des inspections surprises qu'il effectuait en se déplaçant par avion d'un camp à l'autre ; les officiers négligents ou véreux furent renvoyés. Les principaux dirigeants communistes furent promptement capturés. Mais Magsaysay lança en même temps un plan extrêmement ambitieux de redistribution des terres. Il exécuta ainsi une sorte de mouvement d'encerclement politique qui détruisit la base même du pouvoir des Huks. « Je ne sais plus où caser tous les Huks qui se sont rendus », avoua-t-il à un moment donné.

Quand je le vis en 1953, il m'expliqua son approche du problème des Huks. « Les fusils seuls ne sont pas la réponse, affirma-t-il. Il nous faut apporter aux jeunes l'espoir d'une vie meilleure, l'espoir de pouvoir mieux manger, mieux s'habiller, et si nous y parvenons, les extrémistes disparaîtront d'eux-mêmes. » Cependant, s'il reconnaissait effectivement que les fusils seuls ne suffisaient pas, il n'était pas comme ces idéalistes naïfs qui s'imaginent qu'il ne faut pas de fusils du tout pour résister à l'agression totalitaire. Il soutint très activement nos efforts de défense mutuelle, battit les terroristes Huks au combat, et resta déterminé à employer la force contre les communistes chaque fois que cela pouvait se révéler nécessaire. « Entre notre façon de vivre et le communisme, déclara-t-il, il ne peut pas y avoir de trêve, pas de coexistence lénifiante, pas de terne neutralisme. Il ne peut y avoir que le conflit, total et sans rémission. »

Quand je rencontrai pour la première fois Magsaysay, il venait de remporter les élections présidentielles à une large majorité. Lorsqu'il fut désigné comme candidat par le parti nationaliste (après avoir rejeté la proposition de certains chefs du parti de prendre la tête d'un coup d'État militaire), il ouvrit sa campagne par ce qui fut sans doute le discours d'investiture le plus bref dans les annales de l'histoire politique. Il se leva et dit : « Je suis un homme d'action ; pour cette raison, je ne suis pas un orateur ! » Puis il se rassit. Néanmoins, lors de mon second voyage aux Philippines, en 1956, je le vis à l'œuvre comme orateur. Cinq cent mille personnes s'étaient rassemblées au parc Luneta de Manille pour y célébrer le dixième anniversaire de l'indépendance des Philippines. Je parlai le premier, représentant les États-Unis. Puis, juste au moment où Magsaysay monta à la tribune, une violente pluie tropicale se mit à tomber du ciel chargé de gros nuages gris. Des membres de son entourage se précipitèrent vers lui avec des parapluies. Magsaysay les repoussa. Il avait posé devant lui un texte préparé d'avance. Mais la pluie trempa le papier et le rendit inutilisable. Alors Magsaysay repoussa le papier et improvisa pratiquement tout son discours. Quand il avait commencé à pleuvoir, je m'étais attendu à voir la foule se disperser rapidement. Beaucoup s'en allèrent effectivement, mais des milliers restèrent, les yeux rivés sur Magsaysay, ignorant la pluie, envoûtés par sa voix, ses cadences, ses paroles, sa présence. Quand il acheva sa péroraison, toujours sans faire attention à la pluie, la foule lui fit une ovation tout simplement frénétique. J'avais rarement assisté à un tel tour de force oratoire.

Magsaysay brisa les règles de la vie politique philippine. Dans un pays où la corruption était monnaie courante, il resta férocement incorruptible. A l'occasion des élections de 1951, en sa qualité de ministre de la Défense, il se battit pour réduire l'influence des notables et de l'armée dans la politique locale (dans une localité, les forces de police étaient allées jusqu'à assassiner les électeurs de l'opposition) et parvint à imposer ses vues ; cette année-là, les élections furent honnêtes et régulières. Comme président, il ouvrit son palais de Manille à tout le monde et écouta patiemment les doléances des paysans et des ouvriers. Il se méfiait de l'opinion des spécialistes qualifiés d' « experts » et préférait se rendre dans les *barrios* et villages pour découvrir sur le terrain ce que le peuple ressentait et ce dont il avait besoin. Sur la route, il se penchait à la portière et touchait les mains des Philippins qui étaient sortis de chez eux simplement pour le voir passer.

Le grand homme d'État philippin, qui était aussi auteur et éducateur, Carlos Romulo, savait apprécier avec beaucoup d'esprit et d'humour les mœurs politiques de son pays. Lors d'une de mes visites à Manille, un membre du Sénat philippin s'était lancé dans une violente diatribe contre les États-Unis. Je m'enquis à son sujet auprès de Romulo. « Oh, dit-il, c'est un grand ami de l'Amérique. » « Eh bien, répondis-je, il a une drôle de façon de le montrer ! » Avec un éclair de malice dans les yeux, Romulo m'expliqua : « Vous ne comprenez rien à nos mœurs politiques ! S'il veut réussir, tout homme politique se doit ici de traîner les Américains dans la boue, tout en priant Dieu qu'ils ne partent pas ! » Une autre fois encore, il me dit : « Vous autres Américains, vous nous avez trop bien appris la leçon ! Nous avons fait nôtres tous les excès du système politique américain en les accentuant encore. »

Magsaysay était l'exception. En partie peut-être à cause de la confiance en soi inébranlable qu'il avait, mais je pense également à cause de son dévouement total au pays et au peuple philippins. Dans ce qu'il cherchait à accomplir, il était un idéaliste. Mais il avait aussi vu la guerre en première ligne et avait défait l'ennemi, autant l'envahisseur japonais que le terrorisme communiste. Il savait combien était difficile l'équilibre entre l'ordre et la liberté. Il voyait à travers le masque des nouveaux totalitaires. Il était farouchement décidé à ne pas les laisser s'affirmer aux Philippines. Il était un réaliste, parfaitement conscient de la longue route qui restait à faire, avec beaucoup d'épreuves et de désillusions jalonnant l'itinéraire. Mais il poussait son pays en avant, choisissant un moyen terme entre trop peu d'espoir et des promesses trop extravagantes. Il sentait passionnément qu'il avait une mission à remplir : donner aux masses philippines un gouvernement honnête, un gouvernement de progrès.

A l'occasion de ma venue de 1956, Magsaysay m'emmena visiter les sombres tunnels de l'île de Corregidor, où MacArthur avait vécu avec sa famille pendant le siège des îles Batanes. S'il s'était battu contre le Japon militariste, Magsaysay était suffisamment homme d'État et avait suffisamment le sens des réalités géopolitiques pour comprendre et admettre que les Japonais étaient destinés à jouer de nouveau un grand rôle en Asie. Il me dit que les Japonais étaient un peuple remarquable et qu'il pensait que les Philippins, qui avaient plus souffert de leur fait que n'importe quelle autre nation, les accepteraient de bon gré au sein de la communauté asiatique.

Il m'avait emmené à Corregidor sur son yacht présidentiel. La journée avait été longue, et nous descendîmes dans une cabine pour nous allonger sur des couchettes. Il était fatigué mais paraissait détendu ; il referma ses mains sous sa tête, regarda le plafond et évoqua pensivement ses réussites et aussi ses échecs. La réforme agraire se poursuivait. Beaucoup de paysans avaient été incités à quitter l'île surpeuplée de Luçon et avaient reçu des terres et des habitations sur d'autres îles de l'archipel. Il s'était lancé dans un projet ambitieux d'assainissement de toutes les sphères du gouvernement et de l'administration, de lutte contre la vénalité à tous les niveaux. Tout cela prendrait du temps. Mais il continuait à témoigner d'une vigueur indestructible et d'une totale confiance dans l'avenir.

L'année suivante, il était mort, tué dans un accident d'avion que beaucoup soupçonnent d'avoir été d'origine criminelle. Sa perte fut une tragédie pour les Philippines et pour toute l'Asie. Magsaysay était un chef charismatique qui savait maîtriser l'art si difficile de l'édification d'une nation, un chef dont son pays avait besoin pour sa direction et dont le monde avait besoin pour l'exemple qu'il donnait.

LES PIONNIERS D'ISRAËL : BEN GOURION, MEIR

Ces mêmes années du xxᵉ siècle qui virent l'effondrement des vieux empires coloniaux, l'émergence de superpuissances nucléaires rivales et le rétrécissement du globe à un jour de voyage ou une communication téléphonique directe immédiate, assistèrent aussi à une transformation parfois cataclysmique du Moyen-Orient. Des nations nouvelles y apparurent, des nations anciennes y retrouvèrent leur pleine indépendance, des rivalités immémoriales s'y rallumèrent. Des modernistes impatients s'y heurtèrent aux gardiens farouches des traditions. Civilisations et cultures y entrèrent en collision. Des ressentiments jaloux s'y accumulèrent, y subsistèrent et y éclatèrent.

Le Moyen-Orient est le carrefour du monde, le berceau de la civilisation ; ses sanctuaires sont vénérés par trois grandes religions. Il est aujourd'hui une région de nomades et d'érudits, de bazars et de laboratoires, de puits de pétrole et de kibboutzim, de parlements et d'ayatollahs. A certains endroits, les paysans continuent à se pencher sur les champs pierreux que cultivaient déjà leurs lointains ancêtres. En d'autres lieux, des femmes élégantes lisent les dernières revues du Caire, de Paris ou de Londres en se rendant à leurs bureaux modernes. Le Moyen-Orient est volatile, vulnérable, crucial dans le conflit entre l'Est et l'Ouest, pris entre des courants politiques contradictoires et changeants qui peuvent ici déboucher plus facilement qu'ailleurs sur de véritables explosions émotionnelles.

Dans cette période de changements et de bouleversements extraordinaires, cette région du globe a aussi produit quelques chefs extraordinaires.

L'un des plus remarquables a été David Ben Gourion, le père fondateur et le premier Premier ministre de l'État d'Israël. Ben Gourion consacra toute sa vie à une cause qui bouleversa le Moyen-Orient et, à sa manière particulière mais fondamentale, changea le monde.

Le président Eisenhower avait l'habitude de se référer à deux hommes comme à des « prophètes de l'Ancien Testament » : John Foster Dulles et David Ben Gourion. Je trouvais cette appellation paradoxale dans les deux cas. Dulles était un protestant américain dévot qui portait les doctrines du Nouveau Testament gravées dans son cœur et dans son esprit. Ben Gourion était un érudit des Saintes Écritures mais se disait lui-même laïque plutôt que religieux. « Puisque j'invoque si souvent la Torah, expliqua-t-il un jour, laissez-moi vous dire que je ne crois pas personnellement au dieu dont elle postule l'existence. Je veux dire par là que je ne peux pas me " tourner vers Dieu " ni prier un Être Tout-Puissant vivant aux cieux... Néanmoins, bien que ma philosophie soit laïque, je crois profondément au dieu de Jérémie et d'Élie. En fait, c'est pour moi une part essentielle du patrimoine juif... Je ne suis pas un homme religieux, et la plupart des premiers bâtisseurs de l'État d'Israël n'étaient pas non plus des croyants. Mais leur passion pour ce pays tirait son origine du Livre des Livres. » Il avait décrit la Bible comme étant « le livre unique le plus important de ma vie ».

Même paradoxale, la description d'Eisenhower était néanmoins pertinente. Dulles comme Ben Gourion tenaient de la Bible le sens d'une mission qui était la caractéristique la plus forte de chaque homme. La mission de Dulles était la défense de la liberté contre les empiétements du totalitarisme. La mission de Ben Gourion était le rétablissement des Juifs dans leur patrie palestinienne historique.

Ben Gourion était un homme de taille médiocre, ne mesurant qu'un mètre soixante ; mais il donnait l'impression d'être massif. Elle provenait en partie de sa stature carrée, de sa tête énorme, de son visage rubicond et de son épaisse crinière de cheveux blancs, mais aussi de sa présence imposante, accentuée par une lèvre inférieure projetée en avant, un menton volontaire et sa façon impérieuse de bouger. Certaines personnes font des vagues, Ben Gourion était de celles qui brisent les vagues.

Ben Gourion quitta la Pologne pour la Palestine en 1906, la même année qui vit la jeune Golda Meir émigrer de Russie vers les États-Unis. Il avait vingt ans quand il arriva à Jaffa comme immigrant clandestin, et il partit travailler dans une ferme du village galiléen de Séjera. Si le mouvement sioniste était sa vie, il disait toujours que les travaux des champs — faire fleurir le désert — lui procuraient les plus grandes joies. Quand il prit finalement sa retraite, il retourna dans le désert pour terminer sa vie à la campagne.

Pendant toute sa vie, Ben Gourion fut aussi un lecteur vorace et un auteur abondant. Il apprit le grec classique alors qu'il était déjà dans la cinquantaine, à seule fin de pouvoir lire Platon dans le texte. Il étudia aussi l'hindouisme et le bouddhisme. Il parlait neuf langues. En 1966, avec ma femme et nos deux filles Tricia et Julie, je lui rendis visite dans sa maison, qui était alors dans les faubourgs de Tel-Aviv. Il me fit entrer dans son cabinet de travail. Les livres étaient partout, s'empilaient et s'entassaient sur les quatre murs, semblaient déborder des rayonnages. Je pensais à cette pièce en visitant Mao en 1972 et 1976. Son propre cabinet de travail était pareillement encombré de livres et de manuscrits. Dans les deux cas, les livres n'étaient manifestement pas là pour faire étalage et éblouir le visiteur mais étaient partie intégrante de l'existence quotidienne de ces hommes, à la différence de ceux que j'ai vus dans les somptueuses bibliothèques des hôtels particuliers, où les volumes richement reliés sont souvent époussetés mais rarement ouverts.

Plus de quarante années passèrent depuis le jour où Ben Gourion débarqua à Jaffa et le jour du mois de mai 1948 où, devant un micro installé dans le musée de Tel-Aviv, il lut au monde entier le rouleau de l'indépendance d'Israël. Pendant ces quarante années, il se battit sous la domination turque, britannique et internationale pour faire de son rêve une réalité. Cependant, contrairement à d'autres chefs révolutionnaires, Ben Gourion ne put pas célébrer la paix en même temps que l'indépendance. Un jour seulement après sa déclaration, l'Égypte, la Syrie, le Liban, la Jordanie et l'Irak partirent en guerre contre le jeune État.

D'un point de vue militaire, les batailles les plus dures d'Israël ne furent pas livrées avant l'indépendance mais après. Dans ce sens, Israël constituait en quelque sorte une révolution permanente, d'abord contre le régime britannique, puis contre l'hostilité de ses voisins arabes. Heureusement pour Israël, Ben Gourion montra qu'il n'avait pas seulement la capacité de conduire une révolution — pacifique ou violente selon les circonstances — mais aussi d'édifier un État une fois la révolution achevée.

Ben Gourion était un idéaliste qui poursuivit pendant huit décennies le rêve de Sion. Il était un réaliste qui comprenait qu'une limite était imposée à la croissance géographique d'Israël par les forces hostiles qui entouraient le jeune État, et il était confiant dans les capacités propres des Israéliens d'exploiter au mieux ce qu'ils possédaient déjà. Et il était passablement utopiste en croyant que le Néguev, le désert méridional d'Israël, pourrait un jour fleurir.

D'autres dirigeants israéliens, à l'époque et depuis lors, ont convoité un espace territorial plus vaste pour leur peuple. Pas Ben Gourion. Il se qualifiait lui-même de « fou de néguéviste » et faisait valoir que la mission d'Israël était précisément de rendre le désert arable. Laissé inculte, disait-il, le désert constituait « un reproche pour l'humanité » et « un gaspillage criminel dans un monde qui n'arrive pas à nourrir sa population ». Rendu à la culture, affirmait-il, il pourrait fournir tout l'espace vital dont Israël avait besoin. Il évoquait avec amertume les terroristes et autres expansionnistes qui voulaient agrandir le territoire national d'Israël par le recours à la force ; il indiquait qu'Israël n'avait aucune raison d'exister sauf s'il était a) un État juif, et b) un État démocratique. Les « extrémistes », disait-il, qui recommandaient l'absorption de terres arabes, prive-raient Israël de sa mission : « S'ils réussissent, Israël ne sera ni juif ni démocratique. Les Arabes seront plus nombreux que nous, et il faudra des mesures répressives antidémocratiques pour les mainte-nir à leur place. »

Après la guerre des Six Jours de 1967, il surprit et offusqua beaucoup d'Israéliens en proposant que, à l'exception de Jérusalem Est et des hauteurs du Golan, les terres prises sur l'Égypte et la Syrie fussent restituées aux Arabes, puisque, selon lui, elles n'étaient après tout « que de l'immobilier ». « La suprême épreuve d'Israël, déclara-t-il, ne réside pas dans la lutte contre les forces hostiles à l'extérieur de ses frontières, mais dans sa réussite à arracher la fertilité au désert qui constitue soixante pour cent de son terri-toire. »

Ben Gourion fut le Thomas Jefferson, le George Washington et l'Alexandre Hamilton d'Israël ; son influence sur Israël et sur la vie israélienne d'aujourd'hui est persistante. Il rédigea la déclaration d'Indépendance d'Israël. Il organisa la première armée secrète juive et, agissant à la fois comme Premier ministre et comme ministre de la Défense après 1948, défendit Israël sur quatre fronts contre les Arabes. Après la meurtrière guerre d'indépendance, il conçut une stratégie de défense fondée sur des attaques préventives destinées à réduire le nombre des pertes israéliennes. Cette stratégie demeure appliquée actuellement. Il approuva le jugement public du criminel de guerre Adolf Eichmann, mais établit aussi des relations non officielles avec l'Allemagne fédérale et, malgré une vive opposition de ses concitoyens, accepta des dommages de guerre de Konrad Adenauer. Et sa politique intérieure était axée sur sa vision égalitaire d'un peuple uni travaillant en commun pour un seul objectif : le développement et la défense d'un État juif moderne.

Contrairement à d'autres conducteurs d'hommes dont la vie avait été consacrée à une seule et même cause, Ben Gourion n'avait pas une vision du monde limitée à Israël. Je trouvais ses observations solides, claires et déterminées non seulement pour ce qui concernait les relations entre Israël et les U.S.A., mais aussi pour ce qui était des affaires internationales dans leur ensemble. Il avait un sens très développé des proportions. Après la guerre des Six Jours de 1967, le général de Gaulle avait ouvertement critiqué Israël et, dans l'énervement du moment, avait eu quelques commentaires pas spécialement flatteurs sur les Juifs. Golda Meir ne le lui pardonna jamais. Mais Ben Gourion observa plus tard : « Je pense que nous avons été très injustes envers de Gaulle... La question n'est pas de savoir s'il aime ou n'aime pas les Juifs. Il a sauvé la France ! »

Dans les relations personnelles, il pouvait être aussi aimable que patient. En 1959, il nous rendit visite à Washington où il se trouvait en voyage officiel. Ma fille Tricia étudiait alors le judaïsme en classe de seconde à la Friends School, et elle était à la veille d'un examen. Elle assiégea Ben Gourion de questions. Il lui offrit une conférence d'une demi-heure sur notre héritage judéo-chrétien commun et lui expliqua pourquoi le sabbat juif coïncide avec notre samedi et non avec le dimanche, ainsi que la signification de la *menorah*. Tricia obtint la meilleure note à son examen et garda un souvenir inoubliable de cette rencontre.

David Ben Gourion était un phénomène unique, une force élémentaire de l'histoire. Il avait en lui l'ardeur, la foi, la certitude de l'homme qui s'en va là où les autres ne sont jamais allés et qui sait que ses pas changeront le monde. Certains diront que la création de l'État d'Israël était inévitable. Mais il faut souvent quelqu'un d'une force extraordinaire pour faire en sorte que l'inévitable se produise.

Les États-Unis et Israël partagent une distinction qui crée un lien extrêmement puissant entre eux. Ils ont été les deux principales destinations de l'émigration juive d'Europe et les havres principaux ayant accueilli les réfugiés juifs. L'attachement spirituel et émotif très intense que les Juifs ressentent partout pour Israël engendre une relation très particulière entre les Premiers ministres israéliens et les présidents américains. Beaucoup de personnes s'imaginent que cette relation privilégiée est uniquement affaire d'intérêt politique ou de spéculation politicienne. Bien entendu, les arrière-pensées politiques n'en sont pas exclues, ni les idéaux partagés et les considérations stratégiques. Cependant, d'une façon plus générale, l'État d'Israël a une importance unique pour les États-Unis parce qu'il a une importance unique pour tant d'Américains. Chaque président en est conscient et y réagit. A ses yeux, Israël ne pourra jamais être tout simplement un pays comme un autre.

De la même façon, pour moi Golda Meir ne pouvait pas être un dirigeant comme les autres. Nous entrâmes tous les deux en fonctions en 1969. Nous donnâmes tous les deux notre démission en 1974. Elle devint Premier ministre deux mois après ma propre inauguration. Elle ne quitta son poste que deux mois avant mon départ de la présidence. En fait, elle fut « mon » Premier ministre israélien ; je fus « son » président américain.

Pour nos deux pays, ces années furent difficiles et souvent éprouvantes. Nos relations passèrent parfois par des tensions extrêmes. Elle demandait souvent plus que ce que j'étais disposé à accorder. Je prenais parfois des initiatives ou favorisais des conditions qu'elle jugeait difficiles sinon même impossibles à accepter. Nous savions quel était le terrible enjeu de nos actions réciproques : l'équilibre entre l'Est et l'Ouest, les artères vitales du monde industriel et l'existence même de l'État d'Israël se trouvaient mis en péril par les conflits explosifs du Moyen-Orient. C'était une de ces situations où les deux protagonistes s'observent très attentivement, sachant qu'un faux pas de l'un ou de l'autre pourra se révéler fatal pour les deux. En outre, étant donné qu'il n'y avait pas et ne pouvait pas y avoir de solutions entièrement satisfaisantes pour l'esprit, il y avait nécessairement des vues largement divergentes sur la façon d'appréhender les conflits.

Cependant, passer ensemble par des crises graves peut aussi forger des liens singulièrement étroits. Voir un autre dirigeant à l'épreuve peut en donner la vraie mesure.

Georges Pompidou me dit un jour que Golda Meir était « une femme formidable ». Elle l'était et plus encore. Au cours de mes trente-cinq années de déplacements publics et privés à travers les États-Unis et le reste du monde, je ne pense pas avoir rencontré de personnalité plus puissante, homme ou femme. Si David Ben Gourion était une force élémentaire de l'histoire, Golda Meir était une force élémentaire de la nature.

Tout chef véritablement conscient de ses responsabilités ressent un fort sentiment de protection à l'égard de son pays. Mais chez Golda Meir ce sentiment de protection allait très au-delà de ce qui est habituel. C'était un sentiment féroce, instinctif, aussi intense que celui d'une mère pour son enfant. Israël était à ses yeux plus qu'un pays : c'était une cause qui transcendait l'appartenance nationale.

Certains hommes politiques sont des maîtres de l'intrigue, fabriquent des tissus de faux-semblants, abusent du crédule en faisant passer des suggestions pour des promesses, complotent et manœuvrent, vont et viennent en sens opposé. Pour Lyndon Johnson, c'était une seconde nature. Roosevelt y était passé maître. Pour beaucoup, l'intrigue est l'essence même de l'art du gouvernement, le moyen le plus efficace et parfois le seul pour naviguer entre les récifs des intérêts contradictoires et parvenir à des résultats. Pas pour Golda Meir. Elle était d'une rectitude absolue. Il n'y avait rien de tortueux en elle, rien de sournois. Mais par corollaire elle était implacablement déterminée. Il n'y avait jamais aucun doute quant à la position de Golda Meir, quant à ce qu'elle voulait ni pourquoi. Elle pouvait être, selon que l'exigeait la situation, une force irrésistible ou un objet immuable. Mais en tant qu'objet, elle était réellement immuable ; en tant que force, elle était réellement irrésistible.

Golda Meir avait le physique d'une femme dont la vie avait été toute de labeur. Son corps portait les traces de longues années d'un pénible travail manuel. Son visage montrait les signes d'une forte tension mentale et spirituelle. Mais il y avait aussi quelque chose de chaleureux dans son visage, quelque chose d'éminemment sympathique que les photographies d'elle ne restituent que rarement. Alors qu'elle était incontestablement une négociatrice tenace et obstinée, elle pouvait aussi être très franchement sentimentale, et ne pas s'en cacher. Brejnev pouvait être lui aussi très sentimental, éclater subitement en sanglots dans un élan de bonne volonté apparemment spontané. Mais chez Brejnev tout était compartimenté ; un peu plus tard, il pouvait parfaitement revenir à une confrontation hargneuse. Chez Golda Meir, tout était d'une pièce. Sa sentimentalité et sa détermination coulaient de la même source. Elle se révélait obstinée dans la négociation pour la simple raison qu'elle était profondément attachée à ce qu'elle cherchait à protéger en négociant.

Sa cordialité s'extériorisait spontanément, d'une façon simple et très humaine. Je peux très bien me rappeler sa première visite à la Maison-Blanche comme Premier ministre d'Israël, en 1969. Cette soirée-là devait revêtir une signification particulière pour elle. Pour elle qui était arrivée pour la première fois dans notre pays à l'âge de huit ans comme enfant de pauvres immigrants russes ; pour elle qui avait été élevée ici ; pour elle qui avait été maîtresse d'école dans le Milwaukee avant de partir pour la Palestine en 1921 ; pour elle enfin qui revenait maintenant comme chef du gouvernement de l'État d'Israël... Pendant le dîner officiel offert en son honneur, les larmes lui vinrent aux yeux quand l'orchestre des Marines entonna l'hymne national israélien puis le nôtre. Le dîner fut suivi d'un divertissement musical pour lequel nous avions obtenu la participation d'Isaac Stern et de Leonard Bernstein. Golda Meir était assise entre Mme Nixon et moi-même, totalement absorbée par la musique. A la fin du concert, elle se leva spontanément, alla vers les deux musiciens et les embrassa.

L'épisode le plus cruel de son mandat fut la guerre du Kippour de 1973. Alors qu'Israël frôlait la défaite, j'ordonnai au Pentagone d'employer tout notre matériel volant disponible pour constituer un pont aérien pour la livraison d'armes et d'équipement. Elle révéla dans ses écrits l'importance qu'avait eue cette initiative : « le pont aérien était inestimable. Non seulement il nous redonna du courage, mais il servit aussi à rendre claire la position américaine aux yeux de l'Union soviétique, et il servit incontestablement à rendre notre victoire possible. Quand j'appris que les avions (cargo) avaient atterri à Lydda, je pleurai pour la première fois depuis le début de la guerre... » Elle me déclara plus tard qu'à son avis mes initiatives, y compris le pont aérien et l'état d'alerte générale de toutes les forces militaires américaines à travers le monde quand les Soviétiques menacèrent d'envoyer des troupes dans la région, avaient sauvé Israël. Au mois de janvier de l'année suivante, lorsque fut annoncé le dégagement militaire israélo-égyptien, j'appelai Mme Meir au téléphone. Aux États-Unis la presse et tous les media étaient alors dominés par l'agitation provoquée par l'affaire du Watergate. A la fin de notre conversation, je fus profondément touché quand elle dit : « Prenez soin de vous et accordez-vous beaucoup de repos. »

S'il était typique pour Golda Meir de se montrer inflexible dans les moments de crise, cette recommandation maternelle était non moins typique d'elle.

Pour les Israéliens, elle était *Golda shelanou*, « notre Golda ». Elle avait l'habitude de se mêler à la population avec la plus grande aisance et la plus grande simplicité. Elle était ce singulier Premier ministre qui préparait la soupe ou le café pour les membres de son gouvernement réunis autour de sa table de cuisine, et qui discutait des affaires de l'État hébreu en allant et venant entre la table et la cuisinière.

Septuagénaire, elle ne ménageait guère ses forces, travaillait jusqu'à l'aube et fixait son attention autant sur les grands problèmes que sur les détails les plus infimes. Elle ne signait aucune lettre sans d'abord la lire, même quand il s'agissait d'une affaire de simple routine. Elle se rendait souvent elle-même à l'aéroport pour y accueillir de nouveaux immigrants, fondait parfois en larmes de joie quand elle les voyait apparaître. Elle fut durement secouée par les lettres de parents qu'elle reçut pendant et après la guerre du Kippour qui rendaient son gouvernement responsable de la mort de leurs enfants. Chaque perte en vies humaines était un coup porté directement contre elle. Quand Nasser engagea sa guerre d'usure dans le Sinaï, elle ordonna au commandement militaire de l'aviser sur-le-champ, à n'importe quelle heure du jour ou de la nuit, de chaque perte israélienne. Ses instructions furent appliquées à la lettre : une nuit elle fut ainsi réveillée pour apprendre que la guerre venait de coûter vingt-cinq brebis à Israël.

Beaucoup de dirigeants arrivent au sommet poussés par leur ambition personnelle. Ils recherchent le pouvoir pour le pouvoir. Pas Golda Meir. Durant toute sa vie, elle ne chercha qu'à accomplir une tâche, n'importe quelle tâche, et y mettait toute l'énergie et tout le dévouement dont elle était capable. Quand elle émigra en Israël en 1921, la raison en était son dévouement à la cause sioniste. Elle voulait aider et servir. Elle avait soixante-dix ans quand elle devint le quatrième Premier ministre israélien. Levi Eshkol venait de succomber à une crise cardiaque, et les autres dirigeants du parti travailliste s'adressèrent spontanément à elle comme étant la seule personne ayant suffisamment de prestige pour lui succéder sans déclencher des dissensions internes. D'abord elle protesta. Puis elle accepta. « Je devins Premier ministre parce que les choses se faisaient ainsi, de la même façon que mon laitier devint l'officier chargé du commandement d'un avant-poste sur le mont Hermon. Aucun de nous deux n'avait une prédilection particulière pour la tâche qui lui incombait, mais nous nous y attelâmes aussi bien que possible », écrivit-elle plus tard.

Mme Meir estimait qu'on attachait beaucoup trop d'importance au fait qu'elle fût une femme investie de ces hautes fonctions. A ses yeux, être une femme signifiait surtout une chose : avoir plus de travail. Quand elle avait été plus jeune, il lui avait fallu trouver le temps pour s'occuper simultanément de sa famille et de l'accomplissement de ses tâches publiques. Quand ma fille Julie Eisenhower interrogea Golda Meir pour son livre *Special People,* elle lui demanda ce qu'elle avait ressenti en devenant en 1956 le premier ministre des Affaires étrangères femme. Sa réponse fut caractéristique : « Je ne sais pas, dit-elle avec un sourire, je n'ai jamais été un ministre homme. »

En 1971, j'eus une entrevue aux Açores avec le président français Georges Pompidou. A un moment donné, le secrétaire d'État Rogers, pour détendre l'atmosphère, observa incidemment que dans les deux principales régions troublées du globe, c'est-à-dire l'Asie du Sud et le Moyen-Orient, des femmes étaient Premiers ministres. « En Inde, dit-il, nous avons Indira Gandhi, et en Israël Golda Meir, également une femme. » Pompidou, un fin sourire sur les lèvres, dit alors : « En êtes-vous bien sûr ? »

Cette remarque de Georges Pompidou ne se voulait en rien désobligeante, bien au contraire ; elle témoignait — à travers le mot d'esprit — d'une admiration certaine. Le fait est qu'en tant que Premier ministre, Golda Meir se conduisait d'une façon telle que son appartenance à un sexe ou à un autre n'avait strictement aucune importance. Golda Meir et Indira Gandhi se ressemblaient dans ce sens qu'elles étaient plus qu'en mesure de tenir tête à un interlocuteur du sexe opposé dans leurs négociations. Cependant, étant donné que j'ai traité avec l'une et l'autre, je peux dire que chacune le faisait d'une manière très différente. Alors qu'elles étaient toutes deux très féminines, Indira Gandhi se servait de sa féminité, pas Golda Meir. Mme Gandhi s'attendait à être traitée comme une femme et agissait avec l'implacabilité d'un homme. Golda Meir tenait à être traitée comme un homme et agissait comme un homme. Elle ne demandait pas de cadeau parce qu'elle était une femme, mais n'en faisait pas non plus.

Elle s'habillait simplement, ne se maquillait pas et coiffait sa chevelure en chignon, en reconnaissant toutefois que si elle gardait ses cheveux longs, c'était parce que son mari et son fils les aimaient ainsi. Elle était toujours très aimable dans ses conversations avec ma femme et témoignait d'un intérêt sincère pour nos enfants et nos problèmes personnels. Néanmoins, son approche générale consistait à se débarrasser aussi rapidement que possible des phrases de politesse et autres mondanités au début d'une entrevue, pour passer directement aux choses sérieuses. La première fois que nous nous rencontrâmes dans le Bureau Ovale, il y eut entre nous les politesses habituelles tandis que les photographes s'agitaient avec leurs appareils. Mais dès qu'ils furent sortis, elle croisa les jambes, alluma une cigarette et commença à me détailler une liste de matériel qu'elle désirait obtenir pour ses forces armées.

Mme Meir n'était pas femme à oublier ou à pardonner un tort qu'on avait pu lui faire. Aussi avait-elle accumulé une belle quantité de griefs de toutes sortes. Elle ne pardonna jamais au général de Gaulle d'avoir critiqué les Juifs après la guerre de 1967. Elle ne pardonna jamais aux Allemands, pas même à leur nouvelle direction politique, l'holocauste perpétré contre les Juifs. Elle ne pardonna jamais aux terroristes arabes, ni aux nations arabes qui soutenaient le terrorisme, le sang innocent versé par eux. Elle en voulut même très longtemps à Ben Gourion de s'être séparé du parti travailliste au pouvoir au cours des années soixante.

Elle se méfiait tout particulièrement de l'Union soviétique. Alors qu'elle était une fervente socialiste, elle ne se faisait aucune illusion sur la tyrannie soviétique et la menace qu'elle représentait pour Israël. Un de ses premiers souvenirs conscients était l'image de son père clouant des planches à travers la porte de leur maison de Kiev, dans l'espoir de protéger sa famille contre un des pogromes périodiques au cours desquels la populace, armée de gourdins et de couteaux, s'attaquait aux Juifs. Elle me raconta aussi toute l'horreur qu'elle ressentait quand des policiers ivres venaient taper tous les samedis soir à leur porte et rouer son père de coups parce qu'il avait le tort d'être juif. Elle avait gardé peu de souvenirs de ses premières années en Russie, mais c'étaient surtout des souvenirs de froid, de faim, de pauvreté et de peur — surtout de peur. Pour elle, les pogromes de la Russie tsariste se perpétuaient sous une autre forme en Russie soviétique. A ses yeux, le soutien que l'U.R.S.S. apportait à Nasser, qui s'était voué à la destruction de l'État d'Israël, n'était qu'une insulte de plus aux Juifs.

Au cours de l'une de ses visites à Washington, elle me fit part de son profond désaccord avec l'attitude naïve qu'elle prêtait à beaucoup de dirigeants européens relativement à la détente avec l'Union soviétique, et elle m'avoua à la même occasion qu'elle était préoccupée par nos initiatives en vue d'obtenir de meilleures relations avec l'U.R.S.S. Je lui répondis en lui expliquant que ma propre conception de la détente était très différente et que nous n'avions pas d'illusions sur les mobiles des Soviétiques. Je lui dis qu'en matière de relations internationales, notre règle d'or était quelque peu différente de celle du Nouveau Testament, que cette règle était la suivante : « Fais aux autres ce qu'ils te font à toi-même. »

« Avec dix pour cent en plus ! » renchérit alors Henry Kissinger.

Mme Meir sourit pour marquer son accord avec nous, puis observa : « Tant que vous raisonnerez de cette façon, nous n'aurons rien à craindre ! »

Il y avait aussi quelque chose d'enjoué dans son caractère, et il lui arrivait de s'amuser à propos de choses pourtant très sérieuses pour elle. Elle me disait toujours qu'on ne pouvait faire confiance à aucun des voisins arabes d'Israël. Mais dans un souci d'accélérer et d'élargir le processus de paix au Moyen-Orient, j'essayais alors d'établir de meilleures relations bilatérales entre les États-Unis et certains des pays arabes les plus déterminants. Je lui fis valoir que du point de vue d'Israël il était préférable d'avoir les États-Unis pour amis de ses voisins plutôt qu'une puissance hostile à Israël. Elle reconnut la validité de cet argument, répéta cependant toujours que dans nos rapports avec les pays arabes il ne fallait pas faire confiance aux accords sur le papier mais aux actes. A la fin de l'une de ces réunions, je remis aux participants de petits paquets cadeaux contenant des boutons de manchettes plaqués or figurant le sceau présidentiel. Chacun ouvrit son paquet, et il se trouva que l'un des paquets était vide. Mme Meir éclata de rire et s'exclama : « Vous comprenez maintenant ce que je veux dire quand je parle de la confiance ! » Elle se montra pareillement enjouée quand, après avoir nommé Henry Kissinger au poste de secrétaire d'État, j'observai que nos deux pays avaient maintenant un Juif pour ministre des Affaires étrangères. Faisant allusion à l'accent germanique de Kissinger, elle répondit : « Oui, mais le mien parle anglais ! »

Au plan international, Golda Meir avait la réputation d'un homme d'État de beaucoup de courage, d'adresse et de ténacité. Elle était hautement intelligente, honnête et persévérante. Elle avait les aptitudes pour arriver au sommet dans n'importe quel autre grand pays, mais elle ne le fit sans doute effectivement qu'en Israël, poussée qu'elle était par l'élan de sa singulière passion pour ce pays et sa cause. Elle ne rechercha pas le pouvoir comme un privilège. Elle exerça le pouvoir comme un devoir à l'égard d'Israël.

Les Américains la plaçaient très haut sur la liste des femmes les plus admirées. Pour le peuple d'Israël, elle était la grand-mère protectrice, la femme forte, solide et sûre qui portait sur ses épaules le fardeau d'Israël, mais qui trouvait aussi le temps de servir le potage à ses ministres sur sa table de cuisine.

Dans l'éloge que je prononçai en 1969 à l'occasion du service religieux célébré à la mémoire du président Eisenhower, je déclarai que les grands hommes d'État sont souvent aimés dans leur propre pays et respectés à l'étranger, mais que quelques-uns seulement, tel Eisenhower, sont aimés autant chez eux qu'en dehors de leurs frontières. Golda Meir était également de ceux-là. Et, de même que pour Eisenhower, ce n'était pas en raison de ce qu'elle faisait mais de ce qu'elle était si visiblement.

Je la vis pour la dernière fois en juin 1974, douze jours seulement après son départ du poste de Premier ministre dans les remous de la controverse publique concernant le manque de préparation d'Israël au moment de la guerre du Kippour. Nous lui rendîmes visite dans son modeste appartement de Jérusalem, où elle me remercia une nouvelle fois pour l'aide américaine dans ce conflit. Je pus lire la douleur sur son visage quand elle essaya de se lever de sa chaise pour nous accueillir. Je n'appris que plus tard qu'elle était alors tourmentée par une phlébite, ce qui était d'ailleurs aussi mon cas, mais qu'elle souffrait également d'un cancer des ganglions lymphatiques, un mal qu'elle avait gardé secret pendant des années. Par la suite, à l'occasion d'un dîner officiel à la Knesset, je décidai de rompre avec les usages et, avant le toast traditionnel en l'honneur du chef de l'État, d'en offrir un autre, particulier. Je déclarai qu'aucun dirigeant connu de moi n'avait fait preuve de plus de courage, d'intelligence, d'énergie, de détermination ni de dévouement à son pays que Golda Meir, et j'ajoutai : « J'ai pensé que, ayant travaillé avec elle et étant devenu son ami comme elle est devenue la mienne, je pouvais avoir l'honneur et le privilège de vous demander de vous joindre à moi dans ce toast à l'ancien Premier ministre. Au Premier ministre Golda Meir. A Golda ! »

Ce fut un moment très émouvant pour elle, comme il le fut d'ailleurs pour moi-même. Ce toast venait vraiment du fond du cœur. J'aurais pu dire : « A Golda, de tout cœur ! » Et je pense qu'elle aurait su que je disais vrai.

DES CHEFS MODERNES POUR DE VIEILLES NATIONS : NASSER, SADATE, LE CHAH, FAYSAL

Peu de régions du globe peuvent rivaliser avec le Moyen-Orient comme haut lieu de l'histoire et de la légende ni comme carrefour stratégique. Non seulement des dynasties mais des civilisations entières y ont connu leur ascension et leur déclin. Le vent continue à y sculpter les dunes mouvantes du désert millénaire, et les ossements continuent à y blanchir sous le grand soleil d'Afrique et d'Asie.

Mais soudain, depuis la fin de la Seconde Guerre mondiale, ces vieux pays sont entrés dans un intense bouillonnement. La création de l'État d'Israël n'a été que l'un parmi les nombreux développements qui ont bouleversé les modes anciens et fait surgir de nouveaux conflits.

Quand l'Iran se trouva subitement replongé dans le Moyen Age, l'Occident découvrit avec stupeur à quel point pouvait être mince le vernis de modernisme dans ce monde nouveau et aussi à quel point pouvait être douloureuse la collision entre l'ancien et le nouveau. A l'évidence, vivre et laisser vivre n'est pas un concept traditionnel au Moyen-Orient. Les passions y sont plus vives et plus intenses, moins disciplinées et moins retenues que chez nous. Les verdicts y sont plus durs et plus rapides les vengeances. Les traditions y sont plus anciennes et gardées plus jalousement par ceux qui sont déterminés à les préserver.

Le changement s'y produit néanmoins, là-bas comme partout ailleurs.

Ce que nous avons vu au Moyen-Orient au cours des décennies récentes a été l'équivalent politique des surgissements volcaniques qui ont créé les grandes chaînes de montagnes et façonné les divers continents et océans du globe. Et bien que les problèmes particuliers et les formes de lutte soient propres au Moyen-Orient, ils illustrent les défis qui confrontent l'ensemble du monde lorsque des changements jadis étalés sur des siècles se trouvent comprimés dans l'espace de quelques décennies. Un seul individu, de nos jours, sera peut-être obligé de s'adapter, dans l'espace de sa propre vie, à des changements qui auraient jadis représenté de nombreuses générations de développement évolutif. Le processus est perturbateur, pour les individus comme pour les nations, et il peut devenir explosif.

Ces évolutions se trouvent illustrées de façon saisissante par les vies de quatre dirigeants qui eurent des approches très différentes mais pour des buts souvent remarquablement similaires : Gamal Abdel Nasser et Anouar el-Sadate en Égypte, le roi Faysal d'Arabie Saoudite et le chah d'Iran. Sur les quatre, le chah fut renversé et mourut en exil ; Faysal et Sadate furent fauchés par des balles d'assassins ; seul Nasser succomba à des causes naturelles alors qu'il était toujours un héros.

Les quatre étaient des modernistes. Chacun tenta de revivifier la fierté nationale de son peuple. A cet effet, Nasser, Sadate et le chah se rattachèrent délibérément, par-delà les millénaires, vers les plus anciennes racines culturelles de leur pays, redonnant ainsi vie aux symboles de la grandeur nationale. Nasser et Sadate se référèrent aux pharaons, le chah à l'empire perse de Cyrus. Faysal, quant à lui, n'avait nul besoin de rechercher dans le passé des justifications de l'amour-propre national. Son pays était la terre de Mahomet, la terre des sanctuaires islamiques les plus vénérés. Dans le monde entier, les musulmans se prosternent tous les jours vers La Mecque, c'est-à-dire vers l'Arabie Saoudite, pour accomplir leurs prières rituelles.

Je rencontrai Nasser pour la première fois en 1963, mais j'eus l'impression de le connaître depuis longtemps déjà.

Il était un obscur officier de l'armée quand, avec Anouar el-Sadate parmi les membres de sa conspiration, il conçut et dirigea le coup d'État qui mit fin au régime corrompu du roi Farouk. Il se servit d'abord d'un militaire connu comme façade, le général Mohammed Néguib. Mais deux ans plus tard, en 1954, le fougueux Nasser fit arrêter Néguib et se nomma lui-même Premier ministre ; en 1956, il se faisait élire président.

La conduite de l'État par Nasser était pyrotechnique. Il monta tel un météore au firmament politique du Moyen-Orient, se posant en chef non seulement de l'Égypte mais de l'ensemble du monde arabe. Il se croyait obligé de se mêler des affaires intérieures des autres pays arabes, fomentant des coups d'État, organisant des assassinats, essayant constamment de forger une unité panarabe dont il eût été le chef incontesté. Il se fit à la fois des amis sûrs et des ennemis intraitables ; peu d'hommes politiques pouvaient rester neutres à son égard.

Le vacarme permanent de sa propagande outrancière résonnait à travers tout le monde arabe. Quand je visitai le Moyen-Orient en 1957, je ne m'arrêtai pas en Égypte, mais à toutes mes escales j'entendis sa voix à la radio. Sur les marchés, dans les souks et les rues de Libye, du Soudan, de Tunisie et du Maroc, je pus voir jeunes et vieux, riches et pauvres écouter sa voix avec un air presque extatique. Il savait se servir avec un art consommé de la radio comme de la télévision, non seulement pour ses propres exhortations mais aussi pour faire passer son message par le truchement des variétés et de la chanson populaire. Il mobilisa les meilleurs interprètes du monde arabe, et ces artistes réussirent à faire des succès populaires de chansons telles que *Comment nous construisons le barrage d'Assouan.*

L'un des rêves les plus ardents de Nasser était précisément la construction du barrage d'Assouan. Depuis des siècles, l'Égypte — ce « don du Nil », comme disait déjà Hérodote — avait été tributaire des crues du Nil pour rendre son désert fertile. Grâce à l'édification du barrage, Nasser capterait ces eaux précieuses et s'en servirait pour fournir une électricité bon marché et créer 750 000 hectares de plus en terres arables. Cependant, même ce rêve se trouva contrarié par son aventurisme étranger. Quand le flirt de Nasser avec le communisme l'amena à signer un traité de livraison d'armes avec le bloc de l'Est, les États-Unis renoncèrent à financer la construction du barrage dans le cadre de leur programme d'assistance. Lorsqu'il apprit la nouvelle, Nasser se serait exclamé : « Américains, puissiez-vous étouffer dans votre rage ! » Il réagit aussitôt en nationalisant le canal de Suez, initiative qui lésa surtout les intérêts de la France et de la Grande-Bretagne. Israéliens, Français et Anglais ripostèrent par des envois de troupes, l'expédition de Suez. Mais les États-Unis s'opposèrent à leurs alliés, les obligèrent à stopper leur invasion et contribuèrent à l'élaboration d'un cessez-le-feu sous l'égide de l'O.N.U. qui laissa à Nasser le contrôle du canal.

Une des raisons essentielles de l'intervention d'Eisenhower fut la concomitance de l'expédition franco-britannique de Suez avec l'invasion de la Hongrie par les blindés soviétiques, qui réprimèrent sauvagement dans les rues de Budapest la courageuse insurrection du peuple hongrois contre l'oppression communiste. Ayant protesté très vivement contre l'emploi de la force militaire par les Soviétiques, l'Amérique pouvait difficilement approuver le recours à la force armée par Israël, la France et l'Angleterre. Quoi qu'il en soit, l'intervention d'Eisenhower sauva l'Égypte d'une humiliante défaite, mais coûta très cher à l'Alliance atlantique. Rétrospectivement, je pense que cette décision fut une erreur. Nasser exprimera plus tard sa gratitude en privé, mais sur le moment il ne manifesta que du mépris. Le résultat final fut qu'il plaça son pays sous la dépendance de Moscou, à la fois pour les livraisons d'armes et pour la construction du barrage d'Assouan. En même temps, comme Sadate devait le noter ultérieurement, Nasser commença à être « préoccupé par la fable... qu'il était un héros qui avait vaincu les armées de deux grands empires, l'Angleterre et la France. Ne tenant plus le moindre compte de la part réelle jouée par Eisenhower à cet effet, qui fit d'une défaite militaire une victoire politique, il fut le premier à croire à sa propre victoire ».

Nasser était versatile, impatient, dictatorial, possédé par des ambitions grandioses qui contrarièrent constamment la satisfaction des besoins plus matériels de son peuple. Alors que la grande majorité des Égyptiens croupissait dans une désespérante pauvreté, il dilapida les maigres ressources de la nation dans des aventures étrangères. Son implacable belligérance à l'égard de l'État d'Israël alimenta son prestige dans le monde arabe, mais se solda aussi pour son armée par la cuisante défaite de la guerre des Six Jours de 1967. Pendant cinq années, il imposa une guerre coûteuse au Yémen, essayant d'y renverser l'imam appuyé par l'Arabie Saoudite pour y établir un État sous tutelle égyptienne. A la fin, il y fut également battu. En Égypte, il appliqua une ambitieuse réforme agraire et fit vibrer une espérance nouvelle pour plus de prospérité et de liberté. Mais quand la mort mit fin à son règne, le peuple était non moins pauvre qu'auparavant et les geôles regorgeaient de prisonniers.

Et néanmoins, en 1970, sa mort soudaine déclencha l'une des plus formidables et impressionnantes manifestations de deuil et de douleur que le monde ait jamais connues. Cinq millions de personnes s'écrasèrent dans les rues du Caire pour assister à ses funérailles, suspendues par grappes aux arbres et aux lampadaires, criant et pleurant hystériquement, roulant par vagues successives vers le cortège funèbre, arrachant le drapeau déployé sur le cercueil. Beaucoup d'Égyptiens furent à tel point bouleversés qu'ils se suicidèrent. A Beyrouth, le quotidien de langue française *le Jour* devait écrire : « Cent millions d'êtres humains — les Arabes — sont orphelins. »

Le mérite de Nasser fut de rendre à son pays son âme, son esprit, sa fierté. Fils d'un employé des postes, il grandit dans la haine farouche du colonialisme britannique. **Signe de ces temps-là, il passait jeune homme** pour un personnage vulgaire étant donné que sa première langue était l'arabe et non le français, la langue de l'élite cultivée. Quand il accéda au pouvoir, il ne voulut pas seulement mettre un terme à la monarchie mais aussi effacer tous les vestiges du passé colonial. A mesure que l'Angleterre et la France se retiraient du Moyen-Orient, Nasser se précipita pour combler le vide avec sa voix tonitruante ; son panarabisme virulent était à la fois pronassérien et anticolonialiste ainsi que fréquemment antioccidental. Dans un sens, ce qui importait aux populations des pays arabes, ce n'était pas tellement ce qu'il faisait sur la scène internationale, mais qu'il le fît ! Il enfonçait son doigt dans l'œil de l'Occident, et ces populations en étaient ravies. Plus son action avait du panache, plus elle était outrancière, et plus elles en étaient enchantées. Il montrait qu'il était quelqu'un, ce qui voulait dire pour tous ces gens-là, qui s'assimilaient à lui, qu'ils étaient aussi quelqu'un. Pour ceux qui possèdent le moins, ce genre de réconfort moral peut être beaucoup plus important que pour les nantis.

S'il était un furieux démagogue en public, Nasser pouvait se révéler aimable et raisonnable en privé.

En 1963, avec ma femme et mes deux filles, je me rendis en vacances en Europe et au Moyen-Orient. Nasser nous invita chez lui. Il habitait toujours la modeste maison des environs du Caire où il avait déjà vécu alors qu'il n'était encore qu'un officier de l'armée parmi d'autres. Élancé et bel homme, mesurant environ un mètre quatre-vingts, il avait beaucoup de prestance avec son maintien militaire droit et souple. Il était l'hospitalité même. Il nous présenta sa famille et nous montra une série de livres sur Lincoln qu'il avait dans sa bibliothèque. Il fit preuve de beaucoup de respect à l'égard d'Eisenhower et manifesta de la gratitude pour ce que l'ancien président avait fait en 1956 en faveur de l'Égypte. Il parlait d'une voix posée, se comportait avec beaucoup de dignité, témoignant à la fois d'une remarquable intelligence et de beaucoup de bon sens. Il évoqua avec émotion son désir d'apporter de meilleures conditions de vie au peuple égyptien. Il voulut connaître mon opinion sur les attitudes et les intentions d'alors des dirigeants soviétiques et m'écouta très attentivement. Bien que l'Égypte dépendît alors très lourdement de l'U.R.S.S., Nasser n'était visiblement pas très enchanté par la perspective d'une domination soviétique et il exprima le souhait de voir se nouer de meilleures relations entre son pays et l'Amérique. Il voulut absolument nous faire visiter le barrage d'Assouan ; avec un grand geste d'hospitalité, il insista pour nous faire voir le gigantesque chantier à bord de son avion personnel.

Nous acceptâmes son offre, et à l'aller le pilote survola à basse altitude les grandes pyramides ainsi que la vallée des Rois.

La visite du barrage fut une expérience fantastique. Étant donné que les moyennes de température diurne s'y situaient au-dessus de quarante degrés, nous descendîmes dans la zone des excavations vers minuit. Nasser m'avait affirmé très haut que la presque totalité des travaux était effectuée par des techniciens et ouvriers égyptiens. Mais alors que nous regardions les énormes bulldozers mordre dans le terrain à la lueur des projecteurs, Mme Nixon observa finement qu'aucun conducteur d'engin n'était autochtone. Tous étaient des Russes.

Pendant les années soixante, Nasser continua à faire des siennes sur la scène internationale. Il fomenta des révolutions dans d'autres pays arabes et s'enlisa de plus en plus profondément dans le marasme de la guerre civile yéménite. A l'intérieur, il négligea les problèmes économiques pourtant pressants de l'Égypte et ne relâcha en rien sa répression politique. Malgré ses craintes avouées concernant une domination soviétique, sa dépendance des Russes dans le domaine de l'assistance économique et militaire ne diminua pas mais s'accrut au contraire.

Nasser fut un révolutionnaire qui ne tint pas compte du fait que le temps de la révolution était passé et qu'était venu le temps de ménager ses gains. Son panarabisme était efficace au niveau du discours et lui permit de susciter chez les Arabes une fierté nouvelle et un nouveau sentiment de fraternité. Cependant, ses postulats essentiels — la haine d'Israël et la méfiance à l'égard de l'Occident — étaient fondamentalement négatifs et nullement productifs. Ainsi, les choix politiques de Nasser conduisirent inévitablement à une escalade des hostilités entre Israéliens et Arabes, et à une dépendance malsaine de l'adversaire de l'Occident, l'Union soviétique.

En septembre 1970, je me trouvais sur un porte-avions en Méditerranée pour y suivre les manœuvres de notre sixième flotte, quand nous apprîmes que Nasser venait de succomber à une crise cardiaque. J'envisageai un instant de me rendre au Caire pour ses funérailles, puis décidai que ce geste serait peu raisonnable. A l'époque, le gouvernement égyptien avait toujours des liens très étroits avec l'U.R.S.S. et témoignait d'une vive hostilité envers les États-Unis. Si le successeur de Nasser voulait améliorer les relations entre nos deux pays, c'était à lui de faire le premier pas. Je décidai par conséquent de me faire remplacer par une délégation.

Au moment du décès de Nasser, Sadate avait attendu à l'arrière-plan depuis près d'une vingtaine d'années. S'il n'avait pas souffert de la jalousie obsessionnelle de Nasser, c'était parce qu'il n'avait jamais donné la moindre impression de nourrir des ambitions

personnelles. Il se pliait avec docilité à toutes les missions que lui
confiait Nasser. Certains l'appelaient « le caniche de Nasser » ;
d'autres affirmaient que la marque sur son front n'était pas la trace
des cinq prosternations rituelles quotidiennes des musulmans
dévots mais celle des Conseils des ministres au cours desquels
Nasser le frappait systématiquement au visage pour être sûr qu'il
suivait bien la conversation.

Pendant dix-huit ans, Sadate observa et écouta. Avant ia révolution, alors que les Britanniques faisaient toujours la loi en Égypte,
ses activités nationalistes l'avaient amené en prison, où il avait
appris la pratique et la valeur de la patience silencieuse. Il savait que
Nasser était d'une jalousie féroce, et il ne montra donc jamais qu'il
briguait le pouvoir. De plus, Sadate était un homme d'une absolue
fidélité à ses amitiés, un homme dont on savait qu'il tenait ses
promesses. Au cours des voyages qu'il entreprit à l'étranger pour le
compte de Nasser, il eut l'occasion de nouer de précieuses amitiés,
notamment avec le prince héritier Faysal d'Arabie Saoudite. Comme
président, il déclara à Faysal en privé que le socialisme arabe de
Nasser et sa dépendance de l'Union soviétique avaient été des
échecs.

Quand Sadate vint au pouvoir à la mort de Nasser en 1970,
beaucoup d'observateurs se déclarèrent convaincus qu'il ne tiendrait guère plus que quelques semaines. Ils disaient que Sadate
n'avait rien du charisme de Nasser. Ils ne se rendaient pas compte
qu'il existe diverses sortes de charisme et qu'il faut attendre qu'un
chef parvienne réellement au sommet pour savoir s'il possède oui ou
non cette qualité insaisissable. Sadate n'essaya pas de chausser les
bottes de Nasser. Il laissa sa propre empreinte sur l'histoire. Il
commença par neutraliser promptement toutes les tentatives de ses
rivaux de s'emparer du pouvoir et par jeter en prison ses adversaires
les plus dangereux. Son autorité fut rapidement incontestée.

Sadate agit avec célérité pour briser les fers qui liaient l'Égypte à
l'Union soviétique. Après la mort de Nasser, il envoya des représentants dans le monde entier chargés de transmettre ses salutations. A
Pékin, son envoyé rencontra Chou En-lai. Pendant la conversation, le
Premier ministre chinois demanda : « Savez-vous qui a tué Nasser à
l'âge de cinquante-deux ans ? » Quand l'émissaire de Sadate resta
interloqué, Chou dit : « Les Russes ! » Bien entendu, Chou En-lai
s'exprimait dans un sens figuré et non littéral. Mais la dépendance
égyptienne de l'Union soviétique ainsi que ses relations frileuses
avec la plupart de ses voisins arabes et avec les États-Unis étaient de
lourds héritages. Nasser était un homme extrêmement fier et de
caractère indépendant, et vers la fin de sa vie l'isolement de l'Égypte

pesa cruellement sur lui. Sadate pensait que le chagrin avait miné son courage autant que sa santé.

Quand Sadate fut entré en fonctions, nous commençâmes à recevoir des signes indiquant que le nouveau président désirait un dégel dans les relations entre l'Égypte et les États-Unis. La première d'une série d'initiatives spectaculaires fut en 1972 l'expulsion de seize mille conseillers militaires soviétiques. Il était motivé en partie par son jugement des Soviétiques, estimés peu sûrs, mais également par son antipathie viscérale à l'égard des Russes. Quand je visitai Le Caire en 1974, je lui confiai qu'à mon avis l'une des causes de la rupture entre Pékin et Moscou était le sentiment très net des Chinois d'être plus civilisés que les Russes. Sadate eut un sourire et répondit : « Vous savez, c'est exactement la même chose ici... Nous autres Égyptiens, nous sommes plus civilisés que les Russes. »

Nasser était une dynamo humaine. Il s'occupait des détails des multiples tâches du gouvernement, étudiait lui-même les dossiers et travaillait souvent dans son bureau jusqu'aux premières lueurs de l'aube. Sadate était plus réservé et du genre contemplatif. Il ignorait fréquemment ses ministres, prenait ses décisions seul en se promenant le long du Nil après déjeuner. Il se levait relativement tard et ne travaillait pas très longtemps dans la journée. Il avait horreur du détail. Les opérations de routine de son gouvernement étaient pesantes et très peu efficaces, mais les décisions majeures — celles que Sadate se réservait — furent stupéfiantes et souvent d'une portée incalculable. Certaines, telles que l'expulsion des Soviétiques et le voyage de Sadate à Jérusalem en 1977, changèrent fondamentalement les données politiques du Moyen-Orient. Il est rare qu'un seul homme puisse ainsi rendre subitement périmées les idées reçues sur les relations internationales.

Nasser autant que Sadate resteront dans toutes les mémoires pour leur rôle dans les affaires du monde. Les deux cherchèrent à panser l'orgueil blessé des Arabes ; la guerre du Kippour de 1973 fut entreprise par Sadate en partie pour redresser le déséquilibre psychologique créé par la victoire israélienne de 1967. Mais Sadate alla plus loin. Après Suez, l'hostilité entre Arabes et Israéliens demeura aussi vive que jamais. Pour Sadate, la démonstration de force des Arabes dans la guerre du Kippour fut en réalité un premier pas en direction de la paix. Il pouvait se permettre de se montrer généreux à partir d'une position de force et non à partir d'une position de faiblesse.

Sadate était aussi pratique que Nasser était frivole, aussi prudent que Nasser était impulsif. Ses initiatives constituaient des moyens soigneusement étudiés en vue d'une fin, et elles étaient toujours entreprises avec un œil attentif sur tout l'éventail des conséquences possibles. Sadate avait l'intention de mettre un terme à l'isolement économique de l'Égypte. La paix avec Israël signifiait un nouvel essor du commerce, les revenus nouveaux du pétrole de Suez ainsi que la perception des droits et taxes tirés de l'exploitation du canal de Suez rendu à la navigation. La politique étrangère de Nasser avait peu de retombées positives pour le pays ; dans un sens, elle n'avait été qu'un moyen de distraire les Égyptiens des problèmes auxquels ils se trouvaient confrontés chez eux. Celle de Sadate, au contraire, constituait un pas en avant vers la solution de ces problèmes.

Sadate réussit là où Nasser échoua parce qu'il voyait sa première responsabilité dans le bien-être de la nation égyptienne et non dans celui de la « nation arabe ». Il avait une compréhension à la fois plus large et plus fine que Nasser des forces qui régissent le monde. Cependant, tout en jouant un rôle très actif sur la scène internationale, il reliait très soigneusement ce qu'il faisait à l'étranger à son objectif fondamental qui était d'améliorer les conditions de vie des Égyptiens.

Je vis Sadate pour la dernière fois en août 1981, à l'occasion de sa visite aux États-Unis. Il m'invita à le rencontrer à la mission égyptienne à New York. Une fois de plus, je fus frappé par sa physionomie sombre et distinguée, par l'élégance de son maintien. Sadate avait surmonté deux crises cardiaques, et il économisait soigneusement ses forces. Mais j'avais aussi l'impression qu'il canalisait son énergie physique dans une intense activité mentale. Il faisait peu de gestes inutiles et encore moins grandiloquents, et émettait peu de mots superflus. Son sens de la retenue et de la maîtrise de soi était remarquable.

Pendant ce dernier entretien, je le trouvai très optimiste sur l'administration Reagan ; il déclara qu'il était certain que Reagan serait honnête dans sa façon de traiter les problèmes du Moyen-Orient et ferme dans son opposition à l'aventurisme soviétique. Pour ce qui était des relations entre les États-Unis et l'U.R.S.S., il affirma que les Américains avaient perdu beaucoup de terrain au cours des quatre années précédentes et ajouta : « L'Occident ne devrait pas céder un pouce de plus ! » Il me révéla qu'il s'attendait à une initiative soviétique en Pologne, disant que l'Occident ne devrait pas réagir directement mais tirer prétexte de l'intervention russe pour intervenir dans une autre région, par exemple à Cuba, en Angola ou en Libye : « Il faut les combattre sur le terrain que vous choisissez, *vous*, non sur celui qu'ils choisissent, *eux*. »

Deux mois plus tôt, Israël avait lancé une attaque préventive contre un réacteur nucléaire en Irak. J'avouai à Sadate que je jugeais cette action du Premier ministre Menahem Begin irresponsable et irréfléchie. « Oh oui, il est fou ! » s'exclama-t-il. Mais il ajouta aussitôt : « Il est sans doute aussi fou qu'un renard. » J'observai alors que si je pouvais comprendre la nécessité pour Israël de se défendre contre ses ennemis, j'estimais qu'il n'était pas très sage de la part de Begin d'embarrasser des amis tels que Sadate et Reagan. Sadate acquiesça.

Mais quand j'ajoutai que plus de progrès aurait sans doute pu être accompli au Moyen-Orient si Begin n'était pas resté au pouvoir, Sadate marqua son désaccord : « Je préfère avoir affaire à lui, dit-il. Il est extrêmement obstiné et sera capable de parvenir mieux qu'un autre à un arrangement. Israël a besoin d'un arrangement, et je suis certain qu'entre Begin, Reagan et moi-même, nous pourrons accomplir des progrès plus substantiels et plus durables que sous le gouvernement Carter. »

A la fin de notre conversation, Sadate m'invita à lui rendre visite dans son palais d'hiver d'Assouan au cours des mois à venir. Il voulait alors avoir avec moi un entretien véritable, long et sérieux.

Nous n'eûmes jamais cet entretien. Je me rendis effectivement en Égypte, mais ce fut pour ses funérailles. En octobre, alors qu'il présidait une parade militaire au Caire, Anouar el-Sadate avait été mitraillé par une bande d'assassins. Le président Reagan demanda aux trois présidents antérieurs de se rendre comme ses représentants à l'enterrement du chef d'État disparu. En vol pour Le Caire, j'échangeai avec les présidents Ford et Carter des souvenirs sur Sadate. Nous tombions d'accord sur son courage, sa vision, son intelligence et son habileté. Mais quand nous arrivâmes en Égypte, les rues étaient presque désertes, ce qui faisait un contraste saisissant avec la frénésie de douleur qui avait éclaté onze ans plus tôt à la mort de Nasser. Le successeur de Sadate, Hosni Moubarak, nous déclara que son peuple était sans doute dans un état de choc et donc peu enclin à marquer son deuil publiquement.

Je pense que l'explication de l'attitude ambiguë des Égyptiens à l'égard de Sadate va plus en profondeur. Nasser avait le sens de l'ordinaire. Malgré son pouvoir absolu, il ne témoigna jamais de goûts de luxe. Comparé à Nasser, Sadate vivait de façon somptueuse. Ainsi, il entretenait dix résidences présidentielles. Il avait une femme raffinée, qui savait s'exprimer à la perfection et s'habillait avec recherche et élégance. Sadate portait des complets coûteux de bon faiseur et fumait du tabac d'importation.

S'il n'oublia jamais ses origines rurales, Sadate n'essaya cependant pas de faire croire à ses administrés qu'il « était du peuple ». En fait, peu de chefs réellement efficaces pour leur pays sont « du peuple ». Sadate avait une profonde compréhension philosophique de son peuple, mais, à l'instar de De Gaulle et de son attitude envers les Français, il ne se sentait pas personnellement attiré vers lui. Néanmoins, la population égyptienne lui devait beaucoup. Au moment de sa mort, aucun soldat égyptien n'était en guerre ; bien que l'économie fût toujours instable, les Égyptiens étaient plus prospères qu'une dizaine d'années plus tôt. Sadate avait beaucoup fait pour démanteler l'État policier nassérien en limitant la censure, en favorisant les libertés civiques et en restreignant la police secrète.

Nasser était un chef jouant sur les émotions. Sadate était un chef jouant sur l'intelligence. Nasser était capable de plonger son regard dans le cœur de son peuple. Sadate était capable de voir par-dessus les têtes de son peuple. Du fait de son éloignement personnel, il était plus respecté qu'aimé. Ce fut d'ailleurs en raison de ses réflexions solitaires qu'il parvint à porter la question du Moyen-Orient à un niveau plus élevé, à un niveau où les problèmes paraissaient en quelque sorte moins insurmontables.

L'absence d'un déferlement émotionnel extravagant aux funérailles de Sadate était chose prévisible. Il ne pouvait y avoir qu'un Nasser ; le déferlement de douleur à l'occasion de sa mort était dû au fait qu'il était le premier, le fondateur, le seul et unique. Le peuple sentait d'instinct qu'un homme tel que lui ne reviendrait jamais. Il ne pouvait pas être remplacé. Si les Égyptiens identifiaient certes ces choses à Nasser lui-même, ce qu'ils aimaient, c'était le spasme de l'histoire, le surgissement de la fierté nationale, l'explosion qui ne se produit qu'une seule fois dans la vie d'une nation.

Sadate était un antidote à Nasser. Il bâtit sur les réalisations de son prédécesseur et, le cas échéant, corrigea ses erreurs. Le président Moubarak a maintenant la possibilité de faire la même chose envers Sadate. Après les funérailles, je me rendis dans plusieurs capitales du Moyen-Orient et d'Afrique du Nord pour des entretiens privés avec leurs dirigeants. Ils avaient tous une attitude critique envers Sadate en raison des accords de Camp David et ce qu'ils estimaient être le manque d'égards de Sadate pour les malheurs des Palestiniens. Beaucoup d'entre eux, qui avaient dû supporter pendant longtemps les ingérences intempestives de Nasser, avaient d'abord vu en Sadate un allié, pour ensuite être cruellement déçus par ce qu'ils voyaient comme une paix séparée avec Israël. Ils lui gardaient rancune de les avoir traités de « singes et vipères sifflantes » quand ils n'avaient pas voulu se joindre à sa stratégie de paix. Je pouvais certes comprendre leurs sentiments, mais je comprenais aussi qu'en Sadate l'Égypte avait finalement trouvé un chef qui faisait passer son peuple avant tout le reste. Les Égyptiens avaient payé un tribut plus lourd pour les Palestiniens et la cause arabe que toute autre nation islamique. Il était temps, se disait Sadate, d'essayer une nouvelle approche.

Sadate était un audacieux novateur. Il fit le pas le plus décisif et le plus courageux vers la paix au Moyen-Orient ; il appartient à son successeur de poursuivre le processus commencé par lui et en même temps de renouer avec les alliés conservateurs arabes. Dans un sens, l'Égypte était prête en 1981 à passer à la phase suivante, comme elle l'avait été en 1969. Dans les circonstances tragiques de 1981, ce raisonnement pouvait paraître cynique, mais je pense que c'est là une argumentation que Sadate lui-même, avec sa tendance au mysticisme et sa croyance à la prédestination, accepterait volontiers. La plus grande contribution d'un conducteur d'hommes vient souvent après sa mort, quand ses successeurs peuvent bâtir sur les fondements posés par lui.

Sadate a été tué par les forces de l'ancien monde qui avaient réussi à se frayer un chemin dans le monde nouveau pour l'abattre. Parce qu'il recherchait la paix plutôt que la guerre sainte, ses assassins prétendirent qu'il avait trahi l'Islam. Sous bien des rapports, l'Égypte est un pays plus moderne et plus cosmopolite que beaucoup de ses voisins du Proche et Moyen-Orient. Nasser, pourtant un fervent musulman, propagea sa révolution par le truchement de la chanson populaire à une époque où la télévision était encore interdite en Arabie Saoudite. L'Islam fondamentaliste avait néanmoins ses adeptes militants en Égypte comme en Arabie Saoudite et en Iran. Chaque pas que Sadate faisait en direction de la paix était aussi un pas vers un plus grand danger pour lui-même, car beaucoup de ses ennemis n'avaient aucun intérêt à voir la paix s'instaurer dans cette région du monde. Les dirigeants du Moyen-Orient prennent un grand risque quand ils se hasardent sur la frontière séparant l'ancien monde du nouveau. Sadate, comme le chah et Faysal, franchit cette frontière et y sacrifia sa vie.

Quatorze mois avant la mort de Sadate, j'avais marché à ses côtés dans une autre procession funèbre en Égypte, l'enterrement de Mohammed Reza Pahlavi, le chah d'Iran. Le chah succomba à un cancer, Sadate aux balles de ses assassins. Mais les deux furent victimes des tensions explosives du Moyen-Orient. Le chah mourut seul, exilé de son pays, et put finir ses jours avec quelque dignité uniquement parce que Sadate, seul parmi les dirigeants du monde, avait eu le courage de lui accorder l'asile, alors que d'autres qui l'avaient courtisé quand il était au faîte de sa puissance se détournèrent de lui sans vergogne après sa chute.

Quand j'arrivai au Caire et aperçus Sadate juste avant le départ du cortège funèbre, il vint vers moi, la main tendue, et dit : « Que c'est bien de votre part d'être venu ! » Je lui dis combien il avait été courageux de donner asile au chah après que l'ancien souverain iranien eut été rejeté par les États-Unis. Il répondit d'un ton incrédule : « Courageux, monsieur ? Il n'est pas nécessaire d'avoir du courage pour seconder un ami. J'ai seulement fait ce qui était juste. » La profonde qualité humaine de Sadate faisait que sa loyauté indéfectible s'étendait autant à ses amis privés de pouvoir qu'à ceux qui se trouvaient au sommet de leur puissance. Il fit preuve de cette même qualité quand je lui rendis visite dans son palais d'Alexandrie le jour des funérailles. Nous évoquâmes les élections américaines qui étaient proches. Il savait que je soutenais Reagan et que la popularité de Carter était en baisse. Mais il n'eut pas la moindre remarque désobligeante à l'égard de l'homme qu'il continuait à appeler affectueusement « mon ami, Jimmy Carter ».

Les rêves d'avenir du chah n'étaient pas moins grandioses que ceux de Nasser, ses vœux pour le bien-être de son pays non moins fervents. Des deux, le chah était le meilleur homme d'État, Nasser le meilleur politicien. Je pense que le chah était l'un des dirigeants les plus doués du Moyen-Orient. Cependant, parce qu'il sous-estima le pouvoir de ses ennemis, il fut finalement abattu par eux. Du fait de la conception romantique qu'a le xxe siècle de la révolution — et parce que la plupart de ses amis dans le monde, y compris les États-Unis, traitèrent le chah comme un paria après la révolution — il fut presque universellement vilipendé.

Fondamentalement, la révolution iranienne était simplement la revendication du pouvoir par l'élite religieuse, qui avait perdu son autorité sur les sphères politique, culturelle et sociale de l'Iran à la suite des réformes libérales du chah. Mais les rebelles, parce qu'ils eurent l'habileté de scander les slogans de la gauche, reçurent des media un traitement romantique privilégié, plus particulièrement de la télévision, et l'ayatollah se fit tout miel pour le petit écran. Le chah perdit rapidement le soutien de l'Occident et finalement son pays ; l'Iran perdit sa liberté, sa prospérité et tous les progrès que le chah et son père lui avaient fait accomplir. Le chah mourut brisé et amer, amer non pas en raison de son propre sort mais de celui de son peuple.

Au cours de l'odyssée de son exil, alors qu'en 1979 il vivait encore au Mexique, je descendis lui rendre visite. Nous étions amis depuis vingt-six ans. Je l'avais rencontré pour la première fois en 1953, alors qu'il n'avait encore que trente-quatre ans. Je fus impressionné par sa calme dignité et par son empressement à apprendre. Il régnait alors sans gouverner : le pouvoir véritable était entre les mains de son Premier ministre extrêmement doué, le général Fazollah Zahedi, dont le fils, Ardeshir, fut l'ambassadeur de l'Iran aux États-Unis pendant mon administration. Mais le chah me sonda par des questions fines et intelligentes, et j'étais persuadé qu'il ferait un dirigeant très capable le jour où il prendrait lui-même les rênes du pouvoir.

Un quart de siècle plus tard, le chah témoignait de la même tranquille dignité royale, mais l'entrain de la jeunesse était évidemment parti, remplacé par une frustration presque désespérée. Son pouvoir lui avait été arraché par les chefs d'un mouvement qui s'était juré de renverser tout ce qu'il avait fait et de replonger l'Iran dans les ténèbres du Moyen Age. Les crimes de l'ayatollah contre son peuple semblaient affecter le chah personnellement. C'était un homme qui avait été mal jugé, mal compris et abusé, et la conscience qu'il en avait le rongeait aussi impitoyablement que sa maladie. Il était, de plus, terriblement bouleversé par le sort cruel qu'avaient connu tant de ses loyaux serviteurs.

Malgré sa détresse mentale et physique, il fut un hôte aimable et courtois. Je fus profondément touché quand il observa pendant le déjeuner que le prince héritier Reza avait lui-même préparé la salade. Notre conversation ne porta pas seulement sur l'Iran mais sur un grand nombre de problèmes du monde ; comme d'habitude, il fit preuve d'un savoir encyclopédique de la scène internationale.

Certains chefs ont besoin du pouvoir pour donner un sens à leur vie. D'autres vivent pour un but si contraignant qu'ils se trouvent assoiffés de pouvoir pour progresser vers ce but.

Le chah vivait pour son pays. Il s'identifiait à lui, non seulement à l'Iran moderne mais aussi à la Perse de Xerxès, Darius et Cyrus, un empire qui engloba jadis une grande partie du monde connu. Comme un ancien empereur, il vivait somptueusement, guetté par tous les pièges de la splendeur impériale. Ce n'était pas le luxe qui l'incitait à s'accrocher au trône du Paon. Il s'y accrochait parce qu'à ses yeux il représentait l'Iran et l'espérance de meilleures conditions de vie pour son peuple. S'appuyant sur les fondations posées par son père, il s'était servi de son pouvoir pour arracher son pays au Moyen Age, apprendre à lire et à écrire aux illettrés, émanciper la femme, imposer une révolution agricole et construire une industrie nouvelle.

Ceux qui se plaignaient des excès de sa police secrète oubliaient le grand nombre d'ennemis qu'il s'était faits dans le processus de restructuration radicale du pays. Il était méprisé par les mollahs, par les marchands traditionnels, par l'aristocratie terrienne, par la bureaucratie impériale, par le beau monde des salons et par les communistes. Par une ironie du sort, ses ennemis les plus féroces se recrutaient aussi parmi les jeunes intellectuels dont beaucoup avaient reçu de lui des bourses d'études à l'étranger. Ils rentraient au pays et réclamaient des réformes à un rythme précipité auquel le chah, dans l'intérêt même de l'Iran, ne pouvait pas consentir. Les femmes qu'il avait émancipées manifestèrent contre lui. Ces Iraniens impatients allaient devenir les agents involontaires du coup d'État des mollahs. En se ralliant à la révolution iranienne, ils s'imaginaient accentuer la poussée du chah vers une modernisation du pays et une libéralisation du régime. Au lieu de cela, ils aidèrent un clergé ambitieux à renverser la vapeur et à faire marche arrière.

Le chah aurait pu éviter de se faire des ennemis en régnant en roi fainéant, en continuant à présider une Perse appauvrie et arriérée, à vivre lui-même dans l'opulence grâce aux revenus de ses domaines royaux et à entretenir des relations confortables fondées sur le *statu quo* avec les puissants et les grands au détriment des petits. Mais le chah préféra l'action à l'inaction. Certes, comme il me le laissa entendre quand je le vis au Mexique, il avait peut-être voulu trop faire. Il avait voulu transformer l'Iran en une grande puissance économique et militaire, avec une population éduquée et une paysannerie propriétaire de ses terres. Beaucoup d'Occidentaux qui ont vu des photographies du chah resplendissant sur son trône, couvert de joyaux seraient surpris d'apprendre que le souverain passait le plus clair de son temps plongé dans ses dossiers, enfermé dans un bureau relativement modeste et revêtu du simple complet de l'homme d'affaires, et qu'il accueillait ses visiteurs en se levant pour leur serrer la main. Il n'accordait pas trop de confiance à ses conseillers et refusait de déléguer beaucoup d'autorité, préférant travailler quinze heures par jour et faire lui-même le maximum.

Il avait en tête les moindres détails du développement économique de l'Iran. Sous le chah, le produit national brut par tête d'habitant s'éleva de façon spectaculaire. Au moment de la révolution, les deux tiers de ses sujets étaient propriétaires de leur foyer.

Avec l'aide des États-Unis, le chah édifia une puissante force armée et devint ainsi un allié clef de l'Amérique au Moyen-Orient et un élément stabilisateur dans l'aire géographique s'étendant de la Méditerranée à l'Afghanistan. Vers la fin des années soixante-dix, quand ses difficultés intérieures prirent de l'ampleur, les États-Unis commencèrent à le soutenir plus mollement. Beaucoup voyaient dans sa dépendance à l'égard des U.S.A. une faiblesse fatale, mais c'était là une vue de l'esprit et, qui plus est, une vue de l'esprit rétrograde. Dans les Temps modernes, peu de pays de moyenne importance ont réussi à se joindre au peloton de tête des nations sans le soutien d'une grande puissance. Le traité de sécurité entre les États-Unis et le Japon est un exemple d'une telle alliance bénéfique. En ce qui concerne l'Iran, la faiblesse fatale fut celle de l'Amérique. Si les États-Unis avaient commencé à se détourner de leur alliance aux premiers signes de troubles intérieurs dans le Japon d'après-guerre, le résultat aurait pu être pareillement catastrophique. En

Iran, nous avons laissé tomber un ami au moment où il avait le plus besoin de nous.

Le verdict rendu dans l'immédiat sur un chef est souvent renversé par l'appel à l'instance suprême de l'histoire. Certains perdent, d'autres gagnent au contraire en stature après avoir quitté la scène. Allende au Chili, Nasser en Égypte et Mao Tsé-toung en Chine sont des exemples de dirigeants canonisés au moment de leur décès mais dont les carences se font jour à mesure que passe le temps. Le chah mourut dans un déluge de controverses, mais je suis sûr qu'il appartient à cette race de chefs dont la stature s'amplifie au fil des ans.

Le monarque moderniste se trouve fatalement confronté à un dilemme. Les modes de vie traditionnels qu'il essaye de changer sont ceux-là mêmes sur lesquels se fonde son droit souverain. Pour réussir son entreprise, il lui faut surveiller très attentivement les réactions de son pays, en prendre régulièrement le pouls ; ses réformes devront être constantes mais jamais brusques. Lorsque ceux qui ont le plus à perdre par les réformes et la modernisation passent à la résistance, alors il faut qu'il affirme très promptement son autorité, qu'il brise dans l'œuf les velléités de contestation. En fait, une fois qu'il a choisi la voie à suivre, le danger viendra des concessions qu'il pourra être amené à faire à ceux qui le critiquent. S'il en fait trop, il risque de ne jamais plus retrouver sa voie.

Contrairement à un mythe très répandu, le chah n'est pas tombé parce qu'il était un tyran impitoyable. L'une des raisons aura pu être l'absence de consensus par rapport aux réformes qu'il imposait ; il est possible, effectivement, qu'il ait voulu en faire trop et trop rapidement. Mais une autre raison, non moins importante, aura été le manque de fermeté du souverain à l'égard de tous ceux qui visaient à déstabiliser son pays. Au lieu de leur faire des concessions maladroites à mesure que la crise se développait, le chah aurait dû frapper un coup très fort et parfaitement minuté contre ses ennemis, et peut-être aurait-il sauvé l'Iran des ténèbres qui l'ont à présent enveloppé. Nous en avons eu la tragique révélation : les ennemis du chah étaient aussi les ennemis de la liberté et du progrès du peuple iranien.

Faysal Ier ibn'Abd al-'Aziz, roi d'Arabie Saoudite de 1964 à 1975, était comme le chah un monarque absolu qui entreprit d'introduire des réformes dans une nation engoncée dans des valeurs et des pratiques anciennes. Faysal, cependant, ne tomba pas dans le piège consistant à se mettre à dos les puissants traditionalistes musulmans. Sa dévotion personnelle à l'islam était si manifeste, sa vie si simple et austère, qu'il était lui-même au-dessus de tout soupçon.

Son application de la loi coranique ne fut pas moins rigide que celle de ses prédécesseurs, mais en même temps il se mit à promouvoir des réformes et à moderniser le pays. La vie de Faysal révèle le potentiel que peut constituer pour une société la cohabitation harmonieuse des avantages du monde moderne avec la dévotion au dieu de l'islam. « Que cela vous plaise ou non, déclara Faysal peu après son accession au trône, il nous faut rejoindre le monde moderne et y trouver une place honorable... Les révolutions peuvent partir autant de trônes que de caves de conspirateurs. » Comme Yoshida au Japon, Faysal était un dirigeant qui favorisait les influences occidentales utiles tout en évitant qu'elles ne bouleversent l'essence — dans le cas de Faysal, islamique — de son pays.

Je rencontrai Faysal au début des années soixante au Waldorf Astoria à New York. Il était alors le prince héritier sous le règne de son frère, le roi Sa'ud, et il me frappa comme un diplomate très mondain, d'un niveau très au-dessus de la moyenne, qui semblait parfaitement à l'aise dans un cadre occidental. Il s'exprimait dans un anglais irréprochable. A cette époque-là, l'Arabie Saoudite sollicitait très activement l'aide des États-Unis contre des rebelles d'inspiration nassérienne sur son flanc sud au Yémen. Sans être le moins du monde obséquieux, Faysal adoptait des façons réservées et un ton conciliant.

Beaucoup plus tard, en 1974, je visitai l'Arabie Saoudite en tant que président des États-Unis. Faysal était alors devenu roi, et le contexte international avait totalement changé. Nasser n'était plus. L'ami de Faysal, Anouar el-Sadate, était l'homme fort en Égypte, et l'Arabie Saoudite venait de démontrer, avec ses alliés du Moyen-Orient, l'efficacité de l'arme du pétrole. Il traita avec moi à sa façon et à ses propres conditions. Il m'accueillit à l'aéroport, vêtu du costume arabe traditionnel de plusieurs épaisseurs de tissu blanc et noir malgré une chaleur de plus de quarante degrés. Il était accompagné d'une suite de cheiks et de sa garde personnelle de bédouins, dont les longs sabres étincelaient au soleil. Son austère cabinet de travail à Djedda contrastait singulièrement avec la suite luxueuse qu'il avait occupée au Waldorf lors de notre première rencontre.

Au cours de nos entretiens de 1974, Faysal ne parla pas un mot d'anglais, et il était clair qu'il était parfaitement conscient de l'énorme pouvoir qui était devenu le sien et qu'il avait la ferme intention de s'en servir sans restriction aucune pour promouvoir ses objectifs. Il se montra un habile négociateur. Il me transmit des demandes d'armes américaines de la part de certains de ses alliés du Moyen-Orient et partenaires musulmans. Il resta diplomatiquement évasif quand j'indiquai que les pays producteurs de pétrole devraient renverser la tendance à la hausse spectaculaire des cours qui s'était récemment manifestée. Néanmoins, je me sentis honoré lorsque, à l'occasion des cérémonies du départ, il rompit à la fois avec la tradition et le protocole en se lançant dans une attaque indirecte mais extrêmement claire contre les opposants intérieurs de mon gouvernement.

Sous Faysal et ses successeurs, l'Arabie Saoudite aura été un important facteur de stabilité dans une région passablement tourmentée. Au cours de mes entretiens avec le souverain saoudien, je découvris que, parallèlement à une compréhension générale très pertinente des affaires internationales, il avait un travers bizarre : la croyance tenace et persistante que communisme et sionisme étaient fondamentalement liés. Lors de notre entrevue de 1974, le premier sujet abordé par lui concernait les visées que pouvaient nourrir les communistes sur la péninsule arabe et le rapport qu'il voyait entre ces complots internationaux et le mouvement sioniste. Il était impossible de l'arracher à cette étrange obsession. Je l'assurai qu'en dépit de notre ferme soutien à Israël nous ne nous faisions guère d'illusions quant aux motifs des Soviétiques. Je pus finalement orienter la conversation sur les espoirs que nous placions dans les gouvernements modérés et responsables du Moyen-Orient. Faysal représentait un de nos meilleurs atouts dans ce sens, et dans sa zone d'influence il fit preuve d'une authentique sagesse d'homme d'État. Il avait contribué à détourner son ami Sadate des Soviétiques et était en outre un défenseur calme mais ferme de nos efforts diplomatiques dans cette partie du globe. Abstraction faite de son obsession concernant la connivence supposée entre communisme et sionisme, Faysal avait une vision lucide et équilibrée de la scène internationale, et à la fin de nos entretiens de 1974, je repartis avec la conviction d'avoir rencontré l'un des plus remarquables hommes d'État alors au pouvoir dans le monde.

Faysal avait un débit calme et régulier. Dans ses conversations avec moi comme dans les échanges de propos avec ses conseillers, il témoignait d'une singulière économie de langage. C'était un interlocuteur très attentif, qui disait souvent : « Si Dieu a donné à l'homme deux oreilles mais une seule langue, c'est pour lui permettre d'écouter le double de ce qu'il parle. » En s'exprimant en arabe et en se servant d'un interprète, Faysal, comme de Gaulle, pouvait entendre deux fois mes questions et mes commentaires et ainsi disposer de deux fois plus de temps pour formuler ses réponses.

Toujours comme le général de Gaulle, Faysal était un homme d'État soldat qui assuma le pouvoir politique à ses propres conditions. Et il avait une conception très haute de sa nation et de sa mission dans le monde.

Ibn Saud, le fondateur dynastique de l'Arabie Saoudite, observa un jour à propos de son fils le plus doué : « Je serais heureux d'avoir trois Faysal ! » Faysal fut pour ainsi dire formé pour le pouvoir dès sa naissance. A quatorze ans, il se trouva chargé de sa première mission diplomatique. Il devint bientôt un audacieux et habile cavalier du désert et se vit confier par son père le commandement d'une armée. Dès 1932, d'une horde disparate de tribus bédouines, Ibn Saud, avec l'aide de son fils, avait forgé une nation nouvelle.

A la mort d'Ibn Saud son fils aîné, Sa'ud, lui succéda sur le trône. Il dépensait d'une façon tout à fait extravagante pour la satisfaction de ses plaisirs et pour des travaux publics mal conçus dont il gratifiait son pays comme une manne céleste : sa prodigalité faillit ruiner le royaume. La légende veut que lorsqu'en 1958 le prince héritier Faysal prit en main la gestion des affaires courantes, il ne trouva même pas cent dollars de disponibilités dans la trésorerie. Faysal s'attaqua aux dépenses somptuaires royales et plaça le royaume sur la voie d'un budget d'État équilibré. Les capacités d'administrateur et de gestionnaire de Faysal provoquèrent la jalousie du roi Sa'ud ainsi que des tensions croissantes, auxquelles la hiérarchie princière saoudienne mit un terme en 1964 en éliminant Sa'ud du pouvoir.

Devenu roi, Faysal établit un programme pour l'éducation des filles, abolit l'esclavage et se mit en devoir de construire routes, écoles et hôpitaux. Il employa les immenses revenus du pétrole pour édifier des industries nouvelles et dans des investissements à l'étranger destinés à rapporter dans l'avenir, quand les gisements de pétrole seraient épuisés.

Faysal ne souriait que très exceptionnellement, et quand il le faisait, comme le remarqua un observateur, on avait l'impression qu'il avait mordu dans un citron et l'avait trouvé sucré à l'intérieur. Son visage était décharné et ridé, ses yeux fatigués, les paupières lourdes. Il travaillait en moyenne seize heures par jour, et ses collaborateurs plus jeunes que lui avouaient avoir de la peine à suivre son rythme. Comme de Gasperi en Italie, Faysal était souvent le dernier à quitter les locaux du gouvernement et à éteindre la lumière.

Faysal souffrait d'ulcères à l'estomac et ne pouvait absorber que les aliments les plus simples. Lors du dîner officiel qu'il nous offrit en 1974, il fit servir un délicieux plat de mouton. Mais lui-même ne mangea que du riz avec des haricots et des petits pois, légumes qu'il écrasait avec sa fourchette et mangeait avec une cuiller. Son emploi du temps chargé et sa nature ascétique ne lui laissaient guère de loisirs. La charge de neuf millions de Saoudiens et ses responsabilités spirituelles envers des millions d'autres musulmans à travers le monde pesaient lourdement sur ses épaules.

A une époque où d'autres pays arabes conservateurs établissaient un pouvoir législatif, l'autorité de Faysal demeurait absolue. Il régnait par l'intermédiaire de plusieurs milliers de princes disséminés à travers le royaume. Il s'entourait de conseillers compétents, écoutait soigneusement leurs avis, puis décidait de lui-même. Beaucoup de Saoudiens, qui approuvaient les lignes générales de son programme et l'action d'ensemble de son gouvernement, le blâmaient néanmoins pour son refus de déléguer de l'autorité.

S'il rejetait la démocratie, Faysal restait cependant très proche de ses sujets, ne s'enfermait guère dans quelque lointaine pompe royale. Peu après son accession au trône, sa femme lui fit visiter son palais nouvellement aménagé et décoré. Quand il aperçut la somptueuse chambre à coucher réservée au souverain, il s'exclama : « Pour qui est cette chambre ? Elle est beaucoup trop luxueuse pour moi ! » Et il se choisit sur-le-champ une pièce beaucoup plus petite dans le fond du vestibule et y fit installer un simple lit à une place. Il n'aimait pas qu'on lui baisât la main ni qu'on l'appelât « Sa Majesté » ; il préférait être appelé « frère » ou tout bonnement « Faysal ». Les traditionnels *majlis* saoudiens formaient une part intégrante de son gouvernement. Pendant ses audiences royales hebdomadaires, il écoutait patiemment toutes les doléances de ses sujets concernant des vols de bétail ou des disputes foncières.

Il y eut une ironie particulière du sort dans les circonstances de la mort de Faysal. Au cours de nos entretiens de 1974, il s'était montré spécialement soucieux au sujet de l'attitude de certains de ses jeunes officiers d'aviation dont la loyauté lui paraissait douteuse. Ils avaient été formés et entraînés aux États-Unis, et Faysal craignait qu'ils fussent infectés de ce virus d'extrême gauche qui devait plus tard faire tant de ravages en Iran. Il ne se rendait pas compte que le danger fatal pour lui allait venir de la droite et non de la gauche. L'une de ses réformes les plus contestées fut l'admission de la télévision dans son royaume, bien qu'il veillât à une stricte réglementation des programmes. En 1965, un prince dissident, estimant que la télévision exerçait une influence néfaste sur le pays, dirigea une expédition malheureuse contre une station émettrice à Riyad. Le prince se réfugia dans son palais, mais y fut tué par les forces de sécurité. Dix ans plus tard, Faysal fut assassiné par le frère de ce prince, et beaucoup d'observateurs conclurent à une vengeance. Au cours de ses entretiens avec moi, Faysal avait indiqué qu'à ses yeux la télévision, et les mass media en général, étaient au mieux un mal nécessaire dans le monde moderne. A la fin, il devint probablement le seul dirigeant à perdre sa vie pour la télévision.

Quand Faysal fut assassiné, un hebdomadaire observa que ce meurtre « révélait une fois de plus l'instabilité des États pétroliers du Moyen-Orient », alors que le pouvoir passait pourtant très calmement et pacifiquement au frère de Faysal, Khalid, qui devint le quatrième roi saoudien depuis 1932. De même, quand le président Sadate fut assassiné en automne 1981, il se trouva des voix pour déclarer que les États-Unis ne devraient pas vendre d'armes à des gouvernements « instables » du Proche ou Moyen-Orient, alors que là encore la passation des pouvoirs au successeur que Sadate avait lui-même désigné et qui devint le troisième président de l'Égypte depuis 1956 s'opéra de la façon la plus calme et pacifique. Dans les deux cas, le transfert du pouvoir ne fut pas moins ordonné que celui qui suivit chez nous l'assassinat du président Kennedy en 1963.

Beaucoup de gouvernements du Moyen-Orient sont effectivement « instables » quand on les juge d'après les critères américains. Alors que l'Égypte peut se targuer de dispositions constitutionnelles prévoyant une succession normale et légale, il n'en va pas de même de l'Arabie Saoudite. En fait, peu de pays au monde ont des procédures de succession sûres. Aucun pays communiste n'en a. La plupart des observateurs qui qualifient le régime saoudien d'instable se servent en réalité de mots de code pour communiquer leur répulsion à l'idée même de monarchie absolue. Leur attitude est compréhensible dans la perspective de la longue histoire de la démocratie en Occident. Mais ils ne tiennent pas compte des réalités de l'Arabie Saoudite, qui n'a pas une telle histoire. La monarchie est une forme de gouvernement à laquelle les Saoudiens sont habitués et avec laquelle, pour le moment, ils sont à l'aise. La Jordanie et le Maroc sont également des monarchies, et sous le roi Husayn et le roi Hasan II, ces pays comptent parmi les États les mieux gouvernés du monde arabe. En Tunisie, Habib Bourguiba s'est fait nommer président à vie. Si son autoritarisme éclairé a ses adversaires, il est douteux que la démocratie à l'occidentale y eût produit le progrès et la stabilité qu'il a apportés à la Tunisie.

Inévitablement, plus il y aura de Saoudiens cultivés et plus ils seront nombreux à demander un gouvernement de type occidental. Ce développement, cependant, surviendra *comme un résultat* des réformes de la monarchie saoudite, et non *malgré* ces réformes. S'il est possible qu'elle soit finalement écartée pour être remplacée par une autre forme de gouvernement, la monarchie aura au moins accompli ce que Faysal en attendait : la transformation modérée, graduelle et pacifique de l'Arabie Saoudite en une nation moderne.

La démocratie ne serait pas nécessairement une bonne chose pour l'Arabie Saoudite, de même que la monarchie n'y était pas forcément une mauvaise chose. Le roi Fahd, qui monta sur le trône en juin

1982, a déclaré sans fard que son pays n'était pas prêt pour un gouvernement républicain. « Nous voulons employer l'élite de notre pays, affirma-t-il, et nous sommes persuadés que des élections ne porteraient guère d'élite au pouvoir tant que l'éducation reste limitée. » Et Faysal avait dit : « Ce qui importe pour un régime, ce n'est pas le nom qu'il porte mais ce qu'il accomplit. Il existe des régimes républicains corrompus et des monarchies saines, et vice versa... La qualité d'un régime devrait être jugée d'après ses actes et l'intégrité de ses chefs, pas par son étiquette. »

Nasser et Sadate étaient des révolutionnaires ; le chah et Faysal étaient des monarques opérant une révolution. En tant que tels, les deux Égyptiens avaient un avantage psychologique sur les deux autres hommes. Le chef révolutionnaire qui a réussi exerce une attirance innée avec laquelle le monarque ne peut pas rivaliser. Le révolutionnaire est météorique ; il est la force en mouvement. Le monarque est la force au repos. L'un est perçu comme élément dynamique, l'autre comme élément statique. Même si le monarque a de meilleures idées que le révolutionnaire, il lui faudra surmonter une terrible inertie pour atteindre ses objectifs.

Pour le révolutionnaire, les traditions et les pratiques du passé ne sont guère que du carburant pour le moteur de la révolution. Il peut les rejeter ou les réviser à sa guise. Le monarque, pour sa part, dépend de la tradition pour son pouvoir et son autorité. Quand la tradition s'oppose à ses plans d'avenir, il doit ou bien changer ses plans ou bien les intégrer à la tradition de façon à maintenir intactes sa culture et son autorité. C'est une tâche des plus difficiles pour un homme d'État.

Nasser vint au pouvoir en faisant table rase. Quand il déposa et exila le roi Farouk en 1952, il chassa du même coup tous les mauvais souvenirs de la domination récente et moins récente de l'Égypte par les Anglais, les Turcs, les Romains, les Grecs, les Perses. Pour la première fois depuis des siècles, son peuple reçut grâce à lui un gouvernement par des Égyptiens pour des Égyptiens. En même temps, Nasser cherchait à unir l'Égypte à ses frères arabes. C'était la parfaite idée révolutionnaire, aussi grisante que peu pratique.

Le pouvoir politique de Nasser était absolu, mais il gouvernait dans le cadre d'un régime républicain illusoire. Il était connu en tant que « président Nasser », non comme « l'homme fort de l'Égypte » et encore moins comme « le dictateur égyptien ». Son régime était farouchement autoritaire, mais son autoritarisme se trouvait extérieurement atténué par le fait que Nasser était un chef révolutionnaire adoré de son peuple.

Les objectifs de Nasser étaient supranationaux ; la fascination qu'il exerçait s'expliquait en partie parce qu'il donnait à son peuple une mission dont la portée dépassait ses frontières, ses limites géographiques : le nationalisme arabe, le panarabisme. Les objectifs du chah étaient essentiellement nationaux, mais aussi géopolitiques avec la notion très précise de bastion de l'Occident face à l'agression communiste. Il voulait faire de l'Iran une grande puissance économique et militaire, et il concentra presque toute son attention et son énergie sur ces fonctions que Nasser négligea. L'action du chah, par conséquent, ne fut ni spectaculaire ni dramatique. Il n'avait pas de canal de Suez à nationaliser ; il ne pouvait pas lancer ses armées contre les hordes sionistes ; il ne vint pas au pouvoir porté par la lame de fond d'un élan révolutionnaire anticolonialiste. Il fut, en fait, un chah de plus dans une longue série de chahs — l'un des rares à être mort de mort naturelle. Lorsqu'on lui demanda un jour pourquoi beaucoup de gens ne lui faisaient pas confiance, il sourit finement et répondit : « A combien de chahs, par le passé, a-t-on pu faire confiance ? »

Le chah était un homme extrêmement doué et un grand travailleur. Son régime n'était pas plus autoritaire que celui de Nasser, mais ses réalisations au plan intérieur étaient infiniment plus grandes. Il amena le progrès dans la stabilité. Nasser amena l'instabilité sans progrès. Mais le chah ne faisait pas comme Nasser vibrer la corde émotive de son peuple.

Le chah, parce qu'il hésita à frapper un grand coup quand ses adversaires commencèrent à le défier, fut débordé et finalement engouffré par le passé. Le roi Faysal, un autre monarque absolu, sut au contraire maîtriser le passé.

Il réussit pour des raisons à la fois personnelles et institutionnelles. Les Saoudiens ont eu cinq rois. Le premier, Ibn Sa'ud, fut le fondateur de la dynastie et de l'Arabie Saoudite. Les quatre autres étaient ses fils. Sur les cinq, seul le roi Sa'ud était corrompu, et même sa vénalité fut singulièrement bénigne et nullement oppressive. Le roi Sa'ud, il faut le préciser, commença certaines des réformes que Faysal porta à leur terme.

Faysal était mieux équipé pour être un monarque moderniste. Son autorité était à la fois spirituelle et temporelle ; elle semblait couler organiquement de son peuple, l'investir naturellement. Le roi d'Arabie Saoudite est l'un des très rares chefs d'État du monde qui puissent être approchés par n'importe quel citoyen. Sa nation est plus homogène que ne l'était l'Iran du chah ; de plus, elle n'a pas connu les tensions douloureuses engendrées par une industrialisation et une urbanisation rapides et qui contribuèrent à faire tomber le chah.

Faysal accomplit en Arabie Saoudite une grande partie de la tâche que le chah espérait mener à bien en Iran. Il n'était pas obligé de se battre contre un clergé rebelle et turbulent ; l'Arabie Saoudite ne connaît nulle séparation entre Église et État. En même temps qu'il appliquait des réformes, Faysal surveillait très attentivement l'impact de ces réformes sur le pays. Il tolérait uniquement les influences qui pouvaient être accommodées sans froisser le tissu socioculturel saoudien.

Les immenses richesses pétrolières de l'Arabie Saoudite ne pourront pas lui garantir seules la sécurité et la prospérité, comme l'Iran devait le démontrer d'une façon particulièrement tragique. La tâche de Faysal était de mettre l'Arabie Saoudite sur la voie de la modernisation sans détruire l'essence de la nation jalousement croyante que son père et lui avaient tirée des sables du désert arabique. C'est précisément ce qu'il accomplit pendant ses onze années au pouvoir.

DE GRANDS HOMMES SUR DE PETITES SCÈNES :
LEE, MENZIES

De tous les dirigeants que j'aie rencontrés en Amérique et à travers le monde, deux parmi les plus doués étaient Lee Kuan Yew, Premier ministre du minuscule État constitué par la ville de Singapour, et Robert Menzies, Premier ministre d'Australie. Ils ont eu la singularité d'être des hommes d'envergure placés sur de petites scènes, des chefs qui, en d'autres temps et en d'autres lieux, auraient pu acquérir la stature mondiale d'un Churchill, d'un Disraeli ou d'un Gladstone.

Très différents de caractère, les deux hommes étaient curieusement semblables par leur origine et leur aspect. Tous deux étaient des dirigeants d'anciennes colonies britanniques. Tous deux étaient d'excellents avocats qui auraient pu aisément faire fortune dans des carrières juridiques mais qui estimaient que la pratique du droit était mentalement et intellectuellement restreignante. Tous deux étaient des hommes solides, et doués qui, limités par un hasard de l'histoire à la direction d'un pays de moindre importance, refusaient néanmoins de n'avoir qu'une vision restrictive ou une perspective strictement régionale du monde. Justement parce qu'ils avaient des vues vastes et globales de la scène internationale, mes conversations avec eux ont compté parmi les plus intéressantes.

En outre, si chacun avait une attitude essentiellement pro-occidentale, chacun se rendait compte, comme MacArthur, que l'équilibre des forces planétaires se déplaçait graduellement mais régulièrement en faveur de leur partie du monde. Tous deux essayaient de faire en sorte que leurs pays fussent parmi les plus prospères, les mieux défendus et les plus influents dans la région du Pacifique Ouest.

D'un point de vue plus personnel, Lee et Menzies étaient très différents. Menzies paraissait aussi énorme que le continent australien, autant physiquement que dans ses ambitions. Il mesurait un mètre quatre-vingt-huit et pesait plus de cent vingt kilos. Il avait un visage ouvert et distingué, une chevelure épaisse et bouclée, des sourcils très épais et un regard perpétuellement amusé. Son air de supériorité lointaine, s'il pouvait lui être très utile dans ses rapports avec des parlementaires gênants ou des journalistes insolents, vexait beaucoup de ses collègues au gouvernement et faisait que, à l'instar de Churchill, s'il était assurément admiré par ses concitoyens, il n'était pas véritablement aimé.

Lee est compact et musclé comme un lutteur ou un champion de karaté; il y a quelque chose de dur dans son regard qui ne s'adoucit jamais. Je trouvais Menzies sociable et spirituel. Lee, quant à lui, est sagace, opportuniste, calculateur et rusé. Menzies goûtait les conversations intelligentes et spirituelles — les goûtait, en fait, beaucoup plus que les manœuvres parlementaires, où il excellait mais qu'il n'apprécia jamais vraiment — et était un connaisseur de vins fins, de bons plats et d'apéritifs bien préparés. Pour Lee, la plupart des loisirs ne sont que perte de temps.

Quand je rencontrai Menzies, il passait généralement son temps à fumer un gros cigare et à me régaler de conseils politiques, d'observations pénétrantes sur les affaires internationales et de commentaires acerbes sur la vie politique australienne. Nos conversations étaient animées mais toujours menées dans une franche bonne humeur. Par contraste, quand je rencontrai pour la première fois Lee, c'est-à-dire en 1967, je découvris un homme qui allait et venait dans la pièce comme un lion en cage et qui s'exprimait en rapides exclamations sur les sujets les plus vastes et généraux. Il se comportait comme s'il s'était senti à l'étroit dans la modeste fonction qui était la sienne et qu'il voulait s'en échapper et trouver un champ d'action beaucoup moins réduit. Le bavardage mondain lui était totalement étranger.

Leur plus grande ressemblance était dans la nature des objectifs qu'ils poursuivaient. Aucun des deux n'était un doctrinaire. Menzies était le type même du parlementaire britannique démocrate, dévoué avant tout à la couronne et à l'unité du Commonwealth dans les moments de crise. Son conservatisme économique ne parvint à réellement s'exprimer qu'après son premier mandat, quand il se vit l'allié des classes moyennes dans leur quête de confort et de sécurité. Lee était avant tout un esprit pratique, indifférent à l'égard de toute théorie politique et dédaigneux de tout ce qui ne contribuait pas directement à le rapprocher de son but, qui était de fortifier et d'enrichir Singapour. Pour les deux hommes, rien ne pouvait être plus sérieux que la recherche de la sécurité et de la prospérité pour leur pays.

Du fait de leur approche non idéologique, Lee et Menzies ont été vivement critiqués et dépeints comme des matérialistes qui étaient à tel point préoccupés par les besoins matériels de leurs administrés qu'ils en oubliaient leurs besoins culturels et spirituels. Les prestations intérieures des deux hommes étaient principalement d'ordre économique ; Menzies présida à la plus formidable poussée d'industrialisation et de croissance économique dans l'histoire de l'Australie, alors que Lee fit de Singapour une véritable centrale d'énergie commerciale. Les habitants de ces deux pays figurent aujourd'hui parmi les plus riches de cette région du globe.

La recherche de l'aisance matérielle est surtout tournée en dérision par ceux qui n'en ont jamais été privés. Des dizaines de dirigeants politiques d'après-guerre ont donné à leurs populations la révolution, la fierté nationale et l'indépendance, mais les ont laissées dans la pauvreté et souvent avec la faim au ventre. Nous vivons une époque où les dirigeants sont plus souvent jugés en fonction du vacarme de leurs discours et de la coloration de leur politique que sur les acquis réels de leur action. Plus particulièrement dans le monde en voie de développement, beaucoup trop d'hommes et de femmes sont allés se coucher le soir les oreilles pleines mais l'estomac vide.

Lee était un révolutionnaire, mais d'un type différent. Il ne confondait jamais le discours avec l'objet du discours, et il ne permettait jamais à l'idéologie d'empiéter sur le bon sens. En 1959, quand il accéda au pouvoir, Singapour était une nation minuscule sans ressources naturelles et avec un mélange potentiellement explosif d'Indiens, de Chinois et de Malais. La rancune à l'égard du colonialisme britannique était dangereusement exacerbée. Lee se rendit compte qu'il pourrait uniquement prévenir une révolution communiste en se faisant passer pour beaucoup plus à gauche qu'il ne l'était en réalité, et il conçut par conséquent une stratégie politique consistant essentiellement à tenir un discours de gauche tout en se dirigeant vers la droite.

Avant l'élection, le parti de Lee, l'Action populaire, n'était qu'une façade communiste dont les slogans étaient calqués sur ceux de Mao. Il joua d'une façon magistrale autant que spectaculaire le rôle de l'agitateur anticolonialiste et antioccidental, présidant à ses réunions électorales en bras de chemise et fulminant contre les turpitudes de l'homme blanc. Cependant, une fois élu, il fit jeter en prison plus d'une centaine de ses anciens compagnons communistes et se mit immédiatement en devoir de rassurer l'élite chinoise fortunée du pays et d'informer les financiers et industriels étrangers que leurs investissements seraient les bienvenus à Singapour et que le personnel d'encadrement, les employés et les ouvriers qu'ils enverraient sur place y seraient absolument en sécurité. Aujourd'hui, vêtu d'élégants complets à rayures d'homme d'affaires, il est à la tête d'une nation prospère que certains ont appelée « Singapour, S.A. », dont la source de revenus est un mélange heureux d'investissements japonais, européens et américains.

Mais la prospérité de Singapour ne vint pas par l'effet d'un coup de baguette magique. La seule ressource de cette ville, en dehors de ses habitants, est sa position d'importance stratégique comme carrefour international. Lee n'avait que mépris pour ces pays du Tiers Monde qui vivaient des ristournes perçues sur leurs richesses minérales. « Nous n'arriverons que par le sommet, disait-il, et nous n'avons pour nous que notre volonté et notre force de travail. » Lee prit ses fonctions de Premier ministre au moment où l'État de Singapour se trouvait de plus en plus obligé de ne compter que sur lui-même. Les troupes britanniques, pendant des années une source essentielle d'emplois pour les travailleurs et de revenus pour les commerçants de Singapour, commencèrent à se retirer vers le milieu des années soixante. Une fédération vieille de deux ans entre la Malaisie et l'État de Singapour avorta à la même époque — conséquence, selon beaucoup d'observateurs, de la tentative de Lee de la dominer. Néanmoins, Lee fut à tel point affecté par cet échec qu'il versa de chaudes larmes pendant l'allocution télévisée au cours de laquelle il annonça le départ de Singapour de la fédération. Mais il ne fut que momentanément abattu. « Être assis sur un tabouret est plus confortable qu'être assis sur une canne-siège », déclara-t-il avec son goût caractéristique de la métaphore. « Mais maintenant nous devons nous asseoir sur cette canne-siège. Il ne nous reste rien d'autre. Mais n'oubliez pas : le peuple de Singapour a une canne-siège faite en acier ! »

Lee donnait souvent l'impression de croire que les habitants de Singapour étaient eux aussi en acier trempé. Il réglementa la longueur des cheveux des jeunes et s'éleva contre l'abus de la drogue et la promiscuité sexuelle. Il mit ses concitoyens en garde contre l'étalage ostentatoire de la richesse, c'est-à-dire ces signes extérieurs de richesse qu'étaient à ses yeux les voitures de sport et les sols dallés de marbre. Bien entendu, on ne manqua pas de lui reprocher cette discipline spartiate teintée de moralisme victorien. Il n'en avait cure, estimant que la discipline sociale et une ferme direction politique étaient nécessaires pour réduire l'hostilité entre les trois groupes ethniques composant la population de Singapour et pour les inciter à collaborer entre eux. Il les invita à se sentir d'abord comme Singapouréens et ensuite seulement comme Chinois, Malais ou Indiens. Il y réussit d'ailleurs dans une large mesure, faisant de Singapour l'envie de beaucoup d'autres sociétés multiraciales.

Comme Nehru, Lee fut éduqué et formé en Angleterre et revint chez lui armé de puissantes intentions socialisantes. Mais à la différence du dirigeant indien, Lee n'était pas un doctrinaire socialiste. Il comprenait qu'une société a besoin d'une économie saine et vigoureuse avant de pouvoir se payer le luxe d'allocations de logement, d'écoles gratuites, d'hôpitaux et de cliniques accessibles à tous et de vastes programmes de construction. Lee était extrêmement soucieux des besoins de son peuple, mais il se préoccupa d'abord des besoins de l'économie qui serait chargée de couvrir les frais. Il résuma toute son attitude quant aux problèmes économiques dans la phrase suivante : « Nous ne nous attendons à rien de rien. »

Beaucoup de réformes sociales de Lee avaient un but pratique. « C'est notre unique espoir, devait-il déclarer à la fin des années cinquante. Si nous n'essayons pas, l'État de Singapour sera communiste. Si nous essayons et échouons, il sera également communiste. Ce qui est important pour nous, c'est d'essayer ! » Exigeant la rentabilité même des services du gouvernement, il obtint cette chose rarissime que sont des P.T.T. rapportant du bénéfice et une imprimerie nationale couvrant ses frais en acceptant des commandes privées. La négligence et le gaspillage, qui sévissent à l'état endémique dans tant de pays en voie de développement, sont des péchés capitaux à Singapour.

Malgré sa vive préoccupation pour le bien-être de son peuple, Lee évoquait rarement les affaires intérieures de Singapour lors de nos rencontres. Chez certains dirigeants, la réticence à aborder leurs problèmes locaux révèle ou bien qu'ils sont écrasés par eux ou bien, comme dans le cas de Sukarno, qu'ils ne veulent pas du tout les affronter. En fait, Lee n'avait aucun besoin de discuter des affaires intérieures de Singapour pour la simple raison qu'il avait le gouvernement et l'administration de Singapour parfaitement en main. Au début de ma présidence, j'avais envoyé John Connally, mon ministre des Finances, en mission autour du monde pour me ramener une moisson de données recueillies sur le terrain. Quand il revint à la Maison-Blanche avec son rapport, son commentaire concernant son escale à Singapour fut aussi bref que clair : « Singapour, me dit-il, est le pays le mieux administré au monde. »

Avant mon départ pour mon voyage asiatique de 1953, le gouverneur Thomas E. Dewey, qui avait visité l'Extrême-Orient après avoir perdu l'élection présidentielle de 1948, m'affirma que Robert Menzies était le personnage le plus impressionnant qu'il eût rencontré au cours de son périple. Quand je rencontrai à mon tour Robert Menzies, je compris aussitôt pourquoi Dewey avait une si haute opinion de l'homme d'État australien. Il témoignait d'une connaissance remarquablement profonde et avisée des questions n'affectant pas seulement le Pacifique mais le monde entier.

Un bon Premier ministre australien doit s'imposer à un pays dont la population clairsemée varie en caractère, de l'urbanité anglaise d'Adélaïde à la rusticité primitive du grand désert de Victoria. Menzies, qui remplit ces fonctions pendant plus d'années consécutives qu'aucun de ses prédécesseurs, avait l'étoffe qu'il fallait. S'il témoignait de toute la réserve et de toute la dignité d'un membre des classes dirigeantes britanniques, il avait aussi une disposition passablement rude et volontariste à faire face avec la dernière énergie à ses adversaires politiques et aux journalistes, avec en plus un don de la repartie vive et cinglante. Lorsque je le vis pour la première fois, il m'annonça d'emblée : « Je suis britannique jusqu'à la moelle des os, mais j'aime l'Amérique. » En fait, il m'a toujours semblé qu'il combinait à merveille les meilleures qualités de l'homme politique anglais et de l'homme politique américain, bref qu'il représentait une synthèse idéale des deux.

Il y a eu en réalité deux Robert Menzies. J'ai connu le second, l'homme politique très sûr de lui qui dominait son époque et qui présidait à l'essor économique le plus fabuleux de l'histoire de l'Australie. Je n'ai jamais rencontré le premier Menzies. Il fut le jeune dirigeant de l'Australie au début de la Seconde Guerre mondiale, intellectuellement arrogant, un homme rempli de bonnes intentions qui se trouva finalement dépassé par les événements.

Menzies fut deux fois Premier ministre australien : de 1939 à 1941, puis de 1949 à 1966. Il lui fallut attendre son second mandat pour trouver la cause dont il se fit délibérément le champion : l'homme oublié des classes moyennes, écrasé par la politique socialiste du parti travailliste qui lui avait succédé en 1941. En tant que Premier ministre, il veilla au bien-être de la population australienne sans gêner l'essor de la libre entreprise, et, comme Lee, il favorisa les investissements étrangers. Le résultat fut un accroissement massif de la productivité et donc de la prospérité matérielle. Entre 1949 et 1961, le P.N.B. de l'Australie fut presque multiplié par trois. Menzies développa en même temps une vision extrêmement intelligente et globale des affaires du monde, centrée sur le rôle croissant de l'Australie comme puissance d'Extrême-Orient.

Pendant les années où Menzies se trouva écarté du pouvoir, il était évident qu'il lui faudrait surmonter d'énormes obstacles pour revenir à la tête du pays. Après sa démission de 1941 et la victoire du parti travailliste, il était à tel point discrédité qu'il ne fut même pas choisi pour être le chef de file de l'opposition au Parlement. En 1944, il forma le parti libéral. La consolidation et la direction très ferme de ce parti allaient lui fournir un champ d'action où mettre à l'épreuve ses capacités politiciennes, et il réussit finalement à faire porter les suffrages de l'électorat australien sur ce mouvement politique bien rodé.

Comme tant d'autres grands dirigeants, Robert Menzies se forgea le caractère par sa traversée du désert. Quand il revint au pouvoir, il était beaucoup plus sûr de lui et avait une conscience claire de ses objectifs. Infatigable dans les campagnes et tournées électorales, il acquit la réputation d'un excellent parlementaire doublé d'un brillant orateur. On l'accusait de traiter avec mépris les membres de son gouvernement, mais en réalité il était tellement conscient de sa force qu'il laissait à ses ministres toute liberté de s'exprimer à leur guise.

Cependant, il n'y avait pas la moindre ambiguïté quant à l'identité du grand patron et donc aucune chance de voir l'édifice politique de Menzies céder aux pressions de l'intérieur comme cela s'était passé pendant la guerre. En 1941, confronté à des dissenssions au sein de son cabinet, il avait demandé très humblement à ses ministres de lui dire où blessait le bât. Après 1949, son comportement à l'égard de son cabinet fut radicalement différent. Un de ses projets favoris était l'embellissement de la capitale australienne de Canberra, et une année il avait fait inclure dans le budget une somme d'un million de livres pour la construction d'un lac artificiel dans la capitale. Il partit ensuite pour l'Angleterre. En son absence, le ministre des Finances supprima ce poste du budget.

A son retour, Menzies déclara très jovialement aux membres de son cabinet : « Suis-je bien informé et est-il vrai qu'en mon absence les Finances ont sabré le poste d'un million de livres prévu pour les premiers travaux du lac ? » Les ministres répondirent que tel était effectivement le cas. Il dit alors sur le même ton désinvolte : « Puis-je à présent avoir votre consentement unanime pour la réintégration de cette dépense dans le budget ? » Le cabinet s'inclina sans broncher, et le lendemain matin commencèrent les travaux d'aménagement du lac.

Dans *Grands Contemporains*, Churchill avait écrit que l' « un des signes du grand homme est son pouvoir d'exercer une impression durable sur les personnes qu'il rencontre ». Certains l'exercent par leur présence physique, d'autres par la force de leur intelligence. Je pense aussi que ce n'est pas une coïncidence si pratiquement tous les grands dirigeants que j'ai connus étaient exceptionnellement doués dans l'art en voie de disparition de la conversation. La direction politique est essentiellement faite de persuasion, et un chef qui n'est pas capable de mener une conversation intéressante et impressionnante ne sera pas non plus un chef convaincant.

Les monologues magistraux de MacArthur, les déclarations éloquentes de De Gaulle, l'humour pince-sans-rire de Yoshida et les évocations poétiques de Chou En-lai étaient aussi éloignés des échanges de propos mondains que l'est l'art de Rembrandt de la peinture du dimanche. Leur conversation avait à la fois du style et de la substance ; elle était à la fois animée et profonde ; elle suscitait chez l'interlocuteur un immense respect pour l'intelligence qui l'inspirait, et ce type d'impression psychologique constitue précisément l'un des moyens par lesquels un grand chef établit son pouvoir et exerce sa persuasion.

Chaque fois que je devais rencontrer l'une de ces personnalités, je guettais l'occasion avec la même impatience dont on fait habituellement preuve quand on attend la prestation d'un grand artiste, d'un virtuose — ce qu'ils étaient d'ailleurs. Mais s'il me fallait désigner le champion dans cette catégorie, mon choix ne se porterait pas sur l'un des légendaires Européens ou Américains : je retiendrais le nom de Robert Menzies.

Son sens de l'humour était aigu mais rarement cruel. Il savait construire ses phrases avec une remarquable éloquence, et il adorait les échanges de mots d'esprit d'un dialogue intelligent, les reparties promptes et fines. Quand il le fallait, il savait écouter. Enfin, Menzies savait aussi bien écrire que parler. Ceux qui écrivent bien sont souvent incapables de bien s'exprimer de vive voix, et vice versa. Quelques grands chefs historiques — Charles de Gaulle, Winston Churchill, Woodrow Wilson — pouvaient faire les deux. Cependant, il est bien évident que pour celui qui désire s'affirmer dans le monde politique, savoir bien parler, en public comme en privé, est plus important que savoir bien écrire. La faculté d'éloquence, dans ce domaine, est pratiquement indispensable.

Du fait de la très grande habileté de Robert Menzies à manier le verbe, peu étaient disposés à le provoquer en public. Il apprit dès le début de sa carrière, comme Churchill, qu'il est beaucoup plus efficace de repousser une question ou un commentaire hostile par une repartie cinglante ou un mot d'esprit que par une longue explication ou justification plus ou moins embarrassée. Lors de sa première conférence de presse en tant que Premier ministre, un journaliste de gauche insinua lourdement : « Je suppose que vous allez consulter les puissants intérêts qui sont derrière vous avant de former votre gouvernement... » Et Menzies de répondre : « Bien sûr ! Mais je vous en prie, jeune homme, ne mentionnez pas le nom de ma femme ! »

Cette technique se révélait non moins efficace au Parlement, où régnait encore la vulgarité rustique propre aux pays jeunes et que Menzies trouvait parfois éminemment déplaisante. A un député qui l'accusait de nourrir un complexe de supériorité, il lança : « Compte tenu des gens qui m'entourent ici, ce n'est guère surprenant ! » Le parti travailliste, trop souvent la victime de ces remarques au vitriol, alla jusqu'à recommander à ses membres de ne pas se frotter inutilement à Menzies.

Quand il fut rejeté par son parti en 1941, Menzies s'en trouva cruellement affecté. « Ce fut le coup du destin, déclara-t-il plus tard, tout était fini pour moi. » Obligé de se frayer un chemin à partir de son purgatoire politique au cours des années quarante, il développa un cynisme aussi sain que vigoureux à l'égard de ses adversaires, notamment dans la presse. Il n'avait pas peur d'en découdre. Après avoir subi deux heures de questions féroces et impitoyables à l'occasion d'une rencontre avec la presse, il leva un toast dans lequel les journalistes étaient qualifiés de « main-d'œuvre non spécialisée la plus surpayée du pays ». Il lui arriva de se vanter auprès de moi de traiter les journalistes avec « un mépris affiché et un remarquable succès ». Menzies avait un égal mépris pour ses opposants dans le monde des affaires, en particulier pour ceux qui l'avaient délaissé pendant ses longues années d'ostracisme. Il me dit textuellement : « Ces types-là sont assis dans leur fauteuil de P.-D.G. et assassinent les hommes politiques qui n'ont plus la faveur du public ! » Il était bien placé pour savoir ce que ressentait un membre de la classe politique dans ces cas-là, car après sa défaite devant le parti travailliste, le monde des affaires l'avait laissé froidement tomber. « Ils soutenaient que je ne pourrais jamais gagner », dit-il avec un sourire. En 1949, il leur démontra qu'ils s'étaient trompés.

Menzies me déclara souvent qu'un homme politique avait besoin d'être coriace, et à ce propos il eut quelques remarques très pénétrantes concernant l'un de nos présidents les plus susceptibles, Lyndon Johnson. Alors qu'il avait beaucoup de respect pour les capacités de Johnson, « un brillant politicien », observa-t-il, Menzies avait décelé chez le Texan dès le milieu des années soixante cette obsession de l'opinion publique et de l'image de marque dans la presse qui lui causerait plus tard de tels soucis pendant sa présidence et après. « Vous et moi, nous savons que la presse n'a aucune importance, me dit Menzies. J'ai souvent dit à Lyndon : " Ne soyez pas tellement préoccupé par ce que ces types-là écrivent à votre sujet ! Ils n'ont pas été élus pour faire ce qu'ils font — vous l'avez été.

Ils ne parlent que pour eux-mêmes — vous parlez au nom du peuple ! " »

Du fait de son goût et de son talent pour l'art de la conversation, Menzies put mettre le doigt sur une autre grande faiblesse de Johnson : son incapacité de rester tranquillement assis pendant quelques instants seulement. « On n'a jamais l'impression qu'il s'intéresse à ce qu'on dit, observa Menzies. Il ne peut jamais s'empêcher de saisir le combiné du téléphone au milieu d'une conversation ! »

Johnson avait fait installer trois téléviseurs dans le Bureau Ovale, pour être en mesure de suivre simultanément les programmes des trois chaînes. Menzies, au contraire, comme me le confia sa gouvernante, ne lisait jamais ce que les journalistes écrivaient à son sujet dans les moments de controverse. « Mais un jour, ajouta-t-elle, il me dit : " Quand ils cesseront de m'insulter, je saurai que je suis fini ! " »

Menzies était un observateur perspicace de la vie politique américaine. Quand je lui envoyai un exemplaire de mon premier livre, *Six Crises*, qui comprenait un commentaire de mes face-à-face télévisés avec John F. Kennedy en 1960, il m'écrivit en retour et indiqua qu'il avait toujours estimé que j'avais commis une erreur en acceptant le principe de ces débats. « Je ne dis pas ça parce que je pense que vous avez eu le dessous... J'ai vu deux de ces face-à-face à la télévision, et à mon avis vous en sortiez le vainqueur. Mais je pense qu'au début de la campagne vous étiez connu, et en bien, de trois fois plus de personnes que Kennedy, lequel, de toute manière, était surtout connu sur la côte Est. Je trouvais alors, et telle est toujours mon opinion, que l'un des effets majeurs de votre apparition en sa compagnie sur le petit écran fut de le rendre aussi connu que vous-même. J'espère que vous ne me jugerez pas impertinent quand je vous dirai qu'à mon avis vous avez ainsi renoncé à un atout de taille. »

A l'époque de cette lettre, je venais de perdre l'élection au poste de gouverneur de l'État de Californie. Il nota : « Je ne peux pas croire que, dans le monde politique, nous n'entendrons plus parler de vous. » Il était caractéristique de Menzies de ne pas pouvoir terminer sans une note d'humour : « Veuillez transmettre mes salutations affectueuses à votre épouse, qui, comme la mienne, mériterait une médaille d'or pour supporter un mari politicien. »

Beaucoup d'hommes politiques qui critiquèrent le rôle des États-Unis dans la guerre du Vietnam le firent dans une perspective néo-isolationniste. Qu'il fût juste ou non de soutenir une nation libre attaquée par les communistes, affirmaient-ils, le Sud-Vietnam était trop distant géographiquement pour être d'un quelconque intérêt pour les U.S.A. En réalité, aucune partie du monde n'est suffisamment distante pour que les événements qui y surviennent n'affectent pas le reste du globe. Néanmoins, l' « isolationnisme nord-atlantique », cette notion dont MacArthur avait forgé le terme un quart de siècle plus tôt et contre laquelle il avait lutté durant toute sa vie, était de nouveau à la mode.

Lee et Menzies voyaient le monde différemment. Ils appuyaient tous les deux l'effort américain au Vietnam ; Menzies, en fait, envoya des troupes australiennes qui s'y battirent côte à côte avec les Américains. Les deux dirigeants estimaient que l'agression nord-vietnamienne constituait une menace pour la stabilité de toute la région. Menzies exprima clairement son sentiment à ce sujet lorsqu'il dit : « Pour vous autres Américains, c'est l'Extrême-Orient. Pour nous, c'est le Proche-Orient. »

Lee et Menzies étaient tous deux des anticommunistes convaincus. Menzies comprit dès 1940 qu'à la fin de la Seconde Guerre mondiale, il faudrait probablement mettre sur pied quelque coalition européenne comprenant l'Angleterre, la France, l'Allemagne et l'Italie pour contenir la poussée vers l'ouest de l'Union soviétique. Tout comme Lee, il se rendait compte que son pays se trouvait en première ligne dans le combat contre le communisme en Extrême-Orient.

L'État de Singapour de Lee occupait le carrefour de l'Asie libre et était tributaire de la poursuite sans entraves du commerce entre ses voisins. Lee pensait qu'une expansion du communisme aurait un effet mortel sur la productivité et le commerce, comme un lourd tapis de neige gelant tout ce qu'il recouvre. Il me déclara dès 1967 qu'une Asie communiste connaîtrait des ténèbres économiques et sociales. Une dizaine d'années plus tard, conformément à sa prédiction, les ténèbres enveloppaient l'Indochine.

Lee était capable d'envisager la guerre du Vietnam d'un point de vue à la fois global et régional. « Avant tout, m'affirma-t-il, une grande nation telle que les États-Unis se doit de protéger les petites nations qui se tournent vers elle pour leur sécurité. Si elle ne le fait pas, la vague de l'expansionnisme et de la répression soviétique balayera le monde. »

« La première responsabilité d'un dirigeant national, poursuivit-il, est d'assurer sa survie et celle de son pays. S'il n'a plus confiance dans les États-Unis, il ne lui restera guère d'autre choix que de s'accommoder aussi bien que possible avec l'Union soviétique. »

Lee estimait que seule une Amérique forte pourrait garantir la survie des nations libres d'Asie. Quand il vint à Washington en 1973, je lui confiai pendant nos entretiens privés que le but de mon gouvernement était de créer un ordre mondial stable, incluant la Chine et l'U.R.S.S., dont profiteraient toutes les nations, à la fois pour une meilleure sécurité et un accroissement de la prospérité. Au cours du dîner officiel que nous offrîmes en son honneur, il approuva mes observations et évoqua d'un ton enjoué mais d'une façon très pertinente les affres des petites nations vivant sous la menace constante des redoutables prédateurs communistes. « Nous sommes un tout petit pays placé stratégiquement à l'extrême limite méridionale de l'Asie, expliqua-t-il, et quand les éléphants partent en fureur et que l'on est soi-même une souris, la chose peut être très désagréable. »

Menzies pensait lui aussi qu'il serait dangereux pour les États-Unis de ne pas assumer leurs responsabilités planétaires. Il me dit un jour : « Si les communistes réussissent au Vietnam, ils essayeront ailleurs. » Quand nous parlâmes de la guerre, en 1965, il se montra visiblement enchanté par la détermination des États-Unis de faire face en Extrême-Orient. « Le Vietnam est un grand engagement nouveau dans une aire stratégique nouvelle », dit-il. Quand la conversation porta sur le mouvement pacifiste opposé à la guerre du Vietnam, il se borna à lever les bras au ciel en s'exclamant : « Des intellectuels ! » Dans un sens, en se rangeant activement à nos côtés dans le conflit indochinois, Menzies remboursait une dette. En effet, pendant la Seconde Guerre mondiale, son pays fut sauvé de l'invasion quand les Américains arrêtèrent les Japonais quelques centaines de kilomètres au large des côtes australiennes, dans la bataille de la mer de Corail.

Menzies menait une politique étrangère extrêmement dynamique. Il allia l'Australie à la Nouvelle-Zélande et aux U.S.A. par le pacte A.N.Z.U.S., à ses yeux sa meilleure initiative ; il joignit l'O.T.A.S.E. ; à la fin des années cinquante, il commença un rapprochement stratégiquement lucide mais politiquement impopulaire avec les Japonais, politique qui fut couronnée par la visite officielle en Australie du Premier ministre japonais Kishi. Sous l'impulsion de Menzies, le rôle de l'Australie fut à tel point actif dans les affaires asiatiques que des nominations à New Delhi ou à Djakarta furent plus recherchées par nos diplomates que des postes à Rome ou à Paris. « Nous pouvons offrir une résistance intelligente au communisme, disait-il. Incontestablement, nous avons la possibilité de devenir des chefs de file en Asie. Mais on ne devient pas chef de file tout simplement en se proclamant chef de file ! »

En raison de la faible étendue de Singapour, Lee, comme chef de gouvernement, avait un champ d'action nécessairement plus réduit que celui de Menzies. Il possédait néanmoins une faculté d'analyse de la politique étrangère singulièrement pénétrante. En tant que

Chinois dont la famille avait vécu à Singapour depuis plusieurs générations, Lee connaissait d'une façon particulièrement intime la plus grande et la plus ancienne puissance de l'Asie. « Mao est en train de peindre sur une mosaïque, me dit-il en 1967. Quand il mourra, la pluie viendra et ses eaux emporteront ce qu'il a peint, et la Chine restera la Chine. Toujours la Chine absorbe et finalement détruit les influences étrangères. » Lee s'exprimait ainsi neuf ans avant la mort de Mao, à un moment où la Révolution culturelle faisait rage en Chine. La suite des événements allait prouver qu'il avait vu juste en prévoyant le déclin du maoïsme.

Lee employa un langage pareillement coloré pour diviser le monde entre les nations qui s'affirmeraient et celles qui, au contraire, n'y parviendraient pas. « Il y a les grands arbres, il y a les jeunes arbres et il y a les arbres rampants, expliqua-t-il. Les grands arbres sont la Russie, la Chine, l'Europe occidentale, les États-Unis et le Japon. Parmi les autres nations, il y a de jeunes arbres qui ont le potentiel de devenir de grands arbres, mais dans leur grande majorité ce sont des rampants qui, par manque de ressources ou de direction politique efficace, ne seront jamais de grands arbres. »

A propos de l'un des « grands arbres » de l'Asie, Lee déclara : « Les Japonais seront inévitablement appelés à jouer de nouveau un rôle majeur dans le monde, et pas seulement au plan économique. Les Japonais sont un grand peuple. Ils ne peuvent pas et ne devraient pas se contenter d'un rôle planétaire consistant à fabriquer de meilleurs postes à transistors ou de meilleures machines à coudre, ou encore à enseigner à d'autres populations asiatiques la culture du riz. » En fait, c'était là ma propre opinion depuis le début des années cinquante, quand j'avais pour la première fois conseillé aux Japonais de réarmer et de reprendre la place qui leur revenait en tant que bastion de la liberté en Asie. Chez Lee, qui, à la fois comme Singapouréen et comme Chinois de souche, avait d'amples raisons d'en vouloir aux Japonais pour leur impérialisme des années trente et quarante, cette attitude était la marque d'un homme d'État réaliste et courageux.

Au plan intérieur, Lee était l'un des rares dirigeants du Tiers Monde de l'époque postcoloniale à surmonter son orgueil blessé et à canaliser son énergie et celle de ses concitoyens dans l'édification d'une nation plutôt que dans de furieuses et stériles revendications révolutionnaires. Dans son appréciation des affaires du monde, Lee témoignait de cette même capacité de surmonter les griefs et rancunes du moment et du passé pour se hausser à une vision du futur et réfléchir à la nature du monde nouveau à venir. C'est là un authentique signe de grandeur, et le fait qu'un conducteur d'hommes de la taille de Lee n'ait pas pu disposer d'un champ d'action plus vaste représente une perte incalculable pour le monde.

DANS L'ARÈNE

Réflexions sur l'art d'être chef

« On ne fait rien de grand sans de grands hommes, avait écrit le général de Gaulle, et ceux-ci le sont pour l'avoir voulu. »

Le chef qui réussit dans sa tâche possède une volonté puissante, et il sait comment mobiliser la volonté d'autrui. Les dirigeants évoqués dans ce livre comptent parmi ceux qui ont réussi — certains plus que d'autres — à imposer leur volonté à l'histoire. Ce sont les hommes et les femmes qui ont fait la différence. Non parce qu'ils le *souhaitaient,* mais parce qu'ils le *voulaient.* Cette distinction est fondamentale quand on veut comprendre la nature du pouvoir et le caractère de ceux qui l'exercent. Souhaiter est passif, vouloir est actif. Les disciples souhaitent. Les chefs veulent.

De même que F. Scott Fitzgerald nous a montré en littérature que les gens très riches étaient radicalement différents des simples mortels, ainsi j'ai moi-même découvert que ceux qui détiennent beaucoup de pouvoir sont aussi foncièrement différents de leurs contemporains. Seul un certain type d'individus peut remporter la lutte pour le pouvoir. Le pouvoir ainsi obtenu créera une différence de plus. Il faut en être conscient : le pouvoir n'est pas pour le chic type au coin de la rue ni pour le gentil voisin de palier.

De toutes les questions qu'on me posait quand j'étais président, certaines des plus pertinentes avaient précisément trait aux différences caractérielles engendrées par la détention et l'exercice du pouvoir. Certaines des plus agaçantes, d'un autre côté, étaient des variations sur ce thème pénible : « N'est-ce pas drôle d'être président ? »

John J. McCloy m'a raconté un jour qu'au cours d'une conversation avec Henry L. Stimson, qui avait connu pratiquement tous les présidents américains de la première moitié de ce siècle, il avait demandé à Stimson quel avait été le meilleur président sous le rapport de la conception et de l'organisation de la fonction et de la conduite des affaires. Stimson réfléchit un instant puis répondit, curieusement, que William Howard Taft avait été de loin le président le plus efficace et le mieux organisé. Seulement, ajouta-t-il, l'ennui avec Taft était qu'il ne prenait pas plaisir à l'exercice du pouvoir. Qui aimait le pouvoir ? demanda alors McCloy. Les deux Roosevelt, répondit sans hésiter Stimson.

Adenauer, Churchill, de Gaulle, ces grands chefs historiques aimèrent eux aussi immensément le pouvoir. Mais évoquer ce plaisir de la puissance comme quelque chose de drôle équivaut à le trivialiser, à le rabaisser au niveau du vulgaire. Celui qui pense que son propre jugement est le meilleur, même s'il sait qu'il n'est pas infaillible, souffre de voir des hommes moins capables tenir les rênes de l'État, souhaite tenir ces rênes lui-même, languit de les tenir. Voir un autre patauger et gaffer à la tête du pays peut être physiquement douloureux. Et le jour où il pourra enfin s'emparer des rênes du pouvoir, le dirigeant plus capable sera ravi de s'en servir et ne voudra plus les lâcher de sitôt.

Pour vraiment apprécier le pouvoir, il faut savoir reconnaître que les erreurs sont inévitables et les supporter, espérant que ces erreurs porteront sur des détails, sur de petites choses, et non sur des choses importantes. C'est uniquement si ces deux éléments sont présents dans son caractère, c'est-à-dire s'il aime le pouvoir et n'a pas peur de commettre des erreurs, qu'un dirigeant saura prendre les initiatives audacieuses qui en feront un grand chef.

Si un chef n'est pas à tel point absorbé par les problèmes d'État qu'il n'y a tout simplement plus de place dans son esprit pour les choses « drôles », il ne devrait pas être chef et sera probablement un mauvais chef et même un chef dangereux. Il lui faudra prendre des moments de loisir sur son emploi du temps, et ses loisirs pourront éventuellement comprendre des aspects « drôles », mais il sera absolument indispensable pour lui de maintenir une stricte séparation entre travail et loisir. Il lui faudra aborder les tâches de sa fonction avec un esprit froid et lucide, objectivement calculateur, qu'il s'agisse des affaires purement protocolaires ou des véritables affaires du gouvernement.

Quand les gens s'imaginent qu'être président — ou Premier ministre ou roi là où le roi détient un pouvoir réel — est plus ou moins drôle ou amusant, ils ont peut-être présente à l'esprit l'image d'un chef souriant face aux acclamations d'une foule : ils oublient tout le soin qu'il aura fallu pour rassembler harmonieusement cette foule et pour obtenir le sourire du chef au moment où la caméra pouvait l'enregistrer. Peut-être auront-ils aussi à l'esprit les aspects superficiels, protocolaires de l'autorité suprême — les emblèmes, les gardes d'honneur, les fanfares et trompettes, les avions ou yachts présidentiels, les cortèges officiels, les motards, les drapeaux et oriflammes. Mais cette panoplie d'honneurs, d'emblèmes et de symboles n'est pas déployée pour le seul plaisir du chef. De même que la robe du juge ou de l'avocat, elle définit tout simplement la fonction et contribue à son exercice efficace. Une certaine qualité magistrale est certes requise, parfois même une certaine majesté. Les chefs d'État étrangers, surtout ceux des petits pays, ont besoin d'images où on les voit accueillis avec tous les symboles visibles du respect et de l'estime, non pas tellement par le président personnellement que par le président au nom de la nation. Celui qui s'imagine que rester debout en plein soleil, devoir se rappeler une quantité de noms étrangers et veiller au déroulement sans faille d'une cérémonie est un tant soit peu drôle ne l'a jamais fait lui-même. Cet aspect de la fonction est une partie du travail comme une autre.

Bien entendu, je ne veux pas dire par là que la présidence fût pour moi un « splendide calvaire » ou un quelconque exercice de mortification. J'ai voulu la présidence. J'ai lutté pour l'avoir et je me suis battu pour la conserver. Et la plupart du temps, j'ai pris plaisir à l'exercice de la fonction, mais, comme la plupart des dirigeants sérieux, je n'y ai jamais rien trouvé de « drôle ».

L'histoire a connu suffisamment de despotes qui recherchaient le pouvoir pour le pouvoir — avec tous ses abus. Mais la grande majorité des chefs qui parviennent jusqu'au sommet de la hiérarchie de l'État — et certainement la plupart de ceux que nous nommons de grands chefs — veulent le pouvoir pour ce qu'ils peuvent en faire, pour ce qu'ils peuvent accomplir grâce à lui, estimant qu'ils peuvent en faire un meilleur usage que d'autres.

Aucun des chefs que j'ai évoqués ici n'était unidimensionnel. Aucun n'était pur. Aucun n'était dépourvu d'arrière-pensées. Mais aucun ne recherchait le pouvoir à des fins exclusives de sublimation personnelle, de mégalomanie. Certains, comme Sukarno, avaient beaucoup trop d'indulgence pour leurs désirs charnels. D'autres, comme Khrouchtchev et Mao, étaient beaucoup trop cyniques et insensibles aux souffrances infligées par leur action politique. Mais ils avaient tous un but qui se situait bien au-delà de la satisfaction de leurs ambitions personnelles, un but qui les transcendait. A tort ou à raison, chacun croyait qu'il servait une grande cause. Chacun espérait qu'il laisserait sa marque dans l'histoire, une marque positive.

Quand nous faisons allusion aux dirigeants, nous employons communément des métaphores relatives à la hauteur, à l'altitude. Nous disons qu'ils montent jusqu'au sommet, qu'ils se haussent au niveau de l'événement, qu'ils ont une vision panoramique des choses. Les rencontres entre chefs de gouvernement sont habituellement qualifiées de « sommets ». Churchill, à l'occasion de la crise de Gallipoli pendant la Première Guerre mondiale, écrivit une lettre, non expédiée, dans laquelle il invitait le ministre des Affaires étrangères à ne pas tomber « au-dessous du niveau de l'événement ».

Certains chefs dominent, en tant qu'individus, leurs contemporains. Mais à l'égard de tous, les métaphores de hauteur et d'altitude sont particulièrement appropriées. Il leur faut regarder par-dessus le contingent et au-delà de l'immédiat. Ils ont effectivement besoin de la vue panoramique des sommets.

Certaines personnes vivent dans le présent, oublient le passé et sont aveugles à l'avenir. Certaines se réfugient dans le passé. Très peu ont ce don particulier de savoir appliquer le passé au présent de façon à faire apparaître le futur. Les grands chefs possèdent ce don, précisément. Comme Bruce Catton l'écrivit à propos de Lincoln : « Pour cet homme, de temps en temps, le ciel ne touchait pas l'horizon et il voyait des formes mouvantes, très loin là-bas... »

Comme stratèges militaires, de Gaulle et MacArthur se tenaient au-dessus des nuages et voyaient dans le lointain. De Gaulle, mettant en cause l'invincibilité de la ligne Maginot, demanda ce qui se passerait si l'ennemi devait refuser de se laisser attirer dans le « compartiment de terrain ». MacArthur sauta par-dessus les îles que les Japonais avaient fortifiées pour surgir sur celles qui ne l'étaient pas.

Dans chaque cas, ces deux stratèges pensaient en fonction des données du combat du moment, de la technique de leur temps, là où d'autres raisonnaient encore en fonction des données de la guerre précédente. La mobilité était la clef de la vulnérabilité de la ligne Maginot tout comme elle était la clef de la stratégie d'effet de surprise de MacArthur dans la guerre du Pacifique. Ce qui semble évident rétrospectivement n'est souvent pas évident du tout sur le moment.

Les grands chefs sont ceux qui voient les premiers ce qui rétrospectivement, mais rétrospectivement seulement, paraîtra évident, et qui possèdent à la fois assez de volonté et assez d'autorité pour entraîner leur pays à leur suite. De Gaulle, dans les années trente, n'avait pas encore cette autorité, mais il témoigna déjà des qualités qui allaient se révéler cruciales lorsqu'il l'aurait. MacArthur, dans les années quarante, avait cette autorité. Si de Gaulle avait eu l'autorité plus tôt, et si Churchill l'avait eue en Angleterre, l'histoire de l'Europe aurait pu être différente et il n'y aurait peut-être pas eu de Seconde Guerre mondiale. Dans les années trente, Charles de Gaulle et Winston Churchill étaient en avance sur leur temps, ou, tragiquement, l'Europe n'avait pas encore appris à ses dépens qu'ils avaient raison.

Les théoriciens ont l'habitude de traiter le pouvoir comme une abstraction. Les conducteurs d'hommes savent qu'il en va différemment. Le pouvoir les enracine dans la réalité. Les professeurs peuvent s'envoler librement dans la stratosphère de l'absurde. Les détenteurs du pouvoir, au contraire, doivent constamment observer les résultats, l'impact et les effets de leur action. Les chefs ont affaire au concret.

Les dramaturges de Hollywood, qui exercent une telle influence par le cinéma et la télévision sur l'image que l'Amérique a d'elle-même, sont fascinés par le pouvoir mais ont tendance à vilipender les conducteurs d'hommes, que ce soit dans le domaine militaire, dans le monde des affaires ou dans celui de la politique et du gouvernement. Le conducteur d'hommes ne peut se laisser aller aux émotions fortes procurées par un voyage grisant sur les montagnes russes du pays des illusions ; c'est pourquoi il paraîtra terne, dur et rude. Il ne peut pas agir comme s'il se trouvait dans un monde factice ou idéal. Il lui faut affronter le monde imparfait de la réalité. C'est pourquoi il paraîtra grossièrement insensible aux souffrances qui l'entourent. En réalité, il n'est nullement indifférent au mal ; mais il lui appartient de s'occuper par priorité des choses pouvant précisément contribuer à l'atténuer, même si c'est graduellement et donc de façon non spectaculaire. Hollywood peut se permettre le luxe de poses avantageuses. Le conducteur d'hommes doit agir et accomplir.

Dans l'art politique et de gouvernement, le pouvoir signifie la vie ou la mort, la prospérité ou l'indigence, le bonheur ou la tragédie pour des milliers, voire des millions de personnes. Aucun détenteur du pouvoir ne peut oublier cet impact, même s'il lui faut parfois en faire abstraction quand il s'agit de prendre une décision. Le pouvoir, c'est la possibilité de construire, de créer, de changer le cours de l'histoire. Peu de satisfactions peuvent l'égaler aux yeux de ceux qui voient le sens de leur vie dans de telles actions. Mais ce n'est pas le bonheur. Ceux qui recherchent le bonheur ne trouveront pas le pouvoir sur leur route et ils en feraient un mauvais usage s'ils le trouvaient.

Un observateur ayant le sens de l'humour nota un jour que ceux qui aiment les lois et les saucisses ne devraient jamais assister à leur fabrication.

Dans le même ordre d'idées, nous honorons les grands dirigeants pour ce qu'ils accomplissent, mais nous préférons souvent fermer les yeux sur leurs voies et moyens. Les enfants des écoles apprennent l'histoire de George Washington et du cerisier. Les moralistes vantent l'idéal wilsonien des « libres conventions, librement consen-ties ». Les philosophes en chambre invitent les dirigeants à « se battre pour les principes », à refuser les compromis, à se comporter « en hommes d'État et non en politiciens ».

Dans le monde réel, la politique politicienne est faite de compro-mis et la démocratie est de la politique politicienne. Celui qui veut être homme d'État devra d'abord réussir comme politicien. De plus, le chef a affaire aux pays et aux peuples tels qu'ils sont et non tels qu'ils devraient être. Il en résulte que les qualités requises pour faire un bon conducteur d'hommes ne sont pas nécessairement celles que nous proposons à l'émulation de nos enfants — sauf si nous voulons en faire des chefs politiques.

Quand on juge un chef, la question clef concernant ses traits de caractère ne consiste pas à savoir s'ils sont plaisants ou déplaisants, mais s'ils sont utiles. La ruse, la vanité, la dissimulation peuvent être des habitudes déplaisantes en d'autres circonstances alors qu'elles peuvent se révéler essentielles pour un dirigeant. Il lui faut ruser pour maintenir les coalitions changeantes de groupes d'intérêts souvent âprement opposés qu'exige l'action gouvernementale. Il a besoin d'une certaine dose de vanité pour être en mesure de créer l'impression publique requise. Il lui faut parfois recourir à la dissimulation pour parvenir à imposer ses vues sur des questions cruciales. Longtemps avant de l'admettre publiquement, de Gaulle avait confié à des intimes qu'il voyait dans l'indépendance la seule issue au douloureux problème algérien. Roosevelt tenait des dis-cours dans lesquels il affirmait vouloir maintenir l'Amérique en dehors de la guerre, alors que dans le même temps il manœuvrait pour nous y faire participer.

Un chef peut être en avance sur l'opinion publique, mais pas trop. Pour essayer d'amener ses concitoyens à ses vues, il lui faut souvent dissimuler une partie de son jeu, car en la révélant trop tôt il risquerait de perdre la partie. De Gaulle indiquait que l'homme d'État devait savoir à quel moment il fallait dissimuler et à quel autre être sincère, sachant qu'il ne serait investi des pleins pouvoirs qu'après des milliers d'intrigues et d'engagements solennels. Et il écrivait textuellement : « L'homme d'action ne se conçoit guère sans une forte dose d'égoïsme, d'orgueil, de dureté, de ruse. » Mais il ajoutait aussitôt que toutes ces choses lui seraient pardonnées, qu'elles seraient même considérées comme d'éminentes qualités, s'il parvenait à s'en servir pour de grands desseins.

Les aspects les plus déplaisants de l'art d'être chef ne sont nullement limités au domaine de la politique et du gouvernement. J'ai connu certains grands patrons de sociétés qui se battaient non moins férocement que des hommes politiques et des chefs d'Église et des universitaires aussi doués pour l'intrigue et la dissimulation que le bureaucrate de Washington le plus retors. En fait, les hommes qui passent de l'université au gouvernement ou à l'administration pour ensuite retourner dans le monde académique font souvent observer que les luttes intestines sont beaucoup plus féroces et mesquines au sein de l'université que dans les sphères du gouvernement. S'ils sont plus tartufes, les universitaires ne sont certainement pas plus candides que les politiciens.

Quel que soit le domaine, la question morale fondamentale est celle de l'attitude de base. Ceux qui ne s'occupent qu'à promouvoir leurs intérêts personnels et égoïstes peuvent être éliminés d'emblée. Et que l'intéressé écrase ouvertement ses rivaux ou prenne des allures avantageuses de tartufe, cet arrivisme égoïste est pareillement condamnable. Ceux qui se drapent dans leur vertu alors qu'ils en font perfidement souffrir d'autres afin de garder leurs mains propres ne sont pas moins méprisables que les gangsters du monde des affaires. Ni col blanc ni col bleu, ni même col impeccable de clergyman ne sont des indicateurs de moralité.

Les rivalités en politique attirent plus l'attention du public que celles qui existent dans le monde des affaires, dans les milieux universitaires ou dans les mass media. Mais cela ne veut pas dire que les rivalités soient plus nombreuses ni plus féroces entre hommes politiques. C'est simplement parce que les domaines dans lesquels la compétition est la plus publique et la plus affichée sont le sport et la politique. Dans d'autres domaines, la compétition est aussi vivace mais plus cachée. A mon avis, et je reconnais que mon opinion est subjective et celle d'un homme qui a été lui-même engagé dans la compétition politique, la rivalité est plus noble quand l'enjeu porte sur de grandes questions d'action gouvernementale ou même la survie de la nation que lorsqu'il s'agit d'enlever un marché pour une marque particulière de céréales ou quelques points dans la guerre des taux d'écoute que se livrent les chaînes de télévision. Je suis néanmoins obligé de constater que les mêmes commentateurs qui se battent si implacablement pour les fameux taux d'écoute deviennent subitement candides et vertueux quand il s'agit de nous juger.

La question des fins et des moyens est l'une des interrogations fondamentales de toute philosophie morale et elle concerne tout particulièrement le domaine de la politique et du gouvernement. Elle est parfois posée avec la profondeur voulue dans le cadre rigoureux d'une éthique, mais la plupart du temps la discussion est superficielle et empreinte de fatuité.

Il serait évidemment absurde de prétendre qu'une fin bonne justifie n'importe quel moyen; mais il est également absurde de prétendre que si des moyens autrement inacceptables sont nécessaires à l'accomplissement d'un grand dessein, ils ne pourront en aucun cas être justifiés. Le prix en vies humaines de la victoire sur l'agression des puissances de l'Axe au cours de la Seconde Guerre mondiale fut tout simplement effrayant — des dizaines de millions d'êtres humains tués dans des circonstances la plupart du temps atroces, tourmentés et torturés, ou encore livrés à la mort par inanition. Mais la fin le justifiait. Ne pas lutter contre Hitler ou perdre la guerre eût été pire.

Le chef doit toujours mesurer les conséquences de ses actes et options ; cela devient une seconde nature pour lui. Il ne peut pas être lié par des règles rigides établies arbitrairement, et dans des circonstances totalement différentes, par ceux qui ne portent aucune responsabilité.

Ni les moyens ni les fins, pris isolément, ne peuvent servir à évaluer un chef. A moins d'avoir une grande cause, il ne peut jamais se battre en première ligne et à visage découvert. Le chef doit servir un dessein, et plus noble sera ce dessein, d'autant plus grande sera sa stature potentielle. Mais le dessein ne suffit pas. Le chef doit aussi agir et accomplir. Le chef doit produire des résultats, et il doit le faire dans un sens qui soit profitable à son grand dessein. Il ne doit pas avoir recours à des moyens qui défigurent ou contrarient ce dessein. Mais s'il ne produit pas de résultats, il faillira à sa cause et faillira à l'histoire.

Abraham Lincoln apparaît à nos yeux comme un très grand idéaliste, ce qu'il était effectivement. Mais il était aussi un esprit froidement pragmatique et un politicien accompli. Son pragmatisme et son habileté politicienne lui permirent précisément d'imposer ses idéaux. En tant que politicien, au niveau de choses aussi scabreuses que les protections, il joua le jeu jusqu'au bout. En tant qu'esprit pragmatique, quand il libéra les esclaves, il n'affranchit que ceux des États de la Confédération, pas ceux des États limitrophes qui restaient au sein de l'Union. En tant qu'idéaliste, sa passion dévorante en ce temps de très grande crise fut la préservation de l'Union. A cet effet il contrevint aux lois, il viola la constitution, il usurpa un pouvoir arbitraire et il foula aux pieds les libertés individuelles. Sa justification était la nécessité. Dans une lettre écrite en 1864, il expliquait ainsi ses flagrantes violations des limites constitutionnelles :

« Mon serment de préserver la Constitution m'imposait le devoir de préserver par tout moyen indispensable le gouvernement, la nation, dont la Constitution était la loi organique. Était-il possible de perdre la nation tout en préservant la Constitution ? La loi générale veut que la vie et les membres soient protégés, mais un membre doit souvent être amputé pour sauver une vie, alors qu'une vie n'est jamais judicieusement offerte pour sauver un membre. Je pensais par conséquent que des mesures, par ailleurs inconstitutionnelles, pourraient devenir licites en devenant indispensables à la préservation de la Constitution par la préservation de la nation. A tort ou à raison, je fis mienne cette attitude et l'avoue aujourd'hui. »

Il y a plus de quarante ans, Max Lerner écrivit une brillante introduction à une nouvelle édition des œuvres de Machiavel. Dans ce texte, Lerner soutient que l'une des raisons pour lesquelles nous « continuons à ressentir un léger frisson au seul nom de Machiavel » est « notre reconnaissance du fait que les réalités décrites par lui sont effectivement des réalités ; que les hommes, que ce soit en politique, en affaires ou dans la vie privée, n'agissent pas en conformité de leur profession de foi... Machiavel nous confronte aujourd'hui au dilemme majeur consistant à savoir comment adapter nos techniques et concepts démocratiques aux exigences d'un monde dans lequel la brutale soif de puissance règne plus que jamais sur le domaine extérieur alors que des oligarchies déterminées luttent pour le pouvoir à l'intérieur. »
Il est difficile de contester la conclusion de Lerner :

« Il importe de le dire très clairement : les idéaux et les concepts éthiques sont importants en politique en tant que normes, mais ils ne sont guères efficaces en tant que techniques. L'homme d'État qui réussit est un artiste, soucieux des nuances de l'humeur du public, livré aux approximations des modes opératoires, essayant de deviner la tactique de ses adversaires, obligé au travail harassant d'unifier son propre camp par des compromis et des concessions. Les réformateurs religieux ont souvent réussi à rapprocher la morale publique d'une certaine norme éthique ; mais ils n'ont jamais réussi comme hommes d'État. »

On dit souvent que la clef du succès dans n'importe quel domaine, y compris la politique, est d' « être soi-même ». Or, la plupart des grands chefs que j'ai connus étaient des comédiens accomplis, bien que de Gaulle fût le seul à l'avouer en toute candeur. A l'instar de grands acteurs dramatiques, ils interprétaient si parfaitement leur rôle public qu'ils s'identifiaient pratiquement au personnage qu'ils avaient créé.

Khrouchtchev poursuivait un calcul quand il se lançait dans des rodomontades ou d'outrancières vantardises ; de Gaulle poursuivait également un calcul quand il avait recours aux symboles de la grandeur française. A sa façon, chacun cherchait une compensation aux faiblesses de son pays. Khrouchtchev jouait la brute, de Gaulle jouait le hautain grand seigneur ; chacun participait à une sorte de psychodrame. Mais si ces rôles correspondaient à un calcul, ils n'étaient pas factices. Khrouchtchev *était* une brute ; de Gaulle *était* hautain ; Khrouchtchev *était* grossier ; de Gaulle était un Français passionnément patriotique qui croyait à la grandeur de son pays. Nous touchons là une condition d'une importance capitale : pour jouer son rôle avec succès, le chef doit convenir à son rôle.

Adolf Hitler était le suprême démagogue du xxe siècle. Grâce au timbre de sa voix et à son élocution particulière, il parvenait à fasciner et galvaniser les foules, et il réussit à pousser des millions d'hommes et de femmes dans des transes de peur et de haine mais aussi de patriotisme. De Gaulle aurait-il pu en faire autant si ses buts avaient été les mêmes ? Certainement pas. Car la force du général de Gaulle, l'attirance puissante qu'il exerçait, résidaient pour une large part dans sa haute autorité morale. Un de Gaulle incitant les masses au meurtre est tout simplement inconcevable. Il réussit dans sa tâche historique parce que son caractère était conforme au rôle qu'il s'était dévolu et parce que ce rôle consistait à faire appel à ce que la France avait de meilleur en elle.

Certains grands conducteurs d'hommes font tout leur possible pour dissimuler ce qu'il y a d'humain en eux ; d'autres l'affichent et l'étalent au contraire, vont même jusqu'à l'exagérer. Il y a une très grande différence de style entre la grandeur altière d'un Charles de Gaulle et l'exubérance physique, voire charnelle, d'un Lyndon Johnson. Mais chacune de ces attitudes était payante à sa façon, notamment parce que chacun de ces deux hommes était, dans un sens très réel, plus grand que nature. Le « traitement Johnson » était légendaire, et il était pour le moins autant physique que verbal. De Gaulle, comme George Washington, restait toujours enveloppé dans un cocon d'une réserve presque royale. La personne que Johnson essayait de persuader se trouvait elle-même enveloppée dans Lyndon Johnson.

Nul ne devient un grand chef sans une très forte volonté ou un puissant ego. Il est devenu de bon ton, ces derniers temps, d'essayer de cacher l'ego, de prétendre qu'il n'existe pas, d'afficher une modestie de façade. Mais je n'ai jamais rencontré de dirigeant de quelque importance qui ne fût pas un égotiste. Quelques-uns de ces chefs pouvaient certes affecter un air modeste, mais aucun n'était une personne réellement modeste. Leur modestie n'était qu'une pose, un « truc », tout comme la pipe à maïs de MacArthur était un « truc » et la démarche affectée de Churchill une pose. Un homme devra forcément croire en soi s'il veut maîtriser les énergies que doit affronter un chef. Il lui faudra croire très fermement à sa cause s'il veut être à même de se mortifier comme doit parfois se mortifier un chef. S'il ne croit pas en lui-même, il ne pourra jamais persuader les autres de croire en lui.

En 1947, un opposant à de Gaulle me déclara ceci : « En politique il s'imagine avoir une ligne téléphonique directe avec Dieu et qu'il lui suffit, quand il veut prendre une décision, de décrocher l'appareil pour avoir l'avis direct de la bouche de Dieu. » Les chefs qui parviennent à imposer leur propre volonté à l'histoire ont parfois raison, parfois tort, mais ils sont rarement incertains. Ils suivent leur instinct propre. Ils rassemblent les avis des autres mais se plient à leur propre jugement. Les dirigeants que j'ai évoqués dans ce livre faisaient parfois des erreurs, ils étaient toutefois suprêmement persuadés qu'ils auraient plus souvent raison en poursuivant leur vision personnelle et en se fiant à leur instinct propre. Il n'y avait pas le moindre doute dans leur esprit que s'ils se trouvaient à la tête de l'État, au sommet de la hiérarchie, c'était pour une raison très précise : parce qu'ils étaient les meilleurs pour la fonction. Étant les meilleurs, les premiers, ils ne suivraient assurément pas l'avis du second.

Cette voix intérieure est quelque chose à quoi s'habitue l'oreille d'un vrai chef. L'exercice du pouvoir la développe et l'affine. A mesure qu'il s'habitue à voir d'importantes conséquences découler de ses propres décisions, le chef acquiert plus d'aisance à prendre ces décisions et devient plus disposé à risquer les résultats de ses propres erreurs plutôt que d'accepter les conséquences des erreurs de quelqu'un d'autre.

Un chef peut passer par un véritable calvaire avant de prendre une décision. Mais une fois que la décision est prise et appliquée, peu de chefs vraiment efficaces commencent à se poser des questions, à se demander s'ils ont bien ou mal fait. Les décisions très dures que je fus obligé de prendre pour essayer de mettre un terme à l'engagement américain au Vietnam furent souvent prises sur le fil du rasoir. Quand mes conseillers qui avaient participé à ces décisions exprimaient ensuite en privé des doutes quant au bien-fondé de nos choix, je disais fréquemment : « Rappelez-vous la femme de Loth ! Ne regardez jamais en arrière ! » Quand un chef commence à se poser des questions et à réfléchir à la validité de décisions déjà prises, il finit par être paralysé. La seule façon pour lui de consacrer une attention suffisante aux décisions à prendre demain est de placer fermement derrière lui les décisions prises hier.

Cela ne veut pas dire qu'il ne tire pas de leçons de ses erreurs. Cela signifie que sa réflexion à leur sujet doit être analytique, qu'elle ne doit pas prendre le caractère d'une obligation contraignante et encore moins être teintée d'un sentiment de culpabilité ; en outre, elle doit essentiellement avoir lieu pendant les périodes où il dispose effectivement d'un temps de réflexion. De Gaulle pendant sa « traversée du désert », Adenauer dans sa prison ou son monastère, Churchill évincé du pouvoir, de Gasperi à la bibliothèque vaticane, tous disposèrent de ce temps de réflexion, et ils surent l'employer à bon escient. En ce qui me concerne, j'ai découvert que certaines de mes années les plus précieuses étaient celles qui se situèrent entre la vice-présidence et la présidence, quand je pus me retirer du centre de gravité des événements et envisager le passé et l'avenir d'une façon plus sereine.

Tous les grands dirigeants que j'ai connus étaient au fond d'eux-mêmes très émotifs, ce qui revient peut-être à dire qu'ils étaient très humains. Certains, tels que Churchill, montraient leurs émotions ouvertement. D'autres, tels que Khrouchtchev, s'en servaient sans vergogne. De Gaulle, Adenauer, MacArthur, Chou En-lai et Yoshida étaient des exemples du chef discipliné et doté d'une parfaite maîtrise de soi qui présente au public une façade dissimulant tout sentiment personnel. Mais quiconque les connaissait bien et pénétrait leur intimité découvrait un tréfonds d'intense émotivité.

Si, quand on se documente sur les grands chefs historiques, il est souvent si difficile de distinguer le mythe de la réalité, c'est que la direction politique est pour une part non négligeable dans la création de mythes. Churchill y était passé maître. Il était constamment sur scène. Pour le général de Gaulle, le mystère, l'honneur, l'éloignement, les ovations de la foule étaient des instruments de l'art de gouverner, utilisés pour promouvoir la cause de la France. L'extraordinaire emprise émotive exercée sur leurs sujets par tant de monarques héréditaires est moins affaire de personnalité individuelle que de mythe romantique. Nous enfermons les vedettes de cinéma, les grands du rock et maintenant les célébrités du petit écran dans les pièges du mythe, et c'est ce qui fait se pâmer les foules — et se précipiter aux caisses pour acheter les billets.

L'homme politique, autant que l'acteur ou le metteur en scène, sait qu'ennuyer une audience veut dire perdre une audience. C'est pourquoi peu de grands dirigeants politiques sont ternes ou ennuyeux. Ils ne peuvent pas se le permettre. La direction politique se réfère à la tête, mais elle doit aussi se référer au cœur. L'orientation la plus logique et raisonnable pourra déboucher sur un échec si le dirigeant qui la recommande ne parvient pas à toucher ses concitoyens au niveau de l'émotion.

Nous ne découvrirons pas l'art du chef dans le texte glacé d'un livre d'histoire. Non, pour en discerner les secrets nous devrons pénétrer l'esprit du personnage, pour voir ce qui l'anime et l'entraîne et qui lui permet du même coup d'entraîner et de persuader ses contemporains. Cela est très apparent chez un MacArthur et un Churchill, orgueilleux et vaniteux, d'un comportement paradoxal, toujours poseurs, mais en même temps brillants, perspicaces, le regard fixé sur la vaste perspective de l'histoire ; des hommes entraînés par un feu intérieur et entraînant les autres, des hommes qui avaient une vision de leur propre destin coïncidant le plus souvent avec leur vision du destin de leur pays. Il nous faut aussi tenir compte des légendes. Les légendes constituent souvent un entrelacement harmonieux de faits et de mythes, destiné à séduire, à impressionner, à inspirer, ou parfois tout simplement à attirer l'attention. Mais la légende est un ingrédient essentiel de l'art du chef.

Certains aspects de l'art du chef sont communs à tous les domaines de l'activité humaine, c'est-à-dire se retrouvent dans le monde des affaires, du sport, de l'art ou de l'université. Mais certains sont particuliers au processus politique ou pour le moins s'affirment plus puissamment à travers le processus politique.

La prééminence en soi ne fait pas le chef ; ni l'excellence. L'excellence peut s'atteindre dans un domaine solitaire sans qu'il soit nécessaire d'exercer les prérogatives d'un chef. Les écrivains, les peintres, les musiciens peuvent pratiquer leur art sans être nécessairement des chefs de file. Les inventeurs, les physiciens, les chimistes et les mathématiciens peuvent faire preuve de leur génie dans la solitude. Mais le conducteur d'hommes, par définition, a besoin d'adeptes. Les grandes idées peuvent changer l'histoire, en modifier le cours, mais seulement si de grands chefs politiques leur donnent force et rayonnement.

Dans le même sens, le « grand » chef n'est pas obligatoirement « bon ». Adolf Hitler galvanisa une nation. Joseph Staline se révéla d'une efficacité brutale et meurtrière dans l'exercice du pouvoir. Hô Chi Minh devint un héros populaire aux yeux de millions d'êtres humains en dehors des frontières du Vietnam. Les bons et les mauvais peuvent être pareillement animés d'un feu intérieur, pareillement déterminés, pareillement habiles, pareillement persuasifs. L'art du chef est moralement neutre ; il peut être employé pour le bien comme pour le mal.

Ce n'est donc pas la vertu qui hausse les grands chefs au-dessus des autres. D'autres seront plus vertueux mais réussiront moins bien. Dans le monde du sport, on dit souvent que « les types gentils arrivent les derniers ». Cette maxime est encore beaucoup plus vraie en politique. Si le grand chef se hausse au-dessus de l'éternel second, c'est parce qu'il est plus volontariste, qu'il a plus de ressource et qu'il possède une perspicacité de jugement lui permettant d'éviter toute erreur fatale et, au contraire, de reconnaître et saisir au vol toute occasion propice.

On ne donnera pas non plus du grand chef politique une définition caractéristique en disant qu'il est intellectuellement brillant. Certes, tous les dirigeants éminents évoqués ici étaient hautement intelligents. Tous avaient de fines capacités d'analyse. Tous savaient penser et réfléchir en profondeur. Mais ils avaient tendance à penser concrètement plutôt que dans l'abstrait, à mesurer et évaluer des conséquences plutôt que de construire des théories. D'une façon générale, un professeur ou un universitaire voit le monde à travers le prisme de ses propres valeurs et exalte par conséquent la théorie. Pour le chef politique, les théories peuvent constituer un tremplin commode pour les opérations d'analyse. Mais elles ne doivent jamais se substituer à l'analyse.

L'une des questions les plus évidentes concernant l'art du chef est aussi l'une des plus embarrassantes : Quelle est la caractéristique la plus importante requise d'un dirigeant devant réussir ? Bien entendu, il n'existe pas de réponse unique. Des circonstances différentes exigeront des qualités différentes. Incontestablement, l'intelligence, le courage, le labeur, la ténacité, le jugement, le dévouement à une grande cause ainsi qu'un certain charme sont tous des composantes essentielles. Pendant les campagnes politiques, je disais fréquemment qu'il importait de « travailler plus durement, penser plus intelligemment et lutter plus vaillamment » que l'opposition. Le grand chef doit faire preuve d'intuition et de perspicacité, et il doit être disposé à prendre des risques audacieux mais calculés. Il a aussi besoin de chance. Mais avant tout, il doit être décidé. Il lui faut analyser ses choix intelligemment et objectivement, mais ensuite il doit absolument agir. En aucun cas, il ne doit devenir pareil à Hamlet, flottant et indécis. Il ne doit pas se laisser paralyser par un excès d'analyse. Il est aussi essentiel qu'il veuille vraiment la fonction, qu'il la veuille âprement et jalousement, et qu'il soit prêt à en payer le prix. Selon un mythe tenace et persistant, il suffirait qu'une personne soit assez qualifiée pour que la fonction vienne — ou doive venir — en quelque sorte à sa rencontre pour lui échoir. Elle ne le fera pas et ne doit pas le faire. Ce mythe du « candidat à contrecœur » fut pour beaucoup dans l'attirance exercée sur le monde intellectuel par Adlai Stevenson. Montrez-moi un candidat engagé à contrecœur et je vous montrerai un candidat voué à l'échec ! Un candidat à contrecœur ne mettra pas dans la campagne toute l'ardeur et l'intensité qu'elle demande et n'acceptera pas non plus les sacrifices qu'exige et entraîne la vie d'un chef : l'intrusion impitoyable dans la vie privée, un emploi du temps épouvantablement chargé, le fiel des critiques injustes et souvent haineuses, les caricatures féroces. A moins d'être disposé à accepter tout cela et à quand même vouloir passionnément la fonction, un homme n'aura pas l'échine d'acier pour la remplir convenablement une fois qu'elle sera devenue sienne.

Une exigence, souvent négligée, a fait tomber beaucoup de grands chefs potentiels alors qu'ils étaient déjà engagés sur la voie conduisant au sommet. Winston Churchill, à propos d'une personnalité anglaise du XIXᵉ siècle, fit remarquer que « ne voulant pas s'abaisser, elle ne put conquérir ». Chez nous, Thomas E. Dewey et Robert A. Taft étaient précisément dépourvus de cette faculté de pouvoir s'abaisser là et quand il le faut, et cette incapacité aura très bien pu leur coûter la présidence. Lors d'un dîner politique donné à New York en 1952, j'étais assis à côté de Dewey quand un invité quelque peu éméché lui tapa dans le dos et le salua avec ce que Dewey estima être une familiarité déplacée et de mauvais aloi. Dewey le repoussa et me demanda : « Qui était cet imbécile prétentieux ? » L'homme qu'il s'était ainsi irrémédiablement aliéné n'était autre que le propriétaire d'une chaîne de journaux du nord de l'État de New York, de petits journaux mais qui étaient importants par leur audience. Au cours des primaires du New Hampshire de 1952, une petite fille sollicita un autographe de Taft. Mais Taft refusa, expliquant sentencieusement à l'enfant qu'il serait heureux de faire connaissance, mais que s'il devait s'aviser de vouloir satisfaire toutes les demandes d'autographes, il n'aurait jamais le temps de faire sa campagne. Malheureusement pour Taft, la scène fut filmée par la télévision et apparut ainsi à plusieurs reprises sur le petit écran des foyers américains. La logique du candidat Taft était certes irréprochable, mais l'effet politique de son attitude cérémonieuse fut tout bonnement désastreux.

Parce qu'il est occupé, parce qu'il est très imbu de soi-même, parce qu'il ne supporte pas les intrusions ou distractions, parce qu'il se considère lui-même comme étant supérieur aux autres, un dirigeant pourra avoir peu de patience envers ceux qu'il juge être ses inférieurs. L'ennui avec cette incapacité de « tolérer les imbéciles » est de trois ordres. Premièrement, un dirigeant a besoin de partisans et un grand nombre de ceux dont il a besoin ont des idées qu'il jugerait lui-même stupides. Deuxièmement, l'homme qu'il sera tenté d'écarter ou de repousser comme un imbécile ne l'est peut-être nullement. Troisièmement, en admettant même qu'il le soit, le dirigeant pourrait toujours apprendre quelque chose de lui. Entre un chef politique et le peuple doit se nouer une sorte de lien mystique ; si un dirigeant a l'air de mépriser le peuple, il y a de fortes chances que ce lien se rompe ou même ne s'établisse jamais. Cependant, il ne faut jamais oublier que les chefs ne sont pas des hommes ordinaires. Et en aucun cas ils ne devraient vouloir paraître tels. S'ils essayent néanmoins, ils n'auront pas l'air naturel, non seulement ils sembleront factices, mais condescendants.

Nous pouvons trouver notre voisin de palier très sympathique, mais cela ne veut pas dire que nous en ferions notre président, ni même notre député. Le chef ne doit pas s'exprimer au niveau du populaire. Il doit élever le populaire. Mais il ne doit jamais se montrer arrogant. Il doit être disposé et capable de « tolérer les imbéciles ». Il doit montrer qu'il respecte les gens dont il recherche le soutien. Mais il lui faut aussi conserver cette qualité de *différence* qui leur permet de lever les yeux vers lui. S'il sollicite leur confiance, il lui appartiendra d'inspirer leur foi. Cette approche n'est pas seulement honnête — s'il était un homme ordinaire, il ne serait pas un chef — mais est aussi nécessaire pour créer la mystique du chef dans une société démocratique.

Un dirigeant ne doit pas seulement apprendre à parler, mais aussi à quel moment et, chose non moins importante, à se taire quand il faut se taire. Carlyle nous a laissé cette observation très pénétrante : « Le silence est l'élément au sein duquel se façonnent les grandes choses. » A sa façon tranchante habituelle, le général de Gaulle indiquait que le silence pouvait être un instrument puissant pour le chef. N'oublions pas non plus que c'est lorsque nous écoutons et non lorsque nous parlons que nous apprenons.

Il m'est souvent arrivé de voir des novices à Washington éblouir les media et même leurs collègues avec leur faculté apparente de parler clairement et longuement à propos de n'importe quel sujet. Mais la nouveauté s'use vite, et ces virtuoses du verbe se trouveront jugés non pas en fonction de la technique de leur discours mais de son contenu, puis ignorés puisque n'étant pas ce que les Français appellent des *hommes sérieux.* Le beau parleur est souvent un médiocre penseur. A celui qui aspire à devenir un chef, on conseillera par conséquent, s'il en a le choix, de moins exercer sa langue et d'exercer davantage son cerveau.

Dans son essai sur lord Rosebery, Churchill écrivait : « Quoi qu'on puisse penser du gouvernement démocratique, il n'est pas mauvais d'avoir une expérience pratique de ses fondements rudes et mal dégrossis. Aucune partie de l'éducation d'un homme politique n'est plus indispensable que sa participation à une bataille électorale. »

Churchill savait ce que gagner et perdre voulaient dire, et il savait aussi ce que signifiait être pris dans le guêpier de la politique politicienne. Il avait parfaitement raison quant à la valeur éducative d'une campagne électorale. Les élections sont effectivement « rudes et mal dégrossies », mais elles sont essentielles à la fois pour le système démocratique dans son ensemble et pour les relations réciproques entre le dirigeant et les dirigés. Le gouvernement démocratique est un processus extrêmement complexe où interviennent donnant donnant une multitude de groupes, de forces et d'intérêts. Le cliché selon lequel le dirigeant devrait être un homme d'État et non un politicien est grossièrement condescendant à l'égard du système démocratique et témoigne d'un mépris évident pour l'électorat, c'est-à-dire le peuple. Les philosophes en chambre qui, du haut de leurs tours d'ivoire, dispensent avec superbe le dédain du processus politique sont foncièrement des dictateurs.

Le chef doit être évidemment en avance sur ses concitoyens. Mieux et plus clairement qu'eux, il doit savoir quelle direction devra prendre le pays et pourquoi, et aussi ce qu'il en coûtera à la collectivité nationale. Mais il est absolument indispensable qu'il entraîne le peuple à sa suite. Il ne sert à rien d'emboucher les trompettes et de sonner la charge quand on n'a personne derrière soi. C'est pourquoi le chef doit persuader. Il lui faut obtenir l'approbation de ses concitoyens à la vision qu'il leur propose. Au cours de ce processus — c'est-à-dire pendant qu'il courtise pour séduire et gagner — il pourra apprendre une foule de choses concernant leurs préoccupations, leurs réserves, leurs appréhensions et leurs espoirs, donc des données dont il aura à tenir compte en tant que chef. Au cours de ce même processus il pourra aussi se faire une meilleure idée du genre de compromis qu'il sera amené à consentir.

Le mandarin qui proclame qu'il faut à tout prix « respecter les principes » et qui condamne toute espèce de compromis exige, en fait, du chef qu'il fasse hara-kiri. Très peu de dirigeants sont disposés à le faire. Et ils ne devraient pas non plus. Ce qui échappe au mandarin pontifiant, c'est que le chef est fréquemment contraint d'accepter un compromis simplement pour vivre et se battre un jour de plus. Savoir déceler l'opportunité du compromis fait partie du processus de sélection des priorités. Il est facile pour le stratège en chambre de conclure sur un ton excité que le dirigeant doit livrer et gagner telle ou telle bataille sans prendre en considération toutes les autres batailles qu'il doit livrer. Il y a des moments où celui qui a la responsabilité peut conclure qu'il coûtera trop cher de livrer une bataille particulière s'il a l'intime conviction de pouvoir gagner la guerre dans son ensemble. Il lui appartiendra de choisir quelles batailles il veut livrer et quelles batailles il ne veut pas livrer, cela afin de ménager ses ressources pour des batailles plus importantes à venir.

Si un bon chef doit savoir quand il convient d'accepter un compromis, il doit aussi savoir à quel moment il est essentiel pour lui de suivre sa propre voie. Trop d'hommes politiques, de nos jours, se laissent dicter leur conduite par les sondages. Le candidat qui se plie aveuglément et docilement aux résultats des sondages sera peut-être élu, mais il ne fera jamais un grand chef ni même un bon chef. Les sondages peuvent avoir leur utilité dans la mesure où ils permettent d'identifier les domaines où est exigée une persuasion particulière. Mais l'homme politique qui calque son attitude sur l'orientation des sondages abdique son rôle de dirigeant. La tâche du chef politique n'est pas de suivre les sondages : elle est de faire en sorte que les sondages le suivent.

Le bon chef doit savoir quand il faut livrer une bataille et quand il faut battre en retraite, à quel moment il faut faire preuve de fermeté et à quel autre il faut accepter un compromis, quand il faut parler clairement et quand il faut se taire.

Il doit avoir une perspective lointaine — posséder une stratégie précise en même temps qu'un but et une vision.

Il doit avoir une perspective complète — déceler les enchaînements, réactions et corrélations entre toutes ses options et décisions.

Il doit garder de l'avance mais ne doit pas être trop loin en avant pour ne pas risquer de perdre ses partisans.

Dans le processus « rude et mal dégrossi » de la politique électoraliste, il pourra trouver des occasions de faire progresser ses propres partisans et aussi de mesurer jusqu'à quel point il pourra aller de l'avant. Si le chah d'Iran avait été obligé de se plier à des campagnes électorales, il n'aurait peut-être jamais perdu son pays.

Un général a besoin de troupes, mais aussi d'une infrastructure de commandement. Un chef politique a besoin de partisans, mais aussi d'une organisation.

L'une des choses les plus dures à accepter par beaucoup de dirigeants est le besoin de délégation. Eisenhower résuma bien ce problème quand il m'avoua un jour que le plus difficile pour lui avait été d'apprendre à signer une lettre écrite par quelqu'un d'autre, surtout s'il savait qu'il l'aurait rédigée beaucoup mieux lui-même.

La ressource la plus précieuse d'un chef est son temps. S'il le gaspille sur des tâches mineures et non essentielles, il ira droit à l'échec. Parmi ses choix les plus importants comptent ceux au cours desquels il détermine les tâches qu'il se réserve à lui-même et celles qu'il confiera à d'autres — et aussi ceux au cours desquels il nommera les exécutants délégués. Un chef doit être capable de s'entourer de bons collaborateurs et aussi de se débarrasser de ceux qui, pour une raison ou une autre, ne font pas l'affaire. Gladstone observa un jour que la première exigence d'un Premier ministre était de savoir se séparer d'un collaborateur. Renvoyer les gens peut être l'une des obligations les plus difficiles et pénibles pour un chef mais c'est aussi l'une des plus importantes. Les cas les plus faciles sont évidemment ceux concernant des subordonnés corrompus ou déloyaux. Les cas plus durs sont ceux où il s'agit de collaborateurs fidèles et dévoués, mais incompétents — ou encore où le renvoi s'impose tout simplement parce qu'on a quelqu'un de plus capable sous la main. C'est dans ces cas que le chef doit s'armer d'une cuirasse d'insensibilité pour faire passer la responsabilité du bien public avant ses sentiments personnels. Même cela exige de la qualification. La loyauté est comme une voie où la circulation passe dans les deux sens, et un chef ne pourra pas garder une équipe loyale s'il fait tourner une porte à tambour. Ce qui veut dire qu'il lui faut trouver un juste équilibre. Mais en établissant cet équilibre, il lui faut se méfier de la force d'inertie qui fait qu'il est plus facile et tentant de ne pas entreprendre de changements. Il doit savoir renvoyer son personnel à la fois pour garantir que ce qu'il délègue est bien fait et pour garantir sa totale liberté de déléguer son pouvoir. Il ne dispose que d'un temps limité pour l'exercice du pouvoir. Il doit employer au mieux le temps qui lui est imparti. S'il se sent incapable de remplir cet office lui-même, il lui faudra quelqu'un d'autre pour le faire. Dans mon administration, Bob Haldeman acquit la réputation d'un caractère dur et impitoyable. L'une des raisons était qu'il se trouva obligé de procéder à ma place à une quantité de renvois que je ne me sentais pas capable d'accomplir directement.

Plus particulièrement quand une lourde bureaucratie est impliquée, cette fonction est vitale pour une autre raison. J'ai pu constater que, d'une façon générale, quelques membres de la bureaucratie sont motivés par leur dévouement au chef, et quelques autres par le dévouement à la cause qu'il représente. Mais la plupart sont essentiellement motivés par l'intérêt personnel. Certains recherchant l'avancement, veulent grimper rapidement les échelons de la hiérarchie. D'autres recherchent la sécurité, veulent garder l'emploi qu'ils ont obtenu. La pire des choses pour une organisation est de fournir trop de sécurité à ceux qu'elle emploie. Le personnel tend au laxisme, et l'organisation devient inefficace. Des stimulants positifs sont nécessaires pour maintenir le moral. Mais un renvoi, survenant de temps en temps et pour de bonnes raisons manifestes, secouera les troupes et fournira l'élément tonique dont toute organisation a besoin.

En dernière analyse, la délégation du pouvoir ne peut jamais se substituer à l'activité propre du chef, qui doit réfléchir lui-même aux problèmes importants et prendre lui-même les grandes décisions. Il peut et il doit déléguer à d'autres la responsabilité de *faire* les choses. Il ne peut pas et ne doit pas déléguer à d'autres la responsabilité de *décider* ce qui devrait être fait. Car c'est précisément pour remplir cette tâche qu'il a été choisi, lui. S'il permet à son entourage de penser à sa place, il ne sera plus un chef mais un suiveur.

Pour constituer son équipe, le dirigeant conservateur aura plus de problèmes que le dirigeant progressiste. D'une façon générale, les progressistes veulent plus de gouvernement et cherchent très activement à y participer. Les conservateurs veulent moins de gouvernement et ne tiennent pas à y participer. Les progressistes veulent s'occuper de la vie des autres. Les conservateurs veulent qu'on les laisse en paix mener leur vie comme ils l'entendent. Les universitaires ont tendance à être progressistes ; les ingénieurs et techniciens seraient plutôt conservateurs. Les progressistes affluent au gouvernement ; les conservateurs ont besoin d'être séduits et persuadés. Disposant d'un champ de sélection moins vaste, le dirigeant conservateur sera souvent obligé de choisir entre ceux qui sont loyaux mais guère intelligents et ceux qui sont effectivement intelligents mais guère loyaux — non dans le sens de l'intégrité personnelle mais du dévouement inconditionnel aux principes conservateurs du dirigeant.

Certaines choses sont relativement faciles à déléguer pour un chef : celles pour lesquelles d'autres sont manifestement plus habilités. De Gaulle, Adenauer et Yoshida n'étaient pas eux-mêmes de brillants économistes. Mais ils avaient assez de bon sens pour confier les questions économiques à des spécialistes capables : Pompidou, Erhard et Ikeda.

L'exemple d'Eisenhower de la lettre mal rédigée illustre le type de choix le plus difficile : les cas où le dirigeant, simplement parce qu'il doit ménager son temps, se trouve obligé de déléguer son pouvoir pour l'exécution de tâches pour lesquelles il est pourtant plus qualifié. Ces choix difficiles demandent la capacité de séparer l'essentiel de l'important, et aussi la retenue nécessaire pour laisser à d'autres le soin de l'important. Beaucoup de dirigeants ont tendance à s'enliser dans des détails mineurs parce qu'ils ne peuvent pas se résoudre à « signer une lettre mal écrite ». L'insistance de Lyndon Johnson à vouloir déterminer personnellement les cibles de bombardement au Vietnam constitue un cas de figure dans ce sens.

On pourrait évidemment faire valoir que tout ce qui atterrit sur le bureau d'un président est extrêmement important, faute de quoi l'affaire en question n'y serait jamais parvenue. Mais il ne peut pas tout faire. L'homme important est engagé pour s'occuper des choses importantes, des choses réellement les plus importantes et vitales pour la nation, non pour se disperser dans les détails. Il y a des moments où il lui faut consacrer son attention à des questions urgentes de politique sociale et économique ; il y a des moments où il

est totalement accaparé par des questions cruciales de politique
étrangère ; d'autres enfin où il doit prendre du recul par rapport aux
urgences de l'heure et concentrer sa réflexion sur les questions
transcendantes de l'avenir à long terme. Ce qu'il délègue aujourd'hui
n'est pas forcément ce qu'il déléguera demain. Il lui faut assez de
souplesse pour pouvoir modifier les priorités en fonction de la
modification des besoins. Mais il doit disposer de la latitude
d'écarter de son bureau les dossiers qui, même s'ils sont importants
individuellement, limiteraient sa capacité de s'occuper des questions et décisions étant de sa seule et souveraine compétence.

Avant de devenir président, Woodrow Wilson prononça un discours dans lequel il fit la distinction entre hommes de pensée et
hommes d'action. Pour ce qui me concerne, j'ai observé qu'en
politique trop souvent l'homme de pensée est incapable d'agir tandis
que l'homme d'action ne pense pas. Le chef idéal sera ici à l'image de
Wilson lui-même, qui était un penseur extrêmement fécond, mais
aussi, toujours au meilleur de sa forme, un homme d'action décidé.
D'ailleurs, les dirigeants les plus efficaces que j'aie connus comptaient parmi ces personnalités rares étant à la fois des hommes de
pensée et des hommes d'action. Le philosophe français Henri
Bergson donnait ce conseil judicieux : « Agissez en hommes de
pensée, et pensez en hommes d'action ! »
    Les périodes qui voient s'établir un juste équilibre entre la pensée
et l'action sont aussi celles au cours desquelles l'art du chef atteint
ses plus hauts sommets. Incontestablement, Churchill, de Gaulle,
MacArthur, Yoshida, de Gasperi, Nehru et Chou En-lai étaient
d'authentiques hommes de pensée en même temps que des hommes
d'action déterminés. Aux yeux d'un observateur superficiel, Adenauer pourrait passer pour un impressionnant homme d'action,
mais dépourvu du potentiel intellectuel de ceux que je viens de
nommer. En réalité, ceux qui ont vraiment connu l'homme d'État
allemand s'inscriraient en faux contre cette affirmation. Adenauer
n'affichait pas sa supériorité intellectuelle. Ceux qui ne savaient pas
la déceler étaient tout simplement incapables de discerner l'homme
derrière la façade officielle, l'image publique.
    Même Khrouchtchev, pourtant terriblement impulsif, réfléchis-
sait avant d'agir, bien que, à l'instar de Brejnev, il ne témoignât
guère de beaucoup de profondeur intellectuelle ou philosophique.
Cependant, les grands chefs historiques de la Révolution communiste en Russie — Lénine, Trotski et Staline — étaient autant des
hommes de pensée que des hommes d'action. Staline n'a pas précisément la réputation d'un intellectuel, mais ceux qui ont étudié sa vie de
près ont observé qu'il était pour le moins un lecteur vorace. Même si

on peut penser que le monde se porterait certainement beaucoup mieux si ces trois personnages n'avaient pas existé, ils figurent au premier rang des hommes qui ont laissé leur empreinte dans l'histoire.

Robert Menzies me confia qu'il avait organisé son emploi du temps de façon à disposer chaque jour de la semaine d'une demi-heure et chaque samedi et dimanche d'une heure de lecture pour son plaisir. Ce n'était pas de la lecture d'évasion : c'était de l'histoire, de la grande littérature, de la philosophie. Ces ouvertures sur d'autres horizons le tiraient de la grisaille monotone des chiffres, rapports et analyses qui envahissent et monopolisent à tel point l'esprit d'un dirigeant moderne. Si le chef veut garder sa perspective plongeante et lointaine, il lui faut pouvoir prendre du champ, de la distance par rapport à l'actualité contingente. Ce besoin de recul se fait parfois le plus pressant au moment des plus grandes crises, car c'est alors que la longue perspective est particulièrement requise. Quand des jeunes gens qui se destinent à des carrières politiques me demandent comment ils devraient s'y préparer, je ne leur conseille jamais d'étudier les sciences politiques. Je leur recommande plutôt de se plonger dans l'histoire, la philosophie, la grande littérature, pour essayer d'aiguiser leur esprit et d'élargir leur horizon. Les contingences de la politique et du gouvernement s'apprennent mieux sur le tas, par l'expérience quotidienne. Mais les habitudes de lecture, les disciplines de la pensée, les techniques d'une analyse rigoureuse, les systèmes de valeurs, les fondements philosophiques — voilà les choses qu'un chef politique doit absorber dès le début de son éducation et qu'il doit continuer à absorber pendant le restant de ses jours.

Nonagénaire, mon ami et mentor, feu Elmer Bobst, était toujours d'une stupéfiante vivacité d'esprit et avait gardé une mémoire phénoménale. Quand je lui demandai un jour comment il faisait pour si bien se souvenir, il me répondit qu'il dressait sa mémoire. Plutôt que de prendre des notes, il se forçait à se rappeler le lendemain, dans leurs moindres détails, les conversations qu'il avait eues la veille. Il me fit aussi remarquer que le cerveau était comme un gros muscle. Plus il reçoit de l'exercice, plus il devient vigoureux et puissant ; à l'inverse, s'il ne sert pas, n'est pas mis à contribution, il dépérit.

Caractéristique commune aux dirigeants historiques que j'ai connus : ils étaient presque tous de grands lecteurs. La lecture, non seulement élargit l'horizon mental et stimule l'esprit, mais aussi engage et exerce le cerveau. L'adolescent d'aujourd'hui qui, fasciné, reste assis pendant des heures devant l'écran de télévision, ne sera certainement pas le grand dirigeant de demain. Regarder la télévision est passif. Lire est actif.

Autre caractéristique commune, ils étaient tous de grands travailleurs, abattant souvent seize heures de travail par jour. L'un des pièges les plus dangereux pour un chef est la tentation des journées surchargées. Certains s'y complaisent et en tirent une énergie accrue. Mais la plupart ont besoin de s'évader, d'un changement de décor ou d'un changement de rythme, afin d'être au mieux de leur forme quand le moment le requiert. Truman allait à Key West, Eisenhower dans le Colorado ou en Géorgie, Kennedy à Hyannis Port, Johnson dans son ranch au Texas ; tous en furent critiqués, injustement dans tous les cas. Ce qui importe pour le dirigeant d'un pays, ce ne sont pas les heures qu'il passe devant sa table de travail ni où se trouve cette table, mais la compétence avec laquelle il prend ses grandes décisions. Si c'est d'une partie de golf qu'il a besoin pour se mettre dans une bonne disposition d'esprit, il devrait aussitôt laisser tomber la paperasse et aller droit au terrain de golf.

De tous les éléments de chance qui entrent dans la réussite d'un chef, l'opportunité chronologique est peut-être la plus cruciale.

Des cultures différentes suscitent des types de chefs différents, et il en va de même des époques différentes. Il serait difficile d'imaginer un Disraeli remportant une élection américaine dans les années quatre-vingt, pas plus d'ailleurs qu'un Konrad Adenauer ou un George Washington.

Il arrive qu'un homme aurait pu faire un chef de tout premier plan, d'envergure mondiale, s'il était né quelques années plus tôt ou quelques années plus tard. Ainsi, je suis persuadé que le sénateur Richard Russell de Géorgie aurait pu être un des meilleurs présidents des États-Unis s'il avait eu sa vie adulte à un moment où ses origines sudistes ne le disqualifiaient pas d'emblée. Cela étant, Russell fut une puissance très influente dans les coulisses du Sénat, et le poulain qu'il protégea et conseilla, Lyndon Johnson, trouva le chemin de la Maison-Blanche. Pendant mes mandats de sénateur, de vice-président et de président, j'attachais plus d'importance à ses jugements qu'à ceux de tout autre sénateur. A l'exception des droits civiques, nous étions rarement en désaccord. C'était un conservateur modéré au plan des affaires intérieures et un esprit pragmatique farouchement résolu et perspicace en matière de défense et de politique étrangère.

La personnalité de Russell illustrait un autre phénomène. Il dispensait ses avis et ses conseils dans les vestiaires, les salles de commissions, les réunions privées. Il parlait très rarement à la tribune du Sénat ; mais quand il le faisait, tout le Sénat l'écoutait. Ce n'était pas le véritable pouvoir de décision qu'il exerçait d'une façon aussi spectaculaire, c'était l'influence ; il avait une influence telle que cette influence devint pouvoir. Dans son cas, cette influence tirait sa force de l'authentique respect que d'autres sénateurs, et des chefs de l'exécutif, ressentaient à son égard. Elle tirait en outre sa substance de sa façon méticuleuse d'étudier les dossiers, de son souci du détail et de son savoir encyclopédique du Sénat et de ses membres.

Une caractéristique essentielle du monde nouveau est le rythme de plus en plus rapide du changement à tous les niveaux. Un pays qui a besoin d'un type de chef pour une certaine phase de son développement pourra avoir besoin d'un autre genre de dirigeant pour la phase suivante, et ces phases pourront se suivre dans une succession très rapide. Du point de vue de l'impact sur la place qu'un chef occupera dans l'histoire, le départ au bon moment peut parfois être aussi important qu'une entrée en scène au moment propice.

Si Nkrumah avait abandonné les rênes de l'État à quelqu'un d'autre après l'accession du Ghana à son indépendance, il aurait quitté la scène en héros et serait resté un héros. La réputation de Nasser est aujourd'hui sans doute plus grande qu'elle ne le serait si son règne n'avait pas été abrégé brutalement par une mort prématurée. Il est possible que l'une des initiatives les plus habiles du général de Gaulle fut de se retirer en 1946, ce qui lui permit de rester politiquement intact jusqu'au moment où on eut recours à lui en 1958. George Washington savait également s'en aller. Son refus de solliciter un troisième mandat engendra une tradition qui subsista jusqu'en 1940, et qui, une fois violée, fut inscrite dans la constitution. Lyndon Johnson plongea la nation dans la stupeur quand il annonça en 1968 qu'il ne se représenterait pas. Ayant eu à affronter les tempêtes qui firent rage sur le pays au cours des quatre années suivantes, je pense qu'il eut beaucoup de chance, malgré son extrême déplaisir à se savoir à la retraite, d'avoir quitté la scène à ce moment précis. Resté à la Maison-Blanche, il aurait été férocement attaqué et traîné dans la boue.

Des systèmes différents demandent des types différents de dirigeants, et des pays différents — avec des fondements culturels et des stades de développement différents — ont besoin de systèmes différents.

L'une des tares les plus persistantes de l'attitude américaine face au reste du monde est cette fâcheuse tendance que nous avons à juger tous les gouvernements selon les critères de la démocratie occidentale, et toutes les cultures selon les valeurs et paramètres de l'Europe de l'Ouest. La démocratie occidentale a mis des siècles à se développer et s'enraciner, et son cheminement ne fut ni droit ni certain. La liberté en Europe progressa par à-coups, avançant à une époque pour reculer à une autre — comme dans certaines parties d'Europe occidentale au cours des années trente et plus récemment en Europe de l'Est.

La démocratie est toujours l'exception et non la règle parmi les nations du monde. Ce fait a été mis en lumière par notre ambassadeur à l'O.N.U., Jeane J. Kirkpatrick, qui devait déclarer : « La vérité est que la plupart des gouvernements du monde sont, d'après nos critères, de mauvais gouvernements. [Ils] ne sont pas démocratiques [et] ne l'ont jamais été. La démocratie a été rare dans le monde. La plupart des gouvernements sont, d'après nos critères, des gouvernements corrompus. » Parmi la majorité de pays qui sont gouvernés par des méthodes autoritaires ou totalitaires, nous devons apprendre à faire des discriminations. Tout dirigeant autoritaire jettera au moins une partie de ses adversaires en prison, qu'il vise à exploiter le peuple ou à développer le pays. Il y a toutefois des distinctions capitales entre ceux qui se lancent dans la course aux armements à des fins agressives et ceux qui essayent de préserver la paix, entre le fanatisme meurtrier d'un Pol Pot et le paternalisme éclairé d'un chah. Certains sont de bons voisins, d'autres de mauvais voisins. Certains sont bienveillants, d'autres malveillants. Ces différences sont réelles, et elles ont leur importance.

Il est évident que nous n'avons pas beaucoup de sympathie pour les gouvernements autoritaires, mais le fait est que pour beaucoup de pays il n'y a tout simplement pas de solution de rechange pratique au stade actuel de leur développement. Si la démocratie se trouvait du jour au lendemain imposée à l'Arabie Saoudite ou à l'Égypte, le résultat serait probablement désastreux. Car ces pays ne sont pas prêts à en assumer toutes les conséquences. Nous ne rendons certainement pas un service à des pays moins développés quand nous insistons pour leur imposer de l'extérieur les mêmes structures qui se sont révélées efficaces chez nous. Vouloir imposer à tout prix les formes démocratiques, tout en sachant qu'existent des différences substantielles, est la pire espèce de tartuferie. Nous devrions enfin apprendre à nous immiscer un peu moins dans les affaires intérieures des autres pays.

De tous les changements survenant dans le monde nouveau, l'effondrement des barrières sexistes aura un impact particulièrement spectaculaire sur la future direction politique des pays. Jusqu'à présent, peu de femmes sont parvenues au sommet de la hiérarchie gouvernementale. Indira Gandhi, Golda Meir et Margaret Thatcher ont été l'exception plutôt que la règle. De plus en plus de femmes pénètrent dans les rangs d'où sortent les dirigeants. La candidate à la magistrature suprême d'un État se heurte encore de nos jours à l'idée préconçue selon laquelle il s'agirait là d'un domaine réservé aux hommes. Cependant, à mesure qu'un nombre croissant de femmes grimperont les échelons de la hiérarchie gouvernementale et administrative, cette idée s'estompera.

Si, en 1952, les femmes avaient déjà été acceptées comme aujourd'hui pour toutes sortes de fonctions éminentes, Clare Boothe Luce aurait eu d'excellentes chances de postuler à la vice-présidence des États-Unis. Elle avait l'intelligence, l'énergie, la perspicacité politique et la faculté de jugement requises pour la fonction, et elle était la première femme réellement intéressante à marquer la vie politique américaine. Elle était aussi très capable de se battre au rude niveau de la politique politicienne et était connue pour son attitude farouchement et délibérément anticommuniste — deux des qualités spécifiques pour lesquelles Eisenhower me choisit moi-même. Si son choix s'était alors porté sur elle plutôt que sur moi, ce livre n'aurait sans doute jamais été écrit. Mais elle aurait certainement fourni une prestation de vedette.

En 1952, Clare Boothe Luce était en avance sur son temps. Mais je pense qu'avant la fin de se siècle nous élirons probablement une femme à la vice-présidence et peut-être même à la présidence.

De prime abord, il peut sembler surprenant que tant de grands chefs historiques cités dans ce livre aient été âgés. Après réflexion, toutefois, cela ne paraît guère étonnant. La plupart de ces dirigeants connurent une « traversée du désert ». Les intuitions et la sagesse qu'ils récoltèrent au cours de cette période ainsi que la force qu'ils développèrent en luttant à partir d'elle contribuèrent d'une façon essentielle à la grandeur dont ils devaient faire preuve plus tard. Churchill, de Gaulle et Adenauer laissèrent leur œuvre la plus marquante alors qu'ils avaient déjà largement dépassé ce que nous estimons être l'âge normal de la retraite. Churchill avait déjà soixante-six ans quand il commença à diriger la Grande-Bretagne en guerre, de Gaulle en avait soixante-sept quand il fonda la Cinquième République, et Adenauer soixante-treize lorsqu'il devint chancelier. De Gaulle était encore président à soixante-dix-huit ans, Churchill encore Premier ministre à quatre-vingts, et Adenauer était toujours chancelier fédéral à quatre-vingt-sept ans.

Le XXᵉ siècle a assisté à une révolution médicale. Nous vivons plus longtemps et nous restons en meilleure santé. Outre cela, le même élan et la même énergie qui propulsent un grand chef à la tête du pays le maintiennent souvent en place alors que d'autres se seront depuis longtemps confinés dans une placide retraite. Souvent nous vieillissons parce que nous nous permettons de vieillir, parce que nous nous laissons aller au vieillissement. Nous nous faisons vieux parce que nous abandonnons et renonçons, parce que nous nous reposons sur nos lauriers, parce que nous acceptons de devenir inactifs. Ceux qui se rappellent les longues, trop longues veillées funèbres au chevet des Churchill, des Eisenhower et des MacArthur agonisants, se souviendront aussi de la résistance opiniâtre que les corps de ces hommes opposèrent à la mort, longtemps après leur passage à l'état inconscient. Les grands chefs se forgent leurs propres règles de conduite ; ils ne sont pas de ceux à se plier docilement aux impératifs du calendrier parce que tel est le comportement habituel du commun des mortels.

Un chef doit parfois entraîner son peuple sur une voie difficile et pénible, comme le fit si mémorablement Churchill quand il n'offrit aux Anglais que « sang, labeur, larmes et sueur ». Plus souvent, il lui faut rallier ses concitoyens à une idée impopulaire ou encore s'opposer aux vagues puissantes des idées à la mode. A ce propos, le philosophe et théologien Michael Novak nous livre les réflexions suivantes : « Dans un monde de communications de masse universelles et instantanées, l'équilibre du pouvoir a fini par se déplacer. Les idées, toujours une partie de la réalité, ont aujourd'hui acquis un pouvoir supérieur à celui de la réalité... La classe des personnes qui gagnent leur vie de la fabrication d'idées et de symboles semble à la fois extraordinairement ensorcelée par des mensonges et des absurdités et singulièrement habilitée à les imposer à des individus sans défense. » Très fréquemment, les batailles les plus rudes d'un dirigeant ne sont pas celles qu'il doit livrer contre les chefs d'autres mouvements politiques en tant que tels, mais celles qui l'opposent à ces spécieuses idées superficielles et subversives qui envahissent et encombrent à tel point les ondes, fascinent les amateurs de poudre aux yeux et avilissent le débat public.

La télévision a transformé l'exercice du pouvoir à la tête d'un pays et a substantiellement changé le type de personne pouvant avoir quelque espoir d'être élue à la magistrature suprême. Abraham Lincoln, avec ses traits disgracieux et sa voix criarde, n'aurait jamais passé avec succès l'épreuve de la télévision. D'ailleurs, sa façon de s'exprimer, avec ses longues anecdotes et digressions, n'aurait rien donné non plus sur le petit écran. La prime va aujourd'hui aux phrases sèches et incisives, non aux paraboles circonstanciées.

La télévision a drastiquement raccourci dans le temps l'attention du public. Elle change aussi la façon dont les gens voient les choses et les événements. Comme une drogue agissant sur l'esprit, ce qu'elle est d'ailleurs dans un sens très réel, elle déforme leur perception de la réalité. Les petits drames chronologiquement comprimés et minutieusement agencés que nous voyons sur le petit écran — que ce soit les fameuses « dramatiques », des séquences d'informations, des enquêtes présentées dans le cadre d'un magazine — ne sont pas des miroirs de la vie. Ce sont des miroirs déformants. Les épisodes de la vie réelle ont rarement un commencement si net, un milieu et une fin si marqués, et les bons et les méchants ne s'y distinguent pas si clairement. Une décision qui aura pu coûter à un chef des semaines de tourments et de réflexions pourra être expédiée en vingt secondes sur les lèvres d'un commentateur blasé.

A l'âge de la télévision, la célébrité a acquis une dimension tout à fait nouvelle. Un acteur de télévision sera invité à conseiller une commission sénatoriale sur des questions médicales simplement parce qu'il joue le rôle d'un médecin dans une série à succès. Un autre acteur, qui interprète un éditeur, sera sollicité pour donner des conférences dans des écoles de journalisme. La ligne de partage entre fait et imagination se trouve brouillée jusqu'à devenir invisible, et le public accepte de plus en plus ce brouillage trompeur.

La télévision, c'est Hollywood introduit au cœur de chaque foyer. C'est un pays imaginaire, et plus les gens prendront l'habitude de voir le monde sur le petit écran, plus ils auront dans la tête la projection d'un monde imaginaire.

Certains soutiennent que l'aspect le plus néfaste de la télévision est son tenace parti pris politique de gauche. D'autres font valoir que son péché capital est dans sa façon de tirer l'événement vers le trivial et le scabreux, dans son obsession du scandale ou de l'apparence du scandale, son refus ou son incapacité de présenter l'ennuyeux ou le complexe, sa surexploitation de l'aspect émotif de tous les grands problèmes nationaux. Malheureusement, tous ces éléments contribuent à la distorsion du débat public.

Savoir si les nations démocratiques pourront survivre à l'agression d'un ennemi totalitaire déterminé à l'âge de la télévision demeure peut-être une question ouverte. La télévision force l'événement dans le moule de la dramatique grossièrement sentimentale, et elle le fait avec un tel impact émotif et une audience si démesurée qu'elle en vient pratiquement à éclipser le débat national. Elle le fait tout particulièrement dans les situations qui se prêtent à la couverture dramatique et émotivement surchargée de scènes telles qu'un soldat en sang ou un enfant affamé. Des choix difficiles doivent souvent être opérés entre des ensembles différents de conséquences pénibles. En braquant les projecteurs de l'actualité si puissamment sur la douleur et la misère de l'un de ces ensembles de conséquences, la télévision fausse terriblement le débat et, à la limite, truque les urnes. La crise des otages iraniens fut traitée par la télévision sous l'aspect tellement exclusif du mauvais mélo, de la dramatique niaisement sentimentale, que nos concitoyens acceptèrent finalement un étalage national de rubans jaunes à la place d'une politique nationale. Le genre de couverture unilatérale et de parti pris que la télévision donna de la guerre du Vietnam fut probablement le facteur particulier le plus significatif limitant à tel point nos options dans le conflit indochinois que la guerre s'en trouva prolongée et fut finalement perdue.

Si la télévision ne se résout pas enfin à refléter plus fidèlement la réalité, les dirigeants responsables des années à venir connaîtront des temps très difficiles.

La télévision, cependant, donne au chef un avantage qui peut se révéler crucial, particulièrement dans une situation de crise. Elle lui permet d'aller directement au peuple, de l'atteindre dans ses foyers, de présenter ses arguments en dehors de l'intervention des journalistes et des commentateurs. Il ne peut le faire qu'occasionnellement. Mais quand il le fait, pendant quelques minutes, avant que les commentateurs ne reprennent le relais, il peut expliquer la situation telle qu'il la voit lui-même, dans ses propres termes, et il peut essayer de convaincre ses auditeurs de le suivre dans la voie qu'il a choisie. Entre les mains d'une personne rompue à son usage, il peut s'agir là d'un instrument énormément puissant. L'apparition présidentielle sur le petit écran en temps de crise revêt un aspect éminemment dramatique, et cet aspect dramatique galvanise l'audience et en maintient l'attention. Le chef de l'exécutif doit alors faire passer son message, le communiquer aux téléspectateurs, et il n'a qu'un temps limité pour y parvenir : après une vingtaine de minutes, les auditeurs d'un discours commencent en général à se lasser et à ne plus écouter. Néanmoins, et même si ce n'est que de temps en temps, le président a quand même cette faculté rare de communiquer directement avec l'ensemble de son électorat.

Concernant l'approche déterministe et l'approche du « grand homme » ou de l' « homme providentiel », la vérité est probablement que chacune de ces deux interprétations est partiellement juste, mais qu'aucune ne l'est entièrement.

L'histoire possède sa dynamique propre. Là où les « dirigeants » au pouvoir se bornent à lever un index mouillé pour voir dans quelle direction souffle le vent populaire, l'histoire suit son cours indépendamment d'eux. Mais là où le pouvoir se trouve entre les mains de chefs qui ont une vision claire de l'avenir et qui sont capables d'entraîner les nations, ces chefs modifieront le cours de l'histoire. C'est alors qu'une série de traces dans le désert montreront où est d'abord passé un homme seul qui aura ensuite persuadé d'autres hommes de le suivre.

Les grands chefs suscitent de grandes controverses. Ils se font des amis fidèles et des ennemis acharnés. Il ne faut pas s'étonner si des personnes différentes voient le même chef différemment, ni si les jugements s'opposent, ni encore si les jugements changent.

Toujours, le chef opère à de multiples niveaux. Il y a le personnage public et la personne privée, le visage connu des foules et le visage connu du petit groupe par l'intermédiaire duquel il gouverne. Ce groupe pourra ou ne pourra pas voir la personne privée sous le masque du dirigeant ; le chef a souvent besoin de déployer autant d'efforts pour convaincre son entourage que pour convaincre les masses. Ses alliés et ses adversaires pourront voir des aspects différents de lui, aspects différents que pourront aussi voir les représentants des nombreuses circonscriptions différentes qu'il lui faut atteindre. La parabole des trois aveugles et de l'éléphant s'applique parfaitement aux diverses façons dont un chef est perçu. Chacun des trois hommes aveugles rencontra une certaine partie de l'éléphant et extrapola à partir de cette découverte. Pareillement, chaque critique, chaque observateur, chaque commentateur, chaque adversaire, chaque allié, rencontre un certain aspect du chef et aura tendance à extrapoler à partir de cette découverte.

Sadate citait cet aphorisme arabe disant qu'un souverain juste se heurte tout naturellement à l'opposition de la moitié de ses sujets. Tous les chefs vivent avec une opposition. Tous espèrent être justifiés par l'histoire. La réputation de certains dirigeants grandit après leur départ. Celle d'autres, au contraire, diminue comme une peau de chagrin. Le jugement de l'histoire peut transformer des géants en pygmées, et vice versa. Ainsi, Harry Truman fut vilipendé lorsqu'il quitta la présidence en 1953. Mais aujourd'hui il est classé très haut en tant que dirigeant national.

Le verdict final de l'histoire n'est pas rendu très rapidement. Ce ne sont pas seulement des années qui peuvent passer avant que ne soit prononcée la sentence, mais des décennies entières, voire des générations. Peu de dirigeants vivent assez longtemps pour avoir connaissance du verdict. Herbert Hoover fut une exception. Aucun dirigeant dans l'histoire américaine ne fut plus haineusement vilipendé. Abandonné par ses amis, calomnié par ses ennemis, il triompha finalement de l'adversité. Au crépuscule de sa vie, il dominait de très haut ses détracteurs. Son existence illustre assez bien ce passage de Sophocle qu'aimait tant Charles de Gaulle : « Il faut attendre le soir pour savoir combien belle a été la journée. »

Tous les chefs évoqués dans ce livre ont eu leurs succès et leurs échecs, leurs atouts et leurs faiblesses, leurs vices et leurs vertus. Nous pouvons seulement essayer de deviner comment les historiens de l'avenir évalueront leur héritage. Cela dépendra en partie de l'issue de la lutte pour le monde et de l'identité de ceux qui écriront l'histoire. Quoi qu'il en soit, tous ces chefs ne reculèrent pas devant la bataille. Ils entrèrent dans l'arène. Et, comme l'exprima si bien Theodore Roosevelt dans le discours qu'il prononça à la Sorbonne en 1910 :

« Ce n'est pas le critique qui compte ; pas celui qui montre comment trébuche l'homme fort ou comment l'acteur aurait pu faire mieux. Le crédit revient à l'homme qui est réellement dans l'arène, dont le visage est souillé par la poussière, la sueur et le sang ; qui lutte vaillamment ; qui fait et refait des erreurs et des fautes ; parce qu'il n'existe pas d'effort sans erreurs ni fautes ; mais qui se bat réellement pour accomplir les actes ; qui connaît les grands enthousiasmes, les grands dévouements ; qui se dépense pour une noble cause ; qui au mieux connaîtra à la fin le triomphe du bel accomplissement et qui au pire, s'il échoue, échouera pour le moins en osant noblement, de sorte que sa place ne sera jamais avec ces esprits froids et timorés qui ne connaissent ni victoire ni défaite. »

TABLE DES MATIÈRES

Achevé d'imprimer
en janvier mil neuf cent quatre-vingt-quatre
sur les presses de l'Imprimerie Gagné Ltée
Louiseville - Montréal.
Imprimé au Canada